머리말
Introduction

인생의 목표를 정하고

그 목표를 향해

담담하게 걸어가는 것은

정말 어려운 일입니다

다른 사람들이 뭐라고 하든

자신이 옳다고 믿는 길이 최선의 길이지요

자신감을 가지고

1등급 만들기와 함께 시작해 보세요

1등급 달성!
할 수 있습니다!

구성과 특징
Structure&Features

핵심 개념 정리

시험에 꼭 나오는 [핵심 개념 파악하기]

학교 시험에 자주 나오는 개념과 자료를 일목요연하게 정리하여 핵심 개념을 빠르게 파악할 수 있도록 구성하였습니다.

자료 시험에 자주 나오는 자료를 엄선하여 분석하였습니다.

ⓒ 문제로 확인 핵심 개념 및 필수 자료를 이해했는지 확인할 수 있도록 관련 문제를 연결하였습니다.

3단계 문제 코스

1등급 만들기 내신 완성 3단계 문제를 풀면 1등급이 이루어집니다.

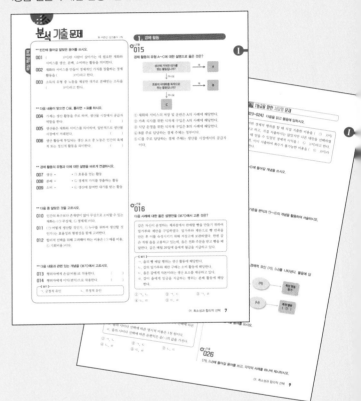

Step 1 기출 문제로 실전 감각 키우기

분석 기출 문제

기출 문제를 분석하여 학교 시험 문제와 유사한 형태의 문제로 구성하였습니다.

핵심 개념 문제 핵심 개념을 얼마나 이해하고 있는지 바로 확인할 수 있도록 개념 문제를 제시하였습니다.

1등급을 향한 서답형 문제 학교 시험에 자주 출제되는 단답형과 서술형 문제의 대표 유형을 모아서 수록하였습니다.

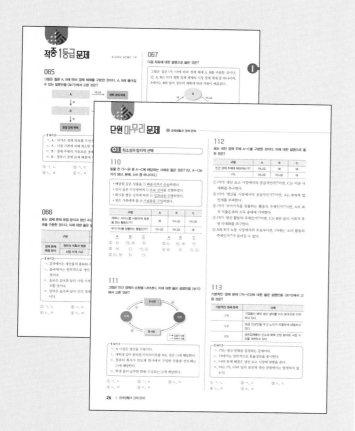

Step 2 1등급 문제로 실력 향상시키기

적중 1등급 문제

학교 시험에서 고난도 문제는 한두 문항씩 출제됩니다.
등급의 차이를 결정하는 어려운 문제도 자신 있게 풀 수 있도록 응용력과
사고력을 기를 수 있는 고난도 문제로 구성하였습니다.

Step 3 마무리 문제로 최종 점검하기

단원 마무리 문제

중간고사와 기말고사를 대비할 수 있는 실전 문제를 학교 시험 진도에 맞
추어 학습이 용이하도록 강명을 넣어 구성하였습니다. 시험 직전 학습 내
용을 마무리하고 자신의 실력을 점검할 수 있습니다.

알찬풀이로 [핵심 내용 다시보기]

문제에 대한 정답과 알찬풀이를 제시하였습니다. 바로잡기 는 자세한 오
답풀이로 어려운 문제도 쉽게 이해할 수 있습니다.

- •1등급 정리 노트

  시험에 자주 나오는 핵심 개념을 다시 한번 정리하였습니다.

- •1등급 자료 분석

  까다롭고 어려운 자료에 관한 분석과 첨삭 설명을 제시하였습니다.

차례
—— Contents

교과서 단원 찾기

5종 경제 교과서의 단원 찾기를 제공합니다.

01 ● Ⅰ 경제생활과 경제 문제
희소성과 합리적 선택

✔ 출제 포인트   ✔ 경제 활동의 주체와 객체   ✔ 희소성   ✔ 경제 문제   ✔ 비용과 편익   ✔ 경제적 유인

1. 경제 활동

1 경제 활동의 의미와 유형

(1) 경제 활동의 의미

① 사람이 살아가는 데 필요한 재화와 서비스를 생산, 분배, 소비하는 활동

② 사회 구성원은 생산에 참여한 대가로 소득을 분배받고 이를 통해 소비하며 살아감

(2) 경제 활동의 유형

① 생산 활동 : 재화와 서비스를 만들어 경제적인 가치를 창출하는 활동으로 재화의 제조뿐만 아니라 저장, 운반, 판매 등의 서비스도 생산 활동에 포함됨

② 분배 활동 : 생산 요소를 제공하여 생산에 참여한 대가를 받는 활동

③ 소비 활동 : 재화나 서비스를 사용하여 만족감(효용)을 얻고, 인간의 욕구를 충족시키는 활동

✪2 경제 활동의 주체와 객체 ● 7쪽 015번 문제로 확인

(1) 경제 활동의 주체

① 가계
- 소비 활동의 주체, 효용의 극대화 추구
- 생산물 시장에서의 수요자, 생산 요소 시장에서의 공급자

② 기업
- 생산 활동의 주체, 이윤의 극대화 추구
- 생산물 시장에서의 공급자, 생산 요소 시장에서의 수요자

③ 정부
- 사회적 후생의 극대화 추구
- 조세 징수 및 공공재 제공, 민간 경제의 활동 규제 및 조정

④ 외국 : 타국의 기업·가계·정부를 포괄, 세계화로 영향력이 확대되고 있음

(2) 경제 활동의 객체

① 생산물 : 재화(인간의 욕구를 충족해 주는 물건)와 서비스(인간의 욕구를 충족해 주는 행위) → 생산물 시장에서 거래

② 생산 요소 : 노동·토지·자본 등을 의미 → 생산 요소 시장에서 거래, 생산 요소 제공의 대가는 가계 입장에서 소득임

> **자료** 생산 요소와 생산 요소 소득 ● 7쪽 016번 문제로 확인
>
> - 노동 : 인간의 육체적·정신적 활동 → 임금을 받음
> - 토지 : 땅과 지하자원을 포함 → 지대를 받음
> - 자본 : 생산 과정에서 사용되는 장비와 설비, 기계 등 → 이자 등을 받음
>
> **분석** 생산 활동을 위해서는 생산 요소가 필요하며, 가계는 이를 기업에 제공하고 소득을 얻는다. 즉, 생산 요소 시장에서 가계는 생산 요소의 공급자 역할을 하고, 기업은 생산 요소의 수요자 역할을 한다.

2. 경제 문제의 합리적 선택

1 희소성과 경제 문제

(1) 희소성

① 의미 : 인간의 욕구에 비해 상대적으로 자원이 부족한 상태 → 단순히 자원의 절대적 양이 적은 희귀성과 다름

② 특성 : 희소성은 시대나 장소에 따라 상대적임

③ 무상재 : 희소성이 없는 재화로, 인간의 욕구보다 많이 존재하여 무상으로 소비할 수 있음 예 공기

④ 경제재 : 희소성이 있는 재화로, 대가를 지불해야 소비할 수 있음

✪(2) 경제 문제 ● 8쪽 020번 문제로 확인

① 발생 원인 : 자원의 희소성으로 인해 선택의 문제가 발생함

② 기본적인 경제 문제
- 무엇을, 얼마나 생산할 것인가? : 생산물의 종류와 생산량 결정
- 어떻게 생산할 것인가? : 생산 방법 결정
- 누구를 위하여 생산할 것인가? : 생산물의 분배 방식 결정

③ 해결 기준
- 효율성 : 최소의 비용으로 최대의 편익을 누리는 것
- 형평성 : 공공복리와 사회 정의를 실현하는 것

✪2 비용과 편익 ● 9쪽 022번 문제로 확인

(1) 기회비용

① 의미 : 선택 가능한 대안 중 하나의 대안을 선택함으로써 포기하게 되는 대안들 중 가장 가치가 큰 것 → 명시적 비용+암묵적 비용

② 명시적 비용 : 어떤 선택을 할 때 실제로 지출한 비용

③ 암묵적 비용 : 어떤 선택으로 인해 포기한 다른 대안의 가치

(2) 매몰 비용 이미 지출하여 회수가 불가능한 비용 → 합리적 선택을 위해서는 매몰 비용을 고려해서는 안 됨

(3) 편익 선택의 결과 얻게 되는 이득

(4) 기회비용과 편익의 비교

① 순편익 = 편익 − 기회비용

② 합리적 선택은 순편익이 0보다 큰 선택임

3 합리적 선택을 위한 의사 결정

(1) 합리적 선택 최소의 비용으로 최대의 편익 추구

(2) 합리적 의사 결정 모형 문제 인식 → 선택 가능한 대안 나열 → 평가 기준 설정 → 대안 평가 → 최종 선택 및 실행

✪4 경제적 유인 ● 9쪽 026번 문제로 확인

(1) 긍정적 유인 행위자에게 이익(편익)으로 작용 → 해당 행위가 강화됨

(2) 부정적 유인 행위자에게 손실(비용)으로 작용 → 해당 행위가 약화됨

분석 기출 문제

>> 바른답·알찬풀이 2쪽

핵심 개념 문제

•• 빈칸에 들어갈 알맞은 용어를 쓰시오.

001 ( )(이)란 사람이 살아가는 데 필요한 재화와 서비스를 생산, 분배, 소비하는 활동을 의미한다.

002 재화와 서비스를 만들어 경제적인 가치를 창출하는 경제 활동을 ( )(이)라고 한다.

003 소득의 유형 중 노동을 제공한 대가로 분배받는 소득을 ( )(이)라고 한다.

•• 다음 내용이 맞으면 ○표, 틀리면 ×표를 하시오.

004 가계는 생산 활동을 주로 하며, 생산물 시장에서 공급자 역할을 한다. ( )

005 생산물은 재화와 서비스를 의미하며, 일반적으로 생산물 시장에서 거래된다. ( )

006 생산 활동에 투입되는 생산 요소 중 노동은 인간의 육체 적 또는 정신적 활동을 의미한다. ( )

•• 경제 활동의 유형과 이에 대한 설명을 바르게 연결하시오.

007 생산 • • ㉠ 효용을 얻는 활동

008 분배 • • ㉡ 경제적 가치를 창출하는 활동

009 소비 • • ㉢ 생산에 참여한 대가를 받는 활동

•• 다음 중 알맞은 것을 고르시오.

010 인간의 욕구보다 존재량이 많아 무상으로 소비할 수 있는 재화는 (㉠ 무상재, ㉡ 경제재)이다.

011 (㉠ 어떻게 생산할 것인가, ㉡ 누구를 위하여 생산할 것 인가)는 효율성과 형평성을 함께 고려한다.

012 합리적 선택을 위해 고려해야 하는 비용은 (㉠ 매몰 비용, ㉡ 기회비용)이다.

•• 다음 내용과 관련 있는 개념을 〈보기〉에서 고르시오.

013 행위자에게 손실(비용)로 작용한다. ( )

014 행위자에게 이익(편익)으로 작용한다. ( )

[보기]
ㄱ. 긍정적 유인   ㄴ. 부정적 유인

---

1. 경제 활동

★빈출
015

경제 활동의 유형 A~C에 대한 설명으로 옳은 것은?

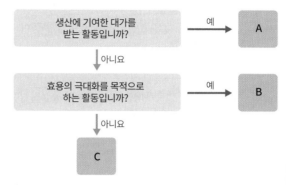

① 재화와 서비스의 저장 및 운반은 A의 사례에 해당한다.
② 가족 식사를 위한 식자재 구입은 A의 사례에 해당한다.
③ 식당 운영을 위한 식자재 구입은 B의 사례에 해당한다.
④ B를 주로 담당하는 경제 주체는 정부이다.
⑤ C를 주로 담당하는 경제 주체는 생산물 시장에서의 공급자 이다.

★빈출
016

다음 사례에 대한 옳은 설명만을 〈보기〉에서 고른 것은?

갑은 자신이 운영하는 제과점에서 판매할 빵을 만들기 위하여 밀가루와 계란을 구입하였다. 밀가루와 계란으로 빵 반죽을 만든 후 이를 숙성시키기 위해 저장고에 보관하였다. 한편 갑 은 직원 을을 고용하고 있는데, 을은 전화 주문을 받고 빵을 배 달한다. 갑은 매월 20일에 을에게 월급을 지급하고 있다.

[보기]
ㄱ. 을의 빵 배달 행위는 생산 활동에 해당한다.
ㄴ. 갑의 밀가루와 계란 구매는 소비 활동에 해당한다.
ㄷ. 을은 갑에게 자본이라는 생산 요소를 제공하고 있다.
ㄹ. 갑이 을에게 임금을 지급하는 행위는 분배 활동에 해당 한다.

① ㄱ, ㄴ   ② ㄱ, ㄷ   ③ ㄱ, ㄹ
④ ㄴ, ㄹ   ⑤ ㄷ, ㄹ

017

(가), (나)에 대한 옳은 설명만을 〈보기〉에서 고른 것은?

> (가) 사람들이 생활에 필요한 재화나 서비스를 구매 또는 사용하여 만족감을 얻는 활동
> (나) 경제적 가치가 있는 재화나 서비스를 새롭게 만들어 내거나 이미 만들어진 재화의 가치를 증대시키는 활동

【 보기 】
ㄱ. (가)를 주로 담당하는 경제 주체는 생산 요소의 공급자이다.
ㄴ. (나)를 주로 담당하는 경제 주체는 이윤 극대화를 추구한다.
ㄷ. 음식점에서 고객에게 음식을 배달하는 행위는 (가)의 사례에 해당한다.
ㄹ. 부모님의 생신 축하를 위해 케이크를 구입하는 행위는 (나)의 사례에 해당한다.

① ㄱ, ㄴ   ② ㄱ, ㄷ   ③ ㄴ, ㄷ
④ ㄴ, ㄹ   ⑤ ㄷ, ㄹ

018

다음 사례에 대한 설명으로 옳은 것은?

> • 갑은 스마트폰 배달 애플리케이션을 이용하여 ⊙ 피자 가게에서 피자를 주문하였다.
> • ⓒ 배달 대행 회사 직원 을은 갑이 주문한 피자를 갑에게 배달하였다.

① ⊙은 효용 극대화를 추구하는 경제 주체이다.
② ⓒ은 생산 요소 시장에서 수요자 역할을 한다.
③ 갑은 생산물 시장에서 공급자 역할을 한다.
④ 을의 행위는 생산 활동에 해당하지 않는다.
⑤ 갑이 ⊙에 피자 대금을 지불하는 행위는 분배 활동에 해당한다.

---

2. 경제 문제의 합리적 선택

019

그림은 X재와 Y재의 수요 곡선과 공급 곡선을 나타낸다. 이에 대한 설명으로 옳지 <u>않은</u> 것은?

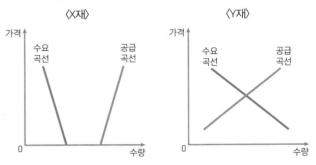

① X재는 인간의 욕구에 비해 자원이 부족한 재화이다.
② Y재는 시장에서 거래가 이루어지는 재화이다.
③ X재는 무상재, Y재는 경제재이다.
④ Y재는 X재와 달리 희소성이 있다.
⑤ Y재는 X재와 달리 대가를 지불해야만 소비할 수 있다.

★ 빈출 020

그림에 대한 옳은 설명만을 〈보기〉에서 고른 것은?

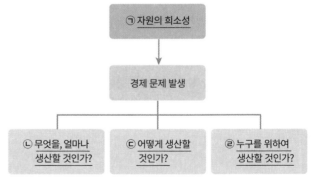

【 보기 】
ㄱ. ⊙이 없으면 경제 문제가 발생하지 않는다.
ㄴ. 생산 공정의 자동화 결정 문제는 ⓒ에 해당한다.
ㄷ. ⓒ은 생산 요소의 활용 방법을 선택하는 문제이다.
ㄹ. ⓔ은 ⓒ, ⓒ과 달리 효율성을 고려해야 한다.

① ㄱ, ㄴ   ② ㄱ, ㄷ   ③ ㄴ, ㄷ
④ ㄴ, ㄹ   ⑤ ㄷ, ㄹ

021

밑줄 친 ⑦∼②에 대한 옳은 설명만을 〈보기〉에서 고른 것은?

> A 기업은 신기술 개발을 위해 이미 ⑦1천억 원의 비용을 투자하였다. 신기술 완성을 위해서는 ⑥1천억 원의 추가 비용이 요구되며, 신기술이 완성될 경우 1천억 원 이상의 ⑥경제적 이익이 기대되고 있다. 그러나 추가로 필요한 1천억 원을 다른 사업에 투자하면 ②기대할 수 있는 이익 또한 작지 않아서 A 기업은 고민 중이다.

[보기]
- ㄱ. ⑦은 신기술 개발을 중단하면 회수할 수 있는 비용이다.
- ㄴ. ⑥은 신기술 개발을 위한 암묵적 비용에 해당한다.
- ㄷ. ⑥보다 ②이 크다면 신기술 개발에 추가 비용을 투자하지 않는 것이 합리적이다.
- ㄹ. ⑥이 ⑥, ②의 합보다 크다면 신기술 개발을 완성하는 것이 합리적이다.

① ㄱ, ㄴ   ② ㄱ, ㄷ   ③ ㄴ, ㄷ
④ ㄴ, ㄹ   ⑤ ㄷ, ㄹ

⭐빈출 022

다음 상황에 대한 옳은 설명만을 〈보기〉에서 고른 것은?

> 갑과 을은 매점에 음료수를 사러 갔다. 콜라와 사이다의 가격은 각각 1천 원이었고, 갑은 고민하다가 콜라를 선택하였다. 갑의 선택 이후 콜라는 매진되었으며, 을은 콜라가 매진된 것이 아쉬웠으나 목이 말랐기 때문에 사이다를 구입하였다. 단, 갑과 을은 모두 합리적 선택을 하였다.

[보기]
- ㄱ. 갑의 콜라 선택에 따른 기회비용은 0이다.
- ㄴ. 갑의 경우 콜라 선택에 따른 순편익이 사이다 선택에 따른 순편익보다 크다.
- ㄷ. 을의 사이다 선택에 따른 명시적 비용은 1천 원이다.
- ㄹ. 을의 사이다 선택에 따른 순편익은 음(−)의 값을 가진다.

① ㄱ, ㄴ   ② ㄱ, ㄷ   ③ ㄴ, ㄷ
④ ㄴ, ㄹ   ⑤ ㄷ, ㄹ

🎖 1등급을 향한 서답형 문제

[023~024] 다음을 읽고 물음에 답하시오.

> 어떤 경제적 행위를 할 때 직접 지출한 비용을 (⑦)(이)라고 하고, 직접 지출하지는 않았지만 다른 대안을 선택하였을 때 얻을 수 있었던 경제적 이익을 (⑥)(이)라고 한다. 한편, 이미 지출하여 회수가 불가능한 비용을 (⑥)(이)라고 한다.

023

빈칸 ⑦∼⑥에 들어갈 개념을 쓰시오.

024

합리적 선택의 기준을 편익과 ⑦∼⑥의 개념을 활용하여 서술하시오.

[025~026] 그림은 경제적 유인 (가), (나)를 나타낸다. 물음에 답하시오.

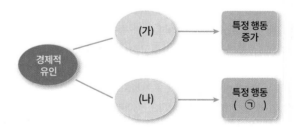

025

빈칸 ⑦에 들어갈 용어를 쓰시오.

⭐빈출 026

(가), (나)에 들어갈 용어를 쓰고, 각각의 사례를 하나씩 제시하시오.

적중 1등급 문제

» 바른답·알찬풀이 3쪽

027

밑줄 친 ㉠~㉢에 대한 설명으로 옳은 것은?

㉠A 생선은 식감이 매우 좋고 영양가가 풍부해서 사고 싶어 하는 사람들은 많은데, 양식이 불가능하고 서식지도 한정되어 있어 높은 가격에 판매되고 있다. 반면, ㉡B 생선은 식탁에 자주 올라오는 생선 중 하나로, 양식장에서 대량으로 생산되어 계절과 상관없이 저렴한 가격으로 살 수 있다. ㉢C 생선은 원래 심해에서 서식하기 때문에 바다에서 아주 드물게 발견할 수 있는 희귀 어종이다. 하지만 이 생선은 사고 싶어하는 사람이 없기 때문에 판매되지 않고 있다.

① ㉠은 ㉡보다 희소성이 크다.
② ㉠은 ㉡에 비해 공급이 많다.
③ ㉠은 ㉢과 달리 경제적 가치가 없다.
④ ㉡은 ㉠에 비해 희귀성이 크다.
⑤ ㉠과 ㉢은 무상재, ㉡은 경제재이다.

028

밑줄 친 ㉠~㉢에 대한 옳은 설명만을 〈보기〉에서 고른 것은?

갑 : 안녕! 너도 공연을 보러 온 거야?
을 : 아니. 공연 표를 예매하려고 왔어. ㉠10만 원짜리 표를 예매하기 위해 1달 동안 저축했어. 표를 예매하려고 ㉡2시간의 아르바이트 수입도 포기하고 왔어.
갑 : 인터넷으로 표를 예매하면 ㉢20% 할인을 받을 수 있어. 지금 인터넷으로 예매해 봐.
을 : 아, 그래? 그런데 ㉣여기까지 온 시간과 노력이 아까우니 그냥 직접 표를 예매할래.

[보기]
ㄱ. ㉠은 을의 공연 관람을 위한 매몰 비용이다.
ㄴ. ㉡은 을의 공연 관람을 위한 명시적 비용이다.
ㄷ. ㉢은 을의 공연 관람의 순편익을 증가시킬 수 있다.
ㄹ. ㉣은 합리적 선택을 위해 고려해서는 안 된다.

① ㄱ, ㄴ   ② ㄱ, ㄷ   ③ ㄴ, ㄷ
④ ㄴ, ㄹ   ⑤ ㄷ, ㄹ

029

다음 자료에 대한 옳은 설명만을 〈보기〉에서 고른 것은? (단, 제시된 자료 이외의 다른 조건은 고려하지 않는다.)

갑은 현재 회사에서 1억 원의 연봉을 받고 있다. 갑은 회사를 그만두고 음식점을 하려고 고민 중이다. 창업 이후 상황을 분석해 보니 연간 재료비가 2천만 원, 임대료가 5천만 원, 기타 비용이 3천만 원이 들 것으로 예상되고, 음식점 운영 시 1년 동안의 예상 판매 수입은 1억 5천만 원이다.

[보기]
ㄱ. 현재 갑이 회사에서 받는 연봉은 매몰 비용이다.
ㄴ. 창업을 선택할 경우 순편익은 음(−)의 값이다.
ㄷ. 창업을 선택할 경우 이윤은 암묵적 비용보다 크다.
ㄹ. 창업을 선택할 경우 판매 수입이 명시적 비용보다 크다.

① ㄱ, ㄴ   ② ㄱ, ㄷ   ③ ㄴ, ㄷ
④ ㄴ, ㄹ   ⑤ ㄷ, ㄹ

030

그림은 경제적 유인과 이에 따른 행동의 변화를 나타낸다. A, B에 해당하는 사례로 적절한 것만을 〈보기〉에서 고른 것은?

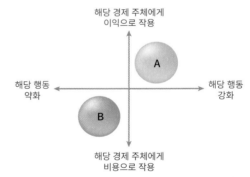

[보기]
ㄱ. A : 정부가 전기 자동차 구입에 보조금을 지급하자 전기 자동차 구매가 증가하였다.
ㄴ. A : 길거리 흡연을 하는 사람에게 벌금을 부과하자 길에서 흡연하는 사람이 감소하였다.
ㄷ. B : 과속 차량에 대한 벌금 액수를 높이자 과속 차량이 크게 감소하였다.
ㄹ. B : 교칙을 어긴 학생에게 벌점을 부과하고 벌점이 많으면 벌 청소를 하게 하자 교칙 위반자가 더 증가하였다.

① ㄱ, ㄴ   ② ㄱ, ㄷ   ③ ㄴ, ㄷ
④ ㄴ, ㄹ   ⑤ ㄷ, ㄹ

031

다음 자료에 대한 설명으로 옳은 것은?

교사 : A는 생산 과정에 참여한 대가를 주고받는 경제 활동입니다. A에 대해 발표해 보세요.

갑 : A의 결과 가계가 취득한 소득은 소비의 바탕이 됩니다.

을 : ㅤㅤㅤㅤㅤㅤㅤㅤ(가)ㅤㅤㅤㅤㅤㅤㅤㅤ

병 : ㅤㅤㅤㅤㅤㅤㅤㅤ(나)ㅤㅤㅤㅤㅤㅤㅤㅤ

교사 : 옳게 발표한 학생은 ㉠ 두 명입니다.

① ㉠에는 갑이 포함되지 않는다.
② 택배 기사가 주문받은 상품을 배달하는 것은 A의 사례이다.
③ (가)에 'A의 기준과 방식은 경제 체제를 결정하는 요소로 작용합니다.'가 들어가면, ㉠에는 병이 포함된다.
④ (나)에 '효용을 얻는 활동입니다.'가 들어가면, ㉠에는 을이 포함된다.
⑤ (가)에 '부가가치를 창출하는 활동입니다.'가 들어가면, (나)에는 '생산 과정을 부분으로 나누어 작업하는 방식입니다.'가 들어갈 수 있다.

032

그림은 민간 경제 순환의 일부를 나타낸다. 이에 대한 설명으로 옳은 것은? (단, A는 가계 또는 기업 중 하나이다.)

① A는 생산 활동의 주체이다.
② A는 재화와 서비스의 공급자이다.
③ 재화와 달리 서비스는 ㉠에 해당하지 않는다.
④ 노동과 자본은 ㉡에 해당한다.
⑤ 임금은 ㉢, 이자는 ㉣에 해당한다.

033

다음 사례에 대한 옳은 설명만을 〈보기〉에서 고른 것은? (단, 제시된 자료 이외의 다른 조건은 고려하지 않는다.)

갑은 직접 구매한 ㉠액세서리를 착용하여 즐거움을 느끼고 있었다. 진로에 대해 고민하던 갑은 1인 기업을 설립하여 영상 콘텐츠를 제작하였다. 영상 콘텐츠 제작에는 ㉡액세서리 구입을 포함하여 ㉢연간 1,000만 원의 비용이 발생한다. 꾸준한 활동으로 안정적인 수입을 얻던 갑은 ○○ 기업으로부터 ㉣연봉 5,000만 원의 조건으로 입사 제안을 받았다. 현재 갑은 1인 기업 운영을 계속할지, 아니면 1인 기업 운영을 그만두고 ○○ 기업에 입사할지 고민하고 있다.

【 보기 】
ㄱ. ㉠은 갑에게 효용을 주는 재화이다.
ㄴ. ㉡은 갑의 소비 활동에 해당한다.
ㄷ. ㉢은 1인 기업 운영에 따른 명시적 비용에 해당한다.
ㄹ. ㉣은 ○○ 기업 입사에 따른 암묵적 비용에 해당한다.

① ㄱ, ㄴ ② ㄱ, ㄷ ③ ㄴ, ㄷ
④ ㄴ, ㄹ ⑤ ㄷ, ㄹ

034

표는 경제적 유인의 유형 A, B를 나타낸다. 이에 대한 설명으로 옳은 것은?

유형	A	B
의미	경제 주체의 행위를 변화시키기 위해 편익을 증가시키거나 비용을 감소시키는 것	경제 주체의 행위를 변화시키기 위해 비용을 증가시키거나 편익을 감소시키는 것
사례	(가)	(나)

① A는 부정적 유인, B는 긍정적 유인이다.
② 가계는 기업과 달리 B에 반응한다.
③ '음주 운전자에 대한 벌금 인상'은 (나)에 들어갈 수 없다.
④ '목표 성적을 달성한 학생에 대한 장학금 지급'은 (가)에 들어갈 수 있다.
⑤ B는 A와 달리 민간 경제 주체가 합리적 결정을 하도록 유도한다.

02 경제 문제를 해결하는 다양한 방식

☑ 출제 포인트   ☑ 계획 경제 체제   ☑ 시장 경제 체제   ☑ 혼합 경제 체제   ☑ 분업

1. 다양한 경제 체제

1 경제 체제의 의미와 특징

(1) **의미** 경제 문제를 해결하기 위한 합의된 제도나 방식

(2) **특징** 나라마다 다양한 경제 체제의 특징이 혼합되어 나타남

★2 경제 체제의 유형 ⓒ 14쪽 053번 문제로 확인

(1) **전통 경제 체제**

① 의미 : 경제 문제를 전통과 관습에 따라 해결하는 경제 체제

② 특징 : 사회의 안정과 지속성 보장 용이, 사회 구성원의 경제 활동을 전통이나 관습으로 제한하여 사회 발전이 지연됨

(2) **계획 경제 체제**

① 의미 : 정부의 계획과 명령, 통제에 따라 경제 문제를 해결하는 경제 체제

② 특징

- 자원 배분의 집중을 막아 분배의 형평성을 실현하고자 함
- 개별 경제 주체의 경제 활동의 자유가 제한됨
- 경제적 유인 부족으로 생산성 저하, 자원 배분의 효율성이 낮음

(3) **시장 경제 체제**

① 의미 : 시장 가격에 따라 경제 주체가 자유롭게 의사 결정을 함으로써 경제 문제를 해결하는 경제 체제

② 특징

- 경제 주체의 자유로운 선택과 경쟁에 의해 자원이 효율적으로 배분됨
- 정부의 역할은 자유로운 경제 활동을 위한 법적, 제도적 장치를 마련하는 것으로 제한
- 빈부 격차의 심화, 급격한 경기 변동 발생 가능

자료 경제 체제의 비교 ⓒ 13쪽 049번 문제로 확인

구분	경제 문제 해결 방식	의사 결정 주체	경제 활동 동기	장점	단점
계획 경제 체제	정부의 명령과 계획	정부	정부의 목표 추구	형평성 추구	비효율적 자원 배분
시장 경제 체제	시장 가격 기구	개별 경제 주체	개인의 이익 추구	효율적 자원 배분	빈부 격차 심화

분석 시장 경제 체제와 계획 경제 체제는 각각 장단점이 있으므로 대부분의 국가는 두 경제 체제를 혼합한 혼합 경제 체제를 채택하고 있다.

(4) **혼합 경제 체제**

① 의미 : 시장 경제 체제와 계획 경제 체제가 혼합된 경제 체제

② 등장 배경 : 1930년대 대공황으로 시장의 자동 조절 기능의 한계를 인식한 정부가 시장에 적극 개입하여 경제 문제를 해결

③ 특징 : 오늘날 대부분 국가가 혼합 경제 체제를 채택하고 있으며, 국가가 추구하는 목표에 따라 혼합의 정도가 다름

자료 자본주의와 사회주의 ⓒ 15쪽 055번 문제로 확인

사회주의	생산 수단의 국유 또는 공유를 원칙으로 하는 경제 체제
자본주의	생산 수단에 대한 개인의 소유를 보장하는 경제 체제

분석 경제 체제는 생산 수단의 소유 형태에 따라 사회주의 경제 체제와 자본주의 경제 체제로 구분할 수 있다.

2. 시장 경제의 기본 원리와 사회 제도

1 시장 경제의 기본 원리

★(1) **분업** ⓒ 15쪽 058번 문제로 확인

① 의미 : 생산 과정을 여러 부문으로 나누어 여러 사람이 분담하여 일을 완성하는 방식

② 효과 : 기술 숙달로 노동의 생산성 향상, 특화 품목의 교환을 통해 상호 간 이익 추구 가능

자료 분업과 생산성 향상 ⓒ 15쪽 057번 문제로 확인

숙련되지 않은 노동자가 수작업으로 옷핀을 만든다면 하루 1개를 만들기도 힘들지만, 옷핀 제조 과정을 18개 공정으로 나누어 10명이 분업을 하면 1명당 하루에 4,800개의 옷핀을 만들 수 있다.

– 애덤 스미스, 「국부론」 –

분석 분업은 특화로 이어져 생산성이 증가하게 된다. 상대적으로 생산성이 높은 일에 전념하여 효율적으로 생산하고 이를 통해 얻은 소득으로 필요한 상품을 교환하는 과정에서 사회 전체의 효율성이 높아진다.

(2) **경쟁** 자유로운 경쟁 가운데 경제 주체들은 이익의 극대화를 위해 노력하며 이 과정에서 사회 전체의 효율성이 향상됨

(3) **자유로운 경제 활동 보장** 개인은 효용 극대화를 위해, 기업은 이윤 극대화를 위해 자유롭게 결정함

(4) **사유 재산 보장** 사유 재산의 보장으로 경제적 유인과 개인의 생산 동기를 강화함

(5) **가격 기구** 가격 기구('보이지 않는 손')는 생산자와 소비자에게 정보를 제공하고 행동의 방향을 제시하여 자원의 효율적 배분을 유도함

2 시장 경제를 뒷받침하는 사회 제도

(1) **사유 재산권 보장** 개인이나 민간 기업이 사유 재산을 사용하여 얻은 이익을 소유하거나 자유롭게 처분할 수 있는 권리 → 개인과 민간 기업에 경제 활동의 동기를 부여

(2) **자유로운 경제 활동 보장** 영업의 자유, 계약 자유의 원칙, 직업 선택의 자유 등을 보장 → 생산성 향상, 사회적 자원의 최적 배분

(3) **공정한 경쟁 보장** 독과점, 담합, 과대·과장 광고 등을 방지하고 공정한 경쟁을 보장하는 제도 마련

분석 기출 문제

≫ 바른답·알찬풀이 4쪽

●● 빈칸에 들어갈 알맞은 용어를 쓰시오.

035 ( )(이)란 경제 문제를 해결하기 위한 합의된 제도나 방식을 의미한다.

036 경제 주체의 자유로운 활동과 시장 가격에 의해 경제 문제가 해결되는 경제 체제는 ( )이다.

037 생산 과정을 여러 부문으로 나누어 각자 맡은 업무를 수행하는 방식을 ( )(이)라고 한다.

●● 다음 내용이 맞으면 ○표, 틀리면 ×표를 하시오.

038 계획 경제 체제는 시장 경제 체제보다 자원 배분의 효율성이 높다. ( )

039 혼합 경제 체제는 시장 경제 체제 요소와 계획 경제 체제 요소가 혼합된 경제 체제이다. ( )

040 분업을 통해 상품을 특화하여 생산하면 사회 전체적으로 효율성이 향상된다. ( )

●● 경제 체제와 이의 특징을 바르게 연결하시오.

041 시장 경제 체제 • • ㉠ 대공황을 계기로 등장

042 계획 경제 체제 • • ㉡ 빈부 격차 심화 초래

043 혼합 경제 체제 • • ㉢ 정부의 계획과 명령

044 전통 경제 체제 • • ㉣ 전통과 관습 강조

●● 다음 중 알맞은 것을 고르시오.

045 개별 경제 주체의 자유로운 선택에 의해 경제 문제가 해결되는 경제 체제는 (㉠ 계획 경제 체제, ㉡ 시장 경제 체제)이다.

046 경제적 유인의 부족으로 자원 배분의 효율성이 낮은 경제 체제는 (㉠ 계획 경제 체제, ㉡ 시장 경제 체제)이다.

●● 다음 내용과 관련 있는 개념을 〈보기〉에서 고르시오.

047 생산 과정을 여러 부문으로 나누어 일을 완성하는 행위
( )

048 개인이 얻은 이익을 소유하거나 자유롭게 처분할 권리
( )

【 보기 】
ㄱ. 사유 재산권   ㄴ. 분업

★빈출 049

그림은 갑국과 을국의 경제 체제의 특징을 나타낸다. 이에 대한 옳은 추론만을 〈보기〉에서 고른 것은? (단, 갑국과 을국은 각각 시장 경제 체제와 계획 경제 체제 중 하나를 채택하고 있다.)

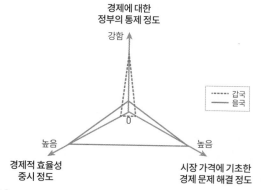

【 보기 】
ㄱ. 갑국은 을국에 비해 가격 기구의 기능을 중시할 것이다.
ㄴ. 갑국은 을국에 비해 시장 경제 체제의 성격이 강할 것이다.
ㄷ. 을국은 갑국에 비해 경제 활동에서 경제적 유인을 강조할 것이다.
ㄹ. 을국은 갑국에 비해 경제 주체 간 자유로운 경쟁을 보장할 것이다.

① ㄱ, ㄴ　　② ㄱ, ㄷ　　③ ㄴ, ㄷ
④ ㄴ, ㄹ　　⑤ ㄷ, ㄹ

050

표는 경제 체제 A, B를 구분한 것이다. 이에 대한 옳은 설명만을 〈보기〉에서 고른 것은? (단, A, B는 각각 시장 경제 체제와 계획 경제 체제 중 하나이다.)

질문	A	B
경제 주체 간 자율적 의사 결정을 중시하는가?	예	아니요
(가)	아니요	예

【 보기 】
ㄱ. A는 시장 가격에 따른 의사 결정을 통해 경제 문제를 해결한다.
ㄴ. B는 '보이지 않는 손'의 기능을 강조한다.
ㄷ. B에서는 A와 달리 기본적인 경제 문제가 발생하지 않는다.
ㄹ. (가)에는 '기업의 영리 추구 활동이 보장되는가?'가 들어갈 수 없다.

① ㄱ, ㄷ　　② ㄱ, ㄹ　　③ ㄴ, ㄷ
④ ㄴ, ㄹ　　⑤ ㄷ, ㄹ

051

다음 글이 시사하는 바로 가장 적절한 것은?

> 시장 경제 체제에서 기업이 생존하기 위해서는 소비자의 선택을 받아야 하며, 이를 위해서는 질 좋은 상품을 더 적은 비용으로 생산해야 한다. 이와 같은 현상은 기업가의 이타심이나 자비심에 의한 것이 아니라 다른 기업과의 경쟁 상황에서 기업가 자신의 이익을 추구하는 과정에 나타나며, 이 때문에 소비자는 양질의 제품을 낮은 가격에 소비할 수 있게 되어 이득을 얻게 된다. 즉, 자원이 한정된 시장에서 더 많은 이익을 얻기 위해 기업 간 경쟁이 발생하며, 이러한 경쟁은 사회 전체적으로 자원의 낭비를 막고 효율적 경제 활동을 가능하도록 한다.

① 기업 간 담합은 소비자의 피해로 이어진다.
② 경쟁으로 희소한 자원이 공정하게 분배된다.
③ 정부는 생산물의 수량과 품목을 결정해야 한다.
④ 과도한 경쟁을 막기 위해 정부의 개입이 필요하다.
⑤ 자유로운 경쟁은 사회 전체의 효율성을 향상시킨다.

052

다음 대화에 대한 옳은 설명만을 〈보기〉에서 고른 것은?

정부는 경제 발전과 경제 문제 해결을 위해 다양한 방면에서 시장에 적극적으로 개입해야 해.

아니야. 시장을 신뢰하고, 정부의 시장 개입은 소득 재분배 등으로 한정해야 해.

갑

을

【 보기 】
ㄱ. 갑은 을과 달리 '보이지 않는 손'을 강조한다.
ㄴ. 을은 갑에 비해 시장 가격 기구의 기능을 신뢰한다.
ㄷ. 갑은 계획 경제 체제를, 을은 시장 경제 체제를 지향한다.
ㄹ. 갑은 을과 달리 경제 문제에 관한 시장의 자율적 해결 능력이 불완전하다고 본다.

① ㄱ, ㄴ   ② ㄱ, ㄷ   ③ ㄴ, ㄷ
④ ㄴ, ㄹ   ⑤ ㄷ, ㄹ

★빈출 053

경제 체제 A, B에 대한 옳은 설명만을 〈보기〉에서 고른 것은? (단, A, B는 각각 시장 경제 체제와 계획 경제 체제 중 하나이다.)

질문	A	B
정부의 계획에 의해 자원이 배분되는가?	아니요	예
시장 가격에 따른 경제 주체의 자유로운 의사 결정으로 경제 문제를 해결하는가?	예	아니요

【 보기 】
ㄱ. B는 A에 비해 정부의 역할을 중시한다.
ㄴ. B는 A와 달리 경제적 유인을 강조한다.
ㄷ. B는 전통과 관습에 의해 경제 문제를 해결한다.
ㄹ. 우리나라 경제 체제는 A와 B가 혼합된 형태이다.

① ㄱ, ㄴ   ② ㄱ, ㄹ   ③ ㄴ, ㄷ
④ ㄴ, ㄹ   ⑤ ㄷ, ㄹ

054

그림에 대한 옳은 설명만을 〈보기〉에서 고른 것은? (단, A, B는 각각 시장 경제 체제와 계획 경제 체제 중 하나이다.)

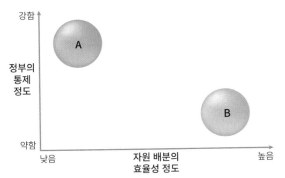

【 보기 】
ㄱ. A는 대공황을 계기로 등장한 경제 체제이다.
ㄴ. B는 사유 재산권과 경제 활동의 자유를 보장한다.
ㄷ. B는 A에 비해 가격 기구의 기능을 중시한다.
ㄹ. B는 A와 달리 자원의 희소성에 영향을 받는다.

① ㄱ, ㄴ   ② ㄱ, ㄷ   ③ ㄴ, ㄷ
④ ㄴ, ㄹ   ⑤ ㄷ, ㄹ

⭐빈출 055

A~C에 대한 설명으로 옳은 것은? (단, A~C는 각각 계획 경제 체제, 시장 경제 체제, 혼합 경제 체제 중 하나이다.)

> 시장에서 발생한 과도한 빈부 격차로 사회적 갈등이 발생함에 따라 오늘날 순수한 형태의 A를 채택한 국가는 없다. 또한 사회 전체의 생산성 저하와 비효율성의 문제로 온전히 B를 채택하여 운영하는 국가도 찾아보기 힘들다. 대부분 국가는 A의 요소와 B의 요소를 혼합한 C를 경제 체제로 채택하고 있다.

① A는 사적 이익 추구를 금지한다.
② B는 가격 기구의 역할을 중시한다.
③ C는 생산 수단의 사적 소유를 부정한다.
④ B는 A에 비해 경제적 유인을 중시한다.
⑤ C는 A에 비해 정부의 시장 개입에 대해 긍정적이다.

056

다음 대화에 대한 옳은 추론만을 〈보기〉에서 고른 것은?

> 갑 : 시장이 항상 완전한 것은 아닙니다. 시장에서는 자원이 불평등하게 배분될 수 있으며 그런 문제를 해결하기 위해 정부에 의한 자원 배분이 일정 부분 필요합니다.
>
> 을 : '보이지 않는 손'은 가장 이상적인 자원 배분 수단입니다. 정부는 '보이지 않는 손'의 자원 배분 기능을 신뢰하고 더 많은 부분을 시장에 맡겨야 합니다.

[보기]
ㄱ. 갑은 작은 정부를 지향해야 한다고 주장할 것이다.
ㄴ. 갑은 복지 향상을 위해 정부 개입이 필요하다고 주장할 것이다.
ㄷ. 을은 개인의 이익 추구 행위를 제한해야 한다고 주장할 것이다.
ㄹ. 을은 공공 부문의 경제 규모를 최소화해야 한다고 주장할 것이다.

① ㄱ, ㄴ   ② ㄱ, ㄷ   ③ ㄴ, ㄷ
④ ㄴ, ㄹ   ⑤ ㄷ, ㄹ

2. 시장 경제의 기본 원리와 사회 제도

⭐빈출 057

다음 사례에 부합하는 진술로 가장 적절한 것은?

> 옷핀 제조에 대해 교육을 받은 노동자라 하더라도 혼자 옷핀을 만든다면 하루에 100개의 옷핀도 만들기 어려울 것이다. 그러나 옷핀 제조 공장에서 옷핀 하나를 완성하기까지의 제조 공정을 18가지로 구분한 후 10명에게 이를 분담시킨다면, 노동자 한 사람이 하루 평균 4,800개의 옷핀을 생산할 수 있다.

① 분업보다 자급자족할 때 더 많은 성과를 낼 수 있다.
② 정부에 의해 생산 과정이 통제되는 것은 합리적이다.
③ 특화하여 교환할 경우 사회 전체적으로 소비량이 감소한다.
④ 분업은 노동 생산성을 높여 사회 전체적 생산성을 향상시킨다.
⑤ 잘할 수 있는 일을 나누어 하는 것은 서로에게 도움이 되지 않는다.

⭐빈출 058

다음 교사의 질문에 대한 적절한 대답만을 〈보기〉에서 고른 것은?

대부분의 기업이 생산 과정을 분업화하는 이유는 무엇일까요?

분업의 효과

[보기]
ㄱ. 개별 노동자의 개성을 존중하기 때문입니다.
ㄴ. 대량 생산에 적합한 생산 방식이기 때문입니다.
ㄷ. 계획 경제 체제에 적합한 생산 방식이기 때문입니다.
ㄹ. 노동자의 기술 숙달로 생산성이 향상되기 때문입니다.

① ㄱ, ㄴ   ② ㄱ, ㄷ   ③ ㄴ, ㄷ
④ ㄴ, ㄹ   ⑤ ㄷ, ㄹ

059

표는 갑국과 을국의 경제 체제의 특징을 나타낸다. 이에 대한 옳은 설명만을 〈보기〉에서 고른 것은?

특징	갑국	을국
사유 재산권의 보장 정도	높음	낮음
시장 가격 기구의 중시 정도	높음	낮음
경제적 효율성 중시 정도	높음	낮음

[보기]
ㄱ. 을국에서는 갑국에 비해 자유로운 경제 활동이 제한될 것이다.
ㄴ. 갑국에서는 시장에서의 교환 활동이 나타나지 않을 것이다.
ㄷ. 갑국은 계획 경제 체제, 을국은 시장 경제 체제에 가깝다.
ㄹ. 갑국에서는 을국에 비해 경제 주체 간 경쟁이 활발할 것이다.

① ㄱ, ㄴ   ② ㄱ, ㄷ   ③ ㄱ, ㄹ
④ ㄴ, ㄹ   ⑤ ㄷ, ㄹ

060

다음 글에 나타난 문제를 해결하기 위한 적절한 방안만을 〈보기〉에서 고른 것은?

'보이지 않는 손'이 작동하지 않는 경제 체제에서는 정부가 국민이 무엇을 원하는지, 그들이 어떤 능력이 있는지를 제대로 파악하기 어렵다. 이로 인해 정작 사회적으로 필요한 재화나 서비스를 충분히 공급하지 못하여 국민들이 어려움을 겪을 수 있으며, 자원이 비효율적으로 배분될 수 있다.

[보기]
ㄱ. 자원의 효율적인 배분을 위해 사유 재산권을 보장한다.
ㄴ. 생산성을 향상시키고 최적의 자원 배분을 위해 자유로운 경제 활동을 보장한다.
ㄷ. 경제 주체 간의 불공정한 경쟁을 예방하기 위해 정부가 주도하여 자원을 배분한다.
ㄹ. 정부는 가격 기구의 역할을 대신하여 생산자에게 정보를 제공하고 생산을 지시한다.

① ㄱ, ㄴ   ② ㄱ, ㄷ   ③ ㄴ, ㄷ
④ ㄴ, ㄹ   ⑤ ㄷ, ㄹ

🎓 1등급을 향한 서답형 문제

[061~062] 다음을 읽고 물음에 답하시오.

갑국 정부는 계획 경제 체제와 시장 경제 체제 중 하나의 경제 체제를 채택하고 있었다. 하지만 경제가 활력을 잃고 생산성이 낮아짐에 따라 갑국 정부는 경제 활성화를 위해 다음과 같은 정책을 도입할 계획이다. 다음 정책 도입을 통해 갑국 정부는 경제 체제를 _____ (가) _____로 전환하려고 한다.

• ㉠ 정부의 시장 규제 완화
• ㉡ 사유 재산의 인정 범위 확대
• 정부 주도의 대규모 사업으로 일자리 창출

061

(가)에 들어갈 경제 체제의 유형을 쓰시오.

062

밑줄 친 ㉠과 ㉡을 도입함에 따라 갑국에서 나타날 수 있는 변화를 다음의 용어를 사용하여 서술하시오.

경쟁, 경제적 유인, 생산 동기

[063~064] 다음은 우리나라 헌법 조항 중 일부이다. 물음에 답하시오.

제23조 　① 모든 국민의 재산권은 보장된다. 그 내용과 한계는 법률로 정한다.
제32조 　① …… 국가는 사회적·경제적 방법으로 근로자의 고용의 증진과 적정 임금의 보장에 노력하여야 하며, 법률이 정하는 바에 의하여 최저 임금제를 시행하여야 한다.
제119조 　② 국가는 균형 있는 국민 경제의 성장 및 안정과 적정한 소득의 분배를 유지하고, 시장의 지배와 경제력의 남용을 방지하며, 경제 주체 간의 조화를 통한 경제의 민주화를 위하여 경제에 관한 규제와 조정을 할 수 있다.

063

헌법 제23조에서 명시하고 있는 시장 경제를 뒷받침하는 사회 제도가 무엇인지 쓰시오.

064

우리나라가 채택하고 있는 경제 체제를 쓰고, 그렇게 판단한 이유를 헌법 내용을 활용하여 서술하시오.

적중 1등급 문제

» 바른답·알찬풀이 5쪽

065

그림은 질문 A, B에 따라 경제 체제를 구분한 것이다. A, B에 들어갈 수 있는 질문만을 〈보기〉에서 고른 것은?

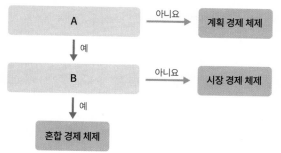

[보기]

ㄱ. A : 국가의 정책 목표를 우선으로 추구하는가?

ㄴ. A : 시장 가격에 의해 희소한 자원이 배분되는가?

ㄷ. B : 경제 주체의 자유로운 경제 활동이 보장되는가?

ㄹ. B : 정부가 경제 문제 해결에 개입하는가?

① ㄱ, ㄴ   ② ㄱ, ㄷ   ③ ㄴ, ㄷ

④ ㄴ, ㄹ   ⑤ ㄷ, ㄹ

066

표는 경제 문제 해결 방식과 생산 수단의 소유 주체에 따라 갑국과 을국을 구분한 것이다. 이에 대한 옳은 설명만을 〈보기〉에서 고른 것은?

구분		생산 수단의 소유 주체	
		정부	개인
경제 문제 해결 방식	정부의 계획과 명령	갑국	
	시장 가격 기구		을국

[보기]

ㄱ. 갑국에서는 생산물의 종류와 수량을 정부가 결정할 것이다.

ㄴ. 을국에서는 원칙적으로 생산 수단의 사적 소유가 제한될 것이다.

ㄷ. 을국은 갑국과 달리 시장 가격 기구의 자원 배분 기능을 강조할 것이다.

ㄹ. 갑국은 을국과 달리 민간 경제 주체의 자율성을 중시할 것이다.

① ㄱ, ㄴ   ② ㄱ, ㄷ   ③ ㄴ, ㄷ

④ ㄴ, ㄹ   ⑤ ㄷ, ㄹ

067

다음 자료에 대한 설명으로 옳은 것은?

그림은 질문 (가), (나)에 따라 경제 체제 A, B를 구분한 것이다. 단, A, B는 각각 계획 경제 체제와 시장 경제 체제 중 하나이며, A에서는 B와 달리 정부의 계획에 따라 자원이 배분된다.

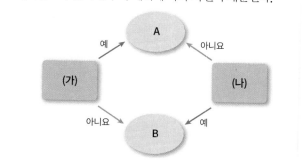

① A에서는 B와 달리 개인의 이윤 추구 동기가 강조된다.

② A에서는 B와 달리 '보이지 않는 손'의 기능이 중시된다.

③ B에서는 A와 달리 자원의 희소성에 따른 경제 문제가 발생한다.

④ (가)에는 '분배 과정에서 형평성보다 효율성이 중시되는가?'가 들어갈 수 있다.

⑤ (나)에는 '경제적 유인에 따른 경제 문제의 해결이 중시되는가?'가 들어갈 수 있다.

068

표는 갑국과 을국의 경제 체제의 특징을 나타낸다. 이에 대한 설명 및 추론으로 옳은 것은?

특징	갑국	을국
생산 수단의 사유화 정도	+++	+
공공 부문의 비중	+	+++
경제 전체의 효율성	+++	+

* +가 많을수록 정도가 강하거나 높음을 의미함

① 갑국은 시장 경제 체제에, 을국은 계획 경제 체제에 가깝다.

② 갑국은 을국에 비해 정부의 시장 개입 정도가 높을 것이다.

③ 을국은 갑국과 달리 개별 경제 주체의 자율성을 중시할 것이다.

④ 을국은 갑국과 달리 시장 가격에 의한 자원 배분을 강조할 것이다.

⑤ 을국은 갑국에 비해 사유 재산권의 보장 정도가 높을 것이다.

069

그림은 경제 체제 A~C를 구분한 것이다. 이에 대한 옳은 설명만을 〈보기〉에서 고른 것은? (단, A~C는 각각 계획 경제 체제, 시장 경제 체제, 전통 경제 체제 중 하나이다.)

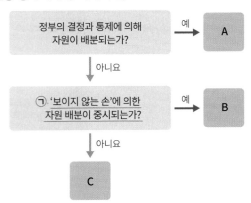

[보기]
ㄱ. A는 B와 달리 경제 주체의 사적 이윤 추구를 보장한다.
ㄴ. A는 주로 사회주의, B는 주로 자본주의와 결합한다.
ㄷ. B는 C보다 자유 경쟁의 원리를 강조한다.
ㄹ. ㉠ 대신 '전통과 관습에 의한 자원 배분이 중시되는가?'가 들어가면, C는 B와 달리 생산 수단의 사적 소유를 원칙적으로 금지한다.

① ㄱ, ㄴ ② ㄱ, ㄷ ③ ㄴ, ㄷ
④ ㄴ, ㄹ ⑤ ㄷ, ㄹ

070

표는 시장 경제 체제와 계획 경제 체제를 비교한 것이다. (가), (나)에 들어갈 적절한 질문만을 〈보기〉에서 고른 것은?

구분	(가)	(나)
시장 경제 체제	예	아니요
계획 경제 체제	아니요	예

[보기]
ㄱ. 경제적 효율성이 높은가?
ㄴ. 기업의 이윤 추구 동기가 강한가?
ㄷ. 경제 문제를 정부가 해결하는가?
ㄹ. 자원 배분 과정에서 정부의 명령을 강조하는가?

　　(가)　(나)　　　　(가)　(나)
① ㄱ, ㄴ ㄷ, ㄹ ② ㄱ, ㄷ ㄴ, ㄹ
③ ㄴ, ㄷ ㄱ, ㄹ ④ ㄴ, ㄹ ㄱ, ㄷ
⑤ ㄷ, ㄹ ㄱ, ㄴ

071

다음 자료에 대한 옳은 설명 및 추론만을 〈보기〉에서 고른 것은?

갑국은 정부의 계획과 명령에 의해 경제 문제를 해결하는 경제 체제를 채택하고 있었다. 경제의 활력과 생산성이 갈수록 떨어지자, 갑국은 시장 경제 체제 요소를 도입하여 다음과 같은 정책을 실시하였다.
• ㉠ 사유 재산의 허용 범위를 확대하였다.
• 　　(가)

[보기]
ㄱ. ㉠으로 인해 갑국에서는 개인의 경제적 자율성이 약화될 것이다.
ㄴ. ㉠으로 인해 갑국에서는 자원 배분에 대한 정부의 영향력이 약화될 것이다.
ㄷ. (가)에는 '국영 기업 대부분을 민영화하였다.'가 들어갈 수 있다.
ㄹ. (가)에는 '민간 기업의 이윤 추구 활동에 대한 규제를 철폐하였다.'가 들어갈 수 없다.

① ㄱ, ㄴ ② ㄱ, ㄷ ③ ㄴ, ㄷ
④ ㄴ, ㄹ ⑤ ㄷ, ㄹ

072

경제 체제가 A에서 B로 전환될 경우 나타날 수 있는 변화 양상으로 적절하지 <u>않은</u> 것은? (단, A, B는 각각 시장 경제 체제와 계획 경제 체제 중 하나이다.)

A	B
생산 수단의 국가 소유와 경제 활동에 관한 정부 통제를 중시한다.	사유 재산을 보장하고 경제 주체 간 자율적인 의사 결정을 중시한다.

① 분업과 특화의 원리가 더욱 강조될 것이다.
② 경제 주체 간 자유로운 경쟁이 더 확대될 것이다.
③ 시장 가격 기구에 의해 희소한 자원이 배분될 것이다.
④ 경제적 유인을 통해 분배의 형평성이 보장될 것이다.
⑤ 경제 문제의 해결에 있어 민간 경제 주체의 역할이 강조될 것이다.

03 경제 주체의 역할

I 경제생활과 경제 문제

✔ 출제 포인트　✔ 가계의 역할　✔ 기업의 역할　✔ 정부의 역할　✔ 조세의 분류

1. 가계의 역할

1 가계의 의미와 특징

(1) **의미**　가계 소득을 바탕으로 소비 활동을 하는 경제 주체

(2) **특징**　한 국가의 경제 활동에서 가장 기초적인 경제 단위

★2 가계의 경제적 역할 ☞ 21쪽 090번 문제로 확인

(1) **생산물 시장의 수요자**

① 가계는 기업이 생산한 재화와 서비스를 소비함

② 가계는 재화와 서비스의 소비를 통해 효용 극대화를 추구함

(2) **생산 요소 시장의 공급자**

① 가계는 생산 활동에 필요한 노동, 토지, 자본 등의 생산 요소를 제공함

② 생산 요소를 제공한 대가로 임금, 지대, 이자 등의 요소 소득을 얻음

(3) **납세자 역할**　가계는 조세를 납부하여 정부의 재원 마련에 기여함 예 소득세

3 생산 요소와 요소 소득

(1) **노동**　인간의 정신적·육체적 활동 → 임금

(2) **토지**　땅과 지하자원을 포함 → 지대

(3) **자본**　생산 기계나 원자재 등의 생산 수단 → 이자

2. 기업의 역할

1 기업의 의미와 특징

(1) **의미**　재화와 서비스를 생산하여 시장에 공급하는 생산 활동을 하는 경제 주체

(2) **특징**　이윤을 얻기 위해 생산 요소를 결합하여 재화와 서비스를 생산함

★2 기업의 경제적 역할 ☞ 22쪽 093번 문제로 확인

(1) **생산물 시장의 공급자**

① 기업은 재화와 서비스를 생산하여 생산물 시장에 공급함

② 기업은 재화와 서비스를 생산·판매하여 이윤 극대화를 추구함

(2) **생산 요소 시장의 수요자**

① 기업은 생산 활동에 필요한 노동, 토지, 자본 등 생산 요소를 구입하고 이에 대한 대가를 가계에 지불함

② 기업은 생산 과정에서 기술 개발 및 비용 절감 노력을 통해 생산 요소의 효율적 활용을 추구함

(3) **납세자 역할**　기업은 생산 활동으로 얻은 수익 일부를 조세로 납부함 예 법인세, 부가가치세

3. 정부의 역할

1 재정 활동

(1) **의미**

① 재정 활동 : 정부가 정책을 시행하기 위해 수입과 지출을 관리하는 일체의 경제 활동

② 세입 : 정부가 나라 살림을 위해 필요한 재원을 마련하는 활동

③ 세출 : 정부가 나라 살림을 운영하며 경비를 지출하는 활동

★(2) 납부 방법에 따른 조세의 분류 ☞ 22쪽 096번 문제로 확인

① 직접세 : 세금을 납부하는 사람(납세자)과 부담하는 사람(담세자)이 같은 세금 예 소득세, 법인세

② 간접세 : 세금을 납부하는 사람과 부담하는 사람이 다른 세금 예 부가가치세, 개별 소비세

★2 정부의 역할 ☞ 22쪽 095번 문제로 확인

(1) **공급자 역할**

① 국방, 치안 등의 공공재와 도로, 항만, 철도 등의 사회 간접 자본을 생산함

② 공공재는 대가를 치른 사람만 사용할 수 있는 배제성이 없고, 한 사람의 소비가 다른 사람의 소비를 줄이는 경합성도 없으므로 기업이 생산하기 힘듦 → 공공재의 생산은 정부가 담당

(2) **수요자 역할**　가계의 생산 요소와 기업의 재화와 서비스를 소비함(생산 요소 시장에서의 수요자, 생산물 시장에서의 수요자)

★(3) 그 외의 역할 ☞ 23쪽 098번 문제로 확인

① 공정한 경쟁 유도 : 시장에서 공정한 경쟁이 이루어질 수 있도록 제도적 기반 마련 예 독과점, 과대·과장 광고 등 규제

② 소득 재분배 : 분배 과정에 개입하여 소득 격차 완화 예 최저 임금 제도, 누진세 제도, 사회 보장 제도 등

③ 경제 안정화 : 경기 침체나 경기 과열에 따른 문제 해결을 위해 정부의 개입 필요 → 물가와 고용 안정 노력

> **자료** 국민 경제의 순환 ☞ 23쪽 099번 문제로 확인

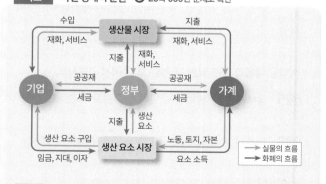

> **분석** 가계와 기업을 민간 경제의 주체라고 하며, 가계, 기업, 정부를 국민 경제의 주체라고 한다. 국민 경제의 주체들이 생산, 분배, 소비 활동을 하면서 실물과 화폐가 순환하는 과정을 국민 경제의 순환이라고 한다.

분석 기출 문제

» 바른답·알찬풀이 7쪽

핵심 개념 문제

•• 빈칸에 들어갈 알맞은 용어를 쓰시오.

073 (   )은/는 소비의 주체로, 국민 경제에서 가장 기초적인 경제 단위이다.

074 재화와 서비스를 생산하여 시장에 공급하는 경제 주체는 (   )이다.

075 시장의 기능이 원활히 이루어지도록 제도적 기반을 마련하는 경제 주체는 (   )이다.

•• 다음 내용이 맞으면 ○표, 틀리면 ×표를 하시오.

076 가계가 생산 요소 중 토지 제공의 대가로 받는 소득은 임금이다.   (   )

077 가계는 법인세, 부가가치세와 같은 세금을 정부에 납부한다.   (   )

078 기업은 생산물 시장에서의 공급자이며, 생산 요소 시장에서의 수요자이다.   (   )

•• 생산 요소 제공에 따른 대가를 바르게 연결하시오.

079 토지 제공의 대가 •   • ㉠ 이자

080 노동 제공의 대가 •   • ㉡ 지대

081 자본 제공의 대가 •   • ㉢ 임금

•• 다음 중 알맞은 것을 고르시오.

082 가계의 소비 활동은 (㉠ 효용 극대화, ㉡ 이윤 극대화)를 추구하며 이루어진다.

083 (㉠ 기업, ㉡ 가계)은/는 생산물 시장에서의 수요자이며, 생산 요소 시장에서의 공급자이다.

084 정부는 (㉠ 자유로운 경쟁, ㉡ 공정한 경쟁)을 유도하기 위해 독과점 형성, 과장 광고 등을 규제한다.

•• 다음 내용과 관련 있는 개념을 〈보기〉에서 고르시오.

085 정부가 나라 살림을 운영하며 경비를 지출하는 활동   (   )

086 정부가 나라 살림에 필요한 재원을 마련하는 활동   (   )

┌ [보기] ─────────────────────┐
│ ㄱ. 세입   ㄴ. 세출 │
└────────────────────────────┘

---

1. 가계의 역할

087

밑줄 친 ㉠~㉤에 대한 설명으로 옳은 것은?

┌──────────────────────────────┐
│ 작은 ㉠빵집을 운영하는 갑은 매일 ㉡밀가루를 구입하여 빵 │
│ 을 만들고 있다. 갑의 빵집에는 2명의 ㉢종업원이 있으며, 1명 │
│ 은 갑을 도와 빵을 만들고, 나머지 1명은 ㉣빵 포장 및 계산을 │
│ 담당하고 있다. 최근 갑의 빵집에서 ㉤빵을 구매하는 고객이 │
│ 크게 늘어나고 있다. │
└──────────────────────────────┘

① ㉠은 생산 요소 시장에서의 공급자이다.
② ㉡은 갑의 소비 행위에 해당한다.
③ ㉢은 ㉠에 자본이라는 생산 요소를 공급하였다.
④ ㉣은 생산에 해당한다.
⑤ ㉤은 생산 요소 시장에서의 수요자이다.

088

표는 요소 소득의 유형에 관한 질문과 응답을 나타낸다. A~C에 해당하는 사례만을 〈보기〉에서 골라 바르게 연결한 것은?

질문	A	B	C
노동을 제공한 대가인가?	○	×	×
자본을 제공한 대가인가?	×	○	×
토지를 제공한 대가인가?	×	×	○

(○ : 예, × : 아니요)

┌ [보기] ─────────────────────┐
│ ㄱ. 65세 이상 노인에게 지급되는 기초 연금 │
│ ㄴ. 음식점에서 아르바이트를 하고 받은 월급 │
│ ㄷ. 새 공장을 지을 자금을 대여해 주고 받은 수익 │
│ ㄹ. 건물주가 상가를 임대한 상인에게서 받은 임대료 │
└────────────────────────────┘

	A	B	C			A	B	C
①	ㄱ	ㄴ	ㄷ		②	ㄱ	ㄹ	ㄴ
③	ㄴ	ㄷ	ㄹ		④	ㄷ	ㄱ	ㄹ
⑤	ㄹ	ㄴ	ㄷ					

089

표는 생산물 시장과 생산 요소 시장을 비교한 것이다. (가)~(다)에 들어갈 수 있는 내용을 바르게 연결한 것은?

구분	특징	경제 활동 사례
생산물 시장	(가)	(나)
생산 요소 시장	(다)	갑은 약국을 개업하기 위해 은행에서 대출을 받았다.

① (가) – 기업이 수요자 역할을 한다.

② (나) – 택배 서비스를 이용하여 물건을 발송한다.

③ (나) – 상가 건물을 임대해 주고 임대료를 받는다.

④ (다) – 재화와 서비스가 거래된다.

⑤ (다) – 기업이 생산 요소를 제공한 대가를 받는다.

⭐빈출 090

그림은 민간 경제의 순환을 나타낸다. 이에 대한 옳은 설명만을 〈보기〉에서 고른 것은?

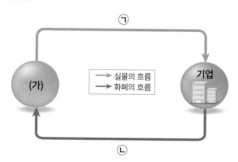

[보기]

ㄱ. ⊙에는 생산물이 들어간다.

ㄴ. 재화와 서비스는 ⊙에 해당한다.

ㄷ. 임금, 지대, 이자는 ⓛ에 해당한다.

ㄹ. (가)는 생산 요소 시장에서 공급자 역할을 한다.

① ㄱ, ㄴ   ② ㄱ, ㄷ   ③ ㄴ, ㄷ

④ ㄴ, ㄹ   ⑤ ㄷ, ㄹ

091

그림은 민간 경제 주체 (가), (나) 간 실물의 흐름을 나타낸다. 이에 대한 옳은 설명만을 〈보기〉에서 고른 것은?

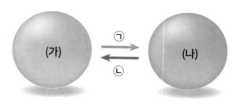

[보기]

ㄱ. ⊙이 생산물 시장에서 거래된다면, (가)는 생산 활동의 주체이다.

ㄴ. ⓛ이 생산 요소 시장에서 거래된다면, (나)는 소비 활동의 주체이다.

ㄷ. (가)가 이윤 극대화를 추구하는 경제 주체라면, ⊙은 생산 요소이다.

ㄹ. (나)가 효용 극대화를 추구하는 경제 주체라면, ⓛ은 재화와 서비스이다.

① ㄱ, ㄴ   ② ㄱ, ㄷ   ③ ㄴ, ㄷ

④ ㄴ, ㄹ   ⑤ ㄷ, ㄹ

092

다음 사례를 통해 추론할 수 있는 내용으로 가장 적절한 것은?

A 전자는 국내 임금 수준이 높아지자 국내 공장을 임금 수준이 낮은 외국으로 이전할 계획을 수립하였다. 또 인건비 외의 다른 생산 비용도 줄이기 위해 생산 공정의 변화, 원자재 구매 지역의 다변화 등 다양한 노력을 기울이고 있다.

① 기업은 납세자의 역할을 담당한다.

② 기업은 일자리 창출을 우선시한다.

③ 기업은 이윤 극대화를 위해 노력한다.

④ 기업은 사회적 후생 극대화를 추구한다.

⑤ 기업은 생산 요소 시장에서 공급자 역할을 한다.

★빈출
093

그림은 기업의 경제 활동 일부를 나타낸다. 이에 대한 옳은 설명만을 〈보기〉에서 고른 것은?

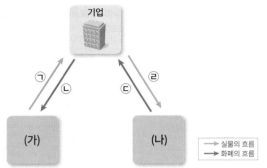

* 단, (가), (나)는 각각 생산물 시장과 생산 요소 시장 중 하나임

[보기]

ㄱ. ㉠에는 재화가 포함된다.
ㄴ. ㉡에는 임금이 포함된다.
ㄷ. ㉢에는 이자가 포함된다.
ㄹ. ㉣에는 서비스가 포함된다.

① ㄱ, ㄴ   ② ㄱ, ㄷ   ③ ㄴ, ㄷ
④ ㄴ, ㄹ   ⑤ ㄷ, ㄹ

094

그림은 민간 경제의 흐름을 나타낸다. 이에 대한 설명으로 옳은 것은?

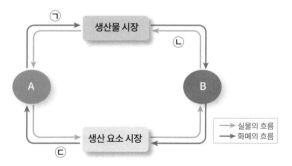

① ㉠에는 토지, 노동, 자본 등이 해당한다.
② ㉡에는 재화와 서비스가 해당한다.
③ ㉢은 재화와 서비스 구매의 대가이다.
④ A는 이윤 극대화를 추구하는 주체이다.
⑤ B는 효용 극대화를 추구하는 주체이다.

3. 정부의 역할

★빈출
095

다음 내용에서 공통으로 파악할 수 있는 정부의 경제적 역할로 가장 적절한 것은?

• 기업의 생산 과정에서 발생한 환경 오염 물질로 시민의 피해가 증가함에 따라 정부는 환경 규제를 신설하여 오염 물질을 배출한 기업에 과태료를 부과할 방침이다.
• A 기업과 B 기업이 담합하여 철강 가격을 인상하자, 공정 거래 위원회는 불공정한 거래를 제재하기 위해 A 기업과 B 기업에 과징금을 부과하였다.
• 치안 서비스, 국방 서비스 등과 같이 우리 국민 모두가 필요로 하지만 시장에서 충분히 생산되지 않는 재화는 정부가 생산을 전담하고 있다.

① 소득 분배의 형평성을 추구한다.
② 재정 정책으로 경기 변동에 대응한다.
③ 소비자의 권리 보호를 위해 노력한다.
④ 경제 안정화를 위해 시장에 개입한다.
⑤ 시장 경제 체제가 원활하게 작동하게 한다.

★빈출
096

밑줄 친 ㉠, ㉡에 대한 옳은 설명만을 〈보기〉에서 고른 것은?

• ○○ 제과에 근무하고 있는 갑은 과장으로 승진함에 따라 근로 소득이 크게 상승하였다. 이에 따라 작년에는 소득의 10%를 소득세로 냈지만, 올해에는 소득의 14%를 ㉠ 소득세로 납부하고 있다.
• ○○ 제과는 A 과자를 생산하고 있으며, 정부는 A 과자 공급 가격의 10%를 ㉡ 부가가치세로 부과하고 있다. ○○ 제과가 A 과자의 가격을 1,000원에서 1,100원으로 인상함에 따라 부과되는 세금도 100원에서 110원으로 올랐으며, 판매 가격은 1,100원에서 1,210원으로 인상되었다.

[보기]

ㄱ. ㉠은 모든 소득 수준에서 적용되는 세율이 동일하다.
ㄴ. ㉡은 납세자와 담세자가 일치한다.
ㄷ. ㉠은 직접세, ㉡은 간접세에 해당한다.
ㄹ. ㉠은 ㉡과 달리 누진세율이 적용된다.

① ㄱ, ㄴ   ② ㄱ, ㄷ   ③ ㄴ, ㄷ
④ ㄴ, ㄹ   ⑤ ㄷ, ㄹ

097

표는 조세 (가), (나)를 구분한 것이다. 이에 대한 옳은 설명만을 〈보기〉에서 고른 것은?

(가)	(나)
세금을 납부하는 사람과 부담하는 사람이 일치하는 조세	세금을 납부하는 사람과 부담하는 사람이 일치하지 않는 조세

【 보기 】
ㄱ. (가)는 주로 소비 지출에 부과된다.
ㄴ. (가)의 사례에는 소득세, 법인세가 있다.
ㄷ. (나)의 사례에는 부가가치세가 있다.
ㄹ. (나)는 주로 소득이나 재산에 부과되는 세금이다.

① ㄱ, ㄴ   ② ㄱ, ㄷ   ③ ㄴ, ㄷ
④ ㄴ, ㄹ   ⑤ ㄷ, ㄹ

⭐빈출 098

다음 사례에 공통적으로 나타난 정부의 경제적 역할로 가장 적절한 것은?

- 공정 거래 위원회는 A재를 생산하는 다섯 개 기업이 A재의 판매 가격을 담합한 사실을 적발하고 해당 업체에 시정 명령과 함께 과징금을 부과하였다.
- 정부는 떡갈비를 수입 소고기와 한우를 반씩 섞어 생산하고는 한우로만 만든 것처럼 광고한 대형 마트의 행위를 적발하여 단속하였다.

① 소득 재분배로 소득 격차를 완화한다.
② 규제 완화로 시장의 자율성을 보장한다.
③ 세율의 조정으로 물가 안정을 추구한다.
④ 정부가 개입하여 공정한 경쟁을 유도한다.
⑤ 경기 변동에 대응하여 경제 안정화를 도모한다.

[099~100] 그림은 국민 경제의 순환을 나타낸다. 물음에 답하시오.

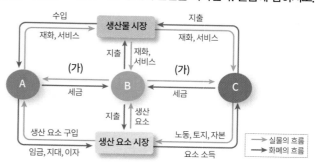

⭐빈출 099

A~C에 해당하는 경제 주체를 각각 쓰시오.

100

(가)에 들어갈 용어를 쓰고, (가)의 특징을 정부의 역할과 관련지어 서술하시오.

101

갑의 주장에서 도출할 수 있는 정부의 역할을 쓰고, 이를 위해 필요한 정책 두 가지를 서술하시오.

사회자 : 현재 우리나라 경제에서 가장 시급하게 해결해야 할 문제가 무엇이라고 생각하십니까?
갑 : 소득 양극화로 사회가 분열되고 있는 것이 가장 시급히 해결해야 할 문제입니다. 시장의 효율성만 고려하다 보니 사회 구성원 전체에게 소득이 공정하게 분배되지 않고 있습니다. 그래서 정부는 다음과 같은 역할을 해야 합니다.

적중 1등급 문제

» 바른답·알찬풀이 8쪽

102

그림에 대한 옳은 설명만을 〈보기〉에서 고른 것은? (단, A~C는 각각 가계, 기업, 정부 중 하나이다.)

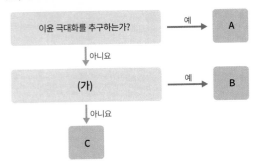

【 보기 】
ㄱ. A는 공공재 생산을 담당하는 주체이다.
ㄴ. B가 민간 경제 주체라면, C는 사회적 후생 극대화를 추구하는 주체이다.
ㄷ. B가 정부라면, (가)에는 '조세를 징수하는 주체인가?'가 들어갈 수 있다.
ㄹ. (가)가 '효용의 극대화를 추구하는가?'라면, B는 생산 요소 시장에서의 수요자이다.

① ㄱ, ㄴ   ② ㄱ, ㄷ   ③ ㄴ, ㄷ
④ ㄴ, ㄹ   ⑤ ㄷ, ㄹ

103

그림은 민간 경제의 순환을 나타낸다. 이에 대한 설명으로 옳은 것은? (단, (가), (나)는 생산물 시장과 생산 요소 시장 중 하나이다.)

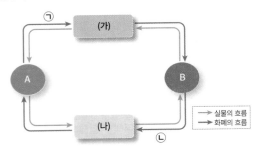

① ㉠이 임금, 지대, 이자라면, A는 가계, B는 기업이다.
② ㉡이 재화와 서비스 구매의 대가라면, (나)는 생산 요소 시장이다.
③ (가)에서 노동, 토지, 자본이 거래된다면, B는 이윤 극대화를 추구한다.
④ A가 효용 극대화를 추구하는 주체라면, (나)는 생산물 시장이다.
⑤ B가 소비의 주체라면, (나)에서는 재화와 서비스가 거래된다.

104

그림은 국민 경제의 순환을 나타낸다. 이에 대한 설명으로 옳은 것은? (단, A, B는 각각 가계와 기업 중 하나이며, 가계는 (가) 시장에서의 수요자이다.)

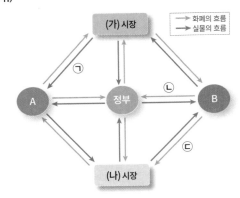

① A는 이윤 극대화를, B는 효용 극대화를 추구한다.
② (나) 시장에서는 (가) 시장에서와 달리 재화와 서비스가 거래된다.
③ 노동, 토지, 자본은 ㉠에 해당한다.
④ 가계의 소득세는 ㉡에 해당한다.
⑤ 임금, 이자, 지대는 ㉢에 해당한다.

105

그림은 경제 주체 간 실물의 흐름을 나타낸다. 이에 대한 옳은 설명만을 〈보기〉에서 고른 것은?

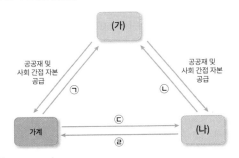

【 보기 】
ㄱ. ㉠과 ㉡은 조세이다.
ㄴ. ㉠과 ㉢은 생산 요소 시장에서 거래된다.
ㄷ. ㉡과 ㉣은 생산물 시장에서 거래된다.
ㄹ. (가)는 사회적 후생 극대화를, (나)는 효용 극대화를 추구한다.

① ㄱ, ㄴ   ② ㄱ, ㄷ   ③ ㄴ, ㄷ
④ ㄴ, ㄹ   ⑤ ㄷ, ㄹ

106

그림의 (가)~(다)는 갑국에서 고려하고 있는 소득세제 개편안을 나타낸다. 이에 대한 설명 및 추론으로 옳은 것은?

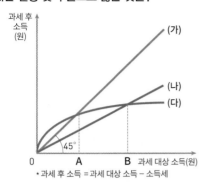

* 과세 후 소득 = 과세 대상 소득 − 소득세

① (가)에서는 과세 대상 소득이 과세 후 소득보다 크다.
② (다)에서 과세 대상 소득이 A 미만인 사람은 정부로부터 경제적 지원을 받을 것이다.
③ (가)는 (나)보다 세액이 많다.
④ (나)는 (다)보다 소득 재분배 효과가 크다.
⑤ 과세 대상 소득이 B 이상일 경우 소득이 증가할 때 (다)가 (나)보다 세액 증가율이 더 작다.

107

다음 대화에 대한 옳은 설명만을 〈보기〉에서 고른 것은?

사회자 : 기업의 사회적 책임 범위는 어디까지로 봐야 할까요?
갑 : 기업은 이윤을 창출하고 일자리를 제공하는 본연의 경제 활동으로 충분히 사회적 책임을 다한다고 봅니다.
을 : 기업은 윤리적인 방식으로 경영되어야 하며, 사회의 복지 증진에도 기여해야 합니다.

[보기]
ㄱ. 갑은 기업의 발전이 사회 발전에 기여한다고 볼 것이다.
ㄴ. 을은 기업의 장학 및 자선 사업을 긍정적으로 볼 것이다.
ㄷ. 갑은 을에 비해 기업의 사회적 책임 범위를 폭넓게 요구할 것이다.
ㄹ. 을은 갑과 달리 기업의 영리 추구 활동을 부정적으로 볼 것이다.

① ㄱ, ㄴ   ② ㄱ, ㄷ   ③ ㄴ, ㄷ
④ ㄴ, ㄹ   ⑤ ㄷ, ㄹ

108

그림은 갑의 X재 소비량에 따른 총지출액과 '총편익/총지출액'을 나타낸다. 이에 대한 옳은 설명만을 〈보기〉에서 고른 것은?

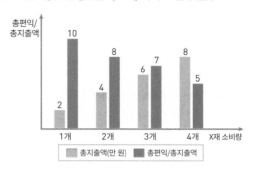

[보기]
ㄱ. 소비량이 3개일 때 순편익이 가장 크다.
ㄴ. 순편익은 소비량이 2개일 때보다 소비량이 4개일 때 크다.
ㄷ. 소비량이 1개씩 증가할 때마다 추가적으로 얻는 편익은 증가한다.
ㄹ. 소비량이 증가할수록 '총편익/소비량'은 지속적으로 증가한다.

① ㄱ, ㄴ   ② ㄱ, ㄷ   ③ ㄴ, ㄷ
④ ㄴ, ㄹ   ⑤ ㄷ, ㄹ

109

표는 질문에 따라 경제 주체 A~C를 구분한 것이다. 이에 대한 설명으로 옳은 것은? (단, A~C는 각각 가계, 기업, 정부 중 하나이다.)

질문	A	B	C
조세를 납부할 의무가 있는가?	예	아니요	예
생산 요소 시장에서의 수요자인가?	예	예	아니요

① A는 효용 극대화를 추구하는 주체이다.
② B는 생산 요소를 공급하고 소득을 얻는 주체이다.
③ C는 사회적 후생 극대화를 추구하는 주체이다.
④ B는 C와 달리 공공재 생산의 주체이다.
⑤ C는 B와 달리 경제 활동에 대한 규제와 조정을 할 수 있다.

단원 마무리 문제

01 희소성과 합리적 선택

110

밑줄 친 ㉠~㉣ 중 A~C에 해당하는 사례로 옳은 것은? (단, A~C는 각각 생산, 분배, 소비 중 하나이다.)

- 배달원 갑은 상품을 ㉠ 배송지까지 운송하였다.
- 강사 을은 수강생에게 ㉡ 유료 강의를 진행하였다.
- 회사원 병은 실적에 따른 ㉢ 성과급을 수령하였다.
- 정은 가족에게 줄 ㉣ 기념품을 구입하였다.

구분	A	B	C
재화나 서비스를 사용하여 효용을 얻는 활동인가?	예	아니요	아니요
부가가치를 창출하는 활동인가?	아니요	아니요	예

	A	B	C			A	B	C
①	㉡	㉠, ㉣	㉢		②	㉡	㉢, ㉣	㉠
③	㉣	㉡	㉠, ㉢		④	㉣	㉢	㉠, ㉡
⑤	㉡, ㉣	㉢	㉠					

111

그림은 민간 경제의 순환을 나타낸다. 이에 대한 옳은 설명만을 〈보기〉에서 고른 것은?

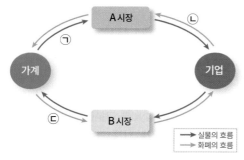

[보기]
ㄱ. A 시장은 생산물 시장이다.
ㄴ. 대학생 갑이 편의점 아르바이트를 하는 것은 ㉠에 해당한다.
ㄷ. 컴퓨터 회사가 반도체 회사에서 구입한 부품용 반도체는 ㉡에 해당한다.
ㄹ. 학생 을이 납부한 학원 수강료는 ㉢에 해당한다.

① ㄱ, ㄴ　　② ㄱ, ㄷ　　③ ㄴ, ㄷ
④ ㄴ, ㄹ　　⑤ ㄷ, ㄹ

112

표는 국민 경제 주체 A~C를 구분한 것이다. 이에 대한 설명으로 옳은 것은?

구분	A	B	C
민간 경제 주체에 해당하는가?	아니요	예	예
(가)	아니요	아니요	예

① (가)가 '생산 요소 시장에서의 공급자인가?'이면, C는 이윤 극대화를 추구한다.
② (가)가 '생산물 시장에서의 공급자인가?'이면, A는 B에게 법인세를 부과한다.
③ (가)가 '부가가치를 창출하는 활동의 주체인가?'이면, A의 복지 지출은 B의 소득 증대에 기여한다.
④ (가)가 '생산 활동의 주체인가?'이면, C는 B와 달리 사회적 후생 극대화를 추구한다.
⑤ A와 B가 노동 시장에서의 수요자이면, (가)에는 '소비 활동의 주체인가?'가 들어갈 수 없다.

113

기본적인 경제 문제 (가)~(다)에 대한 옳은 설명만을 〈보기〉에서 고른 것은?

기본적인 경제 문제	사례
(가)	기업들이 해외 생산 설비를 다시 본국으로 이전하고 있다.
(나)	임금 인상안을 두고 노사가 치열하게 대립하고 있다.
(다)	정유업체들이 신소재 화학 산업 분야로 사업 구조를 개편하고 있다.

[보기]
ㄱ. (가)는 생산 방법을 결정하는 문제이다.
ㄴ. (나)에서는 일반적으로 효율성만을 중시한다.
ㄷ. (나)의 문제 해결은 생산 요소 시장에 영향을 준다.
ㄹ. (다)는 (가), (나)와 달리 공공재 생산 과정에서는 발생하지 않는다.

① ㄱ, ㄴ　　② ㄱ, ㄷ　　③ ㄴ, ㄷ
④ ㄴ, ㄹ　　⑤ ㄷ, ㄹ

114

다음 자료에 대한 설명으로 옳은 것은?

그림은 A~D재를 분류한 것이다. 단, (가), (나)는 각각 희귀성과 희소성 중 하나이며, A재, B재는 C재, D재와 달리 인간의 욕구에 비해 존재량이 상대적으로 부족하다.

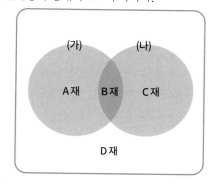

① (가)는 희귀성, (나)는 희소성이다.
② B재는 무상재이다.
③ C재의 사례로는 유명 화가의 작품을 들 수 있다.
④ 시장 가격은 A재가 B재보다 높다.
⑤ C재, D재는 A재, B재와 달리 시장 가격이 존재하지 않는다.

116

다음 자료에 대한 옳은 설명만을 〈보기〉에서 고른 것은?

표는 경제적 유인의 유형 A, B의 사례를 나타낸다. 단, A, B는 각각 긍정적 유인과 부정적 유인 중 하나이다.

유형	사례
A	우수한 성적으로 입학한 대학 신입생에게 주는 장학금
B	쓰레기 무단 투기에 대한 범칙금

[보기]
ㄱ. A는 가계와 달리 기업의 경제 활동에 영향을 미친다.
ㄴ. B는 해당 행동을 하는 사람들에게 손해 또는 비용으로 작용한다.
ㄷ. A는 B와 달리 사람들에게 해당 행동을 약화시키는 요인으로 작용한다.
ㄹ. A는 B와 달리 해당 행동을 하는 사람들의 편익을 증가시킨다.

① ㄱ, ㄴ   ② ㄱ, ㄷ   ③ ㄴ, ㄷ
④ ㄴ, ㄹ   ⑤ ㄷ, ㄹ

115

다음 사례에 대한 분석으로 옳은 것은?

갑은 A 스낵과 B 스낵 중 무엇을 먹을지 고민 중이다. A 스낵의 가격은 3,000원이고, B 스낵의 가격은 4,000원이다. A 스낵을 먹는 경우 얻게 되는 편익은 4,000원이고, B 스낵을 사먹는 경우 얻게 되는 편익은 6,000원이다.

① A 스낵 선택의 기회비용은 3,000원이다.
② A 스낵을 선택하는 경우 명시적 비용보다 암묵적 비용이 크다.
③ A 스낵이 B 스낵보다 가격이 저렴하므로 A 스낵을 선택하는 것이 합리적이다.
④ 암묵적 비용은 A 스낵을 선택하는 경우가 B 스낵을 선택하는 경우보다 작다.
⑤ 기회비용은 A 스낵을 선택하는 경우와 B 스낵을 선택하는 경우가 같다.

O2 경제 문제를 해결하는 다양한 방식

117

다음 (가)~(다)에 들어갈 수 있는 질문으로 옳은 것은?

A, B는 각각 시장 경제 체제와 계획 경제 체제 중 하나이다. 대공황 이후 등장한 혼합 경제 체제는 A를 기반으로 B의 요소가 가미되었다. 표는 질문 (가)~(다)에 따라 A, B를 구분한 것이다.

구분	(가)	(나)	(다)
A	아니요	예	예
B	예	예	아니요

① (가) – 경제적 유인 체계가 효과적으로 작동하는가?
② (가) – 원칙적으로 생산 수단의 사유화가 인정되는가?
③ (나) – 정부가 전적으로 주도하여 경제 문제를 해결하는가?
④ (나) – 민간 경제 주체들 간 자율적인 의사 결정을 중시하는가?
⑤ (다) – 자원 배분 과정에서 '보이지 않는 손'의 역할을 강조하는가?

118

다음 (가), (나)에 들어갈 옳은 내용만을 〈보기〉에서 고른 것은?

〈경제 체제 특징 분류 카드 게임〉

- 게임 규칙 : 모든 카드에는 각각 시장 경제 체제와 계획 경제 체제 중 한 경제 체제에만 해당하는 특징이 적혀 있다. 카드 두 장을 뽑은 후, 뽑은 두 장의 카드에 적힌 내용이 같은 경제 체제에 대한 것이면 뽑은 카드 두 장을 가져간다.
- 게임 결과 : 갑과 을이 뽑은 카드에 적힌 내용은 다음과 같고, 갑과 을 모두 게임 규칙에 따라 뽑은 카드 두 장을 가져갔다.

갑이 뽑은 카드에 적힌 내용	• (가) • 원칙적으로 생산 수단의 사유화를 허용하지 않는다.
을이 뽑은 카드에 적힌 내용	• (나) • '보이지 않는 손'의 기능을 중시한다.

[보기]

ㄱ. (가) – 자원의 희소성으로 인한 선택의 문제가 발생한다.
ㄴ. (가) – 정부의 명령이나 계획에 따라 자원 배분이 이루어진다.
ㄷ. (나) – 효율성을 추구하며, 작은 정부보다 큰 정부를 지향한다.
ㄹ. (나) – 민간 경제 주체 간 자유로운 의사 결정과 경쟁을 중시한다.

① ㄱ, ㄴ   ② ㄱ, ㄷ   ③ ㄴ, ㄷ
④ ㄴ, ㄹ   ⑤ ㄷ, ㄹ

[119~120] 다음을 읽고 물음에 답하시오.

표는 경제 체제 A, B를 각 기준에 따라 비교한 것이다. 단, A, B는 각각 시장 경제 체제와 계획 경제 체제 중 하나이다.

비교 기준	결과
경제 활동의 자유를 보장하는 정도	A>B
(가)	A<B
(나)	A>B

119

A, B에 해당하는 경제 체제를 각각 쓰시오.

120

(가), (나)에 들어갈 수 있는 내용을 각각 쓰시오.

121

다음 (가)~(라)에 들어갈 응답으로 옳은 것은? (단, (가)~(라)는 각각 '예', '아니요' 중 하나이다.)

〈자료 1〉 우리나라 헌법 조항

- A 조항 : 대한민국의 경제 질서는 개인과 기업의 경제상의 자유와 창의를 존중함을 기본으로 한다.
- B 조항 : 국가는 균형 있는 국민 경제의 성장 및 안정과 적정한 소득의 분배를 유지하고, 시장의 지배와 경제력의 남용을 방지하며, 경제 주체 간의 조화를 통한 경제의 민주화를 위하여 경제에 관한 규제와 조정을 할 수 있다.

〈자료 2〉

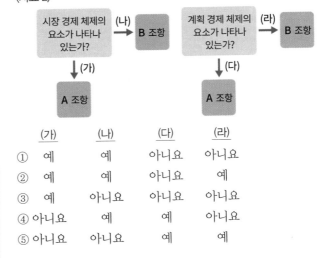

	(가)	(나)	(다)	(라)
①	예	예	아니요	아니요
②	예	예	아니요	예
③	예	아니요	아니요	아니요
④	아니요	예	예	아니요
⑤	아니요	아니요	예	예

03 경제 주체의 역할

122

다음 기사에 나타난 문제점을 해결하기 위한 정부의 대책으로 가장 적절한 것은?

○○신문

아파트 내에서의 흡연으로 거주 가구의 대다수가 간접 흡연의 피해를 입는 것으로 나타났다. 많은 사람이 간접 흡연에 무방비 상태로 노출되고 있는 것이다. 이에 대한 정부의 대책이 절실한 상황이다.

① 담배 생산에 대해 보조금을 지급한다.
② 담배 소비에 부과되는 세율을 낮춘다.
③ 담배 제조 기업의 자유로운 활동을 보장한다.
④ 기업을 대신하여 정부가 담배를 직접 생산한다.
⑤ 아파트 내에서의 흡연에 대해 과태료를 부과한다.

123

다음 자료에 대한 옳은 분석만을 〈보기〉에서 고른 것은?

표는 X재와 Y재만을 소비하는 갑이 각 재화의 소비량을 1개씩 늘릴 때마다 추가적으로 얻는 효용을 나타낸다. 갑은 X재와 Y재를 합하여 5개만을 소비하려고 하며, X재와 Y재의 가격은 같다.

구분	1번째	2번째	3번째	4번째	5번째
X재	14	12	8	5	3
Y재	9	7	3	1	0

[보기]
ㄱ. 갑이 얻을 수 있는 최대 효용은 40이다.
ㄴ. X재 3개와 Y재 2개를 소비하는 것이 합리적이다.
ㄷ. Y재의 소비량이 증가할수록 'Y재 총효용/Y재 소비량'은 증가한다.
ㄹ. 갑의 총효용은 X재만 5개 소비하는 것이 Y재만 5개 소비하는 것보다 크다.

① ㄱ, ㄴ   ② ㄱ, ㄷ   ③ ㄴ, ㄷ
④ ㄴ, ㄹ   ⑤ ㄷ, ㄹ

124

다음 자료에 대한 분석으로 옳은 것은?

A 기업은 가격이 10달러인 X재만을 생산하며, 생산된 X재는 모두 판매된다. 그림은 A 기업의 생산량에 따라 총수입에서 이윤이 차지하는 비율의 변화를 나타낸다.

〈총수입에서 이윤이 차지하는 비율〉

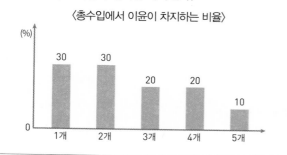

① 생산량이 5개일 때 이윤이 가장 작다.
② 생산량이 증가할수록 '총비용/생산량'은 감소한다.
③ 이윤은 생산량이 2개일 때와 생산량이 3개일 때가 같다.
④ 생산량을 1개씩 늘릴 때마다 추가적으로 발생하는 비용은 감소한다.
⑤ 생산량을 1개씩 늘릴 때마다 추가적으로 발생하는 수입은 증가한다.

125

그림은 갑국과 을국의 소득세제 변화를 나타낸다. 이에 대한 옳은 설명만을 〈보기〉에서 고른 것은?

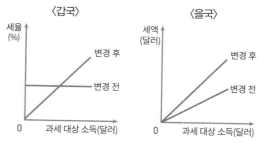

[보기]
ㄱ. 변경 후 갑국에서는 과세 대상 소득 증가율보다 세액 증가율이 크다.
ㄴ. 변경 후 을국에서는 과세 대상 소득 증가율보다 세액 증가율이 높다.
ㄷ. 갑국에서는 변경 전보다 변경 후의 소득 재분배 효과가 크다.
ㄹ. 을국에서는 변경 전과 달리 변경 후 누진세율이 적용되었다.

① ㄱ, ㄴ   ② ㄱ, ㄷ   ③ ㄴ, ㄷ
④ ㄴ, ㄹ   ⑤ ㄷ, ㄹ

[126~127] 다음을 읽고 물음에 답하시오.

경제 협력 개발 기구(OECD) 회원국 중 전체 세입에서 ㉠ 직접세가 차지하는 비중이 높은 국가는 미국(93.1%), 캐나다(79.0%), 호주(72.6%), 노르웨이(64.4%), 벨기에(61.2%), 아일랜드(60.6%) 등으로 조사됐다. 반면, ㉡ 간접세 비중이 높은 국가는 핀란드(68.6%), 터키(64.3%), 헝가리(63.0%), 칠레(57.2%) 등이었다. 우리나라의 간접세 비중은 2015년 기준 42.7%로, OECD 회원국 평균(48.4%)에 비해 5.7%p 낮은 것으로 조사됐다.

126 ✎ 서술형

㉠, ㉡의 구분 기준을 쓰고, ㉠, ㉡의 특징을 각각 한 가지씩 서술하시오.

127

우리나라의 ㉠과 ㉡에 해당하는 사례를 각각 한 가지씩 쓰시오.

04 시장의 수요와 공급

✓ 출제 포인트 ✓ 수요의 변동 요인 ✓ 공급의 변동 요인 ✓ 시장 균형 ✓ 시장 균형의 변동

1. 수요와 공급

1 시장의 수요

(1) **수요** 구매 능력을 갖춘 수요자가 원하는 상품을 실제로 사려는 경제적 의사

(2) **수요량** 일정 가격 수준에서 소비자가 실제로 구입하고자 하는 구체적인 수량

(3) **수요 법칙** 다른 조건이 일정하고 가격만 변할 때 가격과 수요량 간에 역(−)의 관계가 나타남 → 가격이 상승하면 수요량이 감소, 가격이 하락하면 수요량이 증가

(4) **수요 곡선** 가격과 수요량 간 역(−)의 관계를 그래프로 나타낸 것

(5) **수요량 변동과 수요 변동**

① 수요량 변동 : 해당 상품의 가격 변동에 따라 수요량이 변하는 것(수요 곡선상 점의 이동)

② 수요 변동 : 해당 상품의 가격 이외의 다른 요인이 변동하여 수요가 변동하는 것(수요 곡선 자체의 이동)

> **자료** **수요량 변동과 수요 변동** ◎ 31쪽 143번 문제로 확인

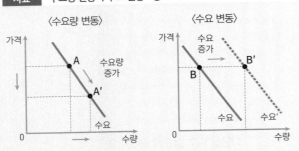

〈수요량 변동〉 〈수요 변동〉

> **분석** 수요 곡선상 점의 이동은 재화의 가격 수준에 따른 수요량 변동을 보여 준다. 가격 이외의 요인이 변하여 수요 곡선 자체가 이동하는 것은 수요 변동에 해당한다.

③ **수요의 변동 요인** ◎ 34쪽 154번 문제로 확인

수요 증가 요인	수요 감소 요인
• 소득의 증가(정상재)	• 소득의 감소(정상재)
• 대체재 가격 상승, 보완재 가격 하락	• 대체재 가격 하락, 보완재 가격 상승
• 기호(선호)의 증가, 소비자 수 증가	• 기호(선호)의 감소, 소비자 수 감소
• 미래 가격 상승 예상	• 미래 가격 하락 예상

2 시장의 공급

(1) **공급** 공급 능력을 갖춘 공급자가 상품을 실제로 판매하고자 하는 경제적 의사

(2) **공급량** 일정 가격 수준에서 실제로 생산자가 팔고자 하는 구체적인 수량

(3) **공급 법칙** 다른 조건이 일정하고 가격만 변할 때 가격과 공급량 간에 정(+)의 관계가 나타남 → 가격이 상승하면 공급량이 증가, 가격이 하락하면 공급량이 감소

(4) **공급 곡선** 가격과 공급량 간 정(+) 관계를 그래프로 나타낸 것

(5) **공급량 변동과 공급 변동** ◎ 31쪽 142번 문제로 확인

① 공급량 변동 : 해당 상품의 가격 변동에 따라 공급량이 변하는 것(공급 곡선상 점의 이동)

② 공급 변동 : 해당 상품의 가격 이외의 다른 요인이 변동하여 공급이 변동하는 것(공급 곡선 자체의 이동)

③ **공급의 변동 요인**

공급 증가 요인	공급 감소 요인
• 생산 요소의 가격 하락	• 생산 요소의 가격 상승
• 생산 기술의 발전	• 생산 여건의 악화
• 공급자 수의 증가	• 공급자 수의 감소
• 미래에 관한 예측 예 가격 하락 예상	• 미래에 관한 예측 예 가격 상승 예상

2. 시장 균형의 결정과 변동

1 시장 균형

(1) **의미** 특정 가격에서 수요량과 공급량이 일치하는 상태

(2) **균형 가격** 수요량과 공급량이 일치하는 지점의 가격

(3) **균형 거래량** 수요량과 공급량이 일치하는 지점의 거래량

2 시장 균형의 결정 원리 ◎ 35쪽 157번 문제로 확인

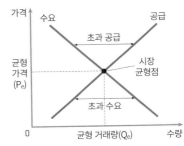

(1) 초과 공급(수요량<공급량) 상태 → 가격 하락 압력 발생 → 가격 하락 → 수요량 증가, 공급량 감소 → 수요량=공급량

(2) 초과 수요(수요량>공급량) 상태 → 가격 상승 압력 발생 → 가격 상승 → 수요량 감소, 공급량 증가 → 수요량=공급량

> **자료** **시장 균형의 변동** ◎ 32쪽 147번, 33쪽 151번 문제로 확인

변동 내용	변동 결과	
	균형 가격	균형 거래량
수요 증가, 공급 증가	불분명	증가
수요 증가, 공급 감소	상승	불분명
수요 감소, 공급 증가	하락	불분명
수요 감소, 공급 감소	불분명	감소

> **분석** 수요 곡선과 공급 곡선이 모두 변동할 때에는 그래프를 직접 그려 이동시키면서 균형 가격과 균형 거래량의 변화를 파악한다.

분석 기출 문제

●● 빈칸에 들어갈 알맞은 용어를 쓰시오.

128 (   )은/는 소비자가 원하는 상품을 실제로 사려는 경제적 의사를 말한다.

129 (   )은/는 생산자가 상품을 실제로 판매하고자 하는 경제적 의사를 말한다.

130 (   )은/는 가격과 수요량 간 역(−)의 관계가 나타난다는 것을 말하며, (   )은/는 가격과 공급량 간 정(+)의 관계가 나타난다는 것을 말한다.

●● 다음 내용이 맞으면 ○표, 틀리면 ×표를 하시오.

131 A재의 대체재 가격이 상승하면 A재의 수요 곡선은 우측으로 이동한다. (   )

132 생산 요소 가격의 상승은 공급 곡선을 우측으로 이동시키는 요인이다. (   )

133 미래 가격 변화에 관한 예측은 수요와 공급 모두의 변동 요인이 될 수 있다. (   )

●● 수요 및 공급의 변동 요인을 바르게 연결하시오.

134 수요 변동 요인 •   • ㉠ 생산 요소의 가격 변동

135 공급 변동 요인 •   • ㉡ 대체재의 가격 변동

●● 다음 중 알맞은 것을 고르시오.

136 미래 가격의 (㉠ 상승, ㉡ 하락)이 예상되면 수요자는 현재 소비를 증가시킬 것이다.

137 소비자 수가 감소하면 수요가 (㉠ 증가, ㉡ 감소)한다.

138 생산 기술의 발전은 공급을 (㉠ 증가, ㉡ 감소)시키는 요인이다.

●● 다음 내용과 관련 있는 개념을 〈보기〉에서 고르시오.

139 시장 가격이 균형 가격보다 낮아 수요량이 공급량보다 많은 상태 (   )

140 시장 가격이 균형 가격보다 높아 공급량이 수요량보다 많은 상태 (   )

141 특정 가격에서 수요량과 공급량이 일치하는 상태 (   )

[보기]
ㄱ. 시장 균형   ㄴ. 초과 수요   ㄷ. 초과 공급

142

그림은 X재의 공급 곡선을 나타낸다. 이에 대한 옳은 설명만을 〈보기〉에서 고른 것은? (단, 현재의 공급점은 a이고, 공급 곡선은 좌우 평행으로만 이동한다.)

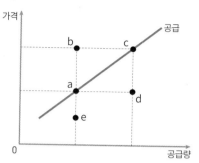

[보기]
ㄱ. X재 가격이 상승하면 공급점은 c로 이동할 수 있다.
ㄴ. X재 가격이 하락하면 공급점은 e로 이동할 수 있다.
ㄷ. X재의 원자재 가격이 상승하면 공급점은 b로 이동할 수 있다.
ㄹ. X재 생산 기술의 혁신이 일어나더라도 공급점은 d로 이동할 수 없다.

① ㄱ, ㄴ   ② ㄱ, ㄷ   ③ ㄴ, ㄷ
④ ㄴ, ㄹ   ⑤ ㄷ, ㄹ

★ 빈출
143

빈칸 (가)에 들어갈 수 있는 내용만을 〈보기〉에서 있는 대로 고른 것은?

X재와 A재는 보완 관계에 있고, X재와 B재는 대체 관계에 있어.

그러면 _____ (가)

[보기]
ㄱ. A재와 B재는 대체 관계에 있구나.
ㄴ. A재 공급 증가는 X재 수요 증가 요인이야.
ㄷ. B재 공급 감소는 X재 가격 상승 요인이야.
ㄹ. X재 가격 상승은 A재 수요 증가 요인이야.

① ㄱ, ㄴ   ② ㄱ, ㄹ   ③ ㄴ, ㄷ
④ ㄱ, ㄷ, ㄹ   ⑤ ㄴ, ㄷ, ㄹ

04. 시장의 수요와 공급   **31**

144

밑줄 친 ㉠~㉤에 대한 설명으로 옳은 것은?

> 농산물 가격이 급등하자 전문가들은 ㉠ 가뭄, 운송비나 비료 가격 상승 등과 더불어 농산물을 원료로 하는 ㉡ 대체 연료 생산 증가나 개발 도상 국가의 ㉢ 소득 및 인구 증가 등을 요인으로 지적하였다. 이듬해에 불황으로 농산물 가격이 하락하자 ㉣ 농산물 가공식품 업체들은 가격을 인하하고 용량도 늘리면서 이를 대대적으로 광고했다. 이러한 식품 업체들의 행동은 시장에서 경쟁하는 ㉤ 새로운 농산물 가공식품 업체들이 생겨났기 때문이다.

① ㉠은 농산물의 공급 증가 요인이다.
② ㉡은 농산물의 수요 감소 요인이다.
③ ㉢은 농산물 거래량을 감소시키는 요인이다.
④ ㉣은 농산물 가공식품의 수요를 증가시키는 요인이다.
⑤ ㉤의 증가는 농산물 가격의 상승 요인이 된다.

145

다음 교사의 질문에 대한 적절한 대답만을 〈보기〉에서 고른 것은?

> 교사 : 우유의 공급 증가 요인을 발표해 볼까요?

【 보기 】
ㄱ. 우유 가격이 상승하면 우유 공급이 증가합니다.
ㄴ. 우유의 생산 비용이 하락하면 우유 공급이 증가합니다.
ㄷ. 우유와 같이 먹는 빵의 가격이 하락하면 우유 공급이 증가합니다.
ㄹ. 미래에 우유 가격이 하락할 것으로 예측하면 우유 공급이 증가합니다.

① ㄱ, ㄴ   ② ㄱ, ㄷ   ③ ㄴ, ㄷ
④ ㄴ, ㄹ   ⑤ ㄷ, ㄹ

---

2. 시장 균형의 결정과 변동

146

빈칸 ㉠, ㉡에 들어갈 내용으로 가장 적절한 것은? (단, A~C재는 모두 수요와 공급 법칙이 적용된다.)

> A재와 B재는 대체 관계에 있는 재화이며, A재와 C재는 보완 관계에 있다. (㉠)(으)로 인해 A재와 B재의 시장 가격은 상승하였고, (㉡)(으)로 인해 C재의 시장 가격은 하락하였다.

	㉠	㉡
①	A재 선호도 하락	B재 선호도 상승
②	A재의 원자재 가격 하락	C재의 원자재 가격 하락
③	B재의 원자재 가격 상승	A재의 인건비 상승
④	C재의 생산 여건 악화	A재의 인건비 하락
⑤	C재 선호도 증가	B재의 시장 가격 상승

★빈출 147

(가)는 갑국의 경제 뉴스를, (나)는 갑국의 플라스틱 컵 시장의 상황을 나타낸다. 갑국 정부 정책의 효과가 나타날 때, 현재의 균형점 E가 이동할 영역으로 옳은 것은?

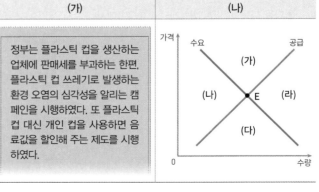

(가)	(나)
정부는 플라스틱 컵을 생산하는 업체에 판매세를 부과하는 한편, 플라스틱 컵 쓰레기로 발생하는 환경 오염의 심각성을 알리는 캠페인을 시행하였다. 또 플라스틱 컵 대신 개인 컵을 사용하면 음료값을 할인해 주는 제도를 시행하였다.	

① (가)   ② (나)   ③ (다)
④ (라)   ⑤ 변동 없음

148

다음 상황이 동시에 발생할 때 커피 시장의 변화로 옳은 것은?

> • 커피를 수확하기 위한 노동자의 인건비가 급등하였다.
> • 커피의 대체재인 녹차의 가격이 하락하였다.
> • 커피의 잔류 농약 검사에서 인체에 유해한 수준의 농약이 검출되었다는 뉴스가 보도되었다.

	균형 가격	균형 거래량
①	하락	감소
②	하락	증가
③	상승	증가
④	알 수 없음	감소
⑤	알 수 없음	알 수 없음

149

표는 갑국의 사과 시장 전체의 수요와 공급을 나타낸다. 이에 대한 옳은 분석만을 〈보기〉에서 고른 것은? (단, 시장 참여자는 갑~정과 A~D이며, 수요자와 공급자는 각 가격에서 1개씩만 수요 또는 공급한다.)

(단위 : 원)

수요자	지불하려는 최대 금액	공급자	받으려는 최소 금액
갑	700	A	200
을	600	B	300
병	400	C	500
정	100	D	800

[보기]
> ㄱ. 균형 거래량은 2개이다.
> ㄴ. 가격이 300원이면 초과 수요가 발생한다.
> ㄷ. 사과에 대한 선호도가 가장 높은 사람은 정이다.
> ㄹ. 균형 가격은 100원과 300원 사이에서 형성된다.

① ㄱ, ㄴ ② ㄱ, ㄷ ③ ㄴ, ㄷ
④ ㄴ, ㄹ ⑤ ㄷ, ㄹ

150

밑줄 친 (가), (나) 시장의 변화를 나타내는 그림만을 〈보기〉에서 고른 것은?

> 국산 자동차와 대체재 관계에 있는 외국산 자동차 수입이 증가하는 경우 시장에 미치는 효과는 (가)국내 자동차 시장과 (나)국산 자동차 시장으로 구분하여 파악할 수 있다.

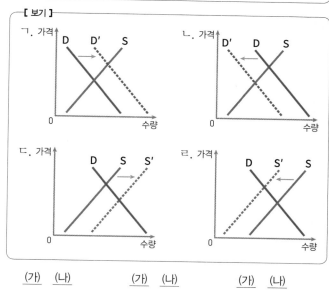

	(가)	(나)			(가)	(나)			(가)	(나)
①	ㄱ	ㄷ		②	ㄴ	ㄷ		③	ㄷ	ㄱ
④	ㄷ	ㄴ		⑤	ㄹ	ㄱ				

★빈출
151

표는 X재 시장에서 시기별 균형점을 나타낸다. 이에 대한 설명으로 옳은 것은? (단, X재는 정상재이고, 수요와 공급 법칙을 따른다.)

(단위 : 원, 만 개)

구분	A 시기	B 시기	C 시기	D 시기
균형 가격	500	1,000	1,000	1,000
균형 거래량	40	80	40	160

① A 시기에서 B 시기로의 변동에서는 공급만 변동하였다.
② 공급의 변동 없이도 C 시기에서 D 시기로의 변동이 나타날 수 있다.
③ X재의 보완재 가격 상승은 A 시기에서 B 시기로의 변동 요인이다.
④ X재의 대체재 가격 상승은 A 시기에서 B 시기로의 변동을 가져올 수 없다.
⑤ 소비자의 소득 감소와 X재 생산비 증가는 B 시기에서 C 시기로의 변동 요인이다.

152

다음 자료에 대한 설명으로 옳은 것은?

> X재 제조사는 정부가 X재에 부과하는 세금을 인상하자 현재 판매 중인 X재의 판매가를 다음 달부터 인상하기로 하였다. 다음 달까지는 약 2주가 남아 있는데, 그때까지는 가격이 변동하지 않기 때문에 ㉠ 소비자들은 이번 달에 X재를 미리 구입해 놓을 가능성이 높다. 또한 ㉡ X재 판매점들이 X재를 이번 달에 팔지 않고 보관해 두었다가 다음 달에 가격이 오르면 판매할 수 있다는 우려가 나타나고 있다.

① ㉠은 수요 법칙의 예외 현상이다.
② ㉠은 다음 달 X재 수요의 증가 요인이다.
③ ㉡은 공급 법칙의 예외 현상이다.
④ ㉡은 이번 달 X재 공급의 감소 요인이다.
⑤ ㉠과 ㉡은 모두 이번 달 X재 가격의 하락 요인이다.

153

다음 자료에 대한 설명으로 옳은 것은?

> ㉠ 스마트폰에 대한 수요가 급증하여 손목시계의 소비가 줄어들고 있다. 이에 따라 ㉡ 손목시계를 전문적으로 생산하던 많은 기업이 손목시계 시장에서 빠른 속도로 빠져 나가고 있다.

① ㉠의 거래량은 감소한다.
② ㉡의 가격은 하락한다.
③ ㉡의 거래량은 감소한다.
④ ㉠은 정상재, ㉡은 열등재이다.
⑤ ㉠과 달리 ㉡의 가격은 하락한다.

★빈출 154

다음 자료에 대한 설명으로 옳은 것은?

> A재와 B재는 보완 관계에 있으며, C재는 A재 생산에 이용되는 부품이다. 이때 시장에서 B재의 공급은 감소하고, C재의 가격은 하락하였다.

① A재의 가격은 하락한다.
② A재의 수요와 공급은 모두 감소한다.
③ B재의 가격은 하락한다.
④ B재의 가격은 상승하고 거래량은 증가한다.
⑤ C재의 거래량은 감소한다.

155

표는 X재 시장의 수요와 공급을 보여 준다. 이에 대한 옳은 분석만을 〈보기〉에서 고른 것은?

(단위 : 만 원, 개)

가격	수요량	공급량
1	40	5
2	35	10
3	30	15
4	26	20
5	20	25
6	13	30
7	7	35

[보기]
ㄱ. X재는 공급 법칙이 적용된다.
ㄴ. 균형 가격은 4만 원에서 결정된다.
ㄷ. 균형 거래량은 20개와 25개 사이에서 결정된다.
ㄹ. 공급자는 X재 가격을 높일수록 판매 수입이 증가한다.

① ㄱ, ㄴ   ② ㄱ, ㄷ   ③ ㄴ, ㄷ
④ ㄴ, ㄹ   ⑤ ㄷ, ㄹ

156

그림은 X재의 균형점 변화를 나타낸다. 이 변화에 대한 옳은 설명만을 〈보기〉에서 고른 것은? (단, X재는 수요와 공급 법칙을 따른다.)

【 보기 】

ㄱ. 수요만 변할 경우에는 나타날 수 없다.

ㄴ. 공급이 감소하더라도 수요가 변할 경우 나타날 수 있다.

ㄷ. 수요가 변하지 않더라도 공급이 증가할 경우 나타날 수 있다.

ㄹ. 수요의 감소 폭보다 공급의 감소 폭이 더 클 경우 나타날 수 있다.

① ㄱ, ㄴ   ② ㄱ, ㄷ   ③ ㄴ, ㄷ

④ ㄴ, ㄹ   ⑤ ㄷ, ㄹ

★빈출 157

자동차 시장에서 다음 현상들이 동시에 발생할 때, 현재 균형점 E의 변동 방향으로 옳은 것은?

• 휘발유 가격의 하락
• 자동차 부품 가격의 상승
• 가계의 실질 소득 상승
• 공급자들의 내년 자동차 가격 상승 예상

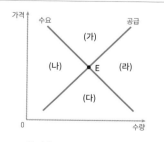

① (가)   ② (나)   ③ (다)

④ (라)   ⑤ 변동 없음

[158~159] 다음 글을 읽고 물음에 답하시오.

> 소비자가 일정 기간 동안 상품을 구입하고자 하는 욕구를 ⓐ ⊙ (이)라고 하며, 특정 가격에서 소비자가 일정 기간 동안 구입하고자 하는 상품의 양을 ⓑ ⓛ (이)라고 한다. 가격 변동과 수요량 간에 역(−)의 관계가 나타나는 것을 ⓒ ⓒ (이)라고 한다.

158

빈칸 ⊙~ⓒ에 들어갈 말을 각각 쓰시오.

159

수요 증가 요인을 세 가지만 서술하시오. (단, 정상재를 대상으로 한다.)

[160~161] 다음 자료를 보고 물음에 답하시오.

160

국내 딸기잼 시장에서 나타난 수요 곡선 또는 공급 곡선의 이동 방향과 그 변동 요인을 서술하시오.

161

잼 전용 유리병 시장에서 나타날 수요 곡선 또는 공급 곡선의 이동 방향과 그 변동 요인을 서술하시오.

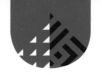

적중 1등급 문제

» 바른답·알찬풀이 14쪽

162

표는 X재와 Y재 시장의 전월 대비 변동 상황을 나타낸다. 이에 대해 옳게 분석한 학생만을 〈보기〉에서 있는 대로 고른 것은? (단, X재와 Y재의 1월 공급은 작년 12월과 같다.)

구분	균형 가격		균형 거래량	
	1월	2월	1월	2월
X재	㉠	하락	감소	증가
Y재	하락	상승	㉡	증가

[보기]

갑 : ㉠에는 '상승'이 들어가겠군.
을 : ㉡에는 '감소'가 들어가겠군.
병 : 2월에 X재의 수요가 전월 대비 증가했다면 X재 공급도 증가했겠군.
정 : 2월에 Y재의 수요는 전월 대비 감소하지 않았겠군.

① 갑, 을 ② 갑, 병 ③ 병, 정
④ 갑, 을, 정 ⑤ 을, 병, 정

163

표는 X재 시장의 수요와 공급을 나타낸다. 이에 대한 분석으로 옳지 않은 것은? (단, 시장 참여자는 갑~정뿐이다.)

(단위 : 원, 개)

가격	수요량		공급량	
	갑	을	병	정
800	1	0	6	6
700	2	0	5	5
600	3	1	4	4
500	4	2	3	3
400	5	3	2	2
300	6	4	1	1

① X재의 균형 가격은 500원이다.
② 수요와 공급 법칙이 적용되고 있다.
③ X재 가격이 400원일 경우 4개의 초과 수요가 발생한다.
④ 을이 모든 가격대에서 수요량을 1개씩 늘리면, 균형 가격은 400원과 500원 사이에서 결정된다.
⑤ 병이 모든 가격대에서 공급량을 1개씩 줄이고, X재 가격이 500원이면 1개의 초과 수요가 발생한다.

164

표는 X재와 Y재의 시장 변화 요인과 그에 따른 결과를 나타낸다. 이에 대한 분석 및 추론으로 옳은 것은? (단, X재와 Y재는 Z재와 연관 관계에 있고, X~Z재는 모두 수요와 공급 법칙을 따른다.)

구분		X재	Y재
요인	공급 측면	㉠	㉡
	수요 측면	㉢Z재 가격 변화	
결과	균형 가격	변화 없음	변화 없음
	판매 수입	감소	증가

① ㉠에는 '생산 요소 가격 하락'이 들어갈 수 있다.
② ㉡에는 'Y재 생산 기술 향상'이 들어갈 수 있다.
③ ㉢이 Z재 가격 상승을 의미한다면, X재와 Z재는 대체 관계에 있다.
④ ㉢이 Z재 가격 상승을 의미한다면, Y재와 Z재는 보완 관계에 있다.
⑤ ㉢이 Z재 공급자 수 증가에 따른 것이라면, X재와 Z재는 보완 관계에 있다.

165

다음과 같은 상황이 발생할 경우 ㉠~㉧ 중 새로운 균형점이 될 수 있는 지점만을 모두 고른 것은? (단, 자동차 시장의 현재 균형점은 E이다.)

자동차의 부품으로 사용되는 철강의 가격이 급락하였고, 소비자들은 향후 자동차의 가격이 하락할 것이라는 최근 언론 보도를 신뢰하고 있다.

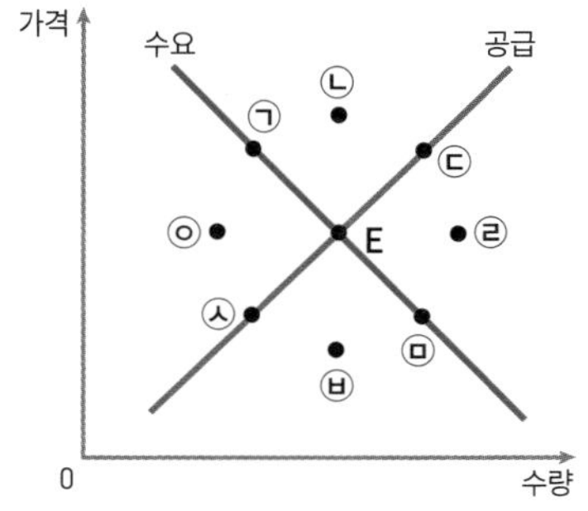

① ㉡ ② ㉥ ③ ㉠, ㉢
④ ㉣, ㉤ ⑤ ㉦, ㉧

166

그림은 X재 시장 상황을 나타낸 것이다. 이에 대한 옳은 설명만을 〈보기〉에서 고른 것은?

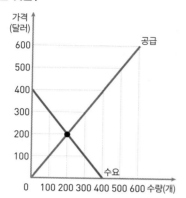

[보기]

ㄱ. 모든 가격대에서 X재 수요량이 200개씩 증가할 경우 균형 가격은 100달러만큼 상승한다.

ㄴ. 생산자에게 개당 200달러의 보조금을 지급하는 경우 소비자 잉여는 3만 달러만큼 증가한다.

ㄷ. 소비자에게 개당 200달러의 보조금을 지급하는 경우 생산자 잉여는 2만 5천 달러만큼 증가한다.

ㄹ. 모든 가격대에서 X재 공급량이 200개씩 증가할 경우 균형 거래량은 200개만큼 증가한다.

① ㄱ, ㄴ　　　② ㄱ, ㄷ　　　③ ㄴ, ㄷ

④ ㄴ, ㄹ　　　⑤ ㄷ, ㄹ

167

표는 X재를 판매하는 기업의 시기별 상황을 나타낸다. 이에 대한 옳은 분석만을 〈보기〉에서 고른 것은? (단, X재는 수요와 공급 법칙이 적용된다.)

(단위 : 원, 천 개)

구분	T기	T+1기	T+2기	T+3기
판매 가격	1,000	1,100	1,000	1,200
판매량	30	40	50	30

[보기]

ㄱ. 전기 대비 T+1기에 수요는 감소하였다.

ㄴ. 전기 대비 T+2기에 공급은 증가하였다.

ㄷ. 전기 대비 T+3기에 수요는 증가하였다.

ㄹ. 전기 대비 판매 가격 변동률은 T+1기가 T+2기보다 크다.

① ㄱ, ㄴ　　　② ㄱ, ㄷ　　　③ ㄴ, ㄷ

④ ㄴ, ㄹ　　　⑤ ㄷ, ㄹ

168

다음 자료에 대한 설명으로 옳은 것은? (단, 모든 재화는 수요와 공급 법칙을 따른다.)

커피 시장의 균형에 영향을 주는 요인

(가) 커피의 원재료인 원두 가격의 상승

(나) 커피의 대체재인 홍차 가격의 하락

(다) 커피의 보완재인 커피 크림 가격의 하락

(라) 커피 공급자 수의 증가

① (가)는 커피 수요의 증가 요인이다.

② (나)는 커피 판매 수입의 증가 요인이다.

③ (다)는 커피 균형 거래량의 감소 요인이다.

④ (라)는 커피 균형 가격의 상승 요인이다.

⑤ 홍차 생산 비용의 증가는 커피 균형 거래량의 증가 요인이다.

169

그림은 X재 가격 변화에 따른 Y재 균형 가격의 변화를 나타낸다. 이에 대한 설명으로 옳은 것은? (단, X재와 Y재는 연관재 관계에 있고, 수요와 공급 법칙을 따른다.)

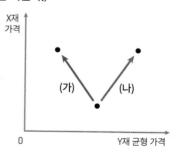

① (가)의 경우 X재와 Y재는 대체 관계에 있다.

② (가)의 경우 X재의 가격 상승은 Y재 수요 증가 요인이다.

③ (나)의 경우 X재와 Y재는 보완 관계에 있다.

④ (나)의 경우 X재의 가격 상승은 Y재 균형 거래량 증가 요인이다.

⑤ (가), (나) 모두의 경우 X재의 가격 상승은 Y재의 판매 수입 증가 요인이다.

05 시장을 통한 자원 배분과 가격 탄력성

Ⅱ 시장과 경제 활동

☑ 출제 포인트   ☑ 수요의 가격 탄력성   ☑ 공급의 가격 탄력성   ☑ 수요의 가격 탄력성과 판매 수입의 관계

1. 시장과 자원 배분

1 시장
(1) **의미**   재화와 서비스를 사려는 사람(수요자)과 팔려는 사람(공급자)이 만나 거래하는 장소 또는 관계
(2) **종류**   생산물 시장, 생산 요소 시장, 노동 시장, 주식 시장, 금융 시장 등

2 시장의 기능
(1) **거래 비용 감소**   거래 상대방과 교환 조건의 탐색이 쉬워짐
(2) **효율적 자원 배분**   시장 가격이 생산과 소비 활동의 기준과 정보를 제공함으로써 효율적인 자원 배분을 유도함
(3) **생산성 향상**   시장을 통해 교환이 활발해지면 분업을 통한 특화가 나타나게 되어 생산성이 향상되고 생산비가 절감됨

2. 수요와 공급의 가격 탄력성

1 수요의 가격 탄력성(Ed)
(1) **의미**   어떤 상품의 수요량이 가격 변동에 얼마나 민감하게 반응하는지의 정도
(2) **계산식**   수요의 가격 탄력성 $= \left| \dfrac{\text{수요량 변동률(\%)}}{\text{가격 변동률(\%)}} \right|$

(3) **수요의 가격 탄력성에 영향을 미치는 요인**
① 상품의 특성 : 생활필수품의 성격을 갖는 상품은 사치품보다 수요의 가격 탄력성이 작게 나타남
② 대체재의 존재 : 대체재가 많은 상품이 대체재가 적거나 없는 상품보다 수요의 가격 탄력성이 크게 나타남
③ 가격 변동에 대응하는 시간 : 상품의 가격 변동에 대한 소비자의 대응 기간이 길수록 수요의 가격 탄력성이 크게 나타남

✪ **(4) 유형**   ◉ 40쪽 186번 문제로 확인

수요의 가격 탄력성	가격 변동과 수요량 변동의 관계
Ed=∞(완전 탄력적)	가격이 미세하게 변동해도 수요량이 무한히 변동
Ed>1(탄력적)	|가격 변동률| < |수요량 변동률|
Ed=1(단위 탄력적)	|가격 변동률| = |수요량 변동률|
0<Ed<1(비탄력적)	|가격 변동률| > |수요량 변동률|
Ed=0(완전 비탄력적)	가격이 변동해도 수요량은 변동하지 않음

2 공급의 가격 탄력성(Es)
(1) **의미**   어떤 상품의 공급량이 가격 변동에 얼마나 민감하게 반응하는지의 정도
(2) **계산식**   공급의 가격 탄력성 $= \dfrac{\text{공급량 변동률(\%)}}{\text{가격 변동률(\%)}}$

(3) **공급의 가격 탄력성에 영향을 미치는 요인**
① 상품의 특성 : 가격이 변동할 때 공급량 조절이 쉬울수록 공급의 가격 탄력성이 크게 나타남 ⓔ 농산물은 공산품보다 생산 기간이 길고 저장이 어려워 공급의 가격 탄력성이 비탄력적임
② 생산 조건 : 생산 설비의 규모를 확장하기 쉬운지, 생산 요소 간 대체 가능성이 큰지 등의 조건에 영향을 받음
③ 가격 변동에 대응하는 시간 : 상품의 가격 변동에 대한 생산자의 대응 기간이 길수록 공급의 가격 탄력성이 크게 나타남

✪ **(4) 유형**   ◉ 40쪽 189번 문제로 확인

공급의 가격 탄력성	가격 변동과 공급량 변동의 관계
Es=∞(완전 탄력적)	가격이 미세하게 변동해도 공급량이 무한히 변동
Es>1(탄력적)	|가격 변동률| < |공급량 변동률|
Es=1(단위 탄력적)	가격 변동률 = 공급량 변동률
0<Es<1(비탄력적)	|가격 변동률| > |공급량 변동률|
Es=0(완전 비탄력적)	가격이 변동해도 공급량은 변동하지 않음

✪ ### 3 수요의 가격 탄력성과 판매 수입   ◉ 42쪽 194번 문제로 확인

구분	가격 상승	가격 하락
Ed>1 (탄력적)	판매 수입 감소(가격 상승률이 판매량 감소율보다 작음)	판매 수입 증가(가격 하락률이 판매량 증가율보다 작음)
Ed=1 (단위 탄력적)	판매 수입 변동 없음	판매 수입 변동 없음
0<Ed<1 (비탄력적)	판매 수입 증가(가격 상승률이 판매량 감소율보다 큼)	판매 수입 감소(가격 하락률이 판매량 증가율보다 큼)
Ed=0 (완전 비탄력적)	판매 수입 증가	판매 수입 감소

자료   수요의 가격 탄력성과 판매 수입   ◉ 41쪽 191번 문제로 확인

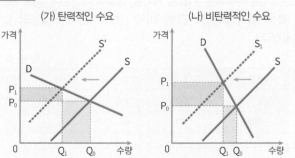

(가) 탄력적인 수요   (나) 비탄력적인 수요

분석   (가)의 경우 수요가 가격에 대해 탄력적이면 가격 상승에 따른 판매 수입 증가액이 수요량 감소에 따른 판매 수입 감소액보다 작으므로 판매 수입은 감소한다. (나)의 경우 수요가 가격에 대해 비탄력적이면 가격 상승에 따른 판매 수입 증가액이 수요량 감소에 따른 판매 수입 감소액보다 크므로 판매 수입은 증가한다. 따라서 수요가 가격에 대해 탄력적이면 가격 인하 시 판매 수입이 증가하고, 수요가 가격에 대해 비탄력적이면 가격 인상 시 판매 수입이 증가한다.

분석 기출 문제

>> 바른답·알찬풀이 16쪽

시장과 자원 배분

•• 빈칸에 들어갈 알맞은 용어를 쓰시오.

170 (   )은/는 재화와 서비스를 사려는 사람과 팔려는 사람이 만나 거래하는 장소나 관계를 의미한다.

171 수요의 가격 탄력성은 어떤 상품의 (   )이/가 가격 변동에 얼마나 민감하게 반응하는지의 정도를 의미한다.

172 생산 기간이 짧은 상품, 저장이 쉬운 상품, 원재료 확보가 쉬운 상품은 (   )의 가격 탄력성이 크다.

•• 다음 내용이 맞으면 ○표, 틀리면 ×표를 하시오.

173 시장은 거래 비용을 감소시킨다. (   )

174 시장은 소득 수준과 관계없이 필요한 물품을 필요한 사람이 사용할 수 있게 한다. (   )

•• 수요 또는 공급의 가격 탄력성과 이에 대한 설명을 바르게 연결하시오.

175 Ed > 1 •   • ㉠ 수요 곡선이 수평선인 경우

176 Ed = ∞ •   • ㉡ 가격 변동률보다 공급량 변동률이 큼

177 Es > 1 •   • ㉢ 가격이 변동해도 공급량은 변동 없음

178 Es = 0 •   • ㉣ 가격 변동률이 수요량 변동률보다 작음

•• 다음 중 알맞은 것을 고르시오.

179 (㉠ 생활필수품, ㉡ 사치품)은 일반적으로 수요의 가격 탄력성이 크다.

180 공급의 가격 탄력성은 상품의 가격 변동에 대한 생산자의 대응 기간이 (㉠ 길수록, ㉡ 짧을수록) 크게 나타난다.

181 기업들이 판매 수입 증대를 위한 가격 전략에서 주목해야 할 것은 (㉠ 수요, ㉡ 공급)의 가격 탄력성이다.

•• 다음 자료를 보고 질문에 답하시오.

X재 가격이 1,000원에서 1,100원으로 상승하면 수요량은 1,000개에서 800개로 줄어든다.

182 수요의 가격 탄력성을 구하는 일반적인 공식을 쓰시오.
(   )

183 X재 수요의 가격 탄력성을 쓰시오. (   )

184

다음은 어느 경제학자가 제시한 가상의 사례이다. 이 경제학자가 말하고자 하는 바로 가장 적절한 것은?

△△국에 자연재해가 발생하여 생필품 생산 시설이 파괴되자 생필품이 부족해지고 생필품 가격이 폭등하기 시작하였다. 그러자 생필품을 생산하지 않던 기업들도 더 많은 이윤을 얻기 위해 생필품 생산 시설에 투자하여 생필품을 팔기 시작하였고, 빠른 시일 안에 주민들은 필요한 생필품들을 모두 갖출 수 있었다.

① 시장은 거래 비용을 감소시킨다.
② 시장은 분업과 특화를 촉진한다.
③ 자연재해를 극복하려면 국가가 나서야 한다.
④ 기업의 이윤 추구는 소비자에게 피해를 주기도 한다.
⑤ 시장의 가격 변동은 효율적인 자원 배분을 유도한다.

185

다음은 어느 학생의 일기이다. 이를 통해 추론할 수 있는 내용으로 가장 적절한 것은?

○월 ○일

오늘은 재래시장과 백화점을 모두 가 봤다. 필요한 여러 가지 물건을 쉽게 찾을 수 있어 한번에 살 수 있었다. 매장 직원과 고객 간의 흥정을 보면 시장 거래의 가장 큰 장점이 자유로운 선택이라는 점을 이해할 수 있었다. 그러나 시장 참여자의 선택이 완전히 자유로운 것은 아니었다. 예를 들어 가난한 사람에게 시장의 핵심인 자유는 매우 제한적일지 모른다. 빵을 살 돈이 없는 사람에게 시장에서 자유롭게 빵을 살 수 있다고 해 봐야 시장이 어떤 역할을 할 수 있을까?

① 시장은 거래 비용을 감소시킨다.
② 화폐를 통한 거래보다 물물 교환이 효율적이다.
③ 시장에 의한 자원 배분은 빈부 격차를 해소한다.
④ 시장 거래가 활성화되면서 직업의 분화가 활발해졌다.
⑤ 소비자는 생산자와 달리 시장 거래를 통해 이익을 누릴 수 있다.

05. 시장을 통한 자원 배분과 가격 탄력성 **39**

2. 수요와 공급의 가격 탄력성

⭐빈출 186

그림에 대한 설명으로 옳은 것은? (단, D_1~D_3는 각각 수요 곡선을 나타낸다.)

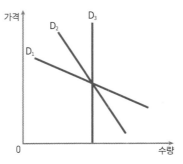

① 수요가 가격에 대해 가장 탄력적인 경우는 D_2이다.
② D_3는 완전 탄력적인 수요 곡선이다.
③ 일반적으로 사치품의 수요 곡선은 D_2보다 D_1에 가깝다.
④ D_1보다 D_2가 수요가 가격에 대해 민감하다.
⑤ D_1보다 D_2의 수요 곡선을 가지는 재화에서 대체재가 더 많을 것이다.

187

밑줄 친 재화에 대한 설명으로 옳은 것은?

> 프랑스 루브르 박물관에 걸려 있는 레오나르도 다빈치의 작품인 '모나리자'의 진품은 단 하나밖에 존재하지 않는다.

① 수요 곡선이 수평선 형태이다.
② 수요 곡선이 수직선 형태이다.
③ 공급 곡선이 수직선 형태이다.
④ 공급이 가격에 대해 단위 탄력적이다.
⑤ 수요가 가격에 대해 완전 비탄력적이다.

188

빈칸 ㉠~㉢에 들어갈 말을 바르게 연결한 것은?

> • 해당 재화가 생필품의 성격에 가까울수록 수요의 가격 탄력성이 (㉠) 나타난다.
> • 대체재가 많은 상품이 대체재가 없는 상품에 비해 수요의 가격 탄력성이 (㉡) 나타난다.
> • 가격 변동에 대한 소비자의 대응 기간을 (㉢) 잡을수록 수요의 가격 탄력성이 크게 나타난다.

	㉠	㉡	㉢		㉠	㉡	㉢
①	크게	크게	길게	②	크게	크게	짧게
③	크게	작게	길게	④	작게	작게	짧게
⑤	작게	크게	길게				

⭐빈출 189

그림에 대한 옳은 설명만을 〈보기〉에서 고른 것은? (단, S_1~S_3는 각각 공급 곡선을 나타낸다.)

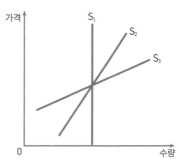

[보기]
ㄱ. 농산물의 공급 곡선은 S_2보다 S_3에 가깝다.
ㄴ. 생산 기간이 짧은 제품일수록 S_1에 가까워진다.
ㄷ. 단 하나뿐인 골동품의 공급 곡선은 S_1에 해당한다.
ㄹ. S_2가 S_3보다 공급이 가격에 대해 더 비탄력적이다.

① ㄱ, ㄴ   ② ㄱ, ㄷ   ③ ㄴ, ㄷ
④ ㄴ, ㄹ   ⑤ ㄷ, ㄹ

190

다음 기사에 대한 분석으로 옳은 것은?

○○신문	○○○○년 ○월 ○일

시장에 A~C재를 독점적으로 공급하는 ○○ 기업은 A~C재의 가격을 모두 인하하였다. A재의 경우는 가격 인하로 인해 판매 수입이 크게 증가하였지만, B재의 경우 가격을 인하했는데도 불구하고 판매 수입이 감소하였으며, C재의 경우 판매 수입에 변동이 없었다.

① A재의 수요는 가격에 대해 탄력적이다.
② B재의 수요 곡선은 수직선 형태를 띤다.
③ C재의 수요 곡선은 수평선 형태를 띤다.
④ A~C재 중 일반적인 사치품의 속성에 가장 가까운 제품은 B재이다.
⑤ 기업의 가격 인하 전략은 A~C재의 수요의 가격 탄력성을 높이기 위한 정책이다.

★빈출 191

다음 자료에 대한 분석으로 옳은 것은?

A재의 원료인 B재는 공급 감소로 인해 가격이 급등하였다. 이에 따라 A재의 가격은 20% 상승하였고, A재의 판매 수입은 10% 감소하였다.

① A재의 공급은 가격에 대해 비탄력적이다.
② A재의 수요 곡선은 좌측으로 이동하였다.
③ A재의 수요의 가격 탄력성은 1보다 크다.
④ B재의 수요는 가격에 대해 탄력적이다.
⑤ B재의 공급 곡선은 우측으로 이동하였다.

192

다음 사례에 대한 분석으로 옳지 <u>않은</u> 것은?

정상재인 A재는 수요와 공급 법칙이 모두 성립하며, 현재 A재 수요의 가격 탄력성은 2이다. 이때 ㉠A재가 성인병 예방에 효과적이라는 연구 결과가 대중 매체에 보도되었다.

① A재 수요는 가격에 대해 탄력적이다.
② ㉠은 A재 수요를 증가시키는 요인이다.
③ 가계 소득이 증가하면 A재 수요는 증가한다.
④ A재 가격 인하는 판매 수입 증가 요인이다.
⑤ A재는 수요가 가격에 대해 탄력적이므로 가격 인상 시 A재 판매 수입은 증가한다.

193

다음 자료를 바탕으로 A재와 B재의 수요만 감소할 때 나타날 수 있는 변화로 옳은 것은? (단, 현재 A재와 B재의 가격은 동일하며, 수요 곡선은 우하향한다.)

- A재 : 공급자들은 가격에 상관없이 일정량을 공급한다.
- B재 : 공급자들은 현재 가격 수준에서 얼마든지 공급한다.

① A재의 가격은 상승한다.
② A재와 B재 모두 판매량이 증가한다.
③ A재와 B재 모두 판매 수입이 증가한다.
④ A재의 가격이 B재 가격보다 높게 형성된다.
⑤ B재의 판매 수입 감소율과 판매량 감소율이 같다.

☆빈출 194

다음 자료를 바탕으로 고객별 입장권 수요의 가격 탄력성을 바르게 연결한 것은?

> 표는 ○○ 놀이공원이 모든 사람에게 같은 액수로 판매하던 입장권을 청소년, 성인, 노인으로 구분하여 차등 판매한 후의 판매 수입 변화를 나타낸 것이다.
>
> (단위 : %)
>
> | 구분 | 청소년 | 성인 | 노인 |
> |------|--------|------|------|
> | 가격 변화율 | -10 | 10 | -5 |
> | 판매 수입 변화율 | 5 | 5 | 5 |

	청소년	성인	노인
①	탄력적	비탄력적	탄력적
②	탄력적	탄력적	단위 탄력적
③	비탄력적	탄력적	비탄력적
④	비탄력적	탄력적	단위 탄력적
⑤	비탄력적	비탄력적	비탄력적

195

표는 A 중국집이 모든 메뉴 가격을 5% 인상한 후의 판매 수입 변화를 나타낸다. 각 재화의 수요의 가격 탄력성(Ed)을 바르게 연결한 것은? (단, A 중국집은 시장에서 가격 결정력을 지니고 있다.)

(단위 : %)

구분	짜장면	짬뽕	탕수육
판매 수입 변화율	0	5	-5

	짜장면	짬뽕	탕수육
①	Ed=0	Ed>1	Ed<1
②	Ed>1	Ed=1	Ed<1
③	Ed<1	Ed=0	Ed>1
④	Ed=1	Ed>1	Ed=0
⑤	Ed=1	Ed=0	Ed>1

[196~197] 다음을 읽고 물음에 답하시오.

> 공급의 가격 탄력성에 영향을 미치는 요인은 다양하다. 예를 들어 생산 기간이 짧거나 저장이 용이할수록 공급의 가격 탄력성은 (㉠) 나타나며, 원재료 확보가 (㉡) 제품의 경우 공급의 가격 탄력성이 크게 나타난다. 또한 가격 변동에 대하여 공급자의 대응 기간이 길면 공급의 가격 탄력성이 크게 나타난다.

196

빈칸 ㉠, ㉡에 들어갈 말을 차례대로 쓰시오.

197

위 자료에 근거하여 빈칸에 들어갈 내용을 서술하시오.

> 일반적으로 농산물은 공산품에 비해 공급의 가격 탄력성이 작다. 왜냐하면 농산물은 (　　　　　　　　　　)

[198~199] 그림은 X재 시장과 Y재 시장의 상황을 나타낸다. 물음에 답하시오.

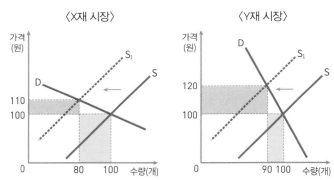

198

X재 가격이 100원에서 110원으로 상승할 때 X재 수요의 가격 탄력성을 계산 과정과 함께 쓰시오.

199

X재와 Y재 중 수요가 가격에 대해 더 민감하게 반응하는 시장은 어느 것인지 쓰고, 그 이유를 그림에서 계산할 수 있는 수요의 가격 탄력성 수치를 비교하여 서술하시오.

200

표는 A~D재의 생산 요소 가격 변동으로 인한 가격과 판매 수입의 변화율을 나타낸다. 이에 대한 옳은 설명만을 〈보기〉에서 있는 대로 고른 것은? (단, A~D재는 모두 수요와 공급 법칙을 따른다.)

(단위 : %)

구분	A재	B재	C재	D재
가격 변화율	-5	-5	5	5
판매 수입 변화율	5	-3	3	-2

【 보기 】
ㄱ. A재 수요의 가격 탄력성은 1이다.
ㄴ. B재의 생산 요소 가격은 하락하였다.
ㄷ. C재의 수요는 가격에 대해 비탄력적이다.
ㄹ. D재는 C재와 달리 공급이 가격에 대해 탄력적이다.

① ㄱ, ㄷ   ② ㄱ, ㄹ   ③ ㄴ, ㄷ
④ ㄱ, ㄴ, ㄹ   ⑤ ㄴ, ㄷ, ㄹ

201

그림은 X재의 전년 대비 가격 변화율과 판매 수입 변화율을 나타낸다. 이에 대한 옳은 분석 및 추론만을 〈보기〉에서 고른 것은? (단, X재의 가격 변동은 모두 공급 변동에 의한 것이다.)

【 보기 】
ㄱ. 2017년에 X재 수요는 가격에 대해 단위 탄력적이다.
ㄴ. 2018년에 X재의 가격 수준이 가장 높다.
ㄷ. 2019년에 X재 수요는 가격에 대해 완전 비탄력적이다.
ㄹ. 2020년에는 수요 증가와 공급 감소가 나타났다.

① ㄱ, ㄴ   ② ㄱ, ㄷ   ③ ㄴ, ㄷ
④ ㄴ, ㄹ   ⑤ ㄷ, ㄹ

202

다음 A재, B재 시장에서 나타날 변화를 〈보기〉에서 골라 바르게 연결한 것은? (단, A재, B재의 수요 곡선은 우하향하고, 공급 곡선은 우상향한다.)

• 최근 A재에 대한 소비자의 선호도가 낮아졌다. 단, A재 수요의 가격 탄력성은 1보다 크다.
• 최근 B재를 생산하는 기업의 수가 줄었다. 단, B재 수요의 가격 탄력성은 1보다 작다.

【 보기 】
ㄱ. 균형 가격은 하락하고, 판매 수입은 증가한다.
ㄴ. 균형 가격은 하락하고, 판매 수입은 감소한다.
ㄷ. 균형 가격은 상승하고, 판매 수입은 증가한다.
ㄹ. 균형 가격은 상승하고, 판매 수입은 감소한다.

	A재	B재			A재	B재
①	ㄱ	ㄴ		②	ㄱ	ㄷ
③	ㄴ	ㄷ		④	ㄴ	ㄹ
⑤	ㄷ	ㄹ				

203

밑줄 친 각 재화의 수요의 가격 탄력성을 바르게 연결한 것은?

• 지우개를 판매하는 기업이 지우개 가격을 10% 내렸으나, 매출액은 인하 전과 동일하였다.
• 사과 판매상이 매출액 증대를 위해 사과 값을 10% 올렸더니, 매출액이 인상 전보다 감소하였다.
• 한 달 동안 소비되는 빵의 수량은 항상 10개였는데, 빵 값이 20% 오른 이번 달은 1개가 줄어든 9개가 소비되었다.
• 사인펜은 그 값이 아무리 많이 올라도 항상 매주 10개씩 판매된다.

	지우개	사과	빵	사인펜
①	Ed=1	Ed>1	Ed=0	Ed=∞
②	Ed=1	Ed>1	Ed<1	Ed=0
③	Ed>1	Ed=1	Ed<1	Ed=1
④	Ed>1	Ed<1	Ed=1	Ed>1
⑤	Ed<1	Ed=1	Ed>1	Ed=∞

204

표는 A∼C재의 가격 변화에 따른 시장 변화를 나타낸다. 이에 대한 옳은 설명만을 〈보기〉에서 고른 것은? (단, A∼C재의 가격 변화는 공급 변동에 따른 것이다.)

(단위 : %)

구분	A재	B재	C재
가격 변화율	2	2	2
㉠ 변화율	0	-2	2

[보기]
ㄱ. ㉠이 거래량이면, A재의 판매 수입 변화율은 2%이다.
ㄴ. ㉠이 거래량이면, B재의 수요는 가격에 대해 탄력적이다.
ㄷ. ㉠이 판매 수입이면, C재의 수요는 완전 비탄력적이다.
ㄹ. ㉠이 판매 수입이면, 수요의 가격 탄력성은 A재가 B재에 비해 크다.

① ㄱ, ㄴ ② ㄱ, ㄷ ③ ㄴ, ㄷ
④ ㄴ, ㄹ ⑤ ㄷ, ㄹ

205

다음 자료에 대한 분석으로 옳은 것은?

표는 X재와 Y재의 가격 변화율에 따른 갑과 을의 소비 지출액 변화율을 나타낸다. 단, X재와 Y재의 소비자는 갑과 을만 존재한다.

(단위 : %)

구분		X재	Y재
가격 변화율		1.0	2.2
소비 지출액 변화율	갑	0.6	2.2
	을	(가)	-2.2

① 갑의 X재에 대한 수요는 가격에 대해 탄력적이다.
② 갑의 Y재에 대한 수요는 가격에 대해 단위 탄력적이다.
③ 을의 Y재에 대한 수요는 가격에 대해 완전 비탄력적이다.
④ (가)가 1.0이라면 을의 X재에 대한 수요는 가격에 대해 단위 탄력적이다.
⑤ 가격 변동 이후 Y재의 판매량은 이전에 비해 감소하였다.

206

다음 A∼D재에 대한 옳은 설명만을 〈보기〉에서 고른 것은?

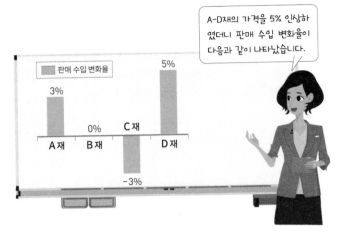

A-D재의 가격을 5% 인상하였더니 판매 수입 변화율이 다음과 같이 나타났습니다.

[보기]
ㄱ. A재의 수요는 가격에 대해 탄력적이다.
ㄴ. B재는 수요의 가격 탄력성이 0이다.
ㄷ. C재는 수요량이 5%보다 크게 감소하였다.
ㄹ. D재는 수요 법칙이 적용되지 않는다.

① ㄱ, ㄴ ② ㄱ, ㄷ ③ ㄴ, ㄷ
④ ㄴ, ㄹ ⑤ ㄷ, ㄹ

207

다음 사례에 대한 설명으로 옳은 것은?

갑국에서는 숙박 서비스 사업자가 숙박 서비스 요금을 10% 인상하였더니 판매 수입이 10% 감소하였고, 한우 판매자가 한우 판매 가격을 10% 인하하였더니 판매량이 5% 증가하였다.

① 숙박 서비스의 경우 수요가 가격에 대해 단위 탄력적이다.
② 숙박 서비스 요금 인상에도 불구하고 거래량은 변화가 없다.
③ 한우의 경우 수요가 가격에 대해 완전 비탄력적이다.
④ 한우 판매 가격 인하로 한우 판매 수입은 증가하였다.
⑤ 수요의 가격 탄력성은 숙박 서비스보다 한우가 작다.

06 수요와 공급의 응용

출제 포인트 ☑ 소비자 잉여 ☑ 생산자 잉여 ☑ 총잉여 ☑ 가격 통제

1. 잉여와 자원 배분의 효율성

⭐1 소비자 잉여와 생산자 잉여 ◉ 47쪽 225번 문제로 확인

(1) 소비자 잉여

① 의미 : 소비자가 상품을 구입하면서 얻었다고 느끼는 이득의 크기

② 계산 : 소비자가 상품을 구입하기 위해 최대로 지불할 의사가 있는 금액에서 실제로 지불한 금액을 뺀 것

(2) 생산자 잉여

① 의미 : 생산자가 상품을 팔면서 얻었다고 느끼는 이득의 크기

② 계산 : 생산자가 상품을 공급하면서 실제로 받은 금액에서 그 상품을 판매하여 최소한 받고자 하는 금액을 뺀 것

[자료] 소비자 잉여와 생산자 잉여 ◉ 46쪽 221번 문제로 확인

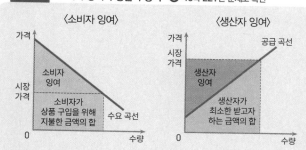

〈소비자 잉여〉 〈생산자 잉여〉

[분석] 시장 가격과 수요 곡선 사이의 면적이 소비자 잉여이므로 가격이 낮을수록 소비자 잉여는 커진다. 반면, 시장 가격과 공급 곡선 사이의 면적이 생산자 잉여이므로 가격이 오를수록 생산자 잉여는 증가한다.

2 총잉여

(1) 의미 소비자 잉여와 생산자 잉여의 합

(2) 시장 효율성과의 관계

① 총잉여는 시장 균형 가격에서 거래될 때 최대가 됨

② 시장 균형 상태에서 자원이 가장 효율적으로 배분된다는 것을 의미함

[자료] 시장 균형과 총잉여 ◉ 47쪽 223번 문제로 확인

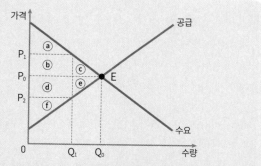

[분석] 시장 균형인 E점에서 거래가 이루어지면 균형 가격은 P_0이고, 균형 거래량은 Q_0이다. 이때 총잉여는 ⓐ+ⓑ+ⓒ+ⓓ+ⓔ+ⓕ가 된다.

구분	소비자 잉여	생산자 잉여	총잉여
가격 수준이 P_0일 때	ⓐ+ⓑ+ⓒ	ⓓ+ⓔ+ⓕ	ⓐ+ⓑ+ⓒ+ ⓓ+ⓔ+ⓕ
가격 수준이 P_1일 때 (최저 가격제를 시행할 경우)	ⓐ	ⓑ+ⓓ+ⓕ	ⓐ+ⓑ+ⓓ+ⓕ (ⓒ+ⓔ 손실)
가격 수준이 P_2일 때 (최고 가격제를 시행할 경우)	ⓐ+ⓑ+ⓓ	ⓕ	ⓐ+ⓑ+ⓓ+ⓕ (ⓒ+ⓔ 손실)

2. 노동 시장과 금융 시장

⭐1 노동 시장 ◉ 49쪽 231번 문제로 확인

(1) 노동 시장 노동의 수요자(기업)와 공급자(가계) 간에 노동 거래가 이루어지는 장소 또는 관계

(2) 임금과 노동 거래량의 결정

① 기본적으로 노동의 수요와 공급에 의해 결정됨

② 최저 임금제 등과 같은 제도적 장치에 영향을 받기도 함

⭐2 금융 시장(자금 시장) ◉ 48쪽 230번 문제로 확인

(1) 금융 시장 자금의 수요자와 공급자 간에 금융 거래가 이루어지는 장소 또는 관계

(2) 이자율과 자금 거래량의 결정 자금의 수요와 공급에 의해 결정되며, 이자율 상한제 등의 정부 정책에 영향을 받기도 함

자금의 수요	주로 기업의 투자에 의해 좌우되며, 가계의 자금 수요도 존재함
자금의 공급	주로 가계의 저축에 의존하며, 기업의 잉여 자금도 존재함

[자료] 가격 통제와 잉여의 변화 ◉ 49쪽 232번 문제로 확인

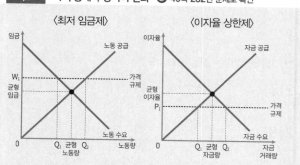

〈최저 임금제〉 〈이자율 상한제〉

[분석] 정부가 최저 임금제를 도입하여 최저 임금을 W_1 수준으로 올리면 기업은 고용량을 Q_1 수준으로 줄인다. 반면, 임금 상승에 따라 노동 공급량은 Q_2 수준으로 증가한다. 이때 초과 공급이 발생하고, 노동량이 시장 균형 노동량보다 적으므로 총잉여는 감소한다. 정부가 이자율 상한제를 도입하여 최고 이자율(금리)을 P_1 수준으로 낮추면 자금 공급량은 Q_1으로 감소하고, 자금 수요량은 Q_2로 증가한다. 이때 초과 수요가 발생하고, 자금 거래량이 시장 균형 자금량보다 적으므로 총잉여는 감소한다.

분석 기출 문제

» 바른답·알찬풀이 19쪽

문제 개념 확인

•• 빈칸에 들어갈 알맞은 용어를 쓰시오.

208 (   )(이)란 소비자가 상품을 구입하면서 얻었다고 느끼는 이득의 크기를 말한다.

209 (   )(이)란 생산자가 상품을 팔면서 얻었다고 느끼는 이득의 크기를 말한다.

210 소비자 잉여와 생산자 잉여의 합을 (   )(이)라고 한다.

•• 다음 내용이 맞으면 ○표, 틀리면 ×표를 하시오.

211 소비자 잉여와 생산자 잉여는 동시에 증가할 수 없다. (   )

212 수요 곡선의 변동이 없는 상황에서 시장에서 거래되는 가격이 낮아지면 소비자 잉여는 증가한다. (   )

213 총잉여는 시장 균형 가격 수준에서 최대가 된다. (   )

214 노동 공급의 증가는 임금이 하락하는 요인이 될 수 있다. (   )

•• 각 시장에 해당하는 내용을 바르게 연결하시오.

215 노동 시장 •

216 금융 시장 •

• ㉠ 시장에서 이자율(금리)이 결정됨

• ㉡ 최저 임금제 등의 제도에 영향을 받음

•• 다음 중 알맞은 것을 고르시오.

217 수요가 일정한 상태에서 공급이 증가하면 일반적으로 소비자 잉여가 (㉠ 증가, ㉡ 감소)한다.

218 총잉여는 시장 균형 가격에서 거래될 때 최대가 되는데, 이는 시장 균형 상태에서 자원이 가장 (㉠ 공평하게, ㉡ 효율적으로) 배분된다는 것을 의미한다.

219 일반적으로 최저 임금은 시장 균형 임금보다 (㉠ 높은, ㉡ 낮은) 수준에서 정해진다.

220 가계의 저축 증가는 금융 시장에서 금리를 (㉠ 상승, ㉡ 하락)시키는 요인이다.

1. 잉여와 자원 배분의 효율성

★빈출
221

그림에 대한 분석으로 옳은 것은?

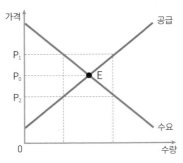

① 가격 수준이 P_1이면 초과 수요가 발생한다.
② 가격 수준이 P_2이면 초과 공급이 발생한다.
③ 가격 수준이 P_0에서 P_2로 변동하면 생산자 잉여는 증가한다.
④ 가격 수준이 P_0에서 P_2로 변동하면 총잉여는 감소한다.
⑤ 가격 수준이 P_0에서 P_1으로 변동하면 소비자 잉여는 증가한다.

222

다음 자료에 대한 옳은 분석만을 〈보기〉에서 고른 것은?

(단위 : 원)

소비자	X재 최대 지불 용의 금액	Y재 최대 지불 용의 금액	생산자	X재 최소 요구 금액	Y재 최소 요구 금액
갑	140	250	A	60	160
을	120	230	B	80	180
병	100	210	C	100	200

각 소비자와 생산자는 X재와 Y재를 1단위씩만 소비하고 생산하며, 현재 시장 가격은 X재의 경우 100원, Y재의 경우 200원이다.

【 보기 】
ㄱ. 총잉여는 Y재 시장이 X재 시장보다 크다.
ㄴ. X재 시장에서는 소비자 잉여가 생산자 잉여의 2배이다.
ㄷ. Y재 시장에서는 소비자 잉여가 생산자 잉여보다 크다.
ㄹ. 소비자 잉여는 A가 가장 크고, 생산자 잉여는 갑이 가장 크다.

① ㄱ, ㄴ   ② ㄱ, ㄷ   ③ ㄴ, ㄷ
④ ㄴ, ㄹ   ⑤ ㄷ, ㄹ

그림에서 정부가 P_1 이하에서 거래하지 못하도록 규제할 때, 이에 대한 설명으로 옳은 것은? (단, P_0는 현재의 균형 가격이다.)

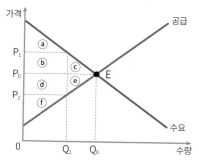

① 생산자 잉여는 ⓔ만큼 증가한다.

② 생산자 잉여는 ⓐ+ⓑ만큼 감소한다.

③ 소비자 잉여는 ⓒ+ⓔ만큼 감소한다.

④ 소비자 잉여는 ⓓ+ⓕ만큼 증가한다.

⑤ 총잉여는 ⓒ+ⓔ만큼 감소한다.

224

다음 자료에 대한 분석으로 옳지 <u>않은</u> 것은?

판매자 A는 자전거 2대를 가지고 있으며, 자전거 구입 희망자인 갑~정에게 경매로 판매하려고 한다. 표는 갑~정이 지불하고자 하는 최고 금액이며, 갑~정은 각각 1대씩만 구입하고자 한다.

구입 희망자	갑	을	병	정
지불하려는 최고 금액(만 원)	100	80	70	50

① A가 자전거 가격을 90만 원으로 제시하면, 초과 공급이 발생한다.

② A가 자전거 가격을 100만 원으로 제시하면, 초과 공급이 발생한다.

③ A가 자전거 가격을 80만 원으로 제시하면, 소비자 잉여는 20만 원이다.

④ A가 자전거 1대당 70만 원을 초과한 금액을 받고자 한다면, 병과 정이 각각 1대씩 낙찰받게 된다.

⑤ A가 갑~정이 지불하려는 최고 금액을 알고 있다면, A는 자전거 2대를 총 180만 원에 판매할 수 있다.

다음 자료에 대한 옳은 분석만을 〈보기〉에서 고른 것은?

그림은 소비재인 X재 시장을 나타낸다. 정부는 (가)와 (나) 중 하나를 시행하고자 한다.

• (가) : P_1보다 낮은 가격에서 거래되지 못하도록 규제

• (나) : P_2보다 높은 가격에서 거래되지 못하도록 규제

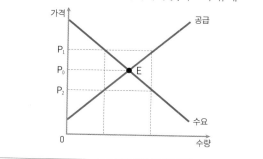

[보기]

ㄱ. (가)를 시행하면 소비자 잉여는 증가한다.

ㄴ. (나)를 시행하면 생산자 잉여는 감소한다.

ㄷ. (가), (나) 모두 사회적 잉여는 감소한다.

ㄹ. (가)를 시행하고 정부가 초과 공급량을 모두 매입하면, 소비자 잉여는 증가하고, 생산자 잉여는 감소한다.

① ㄱ, ㄴ　　　② ㄱ, ㄷ　　　③ ㄴ, ㄷ

④ ㄴ, ㄹ　　　⑤ ㄷ, ㄹ

226

표는 X재 시장에서의 수요와 공급을 나타낸다. 이에 대한 옳은 분석만을 〈보기〉에서 고른 것은? (단, 소비자와 생산자는 각각 1개씩만 수요 또는 공급한다.)

(단위 : 만 원)

소비자	A	B	C	D	E
지불하고자 하는 최대 금액	70	60	50	40	30
생산자	갑	을	병	정	무
받고자 하는 최소 금액	50	60	70	80	90

[보기]

ㄱ. 시장 가격은 60만 원이다.

ㄴ. 소비자 잉여는 20만 원이다.

ㄷ. A, B가 구입하고, A에게서만 소비자 잉여가 발생한다.

ㄹ. 갑, 을이 판매하고, 을에게서만 생산자 잉여가 발생한다.

① ㄱ, ㄴ　　　② ㄱ, ㄷ　　　③ ㄴ, ㄷ

④ ㄴ, ㄹ　　　⑤ ㄷ, ㄹ

227

다음 자료에 대한 옳은 분석만을 〈보기〉에서 고른 것은?

표는 갑~정이 각 재화에 대해 최대로 지불할 의사가 있는 금액을 나타낸다. A~C재의 시장 가격은 각각 5만 원, 6만 원, 7만 원이다. 갑~정의 상품별 최대 구입량은 1개이며, 시장에는 갑~정 네 사람의 소비자만 존재한다.

(단위 : 만 원)

소비자	A재	B재	C재
갑	4	5	6
을	5	6	7
병	6	7	8
정	7	8	9

【 보기 】
ㄱ. A재 구입 시 소비자 잉여는 2만 원이다.
ㄴ. B재 구입 시 소비자 잉여는 3만 원이다.
ㄷ. 소비자 잉여는 B재 구입 시보다 C재 구입 시가 크다.
ㄹ. A~C재 모두 시장 거래량은 3개이다.

① ㄱ, ㄴ   ② ㄱ, ㄷ   ③ ㄴ, ㄷ
④ ㄴ, ㄹ   ⑤ ㄷ, ㄹ

---

2. 노동 시장과 금융 시장

228

노동 시장의 현재 균형점 E_0가 E_1으로 이동할 수 있는 요인만을 〈보기〉에서 고른 것은?

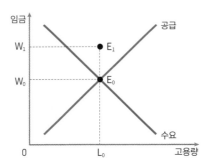

【 보기 】
ㄱ. 기업 투자 증가
ㄴ. 노동 가능 인구 감소
ㄷ. 여가에 대한 선호 감소
ㄹ. 기업의 비관적 경기 전망 확산

① ㄱ, ㄴ   ② ㄱ, ㄷ   ③ ㄴ, ㄷ
④ ㄴ, ㄹ   ⑤ ㄷ, ㄹ

229

다음 자료에 대한 분석 및 추론으로 옳은 것은?

그림은 갑국의 금융 시장 상황을 나타낸다. 갑국 정부는 현재 이자율 수준이 너무 높다고 판단하여 우려하고 있다.

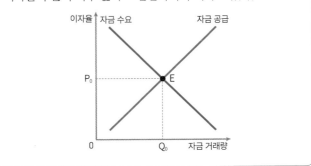

① 가계의 저축 증가는 갑국 정부의 우려를 강화시킬 것이다.
② 갑국 정부는 자금 공급자를 보호하기 위한 정책을 시행할 것이다.
③ 갑국 정부는 자금 수요 곡선을 이동시켜 자금 거래량을 증가시킬 것이다.
④ 기업의 신규 투자가 증가한다면 갑국 정부의 우려가 약화될 수 있다.
⑤ 해외 자본의 국내 유입이 증가하면 갑국 정부의 우려가 약화될 수 있다.

★빈출 230

(가), (나)의 상황이 국내 금융 시장에 미칠 영향을 추론한 것으로 옳은 것은?

(가)	(나)
○○신문	**□□신문**
국내 기업에 대한 외국인의 투자가 확대되면서 해외 투자 자금이 국내로 유입되고 있다.	경기가 회복되고 있다는 기대감으로 기업 투자가 증가하면서 금융 시장에서 자금을 빌리는 기업이 늘어나고 있다.

① (가)는 금리 상승 요인이다.
② (가)는 자금의 수요 곡선을 우측으로 이동시키는 요인이다.
③ (나)는 금리 상승 요인이다.
④ (나)는 자금 수요의 감소 요인이다.
⑤ (나)는 자금의 공급 곡선을 좌측으로 이동시키는 요인이다.

⭐빈출 231

그림은 노동 시장의 균형점 이동을 나타낸다. 균형점의 이동 요인을 바르게 연결한 것은? (단, 노동 시장은 수요와 공급 법칙을 따른다.)

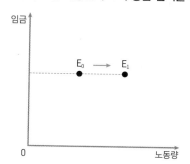

	수요 측 요인	공급 측 요인
①	기업의 생산량 증대 전략	여가에 대한 선호 증가
②	기업의 생산량 증대 전략	노동 가능 인구의 증가
③	기업의 비관적 경기 전망	노동 가능 인구의 감소
④	기업의 비관적 경기 전망	여가에 대한 선호 감소
⑤	재화와 서비스의 가격 상승	외국인 근로자의 유입 감소

⭐빈출 232

그림 (가), (나)는 각각 특정 시장에서의 정부의 가격 규제 정책을 나타낸다. 이에 대한 옳은 설명만을 〈보기〉에서 있는 대로 고른 것은?

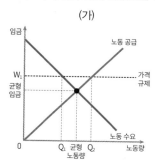
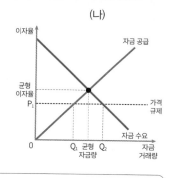

[보기]
ㄱ. (가)는 노동 시장, (나)는 금융 시장과 관련 있다.
ㄴ. (가)의 경우 최고 가격제 실시로 인해 소비자 잉여가 감소한다.
ㄷ. (나)는 소비자 보호를 위한 가격 정책을 시행한 경우이다.
ㄹ. (가), (나) 모두 가격 규제 정책으로 인해 총잉여가 감소할 수 있다.

① ㄱ, ㄴ   ② ㄱ, ㄷ   ③ ㄴ, ㄹ
④ ㄱ, ㄷ, ㄹ   ⑤ ㄴ, ㄷ, ㄹ

🔶 1등급을 향한 서답형 문제

[233~234] 표는 X재 시장에서 소비자 갑~무와 생산자 A~E의 거래 의사를 나타낸다. 물음에 답하시오. (단, 각 참여자는 모두 X재를 1개씩만 거래하고자 한다.)

(단위 : 원)

소비자	갑	을	병	정	무
최대 지불 용의 금액	1,000	2,000	3,000	4,000	5,000
생산자	A	B	C	D	E
최소 요구 금액	3,000	4,000	5,000	6,000	7,000

233

균형 가격과 균형 거래량을 각각 쓰시오.

234

균형 가격에서 거래할 소비자와 생산자를 쓰고, 이들의 소비자 잉여와 생산자 잉여를 쓰시오.

[235~236] 그림을 보고 물음에 답하시오.

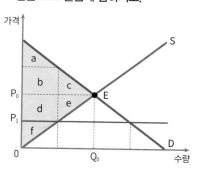

235

균형 가격 P_0에서의 소비자 잉여와 생산자 잉여를 각각 a~f의 기호로 표시하시오.

236

정부가 P_1 이하의 가격에서 거래하도록 규제할 경우 소비자 잉여는 어떻게 변할지 a~f의 기호를 사용하여 서술하시오.

적중1등급 문제

›› 바른답·알찬풀이 21쪽

237

다음 자료에 대한 옳은 분석만을 〈보기〉에서 있는 대로 고른 것은?

표는 소비자 갑, 을과 생산자 병, 정으로 구성된 X재 시장에서 각각 X재 1개씩 추가로 구입 또는 생산할 때의 상황이다.

(단위 : 만 원)

구분		첫 번째 X재	두 번째 X재	세 번째 X재	네 번째 X재	다섯 번째 X재
최대 지불 용의 금액	갑	7	6	5	4	3
	을	6	5	4	3	2
최소 요구 금액	병	4	5	6	7	8
	정	3	4	5	6	7

[보기]
ㄱ. 균형 거래량은 5개이다.
ㄴ. 균형 가격에서 갑의 소비자 잉여는 3만 원이다.
ㄷ. 균형 가격에서 정의 생산자 잉여는 2만 원이다.
ㄹ. 정부가 생산자에게 X재 1개당 2만 원의 판매세를 부과하면, 을의 소비 지출액은 4만 원만큼 감소한다.

① ㄱ, ㄴ ② ㄱ, ㄹ ③ ㄷ, ㄹ
④ ㄱ, ㄴ, ㄹ ⑤ ㄴ, ㄷ, ㄹ

238

가격 규제 이후 X재 시장에 대한 옳은 설명만을 〈보기〉에서 고른 것은?

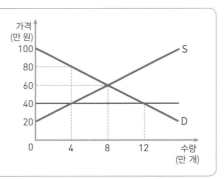

정부는 X재 가격이 60만 원으로 폭등하자 시장 거래 가격을 40만 원 이하로 규제하였다.

[보기]
ㄱ. 시장 거래량은 규제 이전보다 8만 개만큼 감소한다.
ㄴ. 소비자 잉여는 규제 이전보다 40억 원만큼 증가한다.
ㄷ. 생산자 잉여는 규제 이전보다 120억 원만큼 감소한다.
ㄹ. 총소비 지출액은 규제 이전보다 160억 원만큼 감소한다.

① ㄱ, ㄴ ② ㄱ, ㄷ ③ ㄴ, ㄷ
④ ㄴ, ㄹ ⑤ ㄷ, ㄹ

239

다음 자료에 대한 옳은 설명만을 〈보기〉에서 고른 것은?

갑국 정부는 시장 균형 가격에서 거래되고 있던 X재 시장에서는 가격 규제 정책 A를, Y재 시장에서는 가격 규제 정책 B를 시행하였다. 표는 정책 시행 전후의 X재 시장과 Y재 시장 상황을 나타낸다. 단, X재와 Y재 모두 수요와 공급 법칙을 따르고, X재와 Y재의 공급 곡선은 일치한다.

(단위 : 개)

구분	정책 시행 이전		정책 시행 이후	
	수요량	공급량	수요량	공급량
X재	220	220	180	250
Y재	200	200	230	190

[보기]
ㄱ. A는 최저 가격제, B는 최고 가격제에 해당한다.
ㄴ. A는 공급자 보호, B는 소비자 보호를 목적으로 한다.
ㄷ. A와 B 시행 이후 시장 거래량은 X재와 Y재가 같다.
ㄹ. A와 B 모두 규제 가격은 시장 균형보다 높은 수준에서 결정되었다.

① ㄱ, ㄴ ② ㄱ, ㄷ ③ ㄴ, ㄷ
④ ㄴ, ㄹ ⑤ ㄷ, ㄹ

240

그림은 갑국 노동 시장을 나타낸다. 이에 대한 옳은 분석만을 〈보기〉에서 고른 것은?

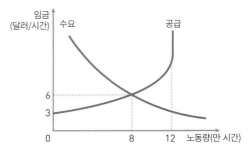

[보기]
ㄱ. 임금이 3달러일 때에는 초과 공급이 발생한다.
ㄴ. 시장 균형에서 총 노동 소득은 48만 달러이다.
ㄷ. 모든 임금 수준에서 수요와 공급 법칙이 성립한다.
ㄹ. 노동 공급이 임금에 대해 완전 비탄력적인 부분이 존재한다.

① ㄱ, ㄴ ② ㄱ, ㄷ ③ ㄴ, ㄷ
④ ㄴ, ㄹ ⑤ ㄷ, ㄹ

241

다음 자료에 대한 설명으로 옳은 것은?

그림은 T기 갑국의 X재 시장을 나타낸다. 갑국 정부는 T+1기에 X재의 최저 가격을 40달러로 규제하였으며, T+2기에는 X재의 거래량이 20개가 되도록 소비자에게 ㉠X재 1개당 일정액의 보조금을 지급하였다.

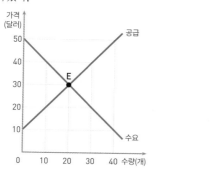

① ㉠은 20달러이다.
② T+1기에 X재의 거래량은 20개이다.
③ T+2기에 X재의 시장 가격은 50달러이다.
④ T기에 비해 T+1기에 소비자 잉여는 감소하였다.
⑤ T+1기에 비해 T+2기에 생산자 잉여는 감소하였다.

242

다음 자료에 대한 옳은 설명만을 〈보기〉에서 고른 것은?

정부는 수입 금지 품목이었던 X재의 수입을 개방하기로 하였다. 단, X재는 국제 시장에서 1만 원에 무제한 구입할 수 있다.

〈개방 이전 국내 X재 시장의 수요·공급 곡선〉

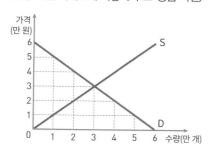

【 보기 】
ㄱ. 개방 이전 국내 생산자 잉여는 6억 원이다.
ㄴ. 개방 이전 국내 총잉여는 9억 원이다.
ㄷ. 개방 이후 국내 생산자 잉여는 개방 이전보다 감소한다.
ㄹ. 개방 이후 국내 소비자 잉여는 개방 이전보다 감소한다.

① ㄱ, ㄴ   ② ㄱ, ㄷ   ③ ㄴ, ㄷ
④ ㄴ, ㄹ   ⑤ ㄷ, ㄹ

243

다음 자료에 대한 옳은 설명만을 〈보기〉에서 고른 것은?

그림은 갑국의 X재 시장 상황을 나타낸다. 갑국 정부는 생산자에게 X재 ㉠1개당 일정 금액의 ㉡보조금을 지급하였다. 그 결과 시장 균형이 E에서 E'로 이동하였다.

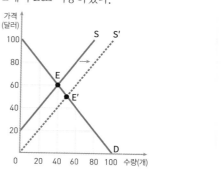

【 보기 】
ㄱ. ㉠은 10달러이다.
ㄴ. ㉡으로 생산자 잉여는 200달러만큼 증가하였다.
ㄷ. ㉡으로 소비자 잉여는 450달러만큼 증가하였다.
ㄹ. ㉡에 따른 생산자 잉여와 소비자 잉여 증가분의 합은 보조금 지급 총액보다 작다.

① ㄱ, ㄴ   ② ㄱ, ㄷ   ③ ㄴ, ㄷ
④ ㄴ, ㄹ   ⑤ ㄷ, ㄹ

244

다음 자료에 대한 설명으로 옳은 것은?

표는 X재를 최대 1개씩만 판매하고자 하는 공급자 갑~무의 최소 요구 금액과 각 가격에서의 시장 수요량을 나타낸다. 단, X재는 시장 균형 가격에서 거래되고, 공급자는 갑~무만 존재한다.

공급자	갑	을	병	정	무
최소 요구 금액(원)	5,000	4,000	3,000	2,000	1,000

가격(원)	5,000	4,000	3,000	2,000	1,000
시장 수요량(개)	1	2	3	4	5

① 거래량은 4개이다.
② 갑과 을은 X재를 생산하지 않는다.
③ 생산자 잉여는 소비자 잉여보다 크다.
④ 정은 을과 달리 생산자 잉여를 얻지 못한다.
⑤ 갑~무의 최소 요구 금액이 모두 2,000원씩 상승하면 거래량은 4개가 된다.

07

II 시장과 경제 활동

시장 실패와 정부의 시장 개입

✓ 출제 포인트   ✓ 독과점   ✓ 외부 효과   ✓ 공공재   ✓ 정보의 비대칭성   ✓ 정부 실패

1. 시장 실패

1 의미 시장에서의 자원 배분이 효율적이지 못한 상태

2 시장 실패의 발생 요인

(1) 독과점 시장

① 의미 : 하나 또는 소수 기업이 시장 지배력을 행사하는 시장

② 발생 원인 : 규모의 경제, 특허권, 정부의 진입 규제 등

③ 문제점 및 개선 방안 : 새로운 기업의 시장 진입을 방해하고 가격을 높여 소비자 잉여를 감소시키는 등 자원의 비효율적 배분을 유발함 → 정부의 독과점 규제 및 경쟁 촉진 정책 필요

★(2) 외부 효과 ⓒ 53쪽 260번 문제로 확인

① 의미 : 경제 활동을 통해 제3자에게 의도하지 않은 이익이나 손해를 주고도 그에 대한 대가를 받거나 주지 않는 상태

② 유형별 문제점 및 개선 방안

구분	외부 경제(긍정적 외부 효과)	외부 불경제(부정적 외부 효과)
의미	타인에게 의도하지 않은 이익을 주고도 이에 관한 대가를 받지 않는 상태 ⓔ 기술 개발, 독감 예방 주사 접종	타인에게 의도하지 않은 손해를 끼치고도 이에 관한 대가를 지불하지 않는 상태 ⓔ 환경 오염, 흡연
문제점	• 사회적 최적 수준보다 적은 수준에서 생산·소비 • 생산 측면 : 사회적 비용<사적 비용 • 소비 측면 : 사회적 편익>사적 편익	• 사회적 최적 수준보다 많은 수준에서 생산·소비 • 생산 측면 : 사회적 비용>사적 비용 • 소비 측면 : 사회적 편익<사적 편익
개선 방안	• 보조금을 지급하여 해당 주체의 사적 편익을 증가시키거나 사적 비용을 감소시켜서 소비나 생산이 증가하도록 함 • ⓔ 기술 개발 보조금 지급	• 정부의 규제 등으로 해당 주체의 사적 편익을 감소시키거나 사적 비용을 증가시켜 소비나 생산이 감소하도록 함 • ⓔ 환경 개선 부담금 부과

★(3) 공공재 ⓒ 54쪽 263번 문제로 확인

① 의미 : 비배제성과 비경합성을 지닌 재화나 서비스 ⓔ 국방, 치안, 거리의 가로등 등

② 특성

비배제성	재화 사용에 대해 대가를 지불하지 않은 사람의 소비를 막을 수 없음
비경합성	한 사람의 소비가 다른 사람의 소비를 감소시키지 않음

> **자료** 공공재의 특성 ⓒ 55쪽 267번 문제로 확인
>
> 국방 서비스는 한번 공급되면 우리나라에서는 누구나 소비할 수 있으므로 돈을 지불하지 않은 사람의 소비를 막을 수 없다. 또한 한 사람이 국방 서비스를 소비하더라도 다른 사람이 누리는 국방 서비스의 양이 감소하지 않는다.
>
> 분석 > 공공재는 값을 치른 사람만 배타적으로 사용할 수 있는 소비의 배제성이 없고, 한 사람의 소비가 다른 사람의 소비를 줄이는 소비의 경합성도 없으므로 일반 기업에 맡기면 사회적으로 필요한만큼 생산되지 않는다.

★(4) 공유 자원 ⓒ 53쪽 259번 문제로 확인

① 의미 : 바다 속 물고기와 같이 배제성은 없지만 경합성은 있는 자원(비배제성, 경합성)

② 문제점 및 개선 방안 : 필요한 양보다 과다 소비하여 자원이 고갈되는 '공유지의 비극'이 발생 → 정부 규제 등 필요

(5) 정보의 비대칭성

① 의미 : 시장에서 거래에 참여하는 당사자들이 가지고 있는 정보의 양과 질이 다른 것

② 문제점 : 정보를 더 가진 사람이 정보를 활용하여 더 많은 이익을 추구하여 자원의 효율적 배분이 왜곡됨 ⓔ 중고차 시장

2. 정부의 시장 개입

★1 정부의 시장 개입 방법 ⓒ 56쪽 272번 문제로 확인

(1) 불완전 경쟁 시장 규제 독과점 기업 규제, 중소기업 보호 등

(2) 외부 효과 개선 외부 경제는 보조금을 지급함으로써, 외부 불경제는 규제하거나 세금을 부과함으로써 개선할 수 있음

(3) 공공재 생산 정부나 공기업이 공공재의 생산과 공급을 담당함

> **자료** 정부의 가격 규제 정책과 부작용 ⓒ 56쪽 271번 문제로 확인
>
>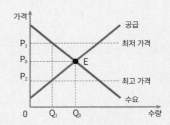
>
> 분석 > • 최저 가격제 : 생산자 보호를 위해 시장 균형 가격보다 높은 수준에서 가격 하한선을 정함 ⓔ 최저 임금제 → 초과 공급, 암시장 형성
> • 최고 가격제 : 소비자 보호를 위해 시장 균형 가격보다 낮은 수준에서 가격 상한선을 정함 ⓔ 이자율 상한제 → 초과 수요, 암시장 형성

2 정부 실패

(1) 의미 시장에 대한 정부의 개입이 문제를 충분히 해결하지 못하거나 오히려 악화시키는 현상

(2) 원인 지식·정보의 부족, 이윤 동기의 부족, 관료 집단의 이기주의, 근시안적 규제, 정치적 제약, 유권자의 무지 등

(3) 정부 실패의 보완 방안

규제 개혁	규제 개혁으로 시장 원리를 통한 효율성 추구
공기업의 민영화	정부 소유 주식이나 자산을 민간에 매각하여 비효율성 개선, 공익적 측면에서 논란이 될 수 있음
시민 단체의 감시와 시민운동 전개	시장 원리의 강화가 아닌 정부에 대한 감시를 통해 비효율성을 보완

분석 기출 문제

>> 바른답·알찬풀이 23쪽

핵심 개념 문제

•• 빈칸에 들어갈 알맞은 용어를 쓰시오.

245 규모의 경제, 특허권, 정부의 진입 규제 등은 ( )을/를 발생시키는 요인이다.

246 ( )(이)란 일단 생산되어 공급되면 대가를 지불하지 않은 소비자들을 포함하여 많은 사람이 공동으로 소비할 수 있는 재화나 서비스를 말한다.

247 ( )(이)란 시장에 대한 정부의 개입이 문제를 충분히 해결하지 못하거나 오히려 악화시키는 현상을 말한다.

•• 다음 내용이 맞으면 ○표, 틀리면 ×표를 하시오.

248 외부 경제는 외부 불경제와 달리 비효율적 자원 배분을 유발하지 않는다. ( )

249 외부 불경제는 사회적 최적 수준보다 많은 수준에서 생산과 소비가 이루어진다. ( )

250 공공재는 비배제성과 비경합성을 특징으로 한다.
( )

•• 시장 실패의 유형과 관련 내용을 바르게 연결하시오.

251 독과점 • • ㉠ 국방, 치안, 가로등

252 공공재 • • ㉡ 과소 또는 과다 생산·소비

253 외부 효과 • • ㉢ 가격 상승으로 소비자 잉여 감소

•• 다음 중 알맞은 것을 고르시오.

254 외부 경제에서는 (㉠ 과다, ㉡ 과소) 생산의 문제가 발생한다.

255 사회적 비용이 사적 비용보다 (㉠ 큰, ㉡ 작은) 상태는 외부 불경제 상황이다.

256 기술 개발 보조금 지급, 의무 교육 확대는 (㉠ 외부 경제, ㉡ 외부 불경제) 문제를 개선하는 방안이다.

•• 다음 내용에 해당하는 가격 규제 정책을 〈보기〉에서 고르시오.

257 소비자 보호를 목적으로 한다. ( )

258 초과 공급 문제가 발생한다. ( )

[보기]
ㄱ. 최고 가격제   ㄴ. 최저 가격제

---

1. 시장 실패

⭐빈출
259

표는 질문에 따라 A~D재를 구분한 것이다. 이에 대한 설명으로 옳은 것은?

질문	A재	B재	C재	D재
일정한 대가를 지불한 사람만이 소비할 수 있는가?	○	○	×	×
한 사람의 소비가 다른 사람의 소비 기회를 감소시키는가?	○	×	○	×

(○ : 예, × : 아니요)

① 치안, 국방 서비스는 A재의 사례에 해당한다.
② C재는 자원의 남용이나 고갈 현상이 나타날 수 있다.
③ 우리나라의 전기 공급은 D재의 공급 사례에 해당한다.
④ B재는 A재와 달리 배제성을 지닌다.
⑤ B재는 C재와 달리 무임승차자의 문제가 나타난다.

⭐빈출
260

그림은 X재 시장에서 나타난 외부 효과를 설명하기 위해 교사가 제시한 자료이다. 이에 대한 설명으로 옳지 **않은** 것은? (단, A, B는 각각 사적 비용만 반영된 공급 곡선 또는 사회적 비용이 반영된 공급 곡선 중 하나이다.)

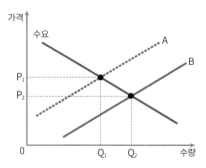

① 생산 활동으로 인한 외부 효과를 설명하기에 적합하다.
② A가 사적 비용만 반영된 공급 곡선이라면, Q_1은 시장 거래량이다.
③ A가 사회적 비용이 반영된 공급 곡선이라면, X재 시장에서는 외부 경제가 나타났다.
④ X재 시장에서 외부 불경제가 나타났다면, Q_2는 시장 거래량이 된다.
⑤ B가 사적 비용만 반영된 공급 곡선이라면, X재는 과다 생산되고 있다.

261

재화 (가)~(다)에 대한 옳은 설명만을 〈보기〉에서 고른 것은?

질문	(가)	(나)	(다)
재화나 서비스 사용에 관한 대가를 내지 않고도 소비할 수 있는가?	아니요	예	예
많은 사람이 동일한 재화나 서비스를 동시에 소비할 수 있는가?	아니요	아니요	예

[보기]

ㄱ. (가)는 희소성이 없는 재화이다.
ㄴ. (나)는 '공유지의 비극' 현상이 나타날 수 있다.
ㄷ. (다)는 시장 실패의 요인이다.
ㄹ. (다)는 (나)와 달리 배제성을 가진다.

① ㄱ, ㄴ ② ㄱ, ㄷ ③ ㄴ, ㄷ
④ ㄴ, ㄹ ⑤ ㄷ, ㄹ

262

(가), (나) 상황에 대한 옳은 설명만을 〈보기〉에서 고른 것은?

(가) 갑이 수질 오염 물질을 정화하는 새로운 기술을 연구하여 발표하자, 갑의 기술에서 아이디어를 얻은 다양한 오염 정화 기계들이 발명되는 결과를 가져왔다.

(나) 을은 방범 목적으로 집 담장을 높이고 그 위에 날카로운 유리를 박고 철조망까지 쳤다. 이로 인해 지나가는 이웃 주민들이 불쾌감을 느끼고 있다.

[보기]

ㄱ. (가)는 사회적 편익이 사적 편익보다 큰 경우이다.
ㄴ. (나)는 사적 비용이 사회적 비용보다 큰 경우이다.
ㄷ. (가)에서는 (나)와 달리 과소 생산 문제가 발생한다.
ㄹ. (나)에서는 (가)와 달리 외부 효과가 나타난다.

① ㄱ, ㄴ ② ㄱ, ㄷ ③ ㄴ, ㄷ
④ ㄴ, ㄹ ⑤ ㄷ, ㄹ

★빈출 263

A~D재에 대한 설명으로 옳은 것은?

구분	경합성	비경합성
배제성	A재	B재
비배제성	C재	D재

① 막히는 무료 도로는 A재의 사례에 해당한다.
② 사적 재화는 B재의 속성을 갖는다.
③ C재의 속성을 가진 재화에서 '공유지의 비극'이 나타난다.
④ 우리나라에서 유선 전화 가입은 A재보다 D재의 사례에 해당한다.
⑤ C재는 D재와 달리 한 사람의 소비가 다른 사람의 소비량을 감소시키지 않는다.

264

다음 자료에 대한 옳은 설명만을 〈보기〉에서 고른 것은?

주제 : _____ (가)

• 발생 원인 : _____ (나) _____, 특정 기업에 의한 원재료 독점, 특허권, 정부의 진입 규제 등
• 문제점 : 소비자 잉여 감소 등 비효율적 자원 배분

[보기]

ㄱ. (가)에는 '정부 실패'가 적절하다.
ㄴ. (가)에는 '독과점 시장'이 적절하다.
ㄷ. (나)에는 '규모의 경제'가 들어갈 수 있다.
ㄹ. (나)에는 '이윤 동기의 부족'이 들어갈 수 있다.

① ㄱ, ㄴ ② ㄱ, ㄷ ③ ㄴ, ㄷ
④ ㄴ, ㄹ ⑤ ㄷ, ㄹ

265

밑줄 친 ㉠, ㉡에 대한 설명으로 옳은 것은?

㉠독감 백신을 접종하는 사람들이 많을수록 독감 인플루엔자의 확산이 억제되어 주변 사람들이 독감에 걸릴 가능성이 줄어든다. 한편, ㉡항생제의 과도한 사용은 기존 항생제에 강한 내성으로 무장한 슈퍼 박테리아의 탄생 및 확산을 가져올 수 있다. 기존의 항생제가 효과가 없는 슈퍼 박테리아가 확산되면, 많은 인명 피해가 발생할 수 있다.

① ㉠은 사적 편익보다 사회적 편익이 크다.
② ㉠에서는 무임승차의 문제가 발생할 가능성이 높다.
③ ㉡은 항생제의 비배제성 때문에 일어난다.
④ ㉡은 사회적 최적 수준보다 적게 이루어진다.
⑤ ㉠, ㉡ 모두 시장 원리에 따라 자연적으로 최적 배분이 이루어진다.

266

그림은 X재 시장에서 나타난 외부 효과 상황을 보여 준다. 이에 대한 옳은 분석만을 〈보기〉에서 고른 것은?

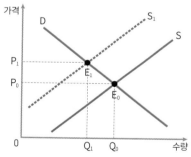

* S, S₁은 각각 사적 비용만 반영된 공급 곡선과 사회적 비용이 반영된 공급 곡선 중 하나임

【 보기 】

ㄱ. X재 시장에서 외부 불경제가 나타났다면, 시장 생산량은 Q_1이다.
ㄴ. Q_1이 사회적 최적 생산량이라면, X재 시장에서는 외부 불경제가 발생하였다.
ㄷ. X재 시장에서 외부 경제가 나타났다면, S₁은 사적 비용만 반영된 공급 곡선이다.
ㄹ. Q_0가 사회적 최적 생산량이라면, X재 시장에서는 과다 생산이 발생하였다.

① ㄱ, ㄴ   ② ㄱ, ㄷ   ③ ㄴ, ㄷ
④ ㄴ, ㄹ   ⑤ ㄷ, ㄹ

그림은 재화 (가)~(다)를 분류한 것이다. 이에 대한 설명으로 옳은 것은?

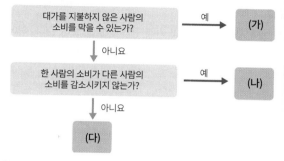

① (가)는 공공재이다.
② (나)는 경합성은 없지만 배제성이 있는 재화이다.
③ 일반적으로 시장에서 거래되는 재화는 (다)의 속성을 띤다.
④ (나)는 (가)와 달리 배제성이 있다.
⑤ (다)에서는 (나)와 달리 '공유지의 비극'이 나타날 수 있다.

268

(가), (나)에 대해 옳게 추론한 학생만을 〈보기〉에서 고른 것은?

(가) 소녀 효과란 소녀들이 제대로 교육을 받으면 이들이 나중에 엄마가 됐을 때 가족 전체에 혜택이 돌아갈 수 있다는 이론이다.
(나) 갑국에서 빈곤층 부모에게 아들과 딸 모두를 교육하면 현금을 지급하는 복지 제도를 시행하였더니 10년 만에 극빈층 비율이 20% 넘게 줄었다는 통계가 있다.

【 보기 】

갑 : (가)에는 부정적 외부 효과가 나타나 있어.
을 : (나)는 외부 효과 개선으로 시장 실패를 일부 해결할 수 있다는 점을 보여 주고 있어.
병 : (나)는 외부 불경제를 개선하기 위한 정책이야.
정 : (나)는 자녀가 여성일 때 10년 전에는 충분한 교육이 제공되지 않았음을 보여 주고 있어.

① 갑, 을   ② 갑, 병   ③ 을, 병
④ 을, 정   ⑤ 병, 정

2. 정부의 시장 개입

269

그림은 X재 시장에서 정부의 가격 규제 상황을 보여 준다. 이에 대한 분석 및 추론으로 옳지 <u>않은</u> 것은? (단, 정부의 가격 규제선은 80만 원이다.)

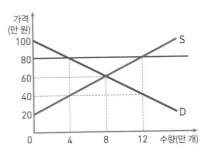

① 암시장이 형성될 수 있다.
② 시장 균형 가격은 60만 원이다.
③ 규제 이후 시장 거래량은 12만 개이다.
④ 총소비 지출액은 규제 이전보다 감소한다.
⑤ 정부는 시장 가격이 너무 낮게 형성되어 있다고 판단하였을 것이다.

270

그림은 정부의 가격 규제를 나타낸다. 이에 대해 옳은 분석만을 〈보기〉에서 고른 것은?

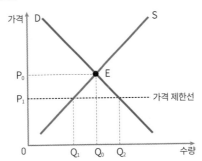

[보기]
ㄱ. P₁이 가격 상한선이면, 초과 수요가 발생한다.
ㄴ. P₁이 가격 하한선이면, 정부의 정책은 실효성이 있다.
ㄷ. P₁이 가격 상한선이면, 아파트 분양가 상한제를 설명할 수 있다.
ㄹ. P₁보다 낮은 가격에서 암시장이 형성될 수 있다.

① ㄱ, ㄴ   ② ㄱ, ㄷ   ③ ㄴ, ㄷ
④ ㄴ, ㄹ   ⑤ ㄷ, ㄹ

빈출 271

그림은 X재 시장 상황을 나타낸다. 이에 대한 옳은 설명만을 〈보기〉에서 고른 것은? (단, E는 현재 X재 시장에서의 균형점이다.)

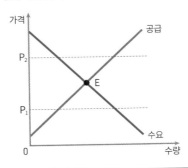

[보기]
ㄱ. P₁은 가격 상한선으로 실효성이 있다.
ㄴ. P₁을 가격 상한선으로 정한다면, 생산자 보호를 위한 것이다.
ㄷ. P₂가 가격 하한선일 때 공급이 감소하면 가격 규제 효과가 없어질 수 있다.
ㄹ. P₁과 P₂ 사이에서만 거래할 수 있도록 규제할 때 공급이 감소하면 P₂는 가격 상한선으로 실효성이 있다.

① ㄱ, ㄴ   ② ㄱ, ㄷ   ③ ㄴ, ㄷ
④ ㄴ, ㄹ   ⑤ ㄷ, ㄹ

빈출 272

그림에 대한 분석으로 옳지 <u>않은</u> 것은? (단, P₁은 정부의 가격 규제선으로 실효성이 있다.)

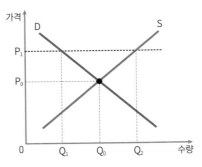

① 암시장이 발생할 우려가 있다.
② 최저 가격제가 실시되고 있다.
③ 소비자를 보호하기 위한 정책이다.
④ P₁에서는 초과 공급이 나타나고 있다.
⑤ 수요가 증가하면 정부의 가격 규제 필요성이 사라질 수 있다.

273

다음 자료에 대한 분석으로 옳은 것은?

정부는 임금이 적정 수준보다 낮다고 판단하여 가격 하한을 정하고 있었다. 그런데 노동 공급 곡선이 S에서 S′로 이동하는 변화가 발생하였다.

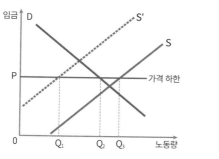

① 공급 변화 전 거래량은 Q_3이다.
② 공급 변화 전 시장에서 초과 수요가 존재한다.
③ 공급 변화 후 Q_1Q_2만큼의 초과 수요가 존재한다.
④ 공급 변화 후 가격 하한 정책은 실효성이 사라졌다.
⑤ 이자율 상한제를 사례로 들 수 있다.

274

그림에 대한 옳은 분석만을 〈보기〉에서 있는 대로 고른 것은? (단, 현재 노동 수요와 노동 공급은 각각 D와 S이다.)

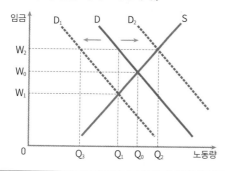

[보기]
ㄱ. 현재의 균형 임금은 W_0이다.
ㄴ. 정부가 W_2 수준에서 규제한다면, 이는 최고 가격제에 해당한다.
ㄷ. 정부가 W_2 수준에서 실효성 있게 규제하고 있고 노동 수요가 D_2로 이동하면, 규제의 실효성이 사라질 수 있다.
ㄹ. 정부가 W_1 수준에서 실효성 있게 규제하고 있고 노동 수요가 D_1으로 이동하면, 규제의 실효성이 사라질 수 있다.

① ㄱ, ㄴ   ② ㄱ, ㄹ   ③ ㄴ, ㄷ
④ ㄱ, ㄷ, ㄹ   ⑤ ㄴ, ㄷ, ㄹ

[275~276] 다음을 읽고 물음에 답하시오.

A는 두 가지 속성을 지닌다. ㉠ 어떤 사람이 재화 사용에 대해 대가를 치르지 않는 경우에도 그 소비를 막지 못하며, ㉡ 한 개인의 소비가 다른 사람의 소비를 감소시키지 않아 소비를 위해 경합할 필요가 없다.

275

㉠, ㉡에 해당하는 용어를 쓰시오.

276

A에 해당하는 개념을 쓰고, A가 시장 실패의 요인에 해당하는 이유를 '생산'이라는 용어를 사용하여 설명하시오.

[277~278] 그림을 보고 물음에 답하시오. (단, 정부는 X재 시장에서 P_1 수준에서 가격 규제 정책을 시행하고자 한다.)

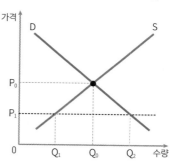

277

정부의 정책이 무엇인지를 쓰시오.

278

정부가 시행하고자 하는 가격 규제 정책의 일반적인 시행 목적과 부작용을 각각 한 가지씩 서술하시오.

적중 1등급 문제

» 바른답·알찬풀이 24쪽

279

그림은 외부 효과를 나타낸다. 이에 대한 옳은 설명만을 〈보기〉에서 있는 대로 고른 것은?

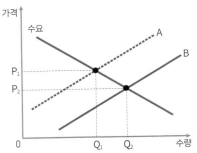

* A, B는 각각 사적 비용만 반영된 공급 곡선과 사회적 비용이 반영된 공급 곡선 중 하나임

【 보기 】
ㄱ. A가 사회적 비용이 반영된 공급 곡선이라면, 외부 불경제가 발생한 것이다.
ㄴ. A가 사적 비용만 반영된 공급 곡선이라면, 시장 거래량은 사회적 최적 수준보다 Q_1Q_2만큼 많다.
ㄷ. B가 사적 비용만 반영된 공급 곡선이라면, 시장 가격은 P_2이다.
ㄹ. B가 사회적 비용이 반영된 공급 곡선이라면, 생산자에 대한 보조금 지급은 외부 효과를 개선할 수 있다.

① ㄱ, ㄴ　　　② ㄱ, ㄹ　　　③ ㄴ, ㄷ
④ ㄱ, ㄷ, ㄹ　　⑤ ㄴ, ㄷ, ㄹ

280

표는 X재 시장 상황을 나타낸다. 이에 대한 옳은 분석만을 〈보기〉에서 고른 것은? (단, X재는 수요와 공급 법칙을 따른다.)

거래량이 Q_0일 경우 사적 비용이 반영된 가격	거래량이 Q_0일 경우 사회적 비용이 반영된 가격	시장 거래량	사회적 최적 거래량
P_0	P_1	Q_0	Q_1
$P_0 < P_1$		$Q_0 > Q_1$	

【 보기 】
ㄱ. 소비 측면의 외부 경제 현상이다.
ㄴ. 사회적 최적 수준보다 과다 생산되고 있다.
ㄷ. 생산자에게 조세를 부과하면 문제를 해결할 수 있다.
ㄹ. 사회적 최적 수준의 가격에서는 Q_0Q_1만큼의 초과 수요가 발생한다.

① ㄱ, ㄴ　　　② ㄱ, ㄷ　　　③ ㄴ, ㄷ
④ ㄴ, ㄹ　　　⑤ ㄷ, ㄹ

281

다음 자료에 대해 옳은 진술을 한 학생만을 〈보기〉에서 고른 것은?

갑국 정부는 X재가 P_1보다 높은 가격 수준에서 거래될 수 없도록 규제하는 정책을 시행하였다. 단, 현재 갑국 X재 시장에서 수요 곡선은 D_1, 공급 곡선은 S이다.

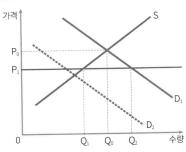

【 보기 】
갑 : 정부가 시행한 정책은 최고 가격제야.
을 : 정부 정책으로 소비자 잉여와 총잉여는 증가해.
병 : X재를 구입하지 못한 사람은 P_0 이상을 지불할 용의가 있는 사람들이야.
정 : 수요 곡선이 D_2로 이동하면 정부 정책은 실효성이 없어.

① 갑, 을　　　② 갑, 정　　　③ 을, 병
④ 을, 정　　　⑤ 병, 정

282

다음 자료에 대한 분석으로 옳지 않은 것은?

그림은 X재 시장의 수요와 공급을 나타낸다. 정부는 정책 (가), (나) 중 하나를 시행하고자 한다.
(가) 최고 가격을 40원에서 설정한다.
(나) 공급자에게 판매량 1개당 20원의 보조금을 지원한다.

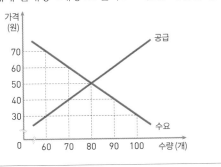

① (가)를 시행하면 생산자 잉여는 감소한다.
② (가)는 소비자를 보호하기 위한 정책이다.
③ (가)를 시행하면 시장 거래량은 70개이다.
④ (나)를 시행하면 균형 거래량은 증가한다.
⑤ (가)와 (나)는 모두 총잉여를 증가시킨다.

283

다음 자료에 대한 옳은 설명만을 〈보기〉에서 고른 것은?

갑국 정부는 X재와 Y재 시장에서 외부 효과를 발생시킨 생산자에게 세금 부과 또는 보조금 지급의 방법으로 개입하였고, 그 결과 두 시장에서 모두 사회적 최적 수준이 달성되었다. 표는 X재와 Y재 관련 질문에 대한 응답을 나타내며, X재와 Y재는 모두 수요와 공급 법칙을 따른다.

질문	X재	Y재
정부 개입 이전과 비교하여 정부 개입 이후 가격의 변화율이 양(+)의 값인가?	예	아니요
정부 개입 이전과 비교하여 정부 개입 이후 거래량의 변화율이 양(+)의 값인가?	아니요	예

[보기]

ㄱ. 정부 개입 전 X재 시장에서는 긍정적 외부 효과가 발생했다.

ㄴ. 정부 개입 전 Y재 시장에서는 사회적 비용이 사적 비용보다 작았다.

ㄷ. 정부는 X재 생산자에게 세금 부과, Y재 생산자에게 보조금을 지급하였다.

ㄹ. 정부 개입 이후 X재 시장의 생산량은 증가하였고, Y재 시장의 생산량은 감소하였다.

① ㄱ, ㄴ   ② ㄱ, ㄷ   ③ ㄴ, ㄷ

④ ㄴ, ㄹ   ⑤ ㄷ, ㄹ

284

다음 글에 나타난 시장 실패의 원인으로 가장 적절한 것은?

휴대 전화 구입 시 휴대 전화 제조사에서 운영하는 파손 보험에 가입할 수 있다. 매달 일정한 비용을 지불하는 보험에 가입하면, 휴대 전화가 파손될 경우 수리 비용의 일정 부분을 받을 수 있는 보험이다. 그런데 평소 휴대 전화를 잘 관리하는 사람들은 보험 혜택을 받을 가능성이 낮기 때문에 휴대 전화 제조사가 책정한 비용 수준에서는 보험에 가입하지 않고, 결국 평소 휴대 전화 관리에 소홀하여 보험 혜택을 받을 가능성이 높은 사람들만이 파손 보험에 가입할 가능성이 높다. 또한 파손 보험에 가입한 사람들은 휴대 전화 관리를 이전에 비해 소홀히 하는 경향이 나타나게 된다.

① 과도한 경쟁   ② 소비의 비경합성

③ 정보의 비대칭성   ④ 독과점 시장의 형성

⑤ 무임승차자의 문제

285

다음 자료에 대한 옳은 설명만을 〈보기〉에서 고른 것은?

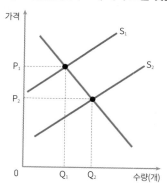

[보기]

ㄱ. 긍정적 외부 효과가 발생했다면, 시장 가격은 P_2이다.

ㄴ. 긍정적 외부 효과가 발생했다면, 시장 거래량은 Q_1이다.

ㄷ. 부정적 외부 효과가 발생했다면, 사회적 최적 거래량은 Q_1이다.

ㄹ. 부정적 외부 효과가 발생했다면, X재 1개당 P_1P_2만큼의 세금 부과로 외부 효과가 해소된다.

① ㄱ, ㄴ   ② ㄱ, ㄷ   ③ ㄴ, ㄷ

④ ㄴ, ㄹ   ⑤ ㄷ, ㄹ

286

밑줄 친 ⊙, ⓒ에 대한 옳은 설명만을 〈보기〉에서 고른 것은?

갑국의 보험 회사는 레저 스포츠 활동 중 부상을 입은 사람들에게 병원비를 지원해 주는 레저 스포츠 보험을 판매하였다. 그런데 보험에 가입한 사람들이 ⊙ 가입 전에 비해 레저 활동 중 부상 대비에 소홀히 하는 현상이 확인되었고, 안전한 스포츠 활동을 하여 부상 위험이 적은 사람들은 보험에 거의 가입하지 않고 ⓒ 부상 위험이 높은 스포츠 활동을 즐기는 사람들만 보험에 가입하는 상황이 발생하였다.

[보기]

ㄱ. ⊙은 도덕적 해이의 사례이다.

ㄴ. ⓒ은 외부 효과로 인해 발생하였다.

ㄷ. ⊙과 ⓒ은 모두 정보의 비대칭성으로 발생하였다.

ㄹ. 정부의 보조금 지급은 ⊙, ⓒ의 해소 방안에 해당한다.

① ㄱ, ㄴ   ② ㄱ, ㄷ   ③ ㄴ, ㄷ

④ ㄴ, ㄹ   ⑤ ㄷ, ㄹ

○4 시장의 수요와 공급

287

그림에 대한 옳은 설명만을 〈보기〉에서 고른 것은? (단, A~C는 서로 다른 시기 X재의 균형점을 나타낸다.)

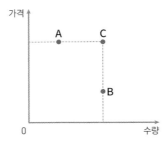

* X재는 수요와 공급 법칙을 따르며, 수요와 공급 곡선은 직선임
** A와 B는 동일한 수요 곡선상에 위치함

┌─[보기]
ㄱ. X재 원자재 가격 하락은 A에서 B로의 이동 요인이다.
ㄴ. X재 생산 기술의 발달은 B에서 A로의 이동 요인이다.
ㄷ. X재 생산성 하락과 X재 선호 증가는 B에서 C로의 이동 요인이다.
ㄹ. X재 원자재 가격 상승과 X재 대체재의 가격 상승은 C에서 A로의 이동 요인이다.

① ㄱ, ㄴ   ② ㄱ, ㄷ   ③ ㄴ, ㄷ
④ ㄴ, ㄹ   ⑤ ㄷ, ㄹ

288

빈칸에 들어갈 내용으로 옳은 것은?

┌─
교사 : A~C재의 관계에 대해 이야기해 볼까요?
갑 : A재와 B재는 대체 관계에 있고, A재와 C재는 보완 관계에 있습니다.
을 : (   )
교사 : 두 학생 모두 정확하게 대답했어요.
─┘

① A재 가격 상승은 B재의 수요 감소 요인입니다.
② A재 가격 하락은 B재의 거래량 감소 요인입니다.
③ B재 가격과 C재의 수요는 음(−)의 관계에 있습니다.
④ A재의 원자재 가격 상승은 C재의 수요 증가 요인입니다.
⑤ A재의 생산 기술 향상은 C재의 판매 수입 감소 요인입니다.

289

그림은 X재 시장에서 나타난 변화를 나타낸다. 이에 대한 옳은 설명만을 〈보기〉에서 고른 것은?

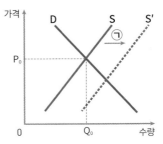

┌─[보기]
ㄱ. X재의 생산성 하락은 ㉠의 요인이다.
ㄴ. X재의 생산 기술 발달은 ㉠의 요인이다.
ㄷ. ㉠으로 인해 X재와 보완 관계에 있는 재화의 판매량은 감소한다.
ㄹ. ㉠으로 인해 X재와 대체 관계에 있는 재화의 판매 수입은 감소한다.

① ㄱ, ㄴ   ② ㄱ, ㄷ   ③ ㄴ, ㄷ
④ ㄴ, ㄹ   ⑤ ㄷ, ㄹ

290

그림은 X재와 연관재 관계에 있는 A재, B재의 매출액 변동을 나타낸다. 이에 대한 설명으로 옳은 것은? (단, 모든 재화는 수요와 공급 법칙을 따른다.)

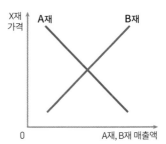

① X재 가격이 상승하면, A재의 거래량은 증가한다.
② X재의 생산비 감소는 B재의 수요 증가 요인이다.
③ X재 가격이 하락하면, B재의 시장 가격이 상승한다.
④ X재 원자재 가격의 상승은 A재의 수요 증가 요인이다.
⑤ X재와 A재는 보완 관계, X재와 B재는 대체 관계에 있다.

[291~292] 그림을 보고 물음에 답하시오.

A재는 X재와 ⊙ <u>용도가 비슷하여 서로 대신 사용할 수 있는 재화</u>이고, B재는 X재 생산에 필수적인 원료이다. 제시된 모든 재화는 수요와 공급 법칙을 따른다.

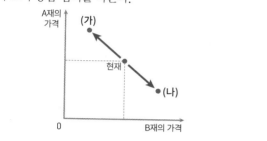

291

⊙에 해당하는 개념을 쓰시오.

292 ✏️ 서술형

(가)와 (나)로의 이동이 X재 시장에 미치는 영향을 X재의 수요와 공급 측면에서 서술하시오.

---

05 시장을 통한 자원 배분과 가격 탄력성

293

다음 자료에 대한 설명으로 옳은 것은?

표는 공급 변화로 인해 X재의 가격이 5% 상승할 때 수요자 갑~정의 X재 소비 지출액 변화를 나타낸다. 단, X재는 공급 법칙을 따르며, 수요는 변동이 없다.

(단위 : %)

수요자	갑	을	병	정
소비 지출액 변화율	-5	0	3	5

① X재의 공급은 증가하였다.
② 갑의 X재에 대한 수요는 가격에 대해 비탄력적이다.
③ 을의 X재에 대한 수요는 가격에 대해 탄력적이다.
④ 가격 상승으로 구매량은 정이 가장 크게 감소하였다.
⑤ X재 수요의 가격 탄력성은 병이 정보다 크다.

294

그림은 X재와 Y재의 공급 변화에 따른 가격 및 판매 수입의 변화를 나타낸다. 이에 대한 옳은 설명만을 〈보기〉에서 고른 것은?

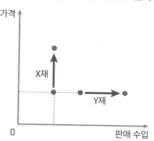

[보기]

ㄱ. X재는 수요의 가격 탄력성이 1이다.
ㄴ. Y재는 수요의 가격 탄력성이 완전 비탄력적이다.
ㄷ. X재의 공급은 감소, Y재의 공급은 증가하였다.
ㄹ. X재는 Y재와 달리 수요 법칙이 적용되지 않는다.

① ㄱ, ㄴ　　② ㄱ, ㄷ　　③ ㄴ, ㄷ
④ ㄴ, ㄹ　　⑤ ㄷ, ㄹ

[295~296] 다음은 X재와 Y재를 독점적으로 생산하는 A 기업의 회의 장면이다. 물음에 답하시오.

임원 : X재와 Y재의 가격을 10% 인상한 결과에 대해 보고해 보세요.
갑 : X재는 가격 인상이 매출액 변화에 전혀 영향을 주지 못하였습니다.
을 : Y재는 가격 인상에도 불구하고 매출액은 오히려 감소하였습니다.

295

X재 수요의 가격 탄력성을 쓰시오.

296 ✏️ 서술형

가격 인상에도 불구하고 Y재의 매출이 감소한 이유를 가격 인상률, 판매량 감소율, 수요의 가격 탄력성의 개념을 활용하여 서술하시오.

06 수요와 공급의 응용

297

그림은 X재 시장의 변화를 나타낸다. 이에 대한 옳은 설명만을 〈보기〉에서 고른 것은?

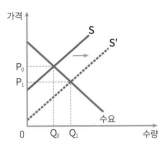

[보기]
ㄱ. 소비자 잉여는 감소한다.
ㄴ. 총잉여는 증가한다.
ㄷ. X재의 생산 비용 증가는 X재 시장의 변화 요인이다.
ㄹ. X재의 수요가 가격에 대해 탄력적이라면, X재의 판매 수입은 증가한다.

① ㄱ, ㄴ   ② ㄱ, ㄷ   ③ ㄴ, ㄷ
④ ㄴ, ㄹ   ⑤ ㄷ, ㄹ

298

다음 자료에 대한 설명으로 옳은 것은?

그림은 갑국 X재 시장을 나타낸다. 갑국 정부는 X재 시장의 (㉠) 보호를 위해 X재 가격을 80원으로 규제하는 ㉡ 가격 하한제를 실시하였다.

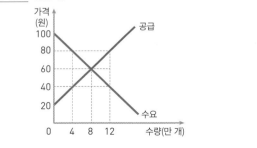

① ㉠은 소비자이다.
② ㉡으로 초과 수요가 8만 개 발생하였다.
③ ㉡으로 소비자 잉여는 40만 원만큼 감소하였다.
④ ㉡으로 총잉여는 80만 원만큼 감소하였다.
⑤ ㉡으로 소비자의 X재 지출액은 증가하였다.

299

다음 자료에 대한 옳은 설명만을 〈보기〉에서 고른 것은?

그림은 갑국의 X재 시장을 나타낸다. 갑국에서는 다음 (가), (나) 상황이 예상되고 있다.
(가) 모든 가격 수준에서 X재 공급량이 5만 개씩 증가한다.
(나) 갑국 정부는 가격 상한선을 50달러로 결정한다.

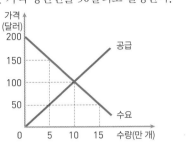

[보기]
ㄱ. (가)는 소비자 잉여의 감소 요인이다.
ㄴ. (나)는 생산자 잉여의 감소 요인이다.
ㄷ. 시장 거래량은 (나)가 (가)보다 많다.
ㄹ. 총잉여는 (가)가 (나)보다 크다.

① ㄱ, ㄴ   ② ㄱ, ㄷ   ③ ㄴ, ㄷ
④ ㄴ, ㄹ   ⑤ ㄷ, ㄹ

[300~301] 다음 자료를 보고 물음에 답하시오.

사회자 : 탄소 배출량 감축을 위해 친환경 자동차의 판매 확대가 필요합니다. 이에 대한 방안을 이야기해 볼까요?
갑 : 친환경 자동차 생산자에게 1대당 일정 금액의 보조금을 지급하는 방법이 있습니다.
을 : 친환경 자동차 소비자에게 1대당 일정 금액의 보조금을 지급하는 방안이 있습니다.

300

빈칸에 들어갈 개념을 순서대로 쓰시오.

갑이 제안하는 방안은 친환경 자동차 시장의 ( )에 영향을 주고, 을이 제안하는 방안은 친환경 자동차 시장의 ( )에 영향을 준다.

301   서술형

갑과 을이 제안하는 방안이 생산자 잉여, 소비자 잉여, 총잉여에 미치는 영향을 각각 서술하시오.

07 시장 실패와 정부의 시장 개입

302

그림은 갑국의 X재 시장 상황을 나타낸다. 이에 대한 옳은 설명만을 〈보기〉에서 고른 것은? (단, Q_0는 시장 거래량, Q_1은 사회적 최적 수준의 거래량이다.)

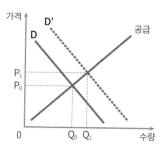

[보기]
ㄱ. 사회적 편익이 사적 편익보다 크다.
ㄴ. 생산 측면의 긍정적 외부 효과가 나타나고 있다.
ㄷ. D'는 사회적 편익이 반영된 수요 곡선을 의미한다.
ㄹ. 외부 효과 개선을 위해 소비에 대한 세금 부과가 요구된다.

① ㄱ, ㄴ   ② ㄱ, ㄷ   ③ ㄴ, ㄷ
④ ㄴ, ㄹ   ⑤ ㄷ, ㄹ

303

다음 자료에 대한 옳은 설명만을 〈보기〉에서 고른 것은?

그림은 (가), (나)를 기준으로 A~D재를 구분한 것이다. 단, (가), (나)는 각각 배제성과 경합성 중 하나이다.

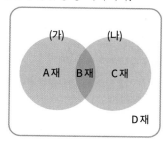

[보기]
ㄱ. 공해상의 물고기가 A재에 해당하면, (가)는 경합성이다.
ㄴ. 유료 케이블 방송이 A재에 해당하면, (나)는 배제성이다.
ㄷ. D재는 B재와 달리 사회적 최적 수준보다 과소 생산된다.
ㄹ. D재는 A~C재와 달리 희소성이 없는 재화이다.

① ㄱ, ㄴ   ② ㄱ, ㄷ   ③ ㄴ, ㄷ
④ ㄴ, ㄹ   ⑤ ㄷ, ㄹ

304

다음 자료에 대한 설명으로 옳은 것은?

표는 소비 측면에서 외부 효과가 나타나는 A재, B재 시장에서 정부의 개입으로 외부 효과가 개선된 상황을 나타낸다.

(단위 : 개)

구분	A재 거래량	B재 거래량
정부 개입 이전	T−100	T+100
정부 개입 이후	T	T

① A재 시장에서는 외부 불경제가 나타났다.
② A재 시장에 적절한 정책에는 보조금 지급이 있다.
③ B재 시장에서는 사적 편익보다 사회적 편익이 크다.
④ B재 시장에서는 정부의 개입으로 수요가 증가한다.
⑤ B재는 A재와 달리 사회적 최적 거래량이 T개이다.

[305~306] 그림은 외부 효과 (가), (나)가 발생한 시장 상황을 나타낸다. 물음에 답하시오.

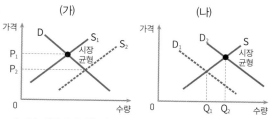

* S_1, S_2는 각각 사적 비용, 사회적 비용 중 하나를, D_1, D_2는 각각 사적 편익, 사회적 편익 중 하나를 나타냄

305

(가), (나)에 해당하는 외부 효과를 쓰시오.

306 ✎ 서술형

(가)와 (나)의 외부 효과를 개선하기 위한 방안을 각각 서술하시오.

III 국가와 경제 활동

08 경제 성장과 한국 경제

✔ 출제 포인트   ✔ 국내 총생산의 측정   ✔ 국내 총생산의 한계   ✔ 명목 GDP와 실질 GDP   ✔ 경제 성장률

1. 국내 총생산과 경제 성장

1 국내 총생산(GDP)

(1) 의미   일정 기간 한 나라 안에서 생산된 최종 생산물의 시장 가치의 합

(2) 측정 방법

① 최종 생산물 가치의 합

② 총생산물 가치의 합 – 중간 생산물 가치의 합

③ 각 생산 단계에서 발생한 부가가치의 합

(3) 유용성과 한계

① 유용성 : 한 나라 국가 경제의 전반적인 생산 수준을 측정하는 지표

② **한계** ⓒ 66쪽 325번 문제로 확인

- 시장에서 거래되는 재화와 서비스의 가치만 포함 : 시장을 통하지 않은 경제 활동은 포함되지 않음 → 가사 노동, 자원봉사, 지하 경제에서의 거래 등
- 생산 활동으로 창출된 재화와 서비스의 가치만 포함 : 소비 활동인 여가의 가치는 포함되지 않음
- 재화와 서비스의 품질 변화를 완벽하게 측정하지 못함
- 삶의 질을 측정하지 못함 : 환경 오염, 자원 고갈, 범죄, 소득 불평등 등에 따른 삶의 질 변화를 반영하지 못함

(4) 명목 GDP와 실질 GDP ⓒ 65쪽 319번 문제로 확인

① 명목 GDP : 해당 연도의 가격을 적용하여 측정한 국내 총생산

② 실질 GDP : 기준 연도의 가격을 적용하여 측정한 국내 총생산

자료   **명목 GDP와 실질 GDP** ⓒ 66쪽 323번 문제로 확인

(단위 : 개, 달러)

구분	2018년	2019년	2020년
생산량	8	10	10
가격	100	150	200
명목 GDP	800	1,500	2,000
실질 GDP	800	1,000	1,000

* 기준 연도는 2018년임

분석   명목 GDP는 해당 연도의 가격으로, 실질 GDP는 기준 연도의 가격으로 산출한다. 물가가 변하면 생산량이 변하지 않더라도 명목 국내 총생산이 변할 수 있다. 따라서 경제 성장의 정도를 나타낼 때에는 물가 변동의 효과를 제거한 실질 GDP를 사용하여 측정한다.

2 경제 성장

(1) 의미

① 국민 경제의 총체적 생산 수준(실물 생산량)이 지속적으로 높아지는 것

② 국민 경제에서 새롭게 창출된 부가가치가 증가하는 것

③ 경제 규모의 양적 확대

(2) 필요성

① 일자리 제공 : 생산이 증가하면 일자리가 늘어남

② 생활 수준 향상 : 생산이 증가하면 소득과 소비가 증가함

(3) 경제 성장률 ⓒ 67쪽 329번 문제로 확인

① 의미 : 국민 경제의 실질적인 성장 비율

② 측정 방법 : 실질 국내 총생산의 증가율

$$경제\ 성장률(\%) = \frac{금년도\ 실질\ GDP - 전년도\ 실질\ GDP}{전년도\ 실질\ GDP} \times 100$$

(4) 경제 성장의 요인

① 생산 요소의 양적 증가 : 생산에 투입되는 노동, 자본, 자연 자원의 양을 늘리면 생산량이 증가함

② 생산 요소의 질적 향상 : 인적 자본에 대한 투자로 기술이 발전하면 노동 생산성이 높아짐

③ 기업가 정신 : 위험을 감수하고 새로운 제품 개발이나 시장을 개척하려는 기업가의 자세

④ 사회 제도 : 기업의 투자를 촉진하는 법과 제도, 사회적 관행

⑤ 노사 관계 : 원만한 노사 관계는 생산의 효율성을 높임

⑥ 경제 의지 : 경제 성장을 추구하는 경제 주체들의 의지

2. 세계 속의 한국 경제

1 한국 경제의 변화 ⓒ 68쪽 331번 문제로 확인

시기	내용
1960년대	• 수출 주도의 성장 우선 정책 실시 • 노동 집약적 경공업이 성장을 주도함
1970년대	• 자본 집약적인 중화학 공업(철강, 기계, 조선, 전자, 화학 등) 중심의 산업 구조로 전환함 • 대외 지향적 공업화의 추진으로 수출 비중이 점차 증가 • 1970년대 석유 파동으로 경제적 타격을 받음 • 경제적 불균형 발생 → 농업 부문의 더딘 성장, 중소기업의 위축, 소득 격차 확대, 노사 갈등 등
1980년대	• 선진국의 기술 보호주의에 대응하여 기업들이 본격적으로 연구·개발을 시작함 • 삼저 호황으로 대규모의 무역 흑자 발생 • 첨단 산업(반도체, 컴퓨터, 통신 기기 등) 발전
1990년대 이후	• 외환 위기(1997년) : 마이너스 성장과 높은 실업률, 국제 통화 기금(IMF)으로부터 구제 금융 • 세계 금융 위기(2007~2008년) : 경기 침체 초래

2 한국 경제의 성과

(1) 경제적 위상 상승   지속적인 성장으로 경제 규모와 1인당 국민 소득 증가, 원조 받던 국가에서 원조하는 국가로 전환

(2) 세계 주요 수출국으로 부상   수출 주도형 성장으로 교역 규모 확대

분석 기출 문제

» 바른답·알찬풀이 28쪽

핵심 개념 문제

•• 빈칸에 들어갈 알맞은 용어를 쓰시오.

307 (   )(이)란 일정 기간 한 나라 안에서 생산된 최종 생산물 가치의 합을 말한다.

308 (   )은/는 해당 연도의 가격으로 계산한 GDP이고, (   )은/는 기준 연도의 가격으로 계산한 GDP이다.

•• 다음 내용이 맞으면 ○표, 틀리면 ×표를 하시오.

309 우리나라는 1960년대에 수출 주도의 성장 우선 정책과 노동 집약적 경공업에 집중하였다. (   )

310 우리나라는 1970년대에 자본 집약적인 중화학 공업 중심으로 성장하였으나, 석유 파동 등으로 경기 침체를 겪기도 하였다. (   )

311 우리나라는 1980년대에 반도체, 컴퓨터 등 첨단 산업이 발전하였으나, 대규모 무역 적자로 어려움을 겪었다. (   )

312 우리나라는 1997년에 구제 금융을 받아야 하는 외환 위기를 겪으며 많은 실업자가 발생하였다. (   )

•• 다음 중 알맞은 것을 고르시오.

313 자원봉사 등 시장을 통해 거래되지 않는 경제 활동의 가치는 GDP에 포함(㉠ 된다, ㉡ 되지 않는다).

314 교통사고의 발생은 삶의 질을 (㉠ 높이지만, ㉡ 떨어뜨리지만), GDP를 (㉠ 증가, ㉡ 감소)시키는 요인이 된다.

315 생산량에는 변동이 없고 물가만 상승하면 (㉠ 명목 GDP, ㉡ 실질 GDP)는 증가한다.

•• 표를 보고 물음에 답하시오.

(단위 : 개, 원)

구분	2019년	2020년
생산량	10	12
가격	100	200

316 기준 연도가 2019년일 때 2020년의 실질 GDP는 (   )원이다.

317 기준 연도가 2020년일 때 2020년의 실질 GDP는 (   )원이다.

318 기준 연도가 2019년일 때 2020년의 경제 성장률은 (   )이다.

★ 빈출
319

다음 자료에 대한 분석으로 옳은 것은? (단, 물가 수준은 GDP 디플레이터로 측정한다.)

(단위 : 만 달러)

구분	2018년	2019년	2020년
실질 GDP	100	110	120
명목 GDP	100	120	130

① 2018년은 전년과 물가 수준이 동일하다.
② 2019년은 디플레이션이 발생하였다.
③ 2020년은 전년 대비 물가가 하락하였다.
④ GDP 디플레이터가 가장 높은 연도는 2020년이다.
⑤ 2019년과 2020년의 경제 성장률은 같다.

320

그림은 갑국의 경제 지표를 나타낸다. 이에 대한 옳은 분석만을 〈보기〉에서 고른 것은? (단, 기준 연도는 2018년이고, 물가 수준은 GDP 디플레이터로 측정한다.)

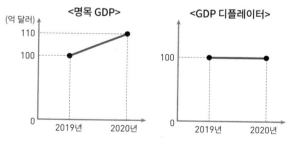

[보기]
ㄱ. 2019년의 물가 수준은 2018년과 동일하다.
ㄴ. 전년 대비 2020년의 실질 GDP는 증가하였다.
ㄷ. 2020년의 경제 성장률은 음(-)의 값을 갖는다.
ㄹ. 2018년 대비 2020년의 물가 상승률은 10%이다.

① ㄱ, ㄴ   ② ㄱ, ㄷ   ③ ㄴ, ㄷ
④ ㄴ, ㄹ   ⑤ ㄷ, ㄹ

321

다음 자료에 대한 옳은 분석만을 〈보기〉에서 고른 것은? (단, 기준 연도는 2017년이다.)

(단위 : %)

구분	2018년	2019년	2020년
명목 GDP 증가율	5	5	2
실질 GDP 증가율	3	2	4

[보기]
ㄱ. 2017년에는 명목 GDP가 실질 GDP보다 크다.
ㄴ. 2019년의 물가 수준이 가장 높다.
ㄷ. 2020년의 물가는 전년 대비 상승하였다.
ㄹ. 명목 GDP와 실질 GDP 모두 2020년에 가장 크다.

① ㄱ, ㄴ   ② ㄱ, ㄷ   ③ ㄴ, ㄷ
④ ㄴ, ㄹ   ⑤ ㄷ, ㄹ

322

다음 내용에 대해 옳게 진술한 학생만을 〈보기〉에서 고른 것은?

한 나라의 국경 안에서 일정 기간 새롭게 생산된 최종 생산물의 시장 가치의 합

[보기]
갑 : 국민 소득 수준을 가늠할 수 있는 지표야.
을 : 각 생산 단계에서 창출된 부가가치의 합으로 계산할 수도 있어.
병 : 외국 기업이 우리나라에서 생산한 제품의 가치는 우리나라의 이 지표에 포함되지 않아.
정 : 한 나라의 복지 수준을 보여 주지는 못하지만, 소득 분배 상태를 파악하는 데에는 도움이 되지.

① 갑, 을   ② 갑, 병   ③ 을, 병
④ 을, 정   ⑤ 병, 정

[323~324] 표는 사과와 연필만을 생산하는 갑국의 상황을 나타낸다. 물음에 답하시오. (단, 기준 연도는 2018년이다.)

(단위 : 개, 원)

구분		2018년	2019년	2020년
사과	생산량	10	15	10
	가격	㉠	1,000	2,000
연필	생산량	10	㉢	10
	가격	1,000	2,000	3,000
명목 GDP		20,000	–	–
실질 GDP		㉡	20,000	㉣

⭐빈출 323

㉠~㉣에 들어갈 숫자로 옳은 것은?

	㉠	㉡	㉢	㉣
①	1,000	20,000	5	20,000
②	1,000	20,000	5	50,000
③	2,000	20,000	10	20,000
④	2,000	30,000	10	50,000
⑤	2,000	30,000	20	50,000

324

갑국의 상황을 옳게 진술한 학생은?

① 갑 : 경기 침체 국면이군.
② 을 : 물가가 지속적으로 하락하고 있어.
③ 병 : 갑국 국민의 생활 수준은 점점 개선되었군.
④ 정 : 2019년과 2020년 모두 경제 성장률이 0%야.
⑤ 무 : 2019년은 사과와 연필이 서로 대체 관계에 있었군.

⭐빈출 325

다음 사례를 통해 알 수 있는 내용으로 가장 적절한 것은?

교통사고가 발생하면 망가진 차가 자동차 정비소에 맡겨지고 정비소의 매출액은 올라간다. 또 교통사고로 다친 사람이 병원에 가면 병원의 매출액이 올라간다.

① 명목 GDP보다 실질 GDP가 더 유용하다.
② GDP로는 소득 분배 상황을 파악하기 어렵다.
③ GDP는 삶의 질을 나타내는 지표로는 불충분하다.
④ 시장을 통하지 않는 거래는 GDP로 계산되지 않는다.
⑤ 경제 성장을 위해서는 교통사고 발생률을 높여야 한다.

326

다음은 갑국에서 한 해 동안 발생한 경제 활동이다. 이에 대한 옳은 설명만을 〈보기〉에서 있는 대로 고른 것은?

종자업자가 밀 종자를 생산하여 80만 원에 농부에게 판매하였다. 농부는 이 종자로 밀을 생산하여 제분업자에게 200만 원에 판매하였다. 제분업자는 이 밀로 밀가루를 생산하여 제빵업자에게 300만 원에 판매하였다. 제빵업자는 이 밀가루로 빵을 생산하여 450만 원에 소비자에게 판매하였다.

[보기]
ㄱ. 갑국의 국내 총생산은 450만 원이다.
ㄴ. 제분업자가 창출한 부가가치는 100만 원이다.
ㄷ. 농부가 창출한 부가가치는 제빵업자보다 크다.

① ㄱ   ② ㄴ   ③ ㄷ
④ ㄱ, ㄴ   ⑤ ㄴ, ㄷ

327

표는 갑국의 경제 상황을 나타낸다. 이에 대한 분석으로 옳지 <u>않은</u> 것은?

(전년 대비, 단위 : %)

구분	2016년	2017년	2018년	2019년	2020년
명목 GDP 변화율	−1.0	3.0	5.0	1.0	3.5
실질 GDP 변화율	1.5	2.5	3.5	2.0	4.5

① 경제는 지속적으로 성장하였다.
② 2016년은 전년 대비 물가가 하락하였다.
③ 2017년의 경제 성장률은 2.5%이다.
④ 2018년은 전년 대비 물가가 상승하였다.
⑤ 2019년이 기준 연도라면 2020년의 명목 GDP는 실질 GDP보다 크다.

328

다음은 갑국의 2020년 경제 활동을 나타낸다. 이에 대한 설명으로 옳은 것은? (단, 갑국의 생산 주체는 A~C 기업뿐이다.)

A 기업 : 을국에서 1만 달러의 원유를 수입하여 B 기업에 1만 3천 달러에 판매함
B 기업 : A 기업에서 구입한 원유를 정제하여 일반 소비자에게 2만 달러에 판매함
C 기업 : 2020년에 벌어들인 소득 5천 달러로 B 기업이 발행한 주식을 매수함

① 갑국의 총생산물의 가치는 2만 달러이다.
② 갑국이 창출한 부가가치는 2만 달러이다.
③ B 기업이 창출한 부가가치는 2천 달러이다.
④ 2020년 갑국의 국내 총생산은 1만 달러이다.
⑤ A, C 기업은 2020년 갑국의 GDP 증가에 기여하지 못하였다.

☆빈출 329

그림은 갑국의 경제 지표이다. 이에 대한 옳은 분석만을 〈보기〉에서 있는 대로 고른 것은? (단, 기준 연도는 2017년이다.)

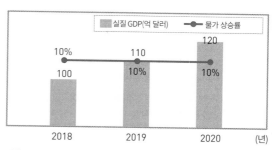

[보기]
ㄱ. 2018년 이후 명목 GDP는 지속적으로 증가하였다.
ㄴ. 2018년의 실질 GDP보다 2020년의 명목 GDP가 크다.
ㄷ. 2019년과 2020년의 경제 성장률은 같다.
ㄹ. 2018년과 2019년 모두 명목 GDP가 실질 GDP보다 크다.

① ㄱ, ㄴ   ② ㄱ, ㄷ   ③ ㄴ, ㄷ
④ ㄱ, ㄴ, ㄹ   ⑤ ㄴ, ㄷ, ㄹ

2. 세계 속의 한국 경제

330

1960~1970년대 우리나라 경제 성장에 대한 설명으로 옳지 <u>않은</u> 것은?

① 값싼 노동력이 밑바탕이 되었다.
② 외국으로부터 자금 원조를 받았다.
③ 수출보다 내수 시장 확대에 집중하였다.
④ 정부가 주도하여 경제 개발 계획을 추진하였다.
⑤ 기업가의 의지와 노동자의 근로 의욕이 그 바탕에 있었다.

★빈출
331

표는 한국 경제의 변화를 나타낸 것이다. 이에 대한 학생의 진술로 옳지 <u>않은</u> 것은?

1960년대	• 수출 주도의 성장 우선 정책 실시 • ㉠ 노동 집약적 경공업이 성장을 주도함
1970년대	• 자본 집약적인 중화학 공업 중심 구조로 전환함 • 대외 지향적 공업화의 추진 • 1970년대 석유 파동으로 경제적 타격을 받음 • ㉡ 경제적 불균형 발생
1980년대	• 선진국의 기술 보호주의에 대응하여 기업들이 본격적으로 연구·개발을 시작함 • ㉢ 삼저 호황으로 대규모의 무역 흑자 발생 • 첨단 산업 발전, 물가 안정 속 고도 성장 지속
1990년대 이후	• ㉣ 외환 위기(1997년) : 마이너스 성장과 높은 실업률, IMF 구제 금융 • ㉤ 세계 금융 위기(2007년~) : 경기 침체 초래

① 갑 : ㉠의 예로 신발, 의류 산업 등을 들 수 있어.
② 을 : 대기업과 중소기업 간의 격차는 ㉡의 예로 볼 수 있어.
③ 병 : 저달러 현상은 ㉢에 포함돼.
④ 정 : ㉣ 이후 우리나라의 고용 불안은 심화되었어.
⑤ 무 : ㉤은 정부가 시장에 대한 개입을 축소하는 계기가 되었어.

1등급을 향한 서답형 문제

[332~333] 표는 쌀과 자동차만을 생산하는 갑국의 생산 활동을 연도별로 나타낸 것이다. 물음에 답하시오.

구분	쌀		자동차	
	생산량(kg)	가격(만 원)	생산량(대)	가격(만 원)
2018년	100	4	20	40
2019년	100	5	20	50
2020년	120	6	22	100

332

2019년과 2020년 중 경제가 성장한 해를 쓰시오.

333

각각의 경우 2019년 실질 GDP의 계산식과 값을 쓰시오.

(1) 기준 연도가 2018년일 때 :
(2) 기준 연도가 2020년일 때 :

[334~335] 다음을 읽고 물음에 답하시오.

원료 공급자가 50만 원의 씨앗을 농부에게 판매하고 농부는 이 씨앗을 심어 고추를 생산하여 고추 도매상에게 300만 원에 판매하였다. 도매상은 이 고추를 고추장 생산자에게 400만 원을 받아 판매하였고, 고추장 생산자는 이 중 100만 원어치는 자신이 소비하고, 나머지는 고추장을 생산하여 소비자에게 700만 원에 판매하였다.

334

빈칸 ㉠, ㉡에 들어갈 말을 쓰시오.

GDP는 일정 기간 (㉠) 생산된 모든 (㉡)의 시장 가치의 합을 말한다.

335

위 사례를 바탕으로 (가)~(다)의 방법으로 GDP를 계산하시오.

(가) 부가가치의 합 :
(나) 최종 생산물 가치의 합 :
(다) 총생산물 가치의 합 - 중간 생산물 가치의 합 :

적중 1등급 문제

≫ 바른답·알찬풀이 29쪽

336

표에 대한 분석으로 옳은 것은? (단, 기준 연도는 2017년이고, 물가 수준은 GDP 디플레이터로 측정한다.)

(단위 : %)

구분	2018년	2019년	2020년
실질 GDP 증가율	3	0	−3
물가 상승률	0	2	1

① 경제는 지속적으로 성장하였다.
② 명목 GDP는 지속적으로 증가하였다.
③ 2018년에 실질 GDP는 명목 GDP보다 크다.
④ 2019년의 명목 GDP는 2018년보다 크다.
⑤ 2020년의 실질 GDP는 2017년과 동일하다.

337

그림에 대한 분석으로 옳은 것은?

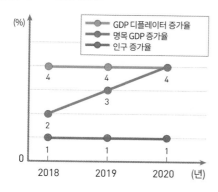

① 물가 수준은 변동이 없다.
② 1인당 명목 GDP는 감소하고 있다.
③ 2019년은 전년과 달리 물가가 상승하였다.
④ 전년 대비 2020년의 물가 상승률은 0%이다.
⑤ 2018~2020년 중 경제 성장률이 양(+)의 값인 해는 없다.

338

다음 교사의 질문에 대한 응답으로 옳은 것은?

교사 : 제시된 자동차와 쌀의 가치가 우리나라 GDP에 포함되면 A라고, 포함되지 않으면 B라고 표기하도록 합니다. 순서 1~4에 따라 A 또는 B를 기재해 볼까요?

순서	내용
1	외국 기업이 우리나라에 공장을 세워 생산한 자동차
2	국내 농가에서 생산하여 최종 소비자에게 판매한 쌀
3	우리나라 기업이 외국에 공장을 세워 생산한 자동차
4	우리나라 식품 가공 기업이 원료용으로 수입한 쌀

① A - B - B - A
② A - A - A - B
③ A - A - B - B
④ B - A - A - B
⑤ B - A - B - A

339

그림은 A국과 B국의 경제 상황을 나타낸다. 이에 대한 옳은 분석만을 〈보기〉에서 고른 것은?

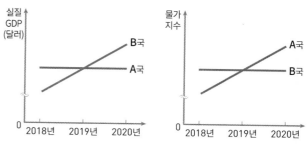

[보기]
ㄱ. 2019년에 A국과 B국의 경제 성장률은 동일하다.
ㄴ. 전년 대비 2019년에 B국의 명목 GDP는 증가하였다.
ㄷ. 전년 대비 2020년에 A국의 명목 GDP는 증가하였다.
ㄹ. 2020년에 B국의 명목 GDP는 실질 GDP보다 작다.

① ㄱ, ㄴ
② ㄱ, ㄷ
③ ㄴ, ㄷ
④ ㄴ, ㄹ
⑤ ㄷ, ㄹ

340

그림은 갑국의 경제 지표를 나타낸다. 이에 대한 옳은 분석 및 추론만을 〈보기〉에서 고른 것은? (단, 총수요 곡선은 우하향하고 총공급 곡선은 우상향하며, 물가 수준은 GDP 디플레이터로 측정한다.)

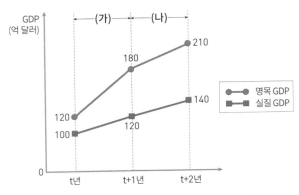

[보기]

ㄱ. 전년 대비 경제 성장률은 t+1년과 t+2년이 동일하다.

ㄴ. 전년 대비 물가 상승률은 t+1년보다 t+2년이 높다.

ㄷ. (가) 기간의 변화는 정부 지출이 증가하면 나타날 수 있다.

ㄹ. (나) 기간의 변화는 총수요와 총공급의 증가 규모가 같을 때 나타날 수 있다.

① ㄱ, ㄴ   ② ㄱ, ㄷ   ③ ㄴ, ㄷ

④ ㄴ, ㄹ   ⑤ ㄷ, ㄹ

341

표는 A국의 경제 관련 자료이다. 이에 대한 분석으로 옳지 <u>않은</u> 것은?

구분	2018년	2019년	2020년
경제 성장률(%)	−2	1	0
GDP 디플레이터	90	100	110

① 전년 대비 2018년의 실질 GDP는 감소하였다.

② 전년 대비 2019년의 명목 GDP는 감소하였다.

③ 전년 대비 2019년의 물가 수준은 높아졌다.

④ 전년 대비 2019년의 생산 규모는 증가하였다.

⑤ 전년 대비 2020년의 물가 수준은 높아졌다.

342

표는 갑국과 을국의 경제 지표 변화를 나타낸다. 이에 대한 분석으로 옳은 것은?

(단위 : 억 달러, %)

구분	2018년		2018년 대비 2019년 증가율		2019년 대비 2020년 증가율	
	명목 GDP	실질 GDP	명목 GDP	실질 GDP	명목 GDP	실질 GDP
갑국	100	100	4	5	− 4	− 5
을국	120	100	− 5	2	5	−2

① 갑국의 실질 GDP는 2018년이 가장 작다.

② 을국의 명목 GDP는 지속적으로 감소하였다.

③ 2019년 명목 GDP는 갑국이 을국보다 크다.

④ 2020년 실질 GDP는 갑국과 을국 모두 100억 달러보다 크다.

⑤ 실질 GDP 대비 명목 GDP의 비(比)는 갑국과 을국 모두 2018년보다 2019년이 작다.

343

다음 자료에 대한 분석으로 옳은 것은?

표는 갑국의 2020년 GDP를 생산과 분배 측면에서 파악하기 위한 자료이다. 갑국에는 X재만을 생산하는 A 기업과 Y재만을 생산하는 B 기업 둘만 존재하며, 다른 나라와의 거래는 없다. X재는 모두 B 기업에 판매되어 Y재 생산의 원료로 사용되며, Y재는 모두 판매되어 소비된다.

(단위 : 억 달러)

구분		A 기업	B 기업
부가가치		500	ⓒ
판매 수입		⊙	1,200
분배	임금	250	ⓔ
	지대	80	100
	이자	70	100
	이윤	ⓛ	200

① ⊙은 500, ⓛ은 200이다.

② ⓒ은 700, ⓔ은 200이다.

③ 2020년 갑국의 GDP는 1,700억 달러이다.

④ A 기업의 부가가치는 B 기업의 부가가치보다 크다.

⑤ Y재 생산에 필요한 중간 생산물의 가격은 500억 달러이다.

09

Ⅲ 국가와 경제 활동

경제 순환과 국민 경제

✔ 출제 포인트 ✔ 국민 경제의 순환 ✔ 국민 소득 삼면 등가의 법칙 ✔ 경기 순환 ✔ 총수요와 총공급의 변동 요인

1. 국민 경제의 순환

⭐1 국민 경제의 순환 ⓒ 72쪽 359번, 360번 문제로 확인

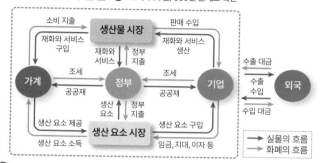

⭐2 국민 소득의 세 측면

(1) **생산 국민 소득** 일정 기간 한 나라에서 생산된 최종 생산물의 시장 가치를 모두 합한 것

(2) **분배 국민 소득** 분배 활동을 통해 창출된 소득을 모두 합한 것(임금, 지대, 이자 등)

(3) **지출 국민 소득** 가계의 소비 지출, 기업의 투자 지출, 정부 지출, 순수출을 모두 합한 것

> **자료** 국민 소득 삼면 등가의 법칙 ⓒ 73쪽 361번 문제로 확인

> 분석 기업이 생산하여 판매한만큼 가치가 분배되고 그 분배된 소득으로 각종 지출이 일어나므로 궁극적으로 생산 국민 소득, 분배 국민 소득, 지출 국민 소득은 그 크기가 일치한다.

3 경기와 경기 순환

(1) **경기** 국민 경제의 총체적인 활동 수준

⭐(2) 경기 순환 경기 수준이 회복기, 확장기, 후퇴기, 수축기의 네 국면의 형태로 상승과 하강을 반복하는 현상

ⓒ 73쪽 362번 문제로 확인

> **자료** 경기 순환의 양상 ⓒ 73쪽 363번 문제로 확인

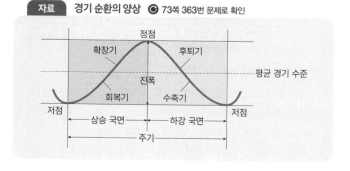

국면	일반적 특징
확장기	• 생산, 소비, 투자 등 경제 활동이 가장 활발한 시기 • 소비 증가, 생산 증가 → 국민 소득 증가, 고용 증대
후퇴기	• 경제 활동 수준이 위축되고 둔화되는 시기 • 소비·투자 감소, 재고 증가, 물가 상승률 하락
수축기	• 경제 활동이 최저 수준인 경기 침체 시기 • 투자, 소비, 생산, 고용 등이 가장 낮은 수준
회복기	• 경제 활동 수준이 회복되고 증가하는 시기 • 고용, 투자, 소비 등 증가, 물가는 서서히 상승

2. 국민 경제의 균형

1 총수요와 총공급

(1) **총수요**

① 의미 : 한 나라 안에서 일정 기간 모든 경제 주체들이 구입하고자 하는 시장 가치의 합

② 구성 요소 : 소비 지출 + 투자 지출 + 정부 지출 + 순수출

(2) **총공급**

① 의미 : 한 나라 안에서 일정 기간 생산자들이 판매하고자 하는 재화와 서비스의 총합

② 구성 요소 : 국내 총생산(GDP)

2 총수요 곡선과 총공급 곡선

(1) **총수요 곡선** 국내 총생산물에 대한 수요량과 물가 수준 간의 관계를 나타낸 곡선으로, 우하향함

(2) **총공급 곡선** 국내 총생산물에 대한 공급량과 물가 수준 간의 관계를 나타낸 곡선으로, 우상향함

⭐3 총수요의 변동 요인 ⓒ 74쪽 366번 문제로 확인

증가 요인		감소 요인	
• 민간 소비 증가	• 민간 투자 증가	• 민간 소비 감소	• 민간 투자 감소
• 정부 지출 증가	• 순수출 증가	• 정부 지출 감소	• 순수출 감소

⭐4 총공급의 변동 요인 ⓒ 74쪽 368번 문제로 확인

증가 요인	감소 요인
• 생산 기술 향상 • 생산비(임금, 원자재 가격 등) 하락 • 생산 요소의 양 증가	• 원자재 가격 상승 • 생산비 상승 • 생산 요소의 양 감소

5 국민 경제의 균형과 변동

(1) **국민 경제의 균형** 총수요와 총공급이 일치하는 상태

(2) **국민 경제 균형의 변동** 총수요 또는 총공급이 변동할 경우 국민 경제의 균형점도 변동함

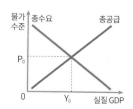

분석 기출 문제

» 바른답·알찬풀이 31쪽

•• 빈칸에 들어갈 알맞은 용어를 쓰시오.

344 국내 총생산은 생산, 분배, (　　　) 중 어느 측면에서 측정하더라도 같은데, 이를 국민 소득 삼면 등가의 법칙이라고 한다.

345 (　　　)(이)란 국민 경제의 총체적인 활동 수준을 말하며, 이 수준이 평균 경기 수준을 중심으로 상승과 하강을 반복하는 현상을 (　　　)(이)라고 한다.

346 (　　　)(이)란 한 나라에서 가계, 기업, 정부, 외국 부문이 구입하고자 하는 재화와 서비스의 합을 말한다.

•• 각 경기 순환 국면에 해당하는 내용을 바르게 연결하시오.

347 확장기 •

• ㉠ 호황기를 지나 재고 증가가 시작됨

348 후퇴기 •

• ㉡ 생산, 소비 등이 가장 활발함

349 수축기 •

• ㉢ 불황기를 지나 투자 증가가 시작됨

350 회복기 •

• ㉣ 생산과 고용 등이 가장 낮음

•• 다음 내용이 맞으면 ○표, 틀리면 ×표를 하시오.

351 총수요 곡선은 우상향이고, 총공급 곡선은 우하향한다. （　　　）

352 기업 투자의 증가는 총수요 곡선을 오른쪽으로 이동시키는 요인이다. （　　　）

353 생산 기술의 향상은 총공급 곡선을 오른쪽으로 이동시키는 요인이다. （　　　）

•• 다음 중 알맞은 것을 고르시오.

354 정부 지출의 증가는 총수요의 (㉠ 증가, ㉡ 감소) 요인이다.

355 순수출의 감소는 총수요의 (㉠ 증가, ㉡ 감소) 요인이다.

356 원자재 가격의 하락은 (㉠ 총수요, ㉡ 총공급)을 증가시키는 요인이다.

•• 다음 내용에 해당하는 요인을 〈보기〉에서 고르시오.

357 물가 수준을 낮추는 요인 （　　　）

358 실질 GDP를 증가시키는 요인 （　　　）

[보기]
ㄱ. 민간 소비 증가　　　　ㄴ. 원자재 가격 하락

---

1. 국민 경제의 순환

★빈출
359

그림은 국민 경제의 순환을 나타낸다. 이에 대한 설명으로 옳지 않은 것은?

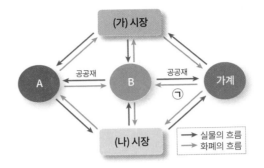

① 조세는 ㉠에 해당한다.
② A는 서비스를 생산하기도 한다.
③ B는 생산 요소를 소비하기도 한다.
④ 노동과 자본은 (가) 시장에서 거래된다.
⑤ (나) 시장에서 A는 수요자이다.

360

그림은 국민 경제의 순환을 나타낸 것이다. 이에 대한 설명으로 옳은 것은? (단, (가), (나)는 각각 가계와 기업 중 하나이다.)

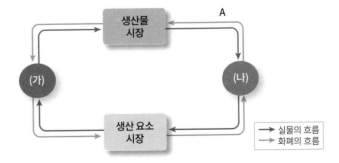

① (가)는 효용 극대화를 추구한다.
② (나)는 생산 요소 시장에서의 수요자이다.
③ (가)는 (나)와 달리 재화만 생산한다.
④ (나)는 (가)와 달리 정부에 납세의 의무를 진다.
⑤ A에서 거래된 금액은 지출 국민 소득에 포함된다.

★ 빈출
361

다음 자료에 대한 설명으로 옳지 <u>않은</u> 것은?

> GDP 등의 지표로 파악하는 국민 소득은 개념상 다음과 같이
> 나타낼 수 있다.
>
> > 국민 소득 = ㉠ 최종 생산물 가치의 합
> > 　　　　　 = 부가가치의 합
> > 　　　　　 = ㉡ 총요소 소득(임금 + 이자 + 지대 + 이윤)
> > 　　　　　 = ㉢ 소비 지출 + 투자 지출 + 정부 지출 + 순수출
>
> 빵 1개만을 생산하는 가상의 갑국을 가정해 보자. 빵 1개의 가
> 격은 100원인데 이 빵을 만들기 위해 제빵업자는 밀가루 생산
> 업자로부터 40원어치의 밀가루를 구입하며, 밀가루 생산업자
> 는 이 밀가루를 생산하기 위해 20원어치의 밀을 농부로부터
> 구입한다고 한다. 이때 　　　　　　 (가)

① ㉠은 생산 국민 소득이다.
② ㉡은 분배 국민 소득이다.
③ ㉢은 지출 국민 소득이다.
④ (가)에는 '갑국의 국민 소득은 100원이다.'가 들어갈 수 있다.
⑤ (가)에는 '밀가루 생산업자가 만들어 낸 부가가치는 40원이
　다.'가 들어갈 수 있다.

★ 빈출
362

밑줄 친 ㉠~㉣ 중 경기 순환의 국면별 특징으로 옳지 <u>않은</u> 것만을 있는 대로 고른 것은?

국면	특징
회복기	• 경제 활동 수준이 회복되고 증가하는 시기 • ㉠ 고용·소득·소비 등 증가, 물가는 서서히 하락
확장기	• ㉡ 생산, 소비, 투자 등이 가장 활발한 시기 • 수요 및 생산 증가 → 국민 소득 증가, 고용 증대
후퇴기	• 경제 활동 수준이 위축되고 둔화되는 시기 • 소비·투자 감소, 재고 증가, ㉢ 물가 상승률 하락
수축기	• 경제 활동이 최저 수준인 경기 침체 시기 • ㉣ 소득·소비·생산·고용, 재고 수준이 가장 낮음

① ㉠, ㉡　　② ㉠, ㉢　　③ ㉡, ㉢
④ ㉠, ㉢, ㉣　　⑤ ㉡, ㉢, ㉣

★ 빈출
363

그림은 경기 순환의 양상을 나타낸다. A~D 시기에 대한 옳은 설명만을 〈보기〉에서 고른 것은?

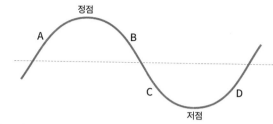

[보기]
ㄱ. B는 일반적으로 금리가 상승하는 국면이다.
ㄴ. C는 일반적으로 실업률이 상승하는 국면이다.
ㄷ. D는 생산 활동이 점점 활발해지는 시기이다.
ㄹ. D는 A와 달리 주가가 하락하는 국면이다.

① ㄱ, ㄴ　　② ㄱ, ㄷ　　③ ㄴ, ㄷ
④ ㄴ, ㄹ　　⑤ ㄷ, ㄹ

2. 국민 경제의 균형

364

그림에서 A~D는 국민 경제의 균형점 이동 방향을 나타낸다. 각 이동의 원인만을 〈보기〉에서 고른 것은? (단, E는 현재 균형점이다.)

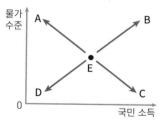

[보기]
ㄱ. A – 생산 요소 가격 상승
ㄴ. B – 정부 지출 증가
ㄷ. C – 순수출 감소
ㄹ. D – 시중 이자율 하락

① ㄱ, ㄴ　　② ㄱ, ㄷ　　③ ㄴ, ㄷ
④ ㄴ, ㄹ　　⑤ ㄷ, ㄹ

365

다음 자료에 대한 분석으로 옳은 것은?

갑국과 을국은 동일한 화폐를 사용하며, 교역은 양국 간에서만 이루어진다. 표는 갑국과 을국의 2019년과 2020년의 실질 GDP 및 지출 구성 항목을 나타낸 것이다.

(단위 : 억 달러)

구분		2019년	2020년
갑국	실질 GDP	150	150
	소비 및 투자	90	90
	정부 지출	80	30
	순수출	−20	㉠
을국	실질 GDP	150	150
	소비 및 투자	90	90
	정부 지출	40	㉡
	순수출	㉢	㉣

① ㉡에 들어갈 값은 90이다.
② ㉣은 양(+)의 값을 가진다.
③ ㉢은 ㉠과 달리 음(−)의 값을 가진다.
④ 을국은 갑국과 달리 2020년에 경제가 성장하였다.
⑤ 전년 대비 2020년 갑국과 을국의 물가 수준은 동일하다.

★빈출 366

그림과 같은 변화를 가져올 수 있는 요인으로 옳은 것은?

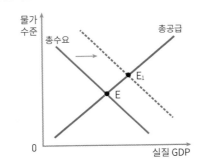

① 순수출 감소
② 가계 소비 감소
③ 시장 이자율 상승
④ 정부의 흑자 예산 편성
⑤ 가계와 기업의 미래 경제에 대한 긍정적 전망

367

다음의 변화가 갑국의 총수요와 총공급에 미칠 영향을 나타낸 것으로 가장 적절한 것은?

외국에 수출하고 있는 갑국 제품의 품질이 나쁘다는 기사가 해외 언론을 통해 크게 보도되면서 해외 소비자의 갑국 제품 선호도가 낮아지고 있다. 아울러 국제적으로 원자재 가격이 급등하기 시작하였다.

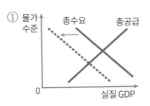
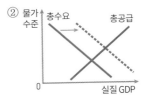
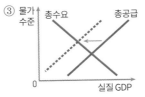
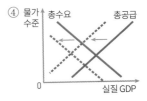
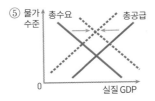

★빈출 368

그림은 국민 경제 균형점의 변화를 나타낸다. 변화의 원인으로 옳은 것은?

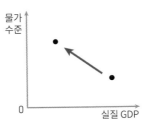

① 기술 혁신
② 순수출 증가
③ 기업 투자 증가
④ 민간 소비 감소
⑤ 원자재 가격 상승

369

표는 갑국의 경제 상황을 나타낸다. 2019년 대비 2020년 갑국의 변화를 나타낸 것으로 가장 적절한 것은? (단, 2020년의 물가 수준은 2019년과 동일하다.)

(단위 : 억 원)

구분	2019년	2020년
민간 소비액	100	90
민간 투자액	80	70
정부 지출액	50	100
순수출액	100	120

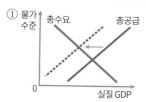

①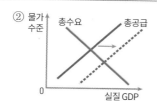

②

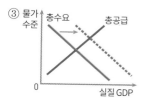

③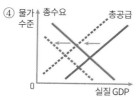

④

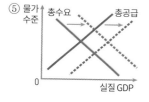

⑤

370

그림 (가), (나)에 대한 설명으로 옳지 않은 것은?

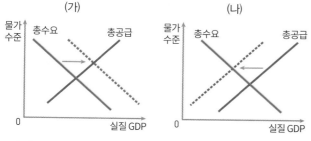

① 가계 소득 증가는 (가)의 요인이다.
② 기업 투자 증가는 (가)의 요인이다.
③ 생산비 증가는 (나)의 요인이다.
④ (나)에서는 스태그플레이션이 발생할 수 있다.
⑤ (가)보다 (나)에서 정부의 물가 안정 정책이 효과적이다.

[371~372] 그림 A, B는 2020년 갑국의 GDP를 서로 다른 방식으로 나타낸 것이다. 물음에 답하시오.

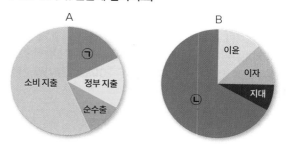

371

㉠, ㉡에 들어갈 말을 각각 쓰시오.

372

2020년에 발생한 다음 금액이 2020년의 GDP에 미치는 영향을 A의 구성 요소를 포함하여 서술하시오.

국내 기업의 원자재 수입액 100억 원

373

다음 기사에 나타난 기업의 설비 투자는 총수요의 구성 요소 중 무엇에 영향을 주며, 실질 GDP에 어떤 영향을 미치는지 서술하시오.

○○신문	□□□□년 △월△일

지난해 우리 기업의 설비 투자가 전년 대비 5% 이상 감소한 것으로 집계되었다. 특히, 중소기업의 설비 투자는 14% 이상 감소했고, 대기업 투자도 3.9% 줄었다. 대기업과 중소기업의 설비 투자 증가율이 마이너스(−)를 기록한 것은 세계 금융 위기 이후 처음이다.

374

표는 개방 경제인 갑국의 연도별 GDP 증가율과 지출 구성 항목이 GDP에서 차지하는 비율을 나타낸다. 이에 대해 옳게 진술한 학생만을 〈보기〉에서 고른 것은? (단, GDP는 모두 2017년의 물가를 기준으로 측정하였다.)

(단위 : %)

구분		2018년	2019년	2020년
GDP 증가율(전년 대비)		5	-1	5
GDP 대비 비율	소비	60	40	30
	투자	20	20	20
	정부 지출	10	15	10
	⋮	⋮	⋮	⋮

[보기]

갑 : 2018년의 수출은 수입보다 작아.

을 : 전년 대비 2019년에 실질 GDP는 감소했어.

병 : 2020년의 경제 성장은 수출에 힘입은 바가 크겠어.

정 : 기업 투자의 규모는 매년 일정하게 유지되고 있어.

① 갑, 을   ② 갑, 병   ③ 을, 병

④ 을, 정   ⑤ 병, 정

375

표는 갑국의 총수요 구성 항목 일부를 나타낸 것이다. 이에 대한 분석으로 옳은 것은?

(단위 : 억 달러)

구분	계	구입한 재화와 서비스의 생산지	
		갑국	을국
소비	120	100	20
투자	50	35	15
정부 지출	30	25	5

* 갑국은 을국의, 을국은 갑국의 유일한 무역 상대국임

** 갑국의 수출액은 100억 달러임

*** 갑국에서 생산된 재화와 서비스는 모두 판매되었음

① 갑국의 GDP는 200억 달러이다.

② 갑국의 총수요는 300억 달러이다.

③ 갑국의 순수출액은 60억 달러이다.

④ 을국의 총수요는 40억 달러이다.

⑤ 을국의 순수출액은 100억 달러이다.

376

다음 자료에 대한 분석으로 옳은 것은?

표는 X재만을 생산하는 갑국과 Y재만을 생산하는 을국의 2019년과 2020년의 경제 활동을 나타내며, 양국 모두 기준 연도는 2018년이다. 양국은 동일한 화폐를 사용하고, 교역은 양국 간에만 이루어지며, 거래 비용은 없다.

(단위 : 개, 달러)

구분		갑국		을국	
		2019년	2020년	2019년	2020년
수출량		100	130	150	90
명목 GDP		1,000	1,000	㉠	700
명목 GDP 구성 요소	소비	400 (70)	450 (100)	300 (100)	300 (50)
	투자	200 (50)	300 (50)	200 (100)	150 (40)
	정부 지출	300 (30)	300 (30)	200 (50)	200 (40)
	⋮	⋮	⋮	⋮	⋮

* ( ) 안의 수치는 해당 항목 중 수입품에 대한 지출액을 나타냄

① ㉠은 700보다 크다.

② 2019년 X재의 가격은 1달러보다 크다.

③ 2020년 갑국의 GDP 디플레이터는 100이다.

④ 을국은 명목 GDP에서 정부 지출이 차지하는 비중이 일정하다.

⑤ 을국은 갑국과 달리 2020년 경제 성장률이 양(+)의 값을 갖는다.

377

그림은 갑국의 국민 소득을 측정하는 각 측면을 나타낸다. 이에 대한 설명으로 옳은 것은? (단, 갑국은 다른 나라와 교역을 하고 있다.)

① (가)는 중간 생산물의 시장 가치의 합이다.

② ㉠은 토지 제공의 대가이다.

③ ㉡은 수출액에서 수입액을 뺀 값이다.

④ 분배 국민 소득과 지출 국민 소득이 같다면 ㉠과 ㉡은 같다.

⑤ 수출이 수입보다 많으면 ㉡은 음(-)의 값을 가진다.

378

다음 교사의 질문에 대한 학생의 응답으로 옳은 것은?

교사 : 그림은 갑국 국민 경제의 변동을 나타낸 것입니다. 이러한 변화를 초래할 수 있는 요인을 이야기해 볼까요?

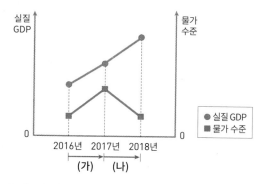

① 갑국 기업들의 생산 기술이 발전하였습니다.
② 갑국이 주로 수입하는 원자재 가격이 상승하였습니다.
③ 갑국 출산율 저하로 생산 가능 인구가 감소하였습니다.
④ 갑국 국민의 소비 지출 및 기업의 투자가 감소하였습니다.
⑤ 갑국에서 해외로 수출하는 재화와 서비스가 증가하였습니다.

379

그림은 갑국 국민 경제 균형의 변동을 나타낸다. 이에 대한 설명으로 옳은 것은? (단, 총수요 곡선은 우하향, 총공급 곡선은 우상향하며, 둘 중 하나만 이동한다.)

① (가)의 변동은 총수요가 감소할 때 나타난다.
② (나)의 변동은 총공급이 감소할 때 나타난다.
③ 민간 소비 및 투자의 증가는 (가)의 변동 요인이다.
④ 수입 원자재 가격의 상승은 (나)의 변동 요인이다.
⑤ 순수출 감소는 (가)가 아닌 (나)의 변동 요인이다.

380

그림은 갑국 국민 경제의 변동을 나타낸다. 이에 대한 옳은 설명만을 〈보기〉에서 고른 것은?

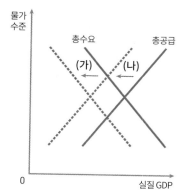

[보기]

ㄱ. 소비 지출의 증가는 (가)의 요인이다.
ㄴ. 정부 지출의 감소는 (가)의 요인이다.
ㄷ. 생산 기술의 발달은 (나)의 요인이다.
ㄹ. 원자재 가격의 상승은 (나)의 요인이다.

① ㄱ, ㄴ   ② ㄱ, ㄷ   ③ ㄴ, ㄷ
④ ㄴ, ㄹ   ⑤ ㄷ, ㄹ

381

다음 자료에 대한 설명으로 옳은 것은?

그림의 실선은 갑국의 1년 전 시장 상황을 나타낸다. 그 당시 갑국은 1년 후에 B점에서 균형을 이룰 것으로 예측했으나, 실제로는 A점에서 시장 균형이 나타났다.

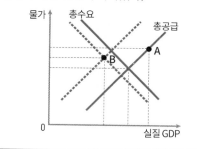

① 갑국은 1년 뒤 경기 호황을 예상하였다.
② 수출 급증은 1년 뒤 실제 경기 상황 발생의 요인이다.
③ 국제 원자재 가격 상승 추세는 갑국의 예상을 빗나가게 한 요인이다.
④ 실제 경기가 A점에서 이루어진 것은 갑국의 흑자 재정 정책 덕분이다.
⑤ 1년 뒤 실제 경기 상황을 볼 때 갑국은 실업률 감소 정책에 초점을 두어야 한다.

10 실업과 인플레이션

✓ 출제 포인트   ✓ 실업의 유형   ✓ 고용 지표   ✓ 물가 지수   ✓ 인플레이션

1. 실업과 고용

1 실업

(1) 의미 일할 능력과 의사가 있음에도 불구하고 일자리를 갖지 못한 상태, 노동 시장에서 초과 공급 상태

(2) 유형

① 자발성에 따른 실업 유형

구분	의미	사례
자발적 실업	현재 근로 조건에서 일할 의사가 없거나 다른 일자리를 구하는 동안의 실업	마찰적 실업
비자발적 실업	일할 의사가 있으나 일자리를 구하지 못해 발생하는 실업	경기적 실업, 구조적 실업, 계절적 실업

② 발생 원인에 따른 실업 유형

구분	발생 원인	대책
경기적 실업	경기 불황으로 노동 수요 부족	경기 부양책, 공공 사업 등
구조적 실업	산업 구조의 고도화, 기술 혁신으로 낮은 기술 수준의 기능 인력에 대한 수요 감소	인력 개발, 기술 교육 등
계절적 실업	계절적 요인으로 발생(건설업, 농업 등)	농공 단지 조성, 부업 활성화 등
마찰적 실업	직업 탐색 과정에서 일시적으로 발생	취업 정보 제공 등

2 인구 구성과 고용 지표

(1) 인구의 구성 ⓒ 79쪽 397번 문제로 확인

전체 인구		
15세 이상 인구(노동 가능 인구) 일할 능력이 있다고 간주되는 사람		**15세 미만 인구**
경제 활동 인구 15세 이상 인구 중 일할 능력과 의사가 있는 사람	**비경제 활동 인구** 15세 이상 인구 중 일할 능력과 의사가 없는 사람 (학생, 전업주부, 은퇴자 등)	
취업자 / 실업자		

자료 경제 활동 실태 조사 방법 ⓒ 79쪽 396번 문제로 확인

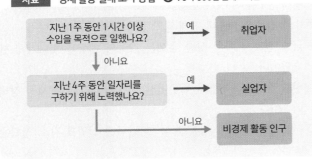

(2) 고용 관련 지표 ⓒ 80쪽 400번 문제로 확인

경제 활동 참가율(%)	(경제 활동 인구/15세 이상 인구)×100
실업률(%)	(실업자 수/경제 활동 인구)×100
고용률(%)	(취업자 수/15세 이상 인구)×100

2. 물가와 인플레이션

1 물가와 물가 지수

(1) 가격과 물가

① 가격 : 개별 재화 및 서비스의 가치를 화폐 단위로 표시한 것

② 물가 : 여러 재화와 서비스의 가격을 종합하여 평균한 것

(2) 물가 지수

① 의미 : 물가의 움직임을 알기 쉽게 지수화한 지표

② 표시 방법 : 기준 연도의 물가를 100으로 하고 비교 시점의 물가가 변동한 정도를 표시

③ 종류

소비자 물가 지수	가계가 일상생활을 위해 구입하는 재화와 서비스의 종합적인 가격 수준을 나타낸 것
생산자 물가 지수	생산자가 생산을 위해 구입하는 재화와 서비스의 종합적인 가격 수준을 나타낸 것
GDP 디플레이터	• 국내 총생산에 포함되는 모든 상품과 서비스의 종합적인 가격 수준을 지수화한 것 • (명목 GDP/실질 GDP)×100

2 인플레이션 물가가 지속적으로 상승하는 현상

(1) 유형 ⓒ 81쪽 402번 문제로 확인

구분	원인	대책
수요 견인 인플레이션	총수요 증가	통화량 축소, 이자율 인상, 재정 지출 감소 등
비용 인상 인플레이션	총공급 감소	기술 혁신 등을 통한 생산비 절감 등

(2) 영향

① 소득과 부의 의도하지 않은 재분배

불리한 사람	화폐 자산 소유자, 채권자, 봉급·연금 생활자 등
유리한 사람	실물 자산 소유자, 채무자, 자영업자 등

② 예측하지 못한 인플레이션으로 인한 문제

• 투자 및 생산 활동이 위축되기 쉬움

• 장기적인 투자 감소, 단기 수익을 노리는 투기 성행

• 저축을 감소시켜 국민 경제의 자본 축적 저해

③ 경상 수지 악화

• 국내 상품 가격의 상승으로 수출 감소

• 외국 상품 가격의 상대적 하락으로 수입 증가

분석 기출 문제

≫ 바른답·알찬풀이 34쪽

●● 빈칸에 들어갈 알맞은 용어를 쓰시오.

382 실업률은 (   ) 중 실업자가 차지하는 비율을 말한다.

383 고용률은 (   ) 중 취업자가 차지하는 비율을 말한다.

384 15세 이상 인구에서 경제 활동 인구가 차지하는 비율을 (   )(이)라고 한다.

●● 다음 내용이 맞으면 ○표, 틀리면 ×표를 하시오.

385 경제 활동 인구는 15세 이상 인구 중 일할 능력과 의사가 있다고 간주되는 사람을 말한다.   (   )

386 일할 의사가 없는 구직 단념자는 비경제 활동 인구에 해당한다.   (   )

●● 실업의 종류와 원인을 바르게 연결하시오.

387 구조적 ·
실업

388 경기적 ·
실업

389 계절적 ·
실업

390 마찰적 ·
실업

· ㉠ 경기 침체 시 일자리 부족으로 발생

· ㉡ 농업, 건설업과 같이 계절의 영향을 받음

· ㉢ 직업 탐색 과정에서 일시적으로 발생

· ㉣ 산업 구조의 고도화로 낮은 기술 기능 인력에 대한 수요 감소

●● 다음 중 알맞은 것을 고르시오.

391 가계가 일상생활을 위해 구입하는 재화나 서비스의 종합적인 가격 수준을 지수화한 것은 (㉠ 소비자 물가 지수, ㉡ 생산자 물가 지수)이다.

392 국내 총생산에 포함되는 모든 상품과 서비스의 종합적인 가격 수준을 지수화한 것은 (㉠ 생산자 물가 지수, ㉡ GDP 디플레이터)이다.

393 원자재 가격 상승에 따른 인플레이션은 (㉠ 수요 견인, ㉡ 비용 인상) 인플레이션이다.

●● 상황에 해당하는 사람을 〈보기〉에서 있는 대로 고르시오.

394 인플레이션이 발생하면 유리한 사람   (   )

395 인플레이션이 발생하면 불리한 사람   (   )

[보기]
ㄱ. 실물 자산 소유자   ㄴ. 채무자   ㄷ. 연금 생활자

---

1. 실업과 고용

★빈출
396

그림은 경제 활동 실태를 조사하는 방법을 나타낸다. 이에 대한 설명으로 옳은 것은?

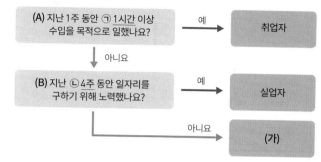

① 질문 A는 일할 의사를 확인하기 위한 것이다.
② 질문 B는 일할 능력을 확인하기 위한 것이다.
③ ㉠을 4시간으로 바꾸면 취업률 증가 효과가 있다.
④ ㉡을 1주로 바꾸면 실업률 감소 효과가 있다.
⑤ (가)는 경제 활동 인구이다.

★빈출
397

그림은 우리나라의 고용 지표와 관련된 인구 구성을 나타낸다. 이에 대한 옳은 설명만을 〈보기〉에서 고른 것은?

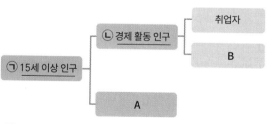

[보기]
ㄱ. A는 노동할 능력이 없는 사람이다.
ㄴ. B는 일할 의사와 능력이 있지만 일자리를 구하지 못한 사람이다.
ㄷ. ㉠이 일정할 때 A가 증가하면 경제 활동 참가율은 상승한다.
ㄹ. ㉡이 일정할 때 B가 증가하면 실업률은 상승한다.

① ㄱ, ㄴ   ② ㄱ, ㄷ   ③ ㄴ, ㄷ
④ ㄴ, ㄹ   ⑤ ㄷ, ㄹ

398

그림의 점 E는 현재의 실업률과 고용률을 나타낸다. 각 상황에서 밑줄 친 변화에 따른 실업률과 고용률의 이동 방향으로 옳은 것은? (단, 15세 이상 인구는 일정하다.)

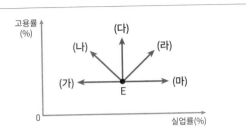

〈상황 1〉 대학 졸업 후 몇 년간 수차례 취업에 실패했던 사람이 드디어 취업에 성공하였다.

〈상황 2〉 전업주부로 생활하던 사람이 자녀 교육비 마련을 위해 직장을 구하고 있다.

	〈상황 1〉	〈상황 2〉		〈상황 1〉	〈상황 2〉
①	(가)	(다)	②	(가)	(마)
③	(나)	(다)	④	(나)	(마)
⑤	(다)	(마)			

399

밑줄 친 결정으로 인한 영향만을 〈보기〉에서 있는 대로 고른 것은?

지난 2년간 구직 활동을 열심히 하던 갑은 자신에게 맞는 일자리를 찾을 수 없게 되자 구직 활동을 포기하고 공무원 학원에 등록하여 공무원 시험공부에 전념하기로 하였다.

[보기]

ㄱ. 실업률이 하락한다.

ㄴ. 취업률에는 변동을 주지 않는다.

ㄷ. 고용률에는 변동을 주지 않는다.

ㄹ. 경제 활동 인구의 감소를 가져온다.

① ㄱ, ㄴ ② ㄱ, ㄹ ③ ㄴ, ㄷ

④ ㄱ, ㄷ, ㄹ ⑤ ㄴ, ㄷ, ㄹ

★ 400

그림은 갑국의 성별 실업률과 취업자 수 변화를 나타낸다. 이에 대한 옳은 분석만을 〈보기〉에서 고른 것은? (단, 여성과 남성의 15세 이상 인구는 변함이 없다.)

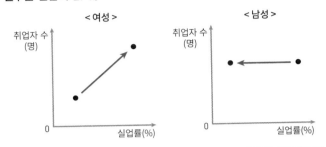

[보기]

ㄱ. 남성의 고용률은 상승하였다.

ㄴ. 여성의 취업률은 하락하였다.

ㄷ. 남성의 경제 활동 인구는 증가하였다.

ㄹ. 여성의 경제 활동 참가율은 상승하였다.

① ㄱ, ㄴ ② ㄱ, ㄷ ③ ㄴ, ㄷ

④ ㄴ, ㄹ ⑤ ㄷ, ㄹ

2. 물가와 인플레이션

401

다음 상황에 대해 옳게 진술한 학생만을 〈보기〉에서 고른 것은?

물가 상승률이 꺾일 줄 모르고 상승하고 있습니다.

[보기]

갑 : 경기가 침체 국면일 가능성이 높아.

을 : 실물 자산보다 은행 예금을 늘리는 게 좋겠어.

병 : 총수요를 감소시키는 대책이 필요할 수도 있겠어.

정 : 채무자가 채권자보다 유리해지는 상황이 전개되고 있군.

① 갑, 을 ② 갑, 병 ③ 을, 병

④ 을, 정 ⑤ 병, 정

표는 인플레이션의 유형과 대책을 나타낸 것이다. 이에 대한 설명으로 옳지 <u>않은</u> 것은?

구분	원인	대책
수요 견인 인플레이션	㉠	㉡
㉢	㉣	기술 혁신, 경영 합리화 등

① ㉠에는 '정부 지출의 확대'가 들어갈 수 있다.

② ㉠에는 '생산 요소의 가격 상승'이 들어갈 수 있다.

③ ㉡에는 '조세 징수 증대'가 들어갈 수 있다.

④ ㉢은 '비용 인상 인플레이션'이다.

⑤ ㉣에는 '수입 원자재 가격 상승'이 들어갈 수 있다.

404

다음 자료에 대한 옳은 분석만을 〈보기〉에서 고른 것은?

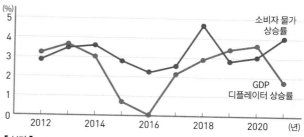

【 보기 】

ㄱ. 2016년에는 명목 GDP와 실질 GDP가 같다.

ㄴ. 소비자 물가 지수는 지속적으로 상승하고 있다.

ㄷ. 2016년에 가계가 체감하는 물가는 0%에 가깝다.

ㄹ. 수입 소비재의 국제 가격 상승은 2021년의 상황을 설명할 수 있다.

① ㄱ, ㄴ   ② ㄱ, ㄷ   ③ ㄴ, ㄷ

④ ㄴ, ㄹ   ⑤ ㄷ, ㄹ

403

그림은 갑국의 ○○ 경제 연구소가 조사한 보고서이다. 이에 대해 옳게 진술한 학생만을 〈보기〉에서 고른 것은?

T년의 물가 상승 요인 분석
• 국내 기업 투자 증가
• 해외 수요 증가

T+10년의 물가 상승 요인 분석
• 임금 상승
• 해외 원자재 가격 상승

【 보기 】

갑 : T년에는 총수요 증가로 물가가 상승했겠군.

을 : T+10년은 경기 호황이겠군.

병 : T+10년에는 스태그플레이션이 나타났을 수 있겠군.

정 : T년과 T+10년 모두 실물 자산보다 금융 자산을 보유하는 것이 유리하겠군.

① 갑, 을   ② 갑, 병   ③ 을, 병
④ 을, 정   ⑤ 병, 정

405

빈칸에 들어갈 제목으로 가장 적절한 것은?

제목 : _____

• 통화량 증가, 확대 재정 정책, 민간 소비 증가 등
• 임금이나 원자재 가격 상승 등

① 총수요의 변동 요인

② 스태그플레이션의 개념

③ 인플레이션의 발생 원인

④ 인플레이션이 미치는 영향

⑤ 총수요 및 총공급의 감소 요인

406

다음과 같은 현상이 지속될 때 나타날 수 있는 경제 현상으로 적절하지 <u>않은</u> 것은?

> **○○신문**　　　　　　　　　　20□□년 △△월 △△일
>
> ### 물가 7년 만에 최고치! 지난달 4.9% 상승!
>
> 국제 유가 상승으로 촉발된 물가 상승이 심상치 않다. 이번 달 소비자 물가가 5%대에 육박하였다. 7년 만에 최고치이다.

① 국민의 실질 소득이 감소한다.

② 채무자가 채권자보다 유리해진다.

③ 저축이 증가하여 자본 축적이 쉬워진다.

④ 수출업자가 수입업자보다 불리한 상황이 된다.

⑤ 화폐 자산 보유자가 실물 자산 보유자보다 불리해진다.

407

밑줄 친 ㉠~㉢에 대한 설명으로 옳지 <u>않은</u> 것은?

> **〈인플레이션〉**
> - 발생 원인 : ㉠ 총수요 증가 또는 ㉡ 총공급 감소
> - 영향
>   - 소득과 부의 불공평한 분배
>
> | 유리 | 불리 |
> |------|------|
> | 실물 자산 소유자 | 화폐 자산 소유자 |
> | ㉢ | ㉣ |
>
>   - _____㉤_____

① 기업 투자 증가는 ㉠의 요인이다.

② 원유 가격 인상은 ㉡의 요인이다.

③ ㉢에는 '채권자'가 들어갈 수 있다.

④ ㉣에는 '연금 생활자'가 들어갈 수 있다.

⑤ ㉤에는 '경상 수지 악화'가 들어갈 수 있다.

1등급을 향한 서답형 문제

[408~409] 다음은 실업과 물가의 주요 내용을 정리한 것이다. 물음에 답하시오.

> **〈실업〉**
> - 개념 : _____(가)_____ 불구하고 일자리를 갖지 못한 상태
> - 종류 : 경기적 실업, 구조적 실업, _____㉠_____ 실업, 계절적 실업
>
> **〈물가 지수〉**
> - 의미 및 표시 방법 : 물가의 움직임을 알기 쉽게 지수화한 경제 지표, _____(나)_____으로 설정한 다음 비교 시점의 물가가 변동한 정도를 표시
> - 종류
>   - 소비자 물가 지수
>   - 생산자 물가 지수
>   - _____㉡_____ : 국내 총생산에 포함되는 모든 상품과 서비스의 종합적인 가격 수준을 지수화한 것으로, _____㉢_____으로 계산함

408

㉠~㉢에 들어갈 내용을 각각 쓰시오.

409

(가), (나)에 들어갈 내용을 각각 쓰시오.

[410~411] 그림은 갑국의 명목 GDP와 실질 GDP를 나타낸다. (단, 기준 연도는 2018년이다.)

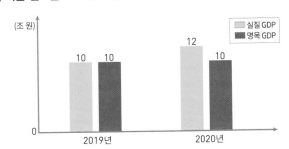

410

2019년의 GDP 디플레이터를 구하시오. (계산식과 수치를 모두 쓰시오.)

411

전년 대비 2020년의 물가 수준 변동 상황을 쓰고, 그 판단 근거를 서술하시오.

적중1등급문제

» 바른답·알찬풀이 35쪽

412

다음 자료에 대한 분석으로 옳은 것은?

> 갑 : 전업주부였다가 최근 친구 회사에 취직하였다.
>
> 을 : 조선업에 종사하고 있었으나 최근 회사 구조 조정 과정에서 해고되어 다른 일자리를 찾고 있다.

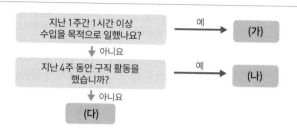

① 실업률은 경제 활동 인구에서 (가)가 차지하는 비중이다.
② (다)는 일할 의지는 있으나 일할 능력이 없는 사람이다.
③ 15세 이상 인구는 (가)와 (나)를 더한 것이다.
④ 갑은 (다)에서 (가)가 된 것이다.
⑤ 을은 (다)에서 (나)가 된 것이다.

413

다음 자료에 대한 설명으로 옳은 것은?

> 표는 갑국의 연도별 전년 대비 물가 상승률을 나타낸다. 물가 상승률은 GDP 디플레이터를 이용하여 산출되었으며, 기준 연도는 2019년이다.
>
> (단위 : %)
>
> | 구분 | 2018년 | 2019년 | 2020년 | 2021년 |
> |------|--------|--------|--------|--------|
> | 물가 상승률 | 3 | 2 | 1 | −1 |
>
> * GDP 디플레이터 = (명목 GDP/실질 GDP)×100

① 2018년에 실질 GDP는 명목 GDP보다 작다.
② 2020년에 실질 GDP는 명목 GDP보다 크다.
③ 2021년의 GDP 디플레이터는 100보다 크다.
④ 2019년과 2020년의 실질 GDP가 같다면, 명목 GDP는 2020년이 2019년보다 크다.
⑤ 2020년의 경제 성장률이 양(+)의 값을 갖는다면, 명목 GDP는 2019년이 2020년보다 크다.

414

그림은 A국의 전년 대비 경제 활동 참가율과 고용률의 변화 정도를 나타낸다. 이에 대한 옳은 분석만을 〈보기〉에서 고른 것은? (단, 15세 이상 인구는 변화가 없으며, 실업자는 항상 존재한다.)

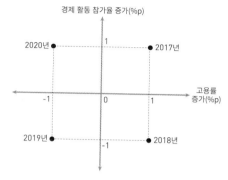

〔 보기 〕

ㄱ. 전년 대비 2018년에 실업률은 하락하였다.
ㄴ. 전년 대비 2020년 비경제 활동 인구는 증가하였다.
ㄷ. 경제 활동 인구는 2016년과 2020년이 동일하다.
ㄹ. 2019년 취업자 수는 2017년보다 작다.

① ㄱ, ㄴ   ② ㄱ, ㄷ   ③ ㄴ, ㄷ
④ ㄴ, ㄹ   ⑤ ㄷ, ㄹ

415

그림은 갑국의 고용 지표 변화를 나타낸다. 이에 대한 옳은 분석만을 〈보기〉에서 고른 것은? (단, 15세 이상 인구는 변동이 없다.)

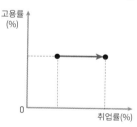

〔 보기 〕

ㄱ. 취업자 수는 감소하였다.
ㄴ. 실업자 수는 감소하였다.
ㄷ. 경제 활동 참가율은 하락하였다.
ㄹ. 취업자에 대한 실업자의 비(比)는 증가하였다.

① ㄱ, ㄴ   ② ㄱ, ㄷ   ③ ㄴ, ㄷ
④ ㄴ, ㄹ   ⑤ ㄷ, ㄹ

416

다음 갑국의 2021년 연초 대비 연말의 변화에 대한 옳은 분석만을 〈보기〉에서 고른 것은?

갑국의 2021년 연초 15세 이상 인구는 2,000만 명, 취업자 수는 1,500만 명, 실업자 수는 100만 명이다. 표는 갑국의 2021년 연초 대비 연말의 15세 이상 인구의 변화를 나타낸다. 단, 15세 이상 인구는 일정하다.

(단위 : 만 명)

비경제 활동 인구에서 취업자로 변화	40
비경제 활동 인구에서 실업자로 변화	40
취업자에서 비경제 활동 인구로 변화	30

【 보기 】
ㄱ. 취업자 수는 10만 명만큼 증가하였다.
ㄴ. 취업자 수 대비 실업자 수의 비(比)는 커졌다.
ㄷ. 경제 활동 참가율은 하락하였고, 실업률은 상승하였다.
ㄹ. 경제 활동 인구는 감소하였고, 비경제 활동 인구는 증가하였다.

① ㄱ, ㄴ ② ㄱ, ㄷ ③ ㄴ, ㄷ
④ ㄴ, ㄹ ⑤ ㄷ, ㄹ

417

표는 A국의 실업률과 물가 상승률 변화를 나타낸다. 이에 대해 옳게 진술한 학생만을 〈보기〉에서 고른 것은?

(단위 : %)

구분	2017년	2018년	2019년	2020년
실업률	5.2	4.1	3.5	3.0
물가 상승률	3.5	4.5	5.8	7.8

【 보기 】
갑 : 실업자 수는 계속 줄어들고 있어요.
을 : 수요 견인 인플레이션이 발생하고 있어요.
병 : 1970년대 석유 파동 때와 비슷한 양상이에요.
정 : 가계 소득 및 소비 지출의 증가는 이런 추세를 유발할 수 있어요.

① 갑, 을 ② 갑, 병 ③ 을, 병
④ 을, 정 ⑤ 병, 정

418

다음 대화에 대한 설명으로 옳은 것은?

사회자 : 최근 A국에서 발생한 인플레이션에 대해 이야기해 볼까요?
갑 : 물가 상승에 따른 경기 과열이 우려되고 있습니다.
을 : 물가 상승과 경기 침체가 함께 나타날 것으로 예상되고 있습니다.

① 갑은 A국의 총수요가 감소할 것으로 보고 있다.
② 갑은 비용 인상 인플레이션의 발생을 우려하고 있다.
③ 을은 A국의 총공급이 증가할 것으로 보고 있다.
④ 을은 수요 견인 인플레이션의 발생을 예상하고 있다.
⑤ 갑과 을은 모두 채권자보다 채무자가 유리해질 것으로 보고 있다.

419

다음 자료에 대한 옳은 설명만을 〈보기〉에서 고른 것은?

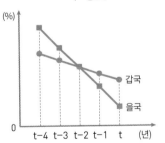
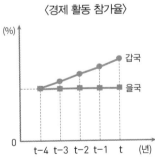

〈고용률〉　〈경제 활동 참가율〉

* 15세 이상 인구는 갑국과 을국이 동일하며, 변동이 없음

【 보기 】
ㄱ. 을국의 실업률은 갑국과 달리 매년 상승하고 있다.
ㄴ. 갑국과 을국 모두 취업자 수가 매년 증가하고 있다.
ㄷ. 갑국의 비경제 활동 인구는 을국과 달리 매년 감소하고 있다.
ㄹ. t−2년과 비교하여 t−1년의 실업자 수는 갑국과 을국 모두 증가하였다.

① ㄱ, ㄴ ② ㄱ, ㄷ ③ ㄴ, ㄷ
④ ㄴ, ㄹ ⑤ ㄷ, ㄹ

11 Ⅲ 국가와 경제 활동
경제 안정화 정책

✓ 출제 포인트   ✓ 재정 정책   ✓ 재정 정책의 수단   ✓ 통화 정책   ✓ 통화 정책의 수단

1. 경제 안정화 정책의 의의

1 경제 안정화 정책 정부나 중앙은행이 물가 안정과 고용 안정을 위해 정책 수단을 사용하는 것

2 경기 국면과 경제 안정화 정책의 주안점
(1) **확장기(호황기)** 일반적으로 실업률 상승을 일부 감수하더라도 물가 상승률을 낮추기 위한 정책 시행
(2) **수축기(불황기)** 일반적으로 물가 상승을 일부 감수하더라도 고용을 증대하기 위한 정책 시행

> **자료** 스태그플레이션과 경제 안정화 정책의 한계 ● 86쪽 437번 문제로 확인
>
> 경제 안정화 정책은 주로 총수요를 관리하여 물가 또는 실업률을 조절하려는 정책이다. 총수요를 늘리는 정책은 고용을 증대시킬 수 있지만 물가 상승을 감수해야 하며, 총수요를 줄이는 정책은 물가 상승률을 낮출 수는 있지만 실업 증가를 감수해야 한다. 스태그플레이션은 경기 침체(실업률 증가)와 물가 상승이 동시에 나타나는 현상이다. 이 경우에는 경제 안정화 정책을 실시하기가 어렵다.

2. 재정 정책과 통화 정책

1 재정 정책
(1) **의미** 정부가 조세나 정부 지출을 통해 경기를 조절하는 정책
(2) **정책 방향** ● 87쪽 441번 문제로 확인

구분	긴축 재정 정책	확대 재정 정책
국면	경기 과열 시	경기 침체 시
수단	세율 인상, 정부 지출 축소	세율 인하, 정부 지출 확대
효과	인플레이션 억제	실업률 하락
목표	경기 진정	경기 부양

(3) **정책 수단과 효과** ● 88쪽 445번 문제로 확인

수단		효과
조세	세율 인상	• 가계 : 처분 가능 소득 감소 → 소비 지출 감소 → 경기 진정 • 기업 : 투자 수익 감소 → 투자 감소 → 경기 진정
	세율 인하	• 가계 : 처분 가능 소득 증가 → 소비 지출 증가 → 경기 부양 • 기업 : 투자 수익 증가 → 투자 증가 → 경기 부양
정부 지출	정부 지출 증가	총수요 증가 → 경기 부양
	정부 지출 감소	총수요 감소 → 경기 진정

2 통화 정책
(1) **의미** 중앙은행이 통화량이나 이자율을 통해 경기를 조절하는 정책
(2) **수단** ● 89쪽 446번 문제로 확인
① **공개 시장 운영** : 중앙은행이 국·공채 등을 사거나 팔아 통화량이나 이자율을 조절

정책 수단	효과
국·공채 매각	시중 자금 흡수 → 통화량 감소, 이자율 상승 → 물가 안정
국·공채 매입	시중에 자금 방출 → 통화량 증가, 이자율 하락 → 경기 부양

② **지급 준비 제도** : 시중 은행의 지급 준비율을 조정하여 통화량이나 이자율을 조절

정책 수단	효과
지급 준비율 인상	은행 대출 자금 감소 → 통화량 감소, 이자율 상승 → 물가 안정
지급 준비율 인하	은행 대출 자금 증가 → 통화량 증가, 이자율 하락 → 경기 부양

③ **여·수신 제도** : 중앙은행이 시중 은행에 대출해 주거나 예금을 받는 수단을 통해 통화량이나 이자율을 조절

정책 수단	효과
여신 축소	은행 대출액 감소 → 통화량 감소, 이자율 상승 → 물가 안정
여신 확대	은행 대출액 증가 → 통화량 증가, 이자율 하락 → 경기 부양

(3) **정책 방향** ● 88쪽 443번 문제로 확인

구분	긴축 통화 정책	확대 통화 정책
국면	경기 과열 시	경기 침체 시
수단	통화량 축소, 이자율 인상	통화량 확대, 이자율 인하
구체적 방법	지급 준비율 인상, 국·공채 매각 등	지급 준비율 인하, 국·공채 매입 등
목표	경기 진정	경기 부양

> **자료** 기준 금리와 통화량 ● 88쪽 444번 문제로 확인
>
>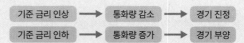
>
> 기준 금리 인상 → 통화량 감소 → 경기 진정
> 기준 금리 인하 → 통화량 증가 → 경기 부양
>
> 정책 금리란 중앙은행이 시장 금리에 영향을 미칠 목적으로 공식적으로 결정하는 금리를 말한다. 우리나라는 한국은행 금융 통화 위원회에서 결정하는 기준 금리를 정책 금리로 삼는다. 기준 금리는 어디까지나 운용 목표치일 뿐, 시장에서 거래되는 다양한 금리를 한국은행이 결정하는 것은 아니다. 하지만 기준 금리는 한국은행의 국·공채 매매나 금융 기관의 지급 준비율 등의 금융 정책에서 구현되며 시중 금리에 영향을 미친다.

분석 기출 문제

» 바른답·알찬풀이 37쪽

핵심 개념 문제

•• 빈칸에 들어갈 알맞은 용어를 쓰시오.

420 (　　　　) 정책은 주로 총수요를 관리하여 물가 또는 실업률을 조절하려는 정책이다.

421 (　　　　) 정책은 정부가 조세나 정부 지출 규모를 변화시키는 정책이다.

422 통화 정책은 (　　　　)이/가 주체가 되어 (　　　　) 이나 이자율을 조절하는 정책이다.

•• 다음 내용이 맞으면 ○표, 틀리면 ×표를 하시오.

423 총수요 증가는 생산 및 고용의 증가 요인이면서 물가 상승의 요인이기도 하다. (　　　)

424 총공급 증가는 생산 및 고용 증가 그리고 물가 안정까지 동시에 달성할 수 있는 요인이다. (　　　)

425 재정 정책의 주체는 정부이고, 통화 정책의 주체는 중앙은행이다. (　　　)

•• 경제 안정화 정책에 해당하는 내용을 바르게 연결하시오.

426 확대 재정 정책 •　　　　　　• ㉠ 세율 인상

427 긴축 재정 정책 •　　　　　　• ㉡ 정부 지출 확대

428 확대 통화 정책 •　　　　　　• ㉢ 국·공채 매각

429 긴축 통화 정책 •　　　　　　• ㉣ 지급 준비율 인하

•• 다음 중 알맞은 것을 고르시오.

430 세율 (㉠ 인상, ㉡ 인하)은/는 긴축 재정 정책의 수단이다.

431 긴축 정책은 주로 (㉠ 실업률, ㉡ 물가 상승률)을 낮추기 위한 것이다.

432 국·공채를 (㉠ 매각, ㉡ 매입)하면 통화량이 증가하는 효과가 있다.

•• 다음 내용과 관련 있는 것을 〈보기〉에서 고르시오.

433 국·공채 매각 또는 매입 (　　　)

434 이자율 상승 (　　　)

435 지급 준비율 인하 (　　　)

[보기]
ㄱ. 경기 부양　　ㄴ. 통화량 감소　　ㄷ. 공개 시장 운영

---

1. 경제 안정화 정책의 의의

436

밑줄 친 ㉠~㉣에 대해 옳게 진술한 학생만을 〈보기〉에서 고른 것은?

㉠ 경제 안정화 정책은 ㉡ 정부나 ㉢ 중앙은행이 ㉣ 물가와 실업 문제를 해결하기 위해 정책 수단을 사용하는 것을 말한다.

[보기]
갑 : 호황기에는 ㉠이 필요하지 않아.
을 : ㉠은 주로 물가 안정이나 고용 증대를 위한 것이야.
병 : ㉡은 ㉢과 달리 세율을 조정할 수 있어.
정 : ㉣은 물가 하락과 실업률 하락을 의미해.

① 갑, 을　　　　② 갑, 병　　　　③ 을, 병
④ 을, 정　　　　⑤ 병, 정

★빈출 437

그림의 (가)~(라) 지점에서의 경제 상황에 대한 학생의 진술로 옳은 것은?

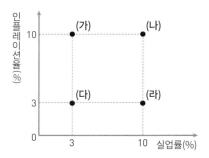

① 갑 : (가)에서는 국·공채를 매입하여 통화량을 증가시켜야 해.
② 을 : (라)에서는 재정 적자를 감수하더라도 정부 지출을 늘릴 필요가 있어.
③ 병 : 국민들은 (가)보다 (나)의 상황을 더 선호해.
④ 정 : (가)보다 (라)의 상황이 경제 성장에 유리해.
⑤ 무 : 총수요를 증가시키면 (라)에서 (다)로 이동하게 돼.

438

밑줄 친 ㉠~㉣에 대한 옳은 설명만을 〈보기〉에서 고른 것은?

갑국은 20년 동안 두 번의 큰 경기 변동을 겪었다. 첫 번째는 ㉠국내 가계 소비 증가로 인한 경기 과열이고, 두 번째는 ㉡국제 원자재 가격 상승으로 인한 경기 침체였다. 갑국 정부는 ㉢첫 번째 경기 변동에서는 통화 정책으로 대응하여 경기 안정화에 성공하였다. 그러나 ㉣두 번째 경기 변동에는 재정 정책으로 대응하였지만 경기 안정화에 실패하였다.

[보기]
ㄱ. ㉠은 총수요 증가에 의한 실업률 하락을 유발한다.
ㄴ. ㉡은 총수요를 감소시켜 물가 상승을 유발한다.
ㄷ. ㉢에서는 긴축 통화 정책이 사용되었다.
ㄹ. ㉣에서는 확대 재정 정책이 사용되었다.

① ㄱ, ㄴ   ② ㄱ, ㄷ   ③ ㄴ, ㄷ
④ ㄴ, ㄹ   ⑤ ㄷ, ㄹ

439

그림은 갑국 국민 경제의 균형점 변화(E → A → B)를 나타낸다. 이러한 변화가 나타날 수 있는 경제 상황으로 가장 적절한 것은?

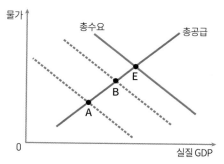

① 중앙은행이 기준 금리를 인하하였다가 다시 인상하였다.
② 기업 투자가 급감하였다가 중앙은행이 기준 금리를 인하하였다.
③ 정부가 적자 재정을 편성하였다가 다시 흑자 재정을 편성하였다.
④ 가계 소비 지출이 감소한 상태에서 수입 원유 가격이 급등하였다.
⑤ 해외 경기 침체로 수출이 급감하였다가 수입 원자재 가격이 하락하였다.

440

다음 기사에 대해 옳게 진술한 학생만을 〈보기〉에서 고른 것은?

○○신문	20□□년 △월 △일

㉠정부는 경기 침체를 극복하기 위한 재정 정책을 적극적으로 실시하기로 하였다. 이에 따라 이번 달 ㉡기준 금리에 관심이 증대되고 있다. 정부 당국자는 중앙은행이 ㉢정부의 정책 기조에 맞는 결정을 내리길 기대하고 있다. 하지만 ㉣중앙은행이 물가 상승에 대해 고민해야 한다는 점에서 어떤 결정이 날지 예단하기는 어렵다.

[보기]
갑 : ㉠은 소득세율 인하와 재정 지출 증대를 발표할 수 있겠어.
을 : ㉡과 기업 투자 규모는 정(+)의 관계에 있어.
병 : ㉢은 기준 금리 인하라고 볼 수 있겠어.
정 : ㉣은 지급 준비율 인상으로 통화량을 증가시키겠지.

① 갑, 을   ② 갑, 병   ③ 을, 병
④ 을, 정   ⑤ 병, 정

⭐빈출
441

다음 A국의 경제 상황에 대해 옳게 진술한 학생만을 〈보기〉에서 고른 것은?

A국은 미국 다음으로 달러화를 많이 가지고 있으며, 저축을 생활화하고 있는 A국 국민은 검소하기로 유명하다. 경기 불안정성이 커지자 A국 국민은 더욱 저축을 늘리는 추세이고, 이로 인해 A국은 경기 침체의 악순환을 겪고 있다. 겉으로 봐서는 분명 부자 국가인데도 국가 경제가 위기 상황으로 몰리고 있다.

[보기]
갑 : 국·공채를 매각할 필요가 있어.
을 : 가계의 소비 지출을 늘릴 수 있는 정책이 필요해.
병 : A국 정부는 실업보다 물가에 초점을 맞추어야 해.
정 : 세율 인하 등의 재정 정책이 해결책으로 제시될 수 있어.

① 갑, 을   ② 갑, 병   ③ 을, 병
④ 을, 정   ⑤ 병, 정

2. 재정 정책과 통화 정책

442

밑줄 친 경제 상황으로 가장 적절한 것은?

> 교사 : 이러한 <u>경제 상황</u>에서 필요한 경제 안정화 정책은 무엇
> 일까요?
> 갑 : 국·공채를 매각해야 해요.
> 을 : 기준 금리를 낮추어야 해요.
> 병 : 지급 준비율을 낮추어야 해요.
> 정 : 중앙은행이 대출을 늘려야 해요.
> 교사 : 1명을 제외하고 모두 적절한 정책을 제시했어요.

① 높은 실업률이 지속되고 있다.
② 높은 물가 상승률이 지속되고 있다.
③ 경제 성장률이 지속적으로 높아지고 있다.
④ 제조업 가동률이 최고 수준이며 재고가 바닥이 났다.
⑤ 경기에 대한 소비자의 긍정적 기대가 높은 수준에서 유지되
  고 있다.

빈출 443

다음 대화에 대한 설명으로 옳지 <u>않은</u> 것은?

> 사회자 : 현재 경제 상황에 대한 대책은 무엇입니까?
> 갑 : 기준 금리를 인하해야 합니다.
> 을 : 국·공채를 매각해야 합니다.
> 병 : 최근 증가하고 있는 재정 적자 규모를 축소해야 합니다.

① 갑의 대책은 물가 상승 요인이다.
② 갑의 대책은 일반적으로 경기 부양을 위한 것이다.
③ 을의 대책은 시중 통화량의 감소 요인이다.
④ 병은 물가보다 실업 문제 해결에 관심을 가질 것이다.
⑤ 병은 갑과 달리 통화량 증가를 억제하고자 한다.

빈출 444

그림은 인터넷 신문 기사와 댓글을 보여 준다. 신문 기사를 옳게 이해한 학생만을 고른 것은?

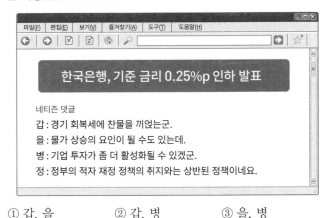

> **한국은행, 기준 금리 0.25%p 인하 발표**
>
> 네티즌 댓글
> 갑 : 경기 회복세에 찬물을 끼얹었군.
> 을 : 물가 상승의 요인이 될 수도 있는데.
> 병 : 기업 투자가 좀 더 활성화될 수 있겠군.
> 정 : 정부의 적자 재정 정책의 취지와는 상반된 정책이네요.

① 갑, 을　　　② 갑, 병　　　③ 을, 병
④ 을, 정　　　⑤ 병, 정

빈출 445

다음은 갑국이 특정 시기에 실시한 경제 안정화 정책이다. 이에 대한 옳은 설명 및 추론만을 〈보기〉에서 고른 것은?

> • 법인세율 인하
> • 지급 준비율 인하
> • 사회 간접 자본에 대한 정부 지출 확대

─[보기]─
ㄱ. 갑국은 경기 국면 중 확장기에 있다.
ㄴ. 갑국은 재정 정책과 통화 정책을 모두 실시하였다.
ㄷ. 갑국은 물가 상승을 감수하더라도 고용을 늘리려고 한다.
ㄹ. 갑국 정부와 중앙은행은 경기에 대한 진단이 서로 다르다.

① ㄱ, ㄴ　　　② ㄱ, ㄷ　　　③ ㄴ, ㄷ
④ ㄴ, ㄹ　　　⑤ ㄷ, ㄹ

★빈출
446

그림은 경제 안정화 정책의 수단을 나타낸 것이다. 이에 대한 옳은 설명만을 〈보기〉에서 고른 것은?

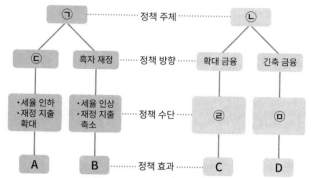

* A~D는 각각 '총수요 증가' 또는 '총수요 감소' 중 하나에 해당함

[보기]

ㄱ. ㉠은 정부, ㉡은 중앙은행이다.

ㄴ. ㉢은 경기 부양을 위한 정책이다.

ㄷ. ㉣에는 '국·공채 매각'이, ㉤에는 '지급 준비율 인하'가 들어갈 수 있다.

ㄹ. A와 C는 '총수요 감소', B와 D는 '총수요 증가'에 해당한다.

① ㄱ, ㄴ   ② ㄱ, ㄷ   ③ ㄴ, ㄷ
④ ㄴ, ㄹ   ⑤ ㄷ, ㄹ

447

밑줄 친 (가)~(마) 중 옳지 않은 내용은?

양적 완화는 정책 금리가 0에 가까운 초저금리 상태에서 경기 부양을 위해 중앙은행이 시중에 돈을 푸는 정책으로 (가)국채 매입 등을 통해 시장에 유동성을 공급하는 것이다. 이는 중앙은행이 기준 금리를 조절하여 간접적으로 유동성을 조절하던 기존 방식과 달리 국채나 다른 자산을 사들이는 직접적인 방법으로 시장에 통화량 자체를 늘리는 통화 정책이다. 이 정책은 (나)자국의 통화 가치를 상승시켜 수출 경쟁력을 높이는 효과가 있다. 한 나라의 양적 완화는 다른 나라 경제에도 영향을 미칠 수 있다. 예를 들면, (다)미국에서 양적 완화가 시행되면 미국 상품의 수출 경쟁력이 강화되는 요인이 되나, (라)다른 나라의 통화 가치는 상대적으로 상승하여 수출이 불리해질 수 있다. (마)이 때문에 한 나라의 양적 완화는 자칫 무역 분쟁을 유발하거나 다른 나라의 양적 완화를 부추길 수 있다.

① (가)   ② (나)   ③ (다)   ④ (라)   ⑤ (마)

🔶 1등급을 향한 서답형 문제

[448~449] 그림은 경제 안정화 정책을 구분한 것이다. 물음에 답하시오.

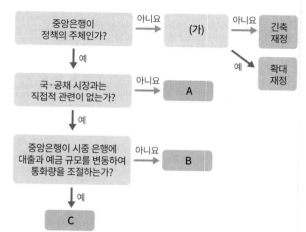

448

(가)에 들어갈 기준을 '경기'라는 용어를 사용하여 쓰시오.

449

A~C에 해당하는 정책의 종류를 각각 쓰시오.

[450~451] 그림은 통화 정책을 비유하여 나타낸 것이다. 물음에 답하시오.

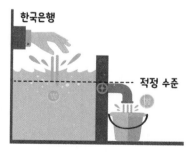

450

'물의 수위'가 비유하는 바를 쓰시오.

451

한국은행이 물의 수위가 너무 낮다고 판단했을 때 실시할 수 있는 통화 정책의 세 가지 수단을 모두 포함하여 설명하시오.

452

다음 카드 A에 들어갈 수 있는 옳은 내용만을 〈보기〉에서 고른 것은?

〈경제 안정화 정책 카드 게임〉

• 게임 규칙 : 두 장의 카드를 뒤집어 카드에 적힌 경제 안정화 정책이 실질 GDP를 동일한 방향으로 변동시키는 요인이면 뒤집은 두 장의 카드를 가져간다.
• 갑은 다음과 같이 카드를 뒤집어 게임 규칙에 따라 두 장을 가져갔다.

[보기]
ㄱ. 기준 금리 인상   ㄴ. 적자 재정 정책
ㄷ. 지급 준비율 인상   ㄹ. 사회 간접 자본 투자 증대

① ㄱ, ㄴ   ② ㄱ, ㄷ   ③ ㄴ, ㄷ
④ ㄴ, ㄹ   ⑤ ㄷ, ㄹ

453

다음 대화에 대한 설명 및 추론으로 가장 적절한 것은?

> 사회자 : A국 경제 상황에 대한 진단과 그 해결 방법을 말해 볼까요?
> 갑 : 고용 상황이 개선되고 있지 않습니다. 적극적인 경기 부양 정책이 필요합니다.
> 을 : 글쎄요. 고용 수준이 그리 나쁜 상황은 아니라고 봅니다. 차라리 물가 안정에 더 힘쓰는 것이 낫습니다.

① 갑은 A국의 경기를 호황 국면으로 인식하고 있다.
② 갑은 적자 재정보다 흑자 재정 편성에 동의할 것이다.
③ 갑은 총수요를 감소시키기 위한 정책에 동의할 것이다.
④ 을은 국·공채 매각이 필요하다고 볼 것이다.
⑤ 을은 총수요보다 총공급을 통해 경기를 조절하는 것이 효과적이라고 본다.

454

그림은 통화 정책 수단 A~C를 구분한 것이다. 이에 대한 설명으로 옳은 것은?

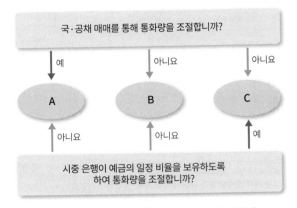

① A를 통해 통화량을 늘리려면 국·공채를 매입한다.
② B는 지급 준비 제도이다.
③ C는 중앙은행이 시중 은행에 대출하는 자금을 조절하는 것이다.
④ C는 B와 달리 정책 수단이 되는 지표의 수치를 낮추면 통화량이 감소한다.
⑤ B, C는 A와 달리 중앙은행이 정책의 주체가 된다.

455

다음 대화에 대한 설명으로 옳은 것은?

> 사회자 : 현재의 경제 상황에 적합한 경제 정책을 이야기해 볼까요?
> 갑 : 지금과 같은 경제 상황에서는 가계의 소비와 기업의 투자 유도를 위해 이자율 인하 정책이 필요합니다.
> 을 : 이자율을 인하하더라도 소비나 투자 증대로 이어지지 않을 수 있으므로 정부 지출을 통한 총수요 증대가 필요합니다.

① 갑은 시중 통화량 축소를 주장하고 있다.
② 갑은 현재의 경제 상황이 과열되었다고 보고 있다.
③ 을은 긴축 정책을 주장하고 있다.
④ 을은 정부 지출 축소를 주장하고 있다.
⑤ 갑과 을의 주장은 모두 총수요 곡선의 우측 이동 요인이다.

456

정부 지출 및 국·공채 보유 규모 변화에 따른 옳은 영향만을 〈보기〉에서 고른 것은?

그림의 E는 갑국이 경제 안정화를 위해 선택한 정부 지출 규모와 중앙은행 보유 국·공채 규모의 조합을 나타낸다. 갑국은 E에서 A~D로의 변경을 고려하고 있다. 단, 총수요 곡선은 우하향하고, 총공급 곡선은 우상향한다.

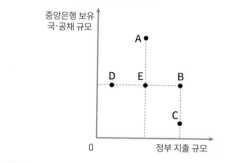

【 보기 】
ㄱ. E → A : 시중 통화량이 감소할 것이다.
ㄴ. E → B : 총수요 곡선이 우측으로 이동할 것이다.
ㄷ. E → C : 실질 GDP가 감소할 것이다.
ㄹ. E → D : 물가 수준이 낮아질 것이다.

① ㄱ, ㄴ ② ㄱ, ㄷ ③ ㄴ, ㄷ
④ ㄴ, ㄹ ⑤ ㄷ, ㄹ

457

다음 자료에 대한 옳은 분석만을 〈보기〉에서 고른 것은?

정책 수단	방법	효과
A	국·공채 ⊙	시중 자금 흡수 → 통화량 감소, 이자율 상승 → 물가 안정
여·수신 제도	여신 축소	ⓛ
지급 준비 제도	지급 준비율 ⓒ	은행의 대출 자금 증가 → 통화량 증가, 이자율 하락 → 경기 부양

【 보기 】
ㄱ. 재정 정책과 통화 정책이 모두 제시되어 있다.
ㄴ. ⊙에는 '매입'이 들어갈 수 있다.
ㄷ. ⓛ에는 '통화량 감소를 통한 물가 안정'이 들어갈 수 있다.
ㄹ. ⓒ에는 '인하'가 들어갈 수 있다.

① ㄱ, ㄴ ② ㄱ, ㄷ ③ ㄴ, ㄷ
④ ㄴ, ㄹ ⑤ ㄷ, ㄹ

458

다음 신문 기사에 대한 설명으로 옳은 것은?

○○신문

중앙은행 총재는 기자 회견을 통해 ⊙ 경기 과열에 대응하기 위한 ⓛ 경제 안정화 정책의 일환으로 ⓒ 지급 준비율 조정 등의 조치를 취하겠다고 발표했습니다.

① 실업률 상승은 ⊙ 시기에 주로 나타나는 현상이다.
② 세율 인하는 ⊙의 완화를 위해 적절한 재정 정책이다.
③ 정부는 ⓛ을 위해 정부 지출을 확대할 것이다.
④ 중앙은행은 ⓛ을 위해 지급 준비율을 인상할 것이다.
⑤ 정부가 적자 재정을 편성할 것이다.

459

그림은 경제 안정화 정책의 수단 및 영향을 나타낸 것이다. 이에 대한 옳은 설명만을 〈보기〉에서 고른 것은?

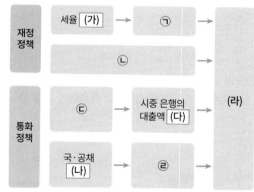

【 보기 】
ㄱ. (가)가 '인상'이면, ⊙에는 '처분 가능 소득 증가'가 들어갈 수 있다.
ㄴ. (나)가 '매입'이면, ㉣에는 '시중 통화량 감소'가 들어갈 수 있다.
ㄷ. (다)가 '증가'이면, ⓒ에는 '지급 준비율 인하'가 들어갈 수 있다.
ㄹ. (라)가 '총수요 증가'이면, ⓛ에는 '정부 지출 확대'가 들어갈 수 있다.

① ㄱ, ㄴ ② ㄱ, ㄷ ③ ㄴ, ㄷ
④ ㄴ, ㄹ ⑤ ㄷ, ㄹ

단원 마무리 문제 ⓘ 국가와 경제 활동

08 경제 성장과 한국 경제

460

다음 자료에 대한 옳은 분석만을 〈보기〉에서 고른 것은?

(단위 : %)

구분	2019년	2020년	2021년
갑국의 경제 성장률	3	2	1
을국의 경제 성장률	−1	1	0

[보기]

ㄱ. 갑국의 실질 GDP는 지속적으로 감소하였다.
ㄴ. 갑국의 경제 규모가 가장 큰 연도는 2021년이다.
ㄷ. 을국의 경제 규모가 가장 작은 연도는 2019년이다.
ㄹ. 갑국의 2021년 실질 GDP와 을국의 2020년 실질 GDP는 같다.

① ㄱ, ㄴ ② ㄱ, ㄷ ③ ㄴ, ㄷ
④ ㄴ, ㄹ ⑤ ㄷ, ㄹ

461

그림은 갑국의 GDP 추이를 나타낸다. 이에 대한 설명으로 옳은 것은? (단, 물가 수준은 GDP 디플레이터로 측정하며, 기준 연도는 2018년이다.)

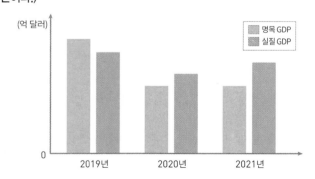

① 경제 규모는 지속적으로 증가하였다.
② 2019년의 물가 상승률은 음(−)의 값이다.
③ 물가 수준은 2020년보다 2021년이 높다.
④ 경제 성장률은 2020년보다 2021년이 높다.
⑤ 2020년의 경우 경제 성장률과 물가 상승률은 모두 양(+)의 값이다.

462

표는 갑국의 경제 지표 변화를 나타낸다. 이에 대한 분석으로 옳은 것은? (단, 물가 수준은 GDP 디플레이터로 측정한다.)

구분	2019년	2020년	2021년
실질 GDP(억 달러)	500	550	550
GDP 디플레이터	110	110	100

① 물가 수준은 2021년이 가장 높다.
② 명목 GDP는 2019년보다 2020년이 크다.
③ 2020년에는 실질 GDP와 명목 GDP가 같다.
④ 물가 상승률은 2020년보다 2021년이 높다.
⑤ 경제 성장률은 2020년보다 2021년이 높다.

[463~464] 다음 자료를 보고 물음에 답하시오.

표는 갑국의 연도별 지출 국민 소득과 분배 국민 소득을 나타낸다. 생산, 분배, 지출 측면에서 측정한 갑국의 국민 소득은 같으며, 모든 지표는 실질 지표이다.

(단위 : 억 달러)　　　　　　　　(단위 : 억 달러)

구분	2020년	2021년	구분	2020년	2021년
소비	40	50	임금	40	50
투자	20	20	이자	10	15
정부 지출	20	20	지대	20	15
순수출	20	(가)	이윤	(나)	30

463

(가), (나)에 들어갈 숫자를 쓰시오.

464 ✏ 서술형

2020년과 2021년의 갑국의 실질 GDP를 계산하고, 2021년의 경제 성장률을 서술하시오.

09 경제 순환과 국민 경제

465

다음은 2020년에 이루어진 갑국의 모든 경제 활동을 나타낸다. 이에 대한 옳은 설명만을 〈보기〉에서 고른 것은? (단, 농부는 중간재 없이 쌀을 생산하였다.)

농부 갑은 농사를 지어 수확한 쌀 중 일부를 떡집 주인 을에게 1,000만 원에 판매하였고, 남은 쌀을 시장에서 소비자들에게 1,000만 원에 판매하였다. 떡집 주인 을은 쌀을 이용하여 만든 떡 전부를 분식집 주인 병에게 1,500만 원에 판매하였고, 분식집 주인 병은 이 떡 전부로 떡볶이를 만들어 소비자에게 2,000만 원에 모두 판매하였다.

【보기】
ㄱ. 갑국의 GDP는 3,500만 원이다.
ㄴ. 갑국의 최종 생산물은 쌀과 떡볶이이다.
ㄷ. 갑이 창출한 부가가치는 1,000만 원이다.
ㄹ. 을과 병이 창출한 부가가치의 합은 1,000만 원이다.

① ㄱ, ㄴ   ② ㄱ, ㄷ   ③ ㄴ, ㄷ
④ ㄴ, ㄹ   ⑤ ㄷ, ㄹ

466

그림은 갑국의 국민 경제 순환을 나타낸다. 이에 대한 설명으로 옳은 것은?

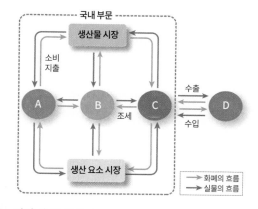

① A는 생산의 주체이다.
② B는 생산 요소 시장에서의 공급자이다.
③ C는 사회적 후생의 극대화를 추구한다.
④ D에서 생산되어 갑국에서 소비된 재화는 갑국 GDP에 포함된다.
⑤ 갑국 내에서 생산되어 D에서 소비된 재화는 갑국 GDP에 포함된다.

467

다음은 갑국의 경제 상황의 변화를 나타낸다. 이러한 변화가 갑국에 미칠 영향을 나타낸 그림으로 옳은 것은?

갑국에서 생산한 재화의 수출이 크게 증가하고 있는 반면, 갑국에서 수입하는 원자재 가격이 급등하고 있다.

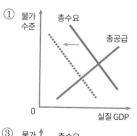
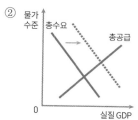
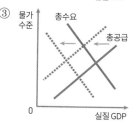
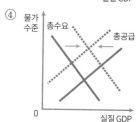
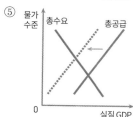

[468~469] 그림은 갑국의 총수요와 총공급을 나타낸다. 물음에 답하시오.

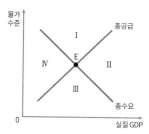

468

갑국 기업의 투자 감소는 총수요와 총공급 중 무엇에 영향을 주는지 쓰시오.

469 ✍ 서술형

갑국 기업의 생산성이 향상되고, 갑국 국민의 소비가 증가할 경우, 균형점 E가 이동할 영역을 총수요와 총공급의 이동 과정을 포함하여 서술하시오.

470

그림은 갑과 을이 예상하는 실업률과 고용률의 변화 방향을 나타낸다. 이에 대한 설명으로 옳은 것은? (단, 15세 이상 인구는 변화가 없다.)

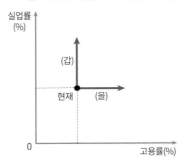

① 갑은 을과 달리 취업자 수가 증가할 것으로 보고 있다.
② 갑은 을과 달리 경제 활동 인구가 감소할 것으로 보고 있다.
③ 을은 갑과 달리 실업자 수가 증가할 것으로 보고 있다.
④ 을은 갑과 달리 경제 활동 참가율이 상승할 것으로 보고 있다.
⑤ 갑과 을 모두 비경제 활동 인구가 감소할 것으로 보고 있다.

471

다음 교사의 질문에 대한 옳은 답변만을 〈보기〉에서 고른 것은?

교사 : 인플레이션은 요인에 따라 A와 B로 구분됩니다. A는 국민 경제의 수요 측면에서, B는 비용이나 공급 측면에서 발생 원인을 찾을 수 있습니다. A와 B에 대해 설명해 볼까요?

[보기]
ㄱ. 민간 투자 감소는 A의 요인에 해당합니다.
ㄴ. 국제 원자재 가격의 상승은 B의 요인에 해당합니다.
ㄷ. A는 총수요의 증가, B는 총공급의 감소로 발생합니다.
ㄹ. B는 A와 달리 실질 GDP가 증가하는 현상이 나타납니다.

① ㄱ, ㄴ   ② ㄱ, ㄷ   ③ ㄴ, ㄷ
④ ㄴ, ㄹ   ⑤ ㄷ, ㄹ

472

표는 갑국의 시기별 고용 지표의 변화를 나타낸다. 이에 대한 옳은 설명만을 〈보기〉에서 고른 것은? (단, 15세 이상 인구는 변화가 없다.)

구분	T기	T+1기
전기 대비 변화	고용률 상승	실업률 상승, 경제 활동 참가율 하락

[보기]
ㄱ. 취업자 수 증가는 전기 대비 T기로의 변화 요인이다.
ㄴ. 경제 활동 인구 감소는 전기 대비 T기로의 변화 요인이다.
ㄷ. 취업자 수 감소는 전기 대비 T+1기로의 변화 요인이다.
ㄹ. 실업자 수 증가는 전기 대비 T+1기로의 변화 요인이다.

① ㄱ, ㄴ   ② ㄱ, ㄷ   ③ ㄴ, ㄷ
④ ㄴ, ㄹ   ⑤ ㄷ, ㄹ

[473~474] 다음 대화를 보고 물음에 답하시오.

사회자 : 최근 A국의 물가 급등 상황의 원인 및 대책에 대해 이야기해 보겠습니다.
갑 : A국의 물가 상승은 국제 유가 상승에 따른 현상으로 단기적 대책보다 장기적인 방안이 필요합니다.
을 : A국의 물가 상승은 소비 및 투자의 확대에 따른 현상으로 정부 차원의 시장 개입이 필요합니다.

473

갑이 진단하는 A국의 현 상황에 해당하는 인플레이션의 유형을 쓰시오.

474 🖊 서술형

A국의 현 상황에 대한 갑과 을의 공통점과 차이점을 서술하시오. (단, 차이점은 총수요와 총공급의 개념을 사용하여 서술하시오.)

11 경제 안정화 정책

475

다음 (가), (나) 정책이 미치는 영향을 나타낸 그림을 〈보기〉에서 골라 바르게 연결한 것은?

(가) 갑국 정부는 법인세율 인하 정책을 발표하였다.
(나) 갑국 중앙은행은 지급 준비율을 인상하고, 국·공채를 매각하겠다고 발표하였다.

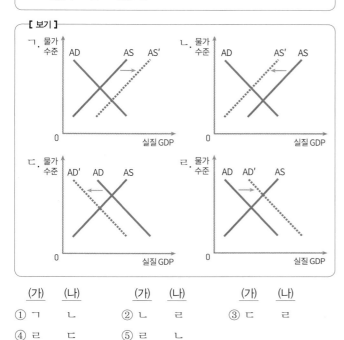

[보기]

(가)	(나)		(가)	(나)		(가)	(나)
① ㄱ	ㄴ		② ㄴ	ㄹ		③ ㄷ	ㄹ
④ ㄹ	ㄷ		⑤ ㄹ	ㄴ			

476

빈칸에 들어갈 답변으로 가장 적절한 것은?

갑 : 최근 우리나라 재화의 수출이 지난 10년 이내 최고치를 기록하고 있으며, 우리나라 기업의 국내 투자 또한 크게 증가하고 있습니다. 이러한 추세가 지속될 경우 어떤 상황이 발생할 수 있을까요?

을 : _____

① 국내 물가가 하락할 것입니다.
② 실질 국내 총생산이 감소할 것입니다.
③ 총수요의 감소로 경기 침체가 발생할 것입니다.
④ 총공급의 증가로 스태그플레이션이 발생할 것입니다.
⑤ 정부는 경기 안정을 위해 긴축 재정 정책을 실시할 것입니다.

477

다음 자료에 대한 옳은 설명만을 〈보기〉에서 고른 것은?

사회자 : A국 경기 상황에 대한 대책을 이야기해 보겠습니다.
갑 : A국 정부는 소득세율을 인상해야 합니다.
을 : A국 중앙은행은 지급 준비율 인하 방안을 조속히 시행해야 합니다.

[보기]

ㄱ. 갑은 A국이 경기 침체 상황이라고 보고 있다.
ㄴ. 갑이 제안한 정책은 민간 소비 감소를 초래한다.
ㄷ. 을은 통화량 증대를 통해 경기를 부양해야 한다고 본다.
ㄹ. 갑은 총수요 증대가, 을은 총수요 감소가 필요하다고 본다.

① ㄱ, ㄴ   ② ㄱ, ㄷ   ③ ㄴ, ㄷ
④ ㄴ, ㄹ   ⑤ ㄷ, ㄹ

[478~479] 다음은 갑국의 경제 문제와 해결책을 나타낸 것이다. 물음에 답하시오.

〈경제 문제〉
㉠ 가계 소비 및 기업 투자가 급격히 증가하고 있다.

〈해결책〉
• 재정 정책 : ___(가)___
• 통화 정책 : ___(나)___

478

㉠으로 인해 나타날 수 있는 인플레이션 유형을 쓰시오.

479 ✎ 서술형

(가), (나)에 들어갈 수 있는 적절한 방안을 각각 한 가지씩 쓰고, 이러한 방안이 갑국의 거시 경제에 미칠 영향을 서술하시오.

12 국제 무역과 무역 정책

☑ 출제 포인트   ☑ 절대 우위와 비교 우위   ☑ 기회비용과 교역 조건   ☑ 자유 무역   ☑ 보호 무역   ☑ 관세

1. 국제 무역의 이익과 원리

1 무역의 의미와 이득

(1) 무역의 의미와 필요성

① 의미 : 국가 간 이루어지는 거래(수출과 수입)

② 필요성 : 무역 당사국 모두에 이득이 발생

(2) 무역의 이득 자국에서 생산되지 않는 재화의 획득, 다양한 상품의 선택 기회 마련, 규모의 경제 실현 등

2 무역 발생에 관한 이론

(1) 절대 우위론

① 내용 : 각국이 생산비가 절대적으로 적게 드는 재화 생산에 특화하여 상호 교환함으로써 무역 이익이 발생함

② 한계 : 한 국가가 모든 상품에 대해 절대 우위 또는 절대 열위인 경우에 발생하는 무역을 설명하지 못함

★(2) 비교 우위론 ◎ 97쪽 491번 문제로 확인

① 내용 : 생산비가 상대적으로 적게 드는 재화, 즉 비교 우위 재화의 생산에 특화하여 상호 교환함으로써 양국 모두에 무역 이익이 발생함

② 의의

• 어느 한 나라가 두 재화 모두에 절대 우위에 있을 때에도 무역 이익이 발생함을 설명할 수 있음

• 국가 간 자유 무역이 모든 국가에 유리하다는 주장으로, 자유 무역 주장의 이론적 근거가 됨

★(3) 비교 우위와 특화 다른 나라보다 더 적은 기회비용으로 생산할 수 있는 능력 → 비교 우위를 가진 상품을 특화하여 교역함

| 자료 | 비교 우위의 원리 ◎ 98쪽 493번 문제로 확인 |

• 갑국과 을국 노동자 1명이 생산할 수 있는 A재와 B재의 양 (단, 생산에 필요한 생산 요소는 노동뿐이다.)

구분	A재	B재
갑국	3개	3개
을국	1개	2개

• 갑국과 을국의 A재, B재 1개 생산의 기회비용

구분	A재	B재
갑국	B재 1개	A재 1개
을국	B재 2개	A재 1/2개

분석 갑국이 을국보다 A재와 B재 생산 모두에 절대 우위가 있다. A재 1개 생산의 기회비용은 갑국의 경우 B재 1개, 을국의 경우 B재 2개로, 갑국이 을국보다 작으므로 갑국은 A재 생산에 비교 우위를 가진다. B재 1개 생산의 기회비용은 갑국의 경우 A재 1개, 을국의 경우 A재 1/2개로, 을국이 갑국보다 작으므로 을국은 B재 생산에 비교 우위를 가진다.

2. 자유 무역과 보호 무역 정책

★1 자유 무역

(1) 자유 무역의 주장과 이득

① 주장 : 국가 간 무역이 시장 경제 원리에 따라 자유롭게 이루어지도록 방임해야 함

② 이득 : 다양한 상품을 저렴한 가격에 소비, 경쟁 과정에서 국내 기업의 생산성 향상, 규모의 경제 실현, 선진 기술 습득, 저렴한 수입품 소비에 따른 국내 물가 안정 등

(2) 자유 무역 정책

① 세계 무역 기구(WTO) : 무역에 관한 규제 완화 및 자유 무역 활성화 추구

② 자유 무역 협정(FTA) : 국가 간 무역 장벽을 완화하거나 제거하는 협정으로 무역 자유화를 지향함

| 자료 | 자유 무역의 이익 ◎ 98쪽 495번 문제로 확인 |

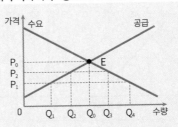

분석 무역을 하지 않는다면 P_0에서 Q_0만큼 거래가 이루어진다. P_1의 가격에서 X재를 수입한다면 수요량은 Q_4로 증가하고, 국내 생산량은 Q_1으로 감소하여 X재를 Q_1Q_4만큼 수입하게 되고, 소비자는 X재를 P_1 가격에서 Q_4만큼 소비할 수 있다. 즉, 자유 무역을 통해 소비자 잉여는 증가한다.

2 보호 무역

(1) 보호 무역의 주장과 필요성

① 주장 : 국내 산업을 보호하고 경제를 성장시키기 위해 국가가 적극적으로 수입을 규제해야 함

② 필요성

• 수입 증가에 따른 국내 생산 감소 및 자국민의 실업 방지

• 국내 산업이 경쟁력을 가질 때까지 자국 유치산업 보호

• 농업 등 국가 안보에 중요한 산업 보호

★(2) 보호 무역 정책

① 관세 장벽 ◎ 98쪽 496번 문제로 확인

• 관세로 수입품 가격이 상승하여 수입품의 국내 소비 감소

• 관세 징수로 정부 조세 수입 증가 및 국내 산업의 생산 증가

② 비관세 장벽

• 수입 할당제 : 수입하는 상품의 수량을 직접 제한하여 해당 상품의 국내 수입을 억제하는 정책

• 기타 : 수출 촉진을 위한 수출 보조금, 환경 규제 강화 등

분석 기출 문제

》》 바른답·알찬풀이 41쪽

핵심 개념 문제

**** 빈칸에 들어갈 알맞은 용어를 쓰시오.

480 (   )은/는 각국이 생산비가 절대적으로 적게 드는 재화 생산을 특화하여 상호 교환함으로써 무역 이익이 발생한다는 이론이다.

481 비교 우위는 다른 나라에 비해 더 적은 (   )(으)로 생산할 수 있는 능력을 의미한다.

482 무역에 관한 규제 완화 및 자유 무역의 활성화를 추구하기 위해 설립된 국제기구는 (   )이다.

**** 다음 내용이 맞으면 ○표, 틀리면 ×표를 하시오.

483 절대 우위론은 국가 간 자유 무역이 모든 국가에 유리하다는 주장을 뒷받침한다. (   )

484 수입 할당제는 수입하는 상품의 수량을 직접 제한하여 국내 수입을 억제하는 정책이다. (   )

**** 무역 발생에 관한 이론을 바르게 연결하시오.

485 기회비용이 낮은 재화에 특화 •   • ㉠ 절대 우위론

486 생산비가 낮은 재화에 특화 •   • ㉡ 비교 우위론

**** 다음 중 알맞은 것을 고르시오.

487 국가 간 무역이 시장 경제 원리에 따라 이루어져야 한다는 주장은 (㉠ 자유 무역, ㉡ 보호 무역)에 부합한다.

488 관세 부과와 수입 할당제는 (㉠ 자유 무역, ㉡ 보호 무역) 정책이다.

**** 다음 내용과 관련 있는 개념을 〈보기〉에서 고르시오.

489 시장 경제 원리에 따른 경쟁 과정에서 국내 기업의 생산성이 향상됨 (   )

490 농업이나 국가 안보와 관련한 중요한 국내 산업 보호에 유리함 (   )

[보기]
ㄱ. 자유 무역   ㄴ. 보호 무역

⭐빈출
491

그림은 갑국과 을국의 생산 가능 곡선을 나타낸다. 이에 대한 옳은 분석만을 〈보기〉에서 고른 것은? (단, 양국 생산 요소의 양은 동일하다.)

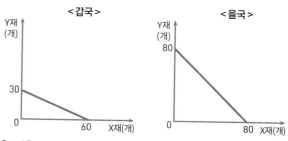

[보기]
ㄱ. 갑국은 X재 생산에 절대 우위를 가진다.
ㄴ. 을국은 X재와 Y재 생산 모두에 비교 우위를 가진다.
ㄷ. X재 1개 생산의 기회비용은 갑국이 을국보다 작다.
ㄹ. 비교 우위를 통해 갑국과 을국은 교역으로 이익을 얻을 수 있다.

① ㄱ, ㄴ   ② ㄱ, ㄷ   ③ ㄴ, ㄷ
④ ㄴ, ㄹ   ⑤ ㄷ, ㄹ

492

다음 자료에 대한 옳은 분석만을 〈보기〉에서 고른 것은?

표는 갑국과 을국이 X재와 Y재를 각각 1개 생산하는 데 필요한 노동 시간을 나타낸 것이다. 두 국가는 각각 비교 우위 상품을 특화하여 교역하고자 한다. X재와 Y재 생산에는 노동만 소요되며, 두 국가의 노동의 양과 질은 동일하다.

(단위 : 시간)

구분	X재	Y재
갑국	5	10
을국	2	8

[보기]
ㄱ. 갑국은 X재 생산에 절대 우위를 가진다.
ㄴ. 을국은 Y재 생산에 비교 우위를 가진다.
ㄷ. 을국의 X재 1개 생산의 기회비용은 Y재 1/4개이다.
ㄹ. 갑국은 Y재 생산에, 을국은 X재 생산에 특화하여 교역할 것이다.

① ㄱ, ㄴ   ② ㄱ, ㄷ   ③ ㄴ, ㄷ
④ ㄴ, ㄹ   ⑤ ㄷ, ㄹ

Ⅳ

⭐빈출
493

다음 자료에 대한 옳은 분석만을 〈보기〉에서 고른 것은?

표는 갑국과 을국의 무역 전후의 생산량을 나타낸 것이다. 두 국가가 보유한 생산 요소의 양은 같고, 생산 가능 곡선은 직선이며, 무역 전후 갑국과 을국은 생산 가능 곡선상에서 생산한다.

(단위 : 개)

구분	무역 전 생산량		무역 후 생산량	
	A재	B재	A재	B재
갑국	10	5	20	0
을국	5	5	0	10

【 보기 】
ㄱ. 갑국은 A재 생산에 비교 우위를 가진다.
ㄴ. 을국은 A재 생산에 절대 우위를 가진다.
ㄷ. 갑국의 A재 1개 생산의 기회비용은 B재 1/2개이다.
ㄹ. 을국의 B재 1개 생산의 기회비용은 A재 1/2개이다.

① ㄱ, ㄴ　　　② ㄱ, ㄷ　　　③ ㄴ, ㄷ
④ ㄴ, ㄹ　　　⑤ ㄷ, ㄹ

494

다음 자료에 대한 옳은 설명만을 〈보기〉에서 고른 것은?

표는 갑국과 을국이 X재와 Y재를 1개씩 생산하는 데 드는 비용을 나타낸다. 갑국과 을국은 X재와 Y재만 생산하고, 양국의 유일한 생산 요소인 노동의 질과 양은 같으며, 교역에 따른 거래 비용은 존재하지 않는다.

(단위 : 달러)

구분	갑국	을국
X재	2	4
Y재	3	3

【 보기 】
ㄱ. 갑국은 X재 생산에 절대 우위를 가진다.
ㄴ. 을국은 Y재 생산에 비교 우위를 가진다.
ㄷ. 을국의 X재 1개 생산의 기회비용은 Y재 3/4개이다.
ㄹ. 갑국은 Y재에, 을국은 X재에 특화하여 교역하면 양국 모두 이득을 얻을 수 있다.

① ㄱ, ㄴ　　　② ㄱ, ㄷ　　　③ ㄴ, ㄷ
④ ㄴ, ㄹ　　　⑤ ㄷ, ㄹ

⭐빈출
495

그림은 관세 부과 이후 갑국의 X재 시장 상황을 나타낸다. 관세 부과에 따른 영향으로 옳은 것만을 〈보기〉에서 고른 것은?

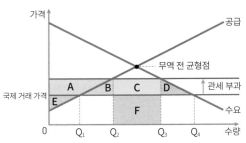

【 보기 】
ㄱ. X재 수요량은 Q_4에서 Q_2로 감소한다.
ㄴ. X재 수입량은 Q_4에서 Q_3로 감소한다.
ㄷ. 국내 X재 생산량은 Q_1Q_2만큼 증가한다.
ㄹ. 소비자 잉여는 A+B+C+D만큼 감소하고, 생산자 잉여는 A만큼 증가한다.

① ㄱ, ㄴ　　　② ㄱ, ㄷ　　　③ ㄴ, ㄷ
④ ㄴ, ㄹ　　　⑤ ㄷ, ㄹ

⭐빈출
496

그림은 관세 부과에 따른 갑국의 X재 시장 상황을 나타낸다. 이에 대한 옳은 분석만을 〈보기〉에서 고른 것은? (단, 갑국은 관세 부과 전 P_1 가격에서 자유 무역을 실시하였다.)

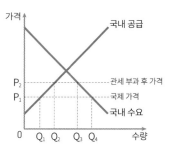

【 보기 】
ㄱ. 관세가 부과되는 X재의 양은 Q_1Q_2이다.
ㄴ. 관세 부과 후 X재 수입량은 Q_2Q_3이다.
ㄷ. 관세 부과 후 X재 국내 생산량은 Q_1Q_2만큼 증가한다.
ㄹ. 관세 부과 후 X재 시장 거래량은 Q_2Q_3만큼 감소한다.

① ㄱ, ㄴ　　　② ㄱ, ㄷ　　　③ ㄴ, ㄷ
④ ㄴ, ㄹ　　　⑤ ㄷ, ㄹ

497

다음 자료에 대한 옳은 분석만을 〈보기〉에서 고른 것은?

자유 무역 정책을 시행하던 갑국 정부는 수입되는 X재에 대해 관세를 부과하기 시작하였다. 관세 외의 다른 요인은 동일하다. 표는 관세 부과 전후 갑국의 X재 시장 상황이다.

(단위 : 달러, 만 개)

구분	관세 부과 전	관세 부과 후
국내 가격	1	2
국내 소비량	8	7
국내 생산량	5	6

[보기]

ㄱ. X재에 부과된 관세는 1달러이다.
ㄴ. 관세 부과로 갑국의 조세 수입은 1만 달러이다.
ㄷ. 관세 부과 이후 X재 수입량은 1만 개만큼 감소하였다.
ㄹ. 관세 부과 이후 X재 국내 생산량은 1만 개만큼 감소하였다.

① ㄱ, ㄴ   ② ㄱ, ㄷ   ③ ㄴ, ㄷ
④ ㄴ, ㄹ   ⑤ ㄷ, ㄹ

498

다음 (가), (나)에 나타난 정부의 무역 정책에 대한 옳은 설명만을 〈보기〉에서 고른 것은?

(가) 정부는 최근 들어 A재 수입이 급증함에 따라, A재를 생산하는 국내 기업을 보호하기 위해 A재에 부과하는 관세율을 10%로 인상할 예정이다.

(나) 정부는 이상 고온 현상으로 국내에서 B재의 공급이 감소함에 따라, B재에 부과하던 관세를 일정 기간 면제하기로 결정하였다.

[보기]

ㄱ. (가)는 A재의 국내 시장 가격의 인하를 초래할 것이다.
ㄴ. (가)의 정책으로 A재 소비자 잉여는 감소할 것이다.
ㄷ. (나)의 정책으로 B재의 수입 물량이 증가할 것이다.
ㄹ. (나)는 국내의 B재 생산자 보호를 위한 정책에 해당한다.

① ㄱ, ㄴ   ② ㄱ, ㄷ   ③ ㄴ, ㄷ
④ ㄴ, ㄹ   ⑤ ㄷ, ㄹ

[499~500] 표는 갑국와 을국이 각각 X재와 Y재 1개 생산에 필요한 비용을 나타낸다. 물음에 답하시오.

(단위 : 달러)

구분	갑국	을국
X재	3	5
Y재	6	7

499

위의 자료를 바탕으로 갑국과 을국의 X재와 Y재 1개 생산의 기회비용을 나타낼 때 (가)~(다)에 들어갈 내용을 쓰시오.

구분	갑국	을국
X재 1개 생산의 기회비용	Y재 1/2개	(가)
Y재 1개 생산의 기회비용	(나)	(다)

500

갑국과 을국이 비교 우위에 있는 재화가 무엇인지 그 이유와 함께 서술하시오.

501

정부가 관세를 부과할 경우 X재 시장에 미치는 영향을 소비자와 생산자의 입장에서 각각 서술하시오. (단, '생산자 잉여', '소비자 잉여'라는 용어를 포함한다.)

그림은 갑국의 X재 시장으로, 현재 갑국은 X재를 국제 가격 P_1에 수입하고 있다. 갑국 정부는 X재에 T만큼의 관세를 부과하는 것을 검토하고 있다.

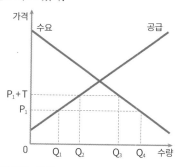

적중 1등급 문제

» 바른답·알찬풀이 42쪽

502

다음 갑국의 관세 부과 이후에 대한 분석으로 옳은 것은?

갑국은 관세 부과 전 P_0 가격에서 자동차를 수입해 왔으며, 관세 부과 이후 갑국 내 자동차 가격은 P_1이다.

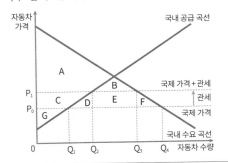

① 자동차 수입량은 Q_2Q_3가 된다.
② 생산자 잉여는 C+D만큼 증가한다.
③ 정부의 관세 수입은 B이다.
④ 소비자 잉여는 D+E+F만큼 감소한다.
⑤ 자동차 거래량은 Q_4에서 Q_2로 감소한다.

503

다음 자료에 대한 옳은 설명만을 〈보기〉에서 고른 것은?

갑국과 을국은 모두 노동만을 사용하여 X재와 Y재를 생산·소비한다. 교역 시 양국은 각각 비교 우위에 있는 재화에 특화한다. 표는 각 재화 1단위 생산에 필요한 노동 시간을 나타낸다.

구분	갑국	을국
X재	2시간	3시간
Y재	4시간	9시간

[보기]
ㄱ. 갑국은 X재와 Y재 생산 모두에 절대 열위를 가진다.
ㄴ. 을국의 X재 1단위 생산의 기회비용은 Y재 1/2단위이다.
ㄷ. 갑국은 Y재 생산에, 을국은 X재 생산에 비교 우위를 갖는다.
ㄹ. X재 1단위당 Y재 2/5단위와 교환하면 양국 모두 이득을 얻는다.

① ㄱ, ㄴ   ② ㄱ, ㄷ   ③ ㄱ, ㄹ
④ ㄴ, ㄷ   ⑤ ㄷ, ㄹ

504

다음 자료에 대한 옳은 분석만을 〈보기〉에서 고른 것은?

표는 X재와 Y재만을 생산하는 갑국과 을국의 각 재화 1개 생산에 필요한 노동자 수를 나타낸다. 생산에 투입 가능한 노동자 수는 갑국이 1,000명, 을국이 1,200명이며, 양국 간 노동 이동은 발생하지 않는다. 교역 전 양국은 X재와 Y재를 모두 생산하고, 교역 시 양국은 비교 우위가 있는 재화의 생산에만 특화하여 Y재 1개당 X재 [(가)]의 비율로 교환한다. 양국은 노동만을 생산 요소로 사용하여 생산 가능 곡선상에서 생산하며, 교역은 거래 비용 없이 양국 간에만 이루어지고, 모든 재화는 전량 소비된다.

구분	갑국	을국
X재	20명	30명
Y재	50명	40명

[보기]
ㄱ. 갑국의 X재 1개 생산의 기회비용은 Y재 0.4개이다.
ㄴ. 을국은 X재 20개와 Y재 15개를 동시에 생산할 수 없다.
ㄷ. (가)가 '0.8개'이면, 갑국은 을국과 달리 교역에 응할 것이다.
ㄹ. (가)가 '2개'이고, 교역 시 갑국의 X재 소비량이 30개이면 Y재 소비량은 15개이다.

① ㄱ, ㄴ   ② ㄱ, ㄷ   ③ ㄴ, ㄷ
④ ㄴ, ㄹ   ⑤ ㄷ, ㄹ

505

그림은 X재를 수입하고 있는 갑국 X재 시장의 관세 부과 전후의 상황을 나타낸다. 이에 대한 설명으로 옳은 것은? (단, 관세 부과 전 X재는 70달러에 수입하고 있었다.)

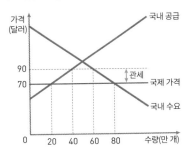

① 갑국 정부는 관세를 10달러 부과하였다.
② 관세 부과로 갑국의 X재 거래량은 20만 개만큼 감소한다.
③ 관세 부과로 갑국 정부의 조세 수입은 200만 달러이다.
④ 관세 부과 이후 갑국 X재 생산자의 공급량은 20만 개이다.
⑤ 관세 부과에 따른 갑국 X재 생산자 잉여 증가분은 X재 소비자 잉여 감소분보다 크다.

506

다음 자료에 대한 옳은 분석만을 〈보기〉에서 고른 것은?

표는 갑국과 을국의 교역 전후에 관한 자료이다. X재와 Y재만을 생산하던 갑국과 을국은 비교 우위가 있는 재화만을 생산하여 교역한다. 단, 양국은 노동만을 생산 요소로 사용하여 생산 가능 곡선상에서 생산하며, 보유한 생산 요소의 양은 같다. 또한 교역은 양국 간에만 이루어지고, 교역 후 모든 재화는 전량 소비되며, 거래 비용은 발생하지 않는다.

구분	갑국		을국	
	X재	Y재	X재	Y재
1개 생산에 필요한 노동 시간(시간)	5	1	4	8
교역 전 생산량(개)	5	55	14	3
교역 후 소비량(개)	5	65	15	15

[보기]
ㄱ. 갑국은 X재 생산에 절대 우위를 가진다.
ㄴ. 을국은 Y재 생산에 비교 우위를 가진다.
ㄷ. X재 최대 생산 가능량은 갑국이 16개, 을국이 20개이다.
ㄹ. 교역 후 을국의 X재 1개 소비의 기회비용은 Y재 3개이다.

① ㄱ, ㄴ　　　② ㄱ, ㄷ　　　③ ㄴ, ㄷ
④ ㄴ, ㄹ　　　⑤ ㄷ, ㄹ

507

다음 자료에 대한 옳은 설명만을 〈보기〉에서 고른 것은? (단, 현재 X재는 P_1에서 거래되고 있다.)

그림은 무역에 따른 갑국의 X재 시장 상황을 나타낸다. 갑국 정부는 자국의 X재 산업 보호를 위해 X재 수입에 관세를 부과하기로 하였다. 관세 부과 후 가격 P_t는 P_0와 P_1 사이에서 결정된다.

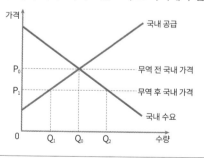

[보기]
ㄱ. 무역 전보다 무역 후 X재의 거래량은 증가한다.
ㄴ. 무역 전보다 무역 후 X재의 국내 생산량은 증가한다.
ㄷ. P_t가 P_1에 가까울수록 X재 수입량 감소 규모는 작아진다.
ㄹ. P_t가 P_0에 가까울수록 X재 거래량 감소 규모는 작아진다.

① ㄱ, ㄴ　　　② ㄱ, ㄷ　　　③ ㄱ, ㄹ
④ ㄴ, ㄷ　　　⑤ ㄷ, ㄹ

508

다음 자료에 대한 옳은 분석만을 〈보기〉에서 고른 것은?

표는 시장 개방 전 갑국 X재 시장의 상황을 나타낸다. 최근 갑국 정부가 X재 시장을 개방하자, 갑국 X재 시장에는 X재가 국제 시장으로부터 개당 3만 원에 공급되었다. 단, 갑국 X재 시장의 국내 수요와 공급 곡선은 직선이고, 모든 시기 변함이 없으며, X재는 국제 가격 수준에서 무제한으로 공급 가능하다.

가격(만 원)	2	3	4	5	6
수요량(개)	1,200	1,100	1,000	900	800
공급량(개)	700	800	900	1,000	1,100

[보기]
ㄱ. 개방 이전 X재의 시장 균형 가격은 5만 원이다.
ㄴ. 개방 이후 X재의 수입량은 300개이다.
ㄷ. 개방 이후 국내 소비자 잉여는 증가한다.
ㄹ. 개방 이후 국내 생산자의 X재 판매 수입 감소액은 975만 원이다.

① ㄱ, ㄴ　　　② ㄱ, ㄷ　　　③ ㄴ, ㄷ
④ ㄴ, ㄹ　　　⑤ ㄷ, ㄹ

509

다음 자료에 대한 옳은 분석 및 추론만을 〈보기〉에서 고른 것은?

그림은 갑국의 X재 시장을 나타낸다. 갑국은 국제 가격인 70달러에 개당 20달러의 관세를 부과하여 X재를 수입하고 있다. X재는 국제 가격 수준에서 무제한 공급이 가능하다.

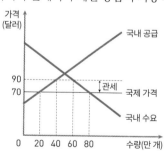

[보기]
ㄱ. 관세 수입은 800만 달러이다.
ㄴ. 국내 생산자의 판매 수입은 3,600만 달러이다.
ㄷ. 관세를 폐지하면 수입량은 20만 개만큼 증가할 것이다.
ㄹ. 관세를 폐지하면 국내 소비자 잉여 증가분은 국내 생산자 잉여 감소분보다 클 것이다.

① ㄱ, ㄴ　　　② ㄱ, ㄷ　　　③ ㄴ, ㄷ
④ ㄴ, ㄹ　　　⑤ ㄷ, ㄹ

13 Ⅳ 세계 시장과 교역
환율의 결정과 환율 변동

☑ 출제 포인트   ☑ 외화의 수요와 공급   ☑ 환율의 변동 요인   ☑ 환율 변동의 효과   ☑ 환율 제도

1. 환율의 결정과 변동

1 외환 시장과 환율

(1) 외환 시장 외환을 하나의 상품처럼 사고파는 시장

(2) 환율 자국 화폐와 외국 화폐의 교환 비율, 외국 화폐 1단위와 교환되는 자국 화폐의 비율로 나타냄

✪2 환율의 결정과 변동 ⓒ 103쪽 521번 문제로 확인

(1) 외환 시장의 수요 곡선과 공급 곡선

① 수요 곡선 : 외환의 가격과 수요량 간의 역(−)의 관계 성립
→ 일반 상품의 수요 곡선과 같이 우하향

② 공급 곡선 : 외환의 가격과 공급량 간의 정(+)의 관계 성립
→ 일반 상품의 공급 곡선과 같이 우상향

(2) 외환 수요와 공급 요인

① 외환 수요 요인 : 수입, 해외 투자, 해외여행, 경비 송금, 외국 원조 등

② 외환 공급 요인 : 수출, 외국인의 국내 투자, 국내 기업의 자금 차입, 외국 관광객의 한국 관광 등

(3) 균형 환율의 결정

① 외환 공급량 > 외환 수요량 : 외환의 초과 공급으로 환율 하락

② 외환 공급량 < 외환 수요량 : 외환의 초과 수요로 환율 상승

③ 외환 공급량 = 외환 수요량 : 균형 환율의 결정

자료 환율 결정의 원리 ⓒ 104쪽 525번 문제로 확인

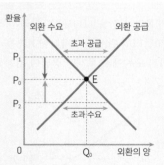

분석 환율이 시장 균형 수준보다 높으면 외환 시장에서 초과 공급이 발생하여 환율이 하락한다. 환율이 시장 균형 수준보다 낮으면 외환 시장에서 초과 수요가 발생하여 환율이 상승한다.

✪(4) 환율 변동의 요인 ⓒ 103쪽 522번 문제로 확인

① 소득 변화 : 소득이 증가하면 수입품 수요가 증가하여 외환 수요 증가로 환율이 상승함

② 물가 변화 : 물가가 상승하면 국산품 가격이 상대적으로 높아져 수출이 감소하고 수입이 증가하여 환율이 상승함

③ 이자율 변화 : 국내 이자율이 상승하면 외국 자본이 유입되어 외환 공급이 증가하여 환율이 하락함

④ 국산품 경쟁력 변화 : 국산품 경쟁력이 상승하면 수출 증가로 외환 공급이 증가하여 환율이 하락함

✪3 환율 제도 ⓒ 104쪽 526번 문제로 확인

(1) 고정 환율 제도

① 의미 : 정부가 환율을 일정 수준으로 유지하는 제도

② 장점 : 환율 변동의 불확실성이 적음

③ 단점 : 인위적 환율 조정으로 무역 분쟁 발생 가능, 국제 수지 불균형의 자동 조절 곤란

(2) 변동 환율 제도

① 의미 : 외환의 수요와 공급에 의해 환율이 시장에서 자유롭게 결정되는 제도

② 장점 : 국제 수지 불균형의 자동 조절

③ 단점 : 환율의 불확실성으로 인한 국내 경제의 불안정, 환율 변동에 따른 위험(환 위험)

2. 환율 변동의 경제적 효과

✪1 국가 경제에 미치는 영향 ⓒ 106쪽 531번 문제로 확인

(1) 환율 상승

① 수출과 수입 : 수출은 증가하고, 수입은 감소함

② 국제 수지 : 수출 증가와 수입 감소, 해외여행 감소와 외국인의 국내 여행 증가 등으로 국제 수지가 개선됨

③ 국내 총생산 : 국내 총생산과 고용이 증가하여 경제가 활성화될 수 있음

④ 물가 : 수입품과 생산 요소 가격 상승으로 상품의 생산 비용이 오르거나, 국산품의 해외 수요가 증가하여 물가가 상승함

⑤ 대외 채무 부담 : 대외 채무(외채)의 상환 부담이 증가함

(2) 환율 하락

① 수출과 수입 : 수출은 감소하고, 수입은 증가함

② 국제 수지 : 수출 감소와 수입 증가로 국제 수지가 악화됨

③ 국내 총생산 : 국내 총생산과 고용이 줄어들어 경기가 침체될 수 있음

④ 물가 : 수입 소비재와 생산 요소 가격 하락으로 국내 물가가 하락함

⑤ 대외 채무 부담 : 대외 채무(외채)의 상환 부담이 감소함

✪2 개인에 미치는 영향 ⓒ 105쪽 530번 문제로 확인

(1) 환율 상승

① 유리한 사람 : 수출업자, 외국 관광객을 대상으로 경제 활동을 하는 사람

② 불리한 사람 : 수입업자, 해외 유학생, 해외여행자

(2) 환율 하락

① 유리한 사람 : 수입업자, 해외 유학생, 해외여행자

② 불리한 사람 : 수출업자, 외국 관광객을 대상으로 경제 활동을 하는 사람

분석 기출 문제

» 바른답·알찬풀이 45쪽

개념 확인 문제

•• 빈칸에 들어갈 알맞은 용어를 쓰시오.

510 (   )(이)란 외국 화폐 한 단위와 교환되는 자국 화폐의 비율을 말한다.

511 (   )은/는 외환의 수요와 공급에 의해 환율이 시장에서 자유롭게 결정되는 제도이다.

•• 다음 내용이 맞으면 ○표, 틀리면 ×표를 하시오.

512 환율이 상승하면 수입품의 원화 표시 가격이 상승하여 수입 물가가 상승한다. (   )

513 환율이 하락하면 해외 유학생, 해외여행자의 경비 부담이 증가한다. (   )

•• 환율 상승과 하락의 영향을 바르게 연결하시오.

514 환율 상승 •   • ㉠ 수출 감소, 외채 상환 부담 감소

515 환율 하락 •   • ㉡ 수입 감소, 유학 경비 부담 증가

•• 다음 중 알맞은 것을 고르시오.

516 환율이 상승하면 수입품의 원화 표시 가격이 (㉠ 상승, ㉡ 하락)하여 수입이 감소하고, 수입 물가가 상승한다.

517 수출이 증가하여 외환 공급이 증가하면 환율은 (㉠ 상승, ㉡ 하락)한다.

518 수입이 증가하여 외환 수요가 증가하면 환율은 (㉠ 상승, ㉡ 하락)한다.

•• 다음 내용과 관련 있는 내용을 〈보기〉에서 고르시오.

519 수출업자는 유리해지나, 수입업자는 불리해짐 (   )

520 해외여행자는 유리해지나, 외국인 대상 국내 관광업 종사자는 불리해짐 (   )

[보기]
ㄱ. 환율 상승   ㄴ. 환율 하락

---

1. 환율의 결정과 변동

★빈출
521

그림은 우리나라 외환 시장의 균형점 이동을 나타낸다. 이에 대한 옳은 설명만을 〈보기〉에서 고른 것은?

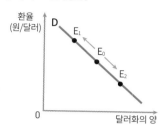

[보기]
ㄱ. 미국인의 우리나라 관광 증가는 $E_0 → E_2$의 요인이다.
ㄴ. 외국 기업의 우리나라 투자 감소는 $E_0 → E_2$의 요인이다.
ㄷ. 외국인의 우리나라 채권 구입 증가는 $E_0 → E_1$의 요인이다.
ㄹ. 우리나라 기업의 미국으로의 수출 감소는 $E_0 → E_1$의 요인이다.

① ㄱ, ㄴ   ② ㄱ, ㄹ   ③ ㄴ, ㄷ
④ ㄴ, ㄹ   ⑤ ㄷ, ㄹ

★빈출
522

그림은 우리나라 외환 시장에서 균형점 E의 변화 방향을 나타낸다. 이동 요인으로 적절한 것만을 〈보기〉에서 고른 것은?

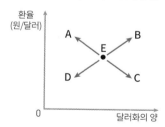

[보기]
ㄱ. E → A : 우리나라 기업의 미국으로의 수출 증가
ㄴ. E → B : 우리나라 국민의 미국 여행의 감소
ㄷ. E → C : 미국 기업의 국내 주식 투자 증가
ㄹ. E → D : 수입산 자동차에 대한 우리나라 국민의 수요 감소

① ㄱ, ㄴ   ② ㄱ, ㄷ   ③ ㄴ, ㄷ
④ ㄴ, ㄹ   ⑤ ㄷ, ㄹ

523

그림은 우리나라 외환 시장의 환율 변동을 나타낸다. 이와 같은 환율 변동의 영향으로 옳은 것은?

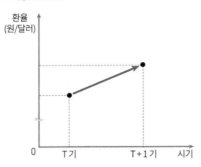

① 수입품의 원화 표시 가격이 하락한다.
② 수입품의 가격 하락으로 수입 물가가 하락한다.
③ 자녀를 미국으로 유학 보낸 부모의 경비 부담이 감소한다.
④ 우리나라를 여행하는 미국인의 여행 경비 부담이 감소한다.
⑤ 미국으로 수출하는 우리나라 상품의 가격 경쟁력이 하락한다.

524

그림은 우리나라 외환 시장의 균형점 a, b를 나타낸다. 이에 대한 옳은 분석만을 〈보기〉에서 고른 것은? (단, 현재의 달러화 수요 곡선은 이동하지 않는다.)

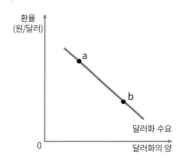

[보기]
ㄱ. 우리나라 기업의 미국으로의 수출이 증가하면 균형점은 a 에서 b로 이동할 수 있다.
ㄴ. 미국 학생들의 우리나라로의 유학이 증가하면 균형점은 a 에서 b로 이동할 수 있다.
ㄷ. 우리나라 국민의 미국 제품 사용이 증가하면 균형점은 b에 서 a로 이동할 수 있다.
ㄹ. 미국 기업의 우리나라 주식 시장의 투자가 증가하면 균 형점은 b에서 a로 이동할 수 있다.

① ㄱ, ㄴ   ② ㄱ, ㄷ   ③ ㄴ, ㄷ
④ ㄴ, ㄹ   ⑤ ㄷ, ㄹ

⭐빈출 525

우리나라 외환 시장에서 다음과 같은 변화가 동시에 나타날 때, 현재의 균형점 E가 이동할 영역으로 옳은 것은?

• 미국 기업의 우리나라 투자가 크게 증가하였다.
• 미국으로 여행을 가는 우리나라 국민의 수가 크게 감소하였다.

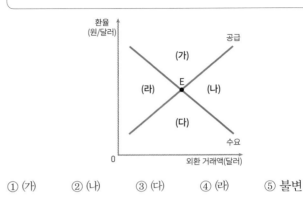

① (가)   ② (나)   ③ (다)   ④ (라)   ⑤ 불변

⭐빈출 526

다음 자료에 대한 설명으로 옳은 것은?

A국에서는 달러화와 자국 화폐의 교환 비율을 일정 수준으로 고정하는 정책을 시행하고 있다. 이에 따라 A국 정부와 중앙 은행은 외환 시장에 개입하여 환율을 일정 수준으로 유지하고 있다. B국에서는 달러화와 자국 화폐의 교환 비율이 시장에서 자유롭게 결정되도록 하는 정책을 시행하고 있다. 이에 따라 외환 시장에서 외환의 수요와 공급의 원리에 의해 환율이 결 정되고 있다.

① A국은 변동 환율 제도를 채택하고 있다.
② B국은 고정 환율 제도를 채택하고 있다.
③ A국에 비해 B국에서는 환 위험의 가능성이 낮다.
④ B국에 비해 A국에서는 정부의 환율 개입에 따른 무역 분쟁 이 발생하기 쉽다.
⑤ A국과 B국 모두 수출입의 불균형이 환율 변동을 통해 자동 으로 조절된다.

527

다음 상황에 따른 국내 외환 시장의 변동 양상으로 옳은 것은? (단, 현재의 외환 수요 곡선과 외환 공급 곡선은 각각 D와 S이다.)

> 국내 물가 상승으로 국내에서 생산되어 수출하는 재화의 가격이 인상되었으며, 수출품의 외화 표시 가격도 인상되었다. 반면, 국내 물가가 상승한 상황에서 가격 변동이 없는 수입품의 가격은 상대적으로 하락하였다.

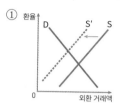
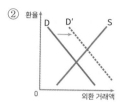
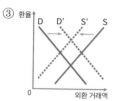
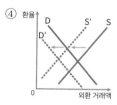
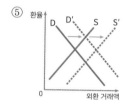

528

빈칸에 들어갈 적절한 내용만을 〈보기〉에서 고른 것은?

> Q : 미국 달러화 대비 갑국의 통화 가치가 지속해서 하락하고 있는데, 그 요인은 무엇일까요?
>
> A : _____

【 보기 】
ㄱ. 갑국 국민의 미국 여행이 증가했기 때문입니다.
ㄴ. 갑국 기업의 미국으로의 수출이 감소했기 때문입니다.
ㄷ. 미국 기업의 갑국으로의 투자가 증가했기 때문입니다.
ㄹ. 미국산 제품에 대한 갑국 국민의 선호가 감소했기 때문입니다.

① ㄱ, ㄴ   ② ㄱ, ㄷ   ③ ㄴ, ㄷ
④ ㄴ, ㄹ   ⑤ ㄷ, ㄹ

529

그림과 같은 추세가 지속될 때, 이에 대한 경제 주체의 적절한 대응만을 〈보기〉에서 고른 것은?

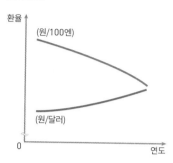

【 보기 】
ㄱ. 보유한 엔화의 원화 환전은 서두르는 것이 유리하다.
ㄴ. 우리나라에서 일본 수입품의 원화 표시 가격은 하락할 것이다.
ㄷ. 우리 기업이 보유한 달러화 표시 외채의 상환은 늦추는 것이 유리하다.
ㄹ. 우리나라 사람이 출장에서 쓸 달러화의 환전은 미루는 것이 유리하다.

① ㄱ, ㄴ   ② ㄱ, ㄷ   ③ ㄴ, ㄷ
④ ㄴ, ㄹ   ⑤ ㄷ, ㄹ

★빈출 530

그림과 같은 환율 변동으로 유리해지는 경제 주체만을 〈보기〉에서 고른 것은?

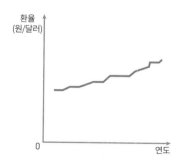

【 보기 】
ㄱ. 미국으로 수출하는 한국 기업
ㄴ. 한국으로의 여행이 예정되어 있는 미국인
ㄷ. 미국 학교에 자녀를 유학 보낸 한국인 부모
ㄹ. 미국에서 주요 원료를 수입하는 한국 기업

① ㄱ, ㄴ   ② ㄱ, ㄷ   ③ ㄴ, ㄷ
④ ㄴ, ㄹ   ⑤ ㄷ, ㄹ

빈출 531

환율 변동이 (가), (나)와 같이 예상될 때, 이에 대한 옳은 추론만을 〈보기〉에서 고른 것은?

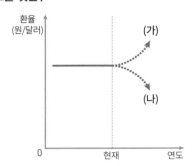

[보기]
ㄱ. (가)와 같이 환율이 변동하면 달러화로 표시된 외채 상환 부담이 가중된다.
ㄴ. (가)와 같이 환율이 변동하면 한국 기업 상품의 미국 시장에서의 가격 경쟁력이 향상된다.
ㄷ. (나)와 같이 환율이 변동하면 수입품의 가격 상승에 따른 수입 물가 상승이 나타난다.
ㄹ. (나)와 같이 환율이 변동하면 미국으로 유학을 간 한국 학생의 경비 부담이 증가한다.

① ㄱ, ㄴ ② ㄱ, ㄷ ③ ㄴ, ㄷ
④ ㄴ, ㄹ ⑤ ㄷ, ㄹ

532

다음 자료에 나타난 환율 변동의 영향에 대한 설명으로 옳지 <u>않은</u> 것은?

> 달러화 대비 원화 가치가 지난 1년 동안 계속해서 하락하고 있다. 앞으로도 이러한 추세는 지속될 전망이다.

① 수출 대금으로 받은 달러화는 천천히 환전하는 것이 유리하다.
② 달러화로 표시된 외채의 경우 상환 시기를 늦추는 것이 유리하다.
③ 수입품을 구매할 계획이 있다면 구매 시기를 앞당기는 것이 유리하다.
④ 미국 여행을 계획하고 있다면 환전 시기를 최대한 앞당기는 것이 유리하다.
⑤ 한국 내 외국계 기업에서 임금을 원화 대신 달러화로 받는 근로자는 유리해진다.

1등급을 향한 서답형 문제

[533~534] 표는 원/달러 환율의 변화 추이를 나타낸다. 물음에 답하시오.

시기	1분기	2분기	3분기
원/달러	1,000	1,200	1,400

533

빈칸 ㉠, ㉡에 들어갈 말을 쓰시오.

> 1분기에서 3분기 사이에 원/달러 환율은 (㉠)하였으며, 달러화 대비 원화 가치는 (㉡)하였다.

534

1분기~3분기에 나타난 환율 변화 추이로 유리해지는 경제 주체와 불리해지는 경제 주체를 각각 하나씩 서술하시오.

[535~536] 다음을 읽고 물음에 답하시오.

> ㉠ 원/달러 환율 변동의 영향으로 ㉡ 미국으로 여행을 떠나려는 우리나라 사람들이 크게 증가한 반면, ㉢ 우리나라로 여행을 오려는 미국인은 크게 감소하였다.

535

밑줄 친 ㉠에 나타난 환율 변동을 쓰시오.

536

밑줄 친 ㉡과 ㉢이 우리나라 외환 시장의 수요와 공급에 미치는 영향을 쓰고, 이에 따른 환율 변동을 서술하시오.

적중 1등급 문제

» 바른답·알찬풀이 46쪽

537

그림은 외환 시장에서의 균형점을 나타낸다. 균형점의 이동 방향과 그 요인이 바르게 연결된 것만을 〈보기〉에서 고른 것은?

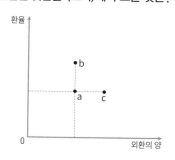

[보기]

ㄱ. a → b : 수출 감소, 자국민의 해외여행 증가
ㄴ. a → b : 수입 증가, 외국인의 국내 투자 증가
ㄷ. a → c : 수출 증가, 자국민의 해외 투자 증가
ㄹ. a → c : 수입 감소, 외국인의 국내 여행 감소

① ㄱ, ㄴ   ② ㄱ, ㄷ   ③ ㄴ, ㄷ
④ ㄴ, ㄹ   ⑤ ㄷ, ㄹ

538

밑줄 친 ㉠, ㉡의 영향에 대한 옳은 추론만을 〈보기〉에서 고른 것은?

다음 달에 뉴욕으로 해외여행을 가기로 했는데 ㉠ 원/달러 환율 변동으로 미국 여행 경비 부담이 줄어서 다행이야. 빨리 원화를 달러화로 환전해야겠어.

미국에서 ㉡ 엔/달러 환율 변동으로 일본 상품이 상대적으로 저렴해져서 일본 상품의 인기가 높아졌대.

[보기]

ㄱ. ㉠으로 미국 시장에서 한국 제품의 가격 경쟁력이 향상되었을 것이다.
ㄴ. ㉠으로 미국으로 유학 간 한국 학생의 경비 부담이 감소하였을 것이다.
ㄷ. ㉡으로 일본으로 여행을 가는 미국인의 경비 부담이 낮아졌을 것이다.
ㄹ. ㉡으로 미국에서 원재료를 수입하는 일본 기업의 부담이 감소하였을 것이다.

① ㄱ, ㄴ   ② ㄱ, ㄷ   ③ ㄴ, ㄷ
④ ㄴ, ㄹ   ⑤ ㄷ, ㄹ

539

그림은 달러화 대비 각국 통화 가치의 변화율을 나타낸다. 이에 대한 옳은 분석만을 〈보기〉에서 고른 것은? (단, 국제 거래는 달러화로만 이루어진다.)

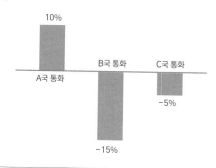

[보기]

ㄱ. 미국에 유학 중인 자녀에게 학비를 보내는 A국 학부모의 부담은 감소한다.
ㄴ. B국 통화/달러 환율은 상승한다.
ㄷ. B국 기업이 상환해야 하는 달러화 표시 채무 부담은 감소한다.
ㄹ. B국 통화 대비 C국 통화의 가치는 하락한다.

① ㄱ, ㄴ   ② ㄱ, ㄷ   ③ ㄴ, ㄷ
④ ㄴ, ㄹ   ⑤ ㄷ, ㄹ

540

다음 자료에 대한 설명으로 옳은 것은? (단, A는 달러화 수요의 증가와 감소 중 하나이고, B는 달러화 공급의 증가와 감소 중 하나이다.)

〈환율 변동의 요인과 효과〉

원/달러 환율	요인	효과
상승	A	(가)
(나)	B	달러화를 원화로 환전하여 등록금을 내려는 외국인 유학생의 부담이 증가한다.

① A는 '달러화의 수요 감소'이다.
② B는 '달러화의 공급 감소'이다.
③ (가)에는 '미국을 여행하려는 한국 국민의 부담이 감소한다.'가 들어갈 수 있다.
④ (나)로 인해 미국 시장에서 한국 수출 기업의 제품 가격 경쟁력이 향상된다.
⑤ A와 B가 동시에 나타나면 달러화의 거래량은 증가한다.

541

(가), (나)에 들어갈 옳은 내용만을 〈보기〉에서 고른 것은? (단, 갑은 숙박비 결제 시 원화를 달러화로 환전하여 결제하며, 환전 비용은 없다.)

> 갑 : 3개월 뒤에 ○○국으로 여행을 가려고 여행지에서 묵을 호텔을 미리 예약했어. 그런데 숙박비를 지금 결제하는 것이 유리할지, 투숙 시 결제하는 것이 유리할지 고민이야.
>
> 을 : 환율을 고려했을 때 (가) (이)라면 지금 결제하는 것이 유리하고, (나) (이)라면 투숙 시 결제하는 것이 유리해.

[보기]
ㄱ. (가) – 원화 대비 달러화 가치 하락이 예상되는 경우
ㄴ. (가) – 한국 외환 시장에서 달러화 수요가 지속적으로 감소할 것으로 예상되는 경우
ㄷ. (나) – 달러화 대비 원화 가치 상승이 예상되는 경우
ㄹ. (나) – 한국 외환 시장에서 달러화 공급이 지속적으로 증가할 것으로 예상되는 경우

① ㄱ, ㄴ   ② ㄱ, ㄷ   ③ ㄴ, ㄷ
④ ㄴ, ㄹ   ⑤ ㄷ, ㄹ

542

다음 교사의 질문에 대한 대답으로 옳은 것은?

> 교사 : 달러화 대비 원화 가치가 지속적으로 하락할 때, 이 현상이 미치는 영향에 대해 발표해 볼까요?

① 미국 시장에서 한국 회사 수출 제품의 가격 경쟁력이 낮아질 것입니다.
② 미국 여행을 준비하는 한국인의 미국 여행 경비 부담이 줄어들 것입니다.
③ 한국에서 유학 중인 미국인 자녀를 둔 부모의 경비 부담이 줄어들 것입니다.
④ 원화 표시 금융 상품에 투자한 미국인 투자자의 달러화 환산 수익이 커질 것입니다.
⑤ 매달 일정액의 달러화를 예금하는 한국 투자자는 이전보다 적은 금액의 원화가 필요할 것입니다.

543

그림은 갑국의 통화별 전년 대비 GDP 변화율을 나타낸다. 이에 대한 옳은 설명만을 〈보기〉에서 고른 것은?

[보기]
ㄱ. 갑국 통화/달러 환율은 2018년이 2020년과 같다.
ㄴ. 전년 대비 2019년에 갑국 통화/달러 환율은 상승했다.
ㄷ. 전년 대비 2020년에 달러화 대비 갑국 통화 가치는 하락했다.
ㄹ. 전년 대비 2020년에 갑국산 대미 수출품의 가격 경쟁력은 상승했다.

① ㄱ, ㄴ   ② ㄱ, ㄷ   ③ ㄴ, ㄷ
④ ㄴ, ㄹ   ⑤ ㄷ, ㄹ

544

그림은 원/달러 환율 변동을 나타낸다. T기 대비 T+1기의 환율 변동으로 유리해진 기업만을 〈보기〉에서 고른 것은?

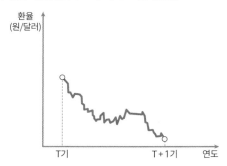

[보기]
ㄱ. 미국에서 주요 원자재를 수입하는 한국 기업
ㄴ. 미국 시장으로 소비재를 수출하는 한국 기업
ㄷ. 미국 시장에서 조달한 부채를 상환하는 한국 기업
ㄹ. 한국에 대규모 자본을 투자하려는 미국의 투자 기업

① ㄱ, ㄴ   ② ㄱ, ㄷ   ③ ㄴ, ㄷ
④ ㄴ, ㄹ   ⑤ ㄷ, ㄹ

14 Ⅳ 세계 시장과 교역
국제 수지의 이해

☑ 출제 포인트　　☑ 국제 수지의 구성　　☑ 국제 수지의 변동　　☑ 국제 수지와 환율 간 관계

1. 국제 수지와 국제 수지표의 이해

1 국제 수지와 국제 수지표

(1) 의미

① 국제 수지 : 일정 기간 한 나라의 거주자와 비거주자 사이에 이루어진 모든 경제적 거래에 따른 수취와 지급의 차이

② 국제 수지표 : 한 국가의 대외 거래를 정리하여 기록한 표

(2) 국제 수지의 흑자와 적자

① 국제 수지 흑자 : 국내로 들어온 외환이 외국으로 나간 외환보다 많은 것

② 국제 수지 적자 : 국내로 들어온 외환보다 외국으로 나간 외환이 많은 것

★2 국제 수지표의 구성 ◉ 110쪽 557번 문제로 확인

(1) 경상 수지

① 의미 : 거주자와 비거주자 사이에 재화와 서비스, 생산 요소 등의 거래에 따른 외화의 수취와 지급의 차액

② 구성

• 상품 수지 : 재화의 수출과 수입 거래를 기록 → 경상 수지 중 가장 큰 비중 예 자동차 수출 대금, 휴대 전화 수입 대금

• 서비스 수지 : 운송, 여행, 건설, 통신, 보험, 금융, 지식 재산권 사용료와 같은 서비스 거래를 기록 예 해외여행 경비, 외국 영화 수입 대금

• 본원 소득 수지 : 급료 및 임금과 투자 소득의 이동을 기록 예 해외 취업자가 받은 임금 소득, 외국 주식이나 채권에 투자하여 벌어들인 배당금이나 이자

• 이전 소득 수지 : 대가 없이 주고받는 거래를 기록 예 기부금, 무상 원조, 국제기구 출연금

> **자료** 경상 수지 항목별 사례 ◉ 111쪽 559번 문제로 확인
>
> | 구분 | 외화 지급 | 외화 수취 |
> |---|---|---|
> | 상품 수지 | 원유 수입 대금 | 자동차 수출 대금 |
> | 서비스 수지 | 특허권 사용료 지급 | 드라마 수출 대금 |
> | 본원 소득 수지 | 외국인 노동자 임금 지급 | 해외 투자 이익 |
> | 이전 소득 수지 | 우리나라의 해외 무상 원조 | 외국에서 보낸 기부금 |
>
> **분석** 경상 수지는 상품 수지, 서비스 수지, 본원 소득 수지, 이전 소득 수지로 구분된다. 외화 지급보다 수취가 많으면 경상 수지 흑자, 수취보다 지급이 많으면 경상 수지 적자가 발생한다.

(2) 자본 수지

① 의미 : 자본 이전이나 비생산·비금융 자산을 기록

② 사례 : 자산 소유권의 무상 이전, 브랜드 네임, 상표 등의 취득과 처분

(3) 금융 계정

① 직접 투자, 간접 투자, 기타 투자, 준비 자산으로 구분됨

② 사례 : 우리나라 기업의 외국 기업 인수, 외국 기업의 우리나라에 기업 설립, 외국인의 우리나라 주식이나 채권 매입

2. 국제 수지의 변동과 영향

1 경상 수지와 국민 경제

★(1) 경상 수지 흑자의 영향 ◉ 112쪽 564번 문제로 확인

① 긍정적 측면 : 기업의 생산 증가, 고용 증가 등으로 국민 경제 활성화(국민 소득 증가), 국가 대외 신용도 향상

② 부정적 측면 : 국내 통화량 증가로 물가 상승, 교역 상대국과 무역 마찰 가능성

(2) 경상 수지 적자의 영향

① 긍정적 측면 : 국내 통화량 감소로 물가 안정

② 부정적 측면 : 기업의 생산 감소, 고용 감소 등으로 국민 경제 위축(국민 소득 감소), 국가 대외 신용도 하락

★2 국제 수지와 환율 ◉ 113쪽 566번 문제로 확인

(1) 국제 수지가 환율에 미치는 영향

① 일반적으로 국제 수지 불균형은 외환 시장에서 외환의 초과 공급이나 초과 수요를 발생시켜 환율에 영향을 미침

② 영향

• 국제 수지 흑자 : 외환 유입액이 유출액보다 많음 → 환율 하락

• 국제 수지 적자 : 외환 유출액이 유입액보다 많음 → 환율 상승

(2) 환율 변동이 국제 수지에 미치는 영향

① 환율 변동은 수출품 및 수입품의 가격 경쟁력, 상품의 상대적 가격 등에 변화를 가져와 국제 수지에 영향을 줌

② 영향

• 환율 상승 : 수출 증가, 수입 감소 → 국제 수지 개선

• 환율 하락 : 수출 감소, 수입 증가 → 국제 수지 악화

(3) 환율과 국제 수지의 관계

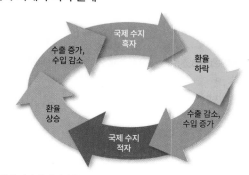

▲ 국제 수지가 흑자이면 환율이 하락하여 수출이 감소하고 수입이 증가하므로 국제 수지 흑자 폭이 감소하고, 국제 수지가 적자이면 환율이 상승하여 수출이 증가하고 수입이 감소하므로 국제 수지 적자 폭이 감소한다. 이에 국제 수지 균형은 자동으로 조절된다.

1. 국제 수지와 국제 수지표의 이해

핵심 개념 문제

•• 빈칸에 들어갈 알맞은 용어를 쓰시오.

545 일정 기간 모든 거래를 통해 한 나라가 수취한 외화와 지급한 외화의 차이를 (　　　　)(이)라고 한다.

546 경상 수지 중 (　　　　)은/는 재화의 수출입 거래에 따른 외화의 수취와 지급을 기록한다.

•• 다음 내용이 맞으면 ○표, 틀리면 ×표를 하시오.

547 임금이나 투자 소득의 이동은 본원 소득 수지 항목에 해당한다. (　　　)

548 경상 수지가 흑자이면 기업의 생산 증가, 고용 증가 등으로 국민 경제가 활성화된다. (　　　)

•• 경상 수지의 항목에 해당하는 대상을 바르게 연결하시오.

549 상품 수지　　•

550 서비스 수지　•

551 이전 소득 수지 •

• ㉠ 식량의 무상 원조, 해외 기부금

• ㉡ 재화의 수출과 수입 대금

• ㉢ 우리나라 영화 수출 대금, 외국 여행 경비

•• 다음 중 알맞은 것을 고르시오.

552 경상 수지 중 가장 큰 비중을 차지하는 것은 (㉠ 상품 수지, ㉡ 본원 소득 수지)이다.

553 외국에 공장을 설립하는 투자에 따른 외화의 지급은 (㉠ 경상 수지, ㉡ 금융 계정)에 기록한다.

•• 다음 거래에 해당하는 국제 수지 항목을 〈보기〉에서 고르시오.

554 자동차, 농산물, 석유와 같은 재화의 수출과 수입 거래를 기록한 것 (　　　)

555 운송, 여행, 건설, 금융, 지식 재산권 사용료 등 서비스 거래를 기록한 것 (　　　)

[보기]
ㄱ. 상품 수지　　　　　ㄴ. 서비스 수지

556

다음 기사를 통해 경제 상황을 바르게 추론한 학생만을 〈보기〉에서 고른 것은?

○○신문	○○○○년 ○월 ○일

**수출 증가 속에
올해 상품 수지 흑자 폭 감소**

[보기]
갑 : 올해 상품 수출액은 수입액보다 커.
을 : 전년보다 상품의 수출과 수입이 모두 감소했어.
병 : 전년과 비교하여 상품 수입액이 상품 수출액보다 많이 증가했어.
정 : 드라마나 영화의 수입 증가는 올해 상품 수지 흑자 폭 감소에 영향을 미쳤을 거야.

① 갑, 을　　　② 갑, 병　　　③ 을, 병
④ 을, 정　　　⑤ 병, 정

★빈출 557

표는 갑국의 경상 수지 변화를 나타낸다. 2020년 상황에 대한 분석으로 옳은 것은?

(단위 : 억 달러)

구분	2019년	2020년
상품 수지	100	150
서비스 수지	−30	−10
본원 소득 수지	−50	−10
이전 소득 수지	−10	10

① 경상 수지 흑자 폭이 감소하였다.
② 전년 대비 상품 수출액은 증가하였다.
③ 경상 수지는 갑국 통화/달러 환율의 상승 요인이다.
④ 해외 투자에 따른 이익을 기록하는 항목은 흑자이다.
⑤ 지식 재산권 사용료가 포함된 항목은 적자가 지속되고 있다.

558

표는 갑국의 2020년 경상 수지를 나타낸다. 이에 대한 옳은 분석만을 〈보기〉에서 고른 것은?

(단위 : 억 달러)

경상 수지			
상품 수지	서비스 수지	본원 소득 수지	이전 소득 수지
130	−20	20	−25

[보기]
ㄱ. 상품의 수출액은 수입액보다 130억 달러만큼 많다.
ㄴ. 해외로부터의 배당, 이자가 포함된 항목은 흑자이다.
ㄷ. 경상 수지 추이는 갑국 통화/달러 환율의 상승 요인이다.
ㄹ. 지식 재산권 사용료가 포함된 항목은 전년 대비 20억 달러 감소하였다.

① ㄱ, ㄴ   ② ㄱ, ㄷ   ③ ㄴ, ㄷ
④ ㄴ, ㄹ   ⑤ ㄷ, ㄹ

★빈출
559

표는 갑국의 경상 수지를 나타낸다. ㉠~㉤에 대한 설명으로 옳은 것은?

항목	외화 지급	외화 수취
상품 수지	㉠	
서비스 수지	㉡	㉢
본원 소득 수지		㉣
이전 소득 수지	㉤	

① 갑국민이 해외여행을 위해 지출한 외화는 ㉠에 포함된다.
② 갑국 기업이 자동차를 수입하고 지급한 외화는 ㉡에 포함된다.
③ 갑국 드라마와 영화를 해외에 수출하여 받은 외화는 ㉢에 포함된다.
④ 갑국 해운사가 수출 화물의 운임으로 외국에서 받은 외화는 ㉣에 포함된다.
⑤ 해외 기업에 지급한 특허권의 사용료는 ㉤에 포함된다.

560

(가)~(라)에 들어갈 적절한 사례만을 〈보기〉에서 고른 것은?

구분	외화 수취	외화 지급
경상 수지	(가)	(나)
금융 계정	(다)	(라)

[보기]
ㄱ. (가) – 우리나라 기업이 미국에서 자동차를 수입하였다.
ㄴ. (나) – 우리나라 해운 회사가 미국 기업의 화물을 운송하였다.
ㄷ. (다) – 미국 기업이 우리나라 자동차 기업을 인수하였다.
ㄹ. (라) – 우리나라 기업이 미국 주식 시장에서 주식을 구입하였다.

① ㄱ, ㄴ   ② ㄱ, ㄷ   ③ ㄱ, ㄹ
④ ㄴ, ㄷ   ⑤ ㄷ, ㄹ

561

(가)~(라)에 대한 옳은 설명만을 〈보기〉에서 고른 것은?

(가) 우리나라에 여행을 오는 외국인 여행객이 많이 증가하였고, 우리나라를 여행하며 지출하는 경비도 크게 늘어나고 있다.
(나) 우리나라 드라마와 영화에 대한 동남아 지역의 수요가 크게 증가하면서 드라마 및 영화의 수출 규모가 작년보다 10배 이상 증가하였다.
(다) 우리나라 정부가 자연재해로 어려움을 겪고 있는 갑국에 300만 달러 규모의 구호금을 지원하였다.
(라) 국내 체류 중인 외국인 근로자들의 본국으로의 임금 송금 규모가 매년 3배 이상 지속하여 증가하고 있다.

[보기]
ㄱ. (가)는 서비스 수지의 적자 요인이 된다.
ㄴ. (나)는 경상 수지 중 상품 수지에 기록된다.
ㄷ. (다)는 이전 소득 수지의 적자 요인이 된다.
ㄹ. (라)는 경상 수지 중 본원 소득 수지에 기록된다.

① ㄱ, ㄴ   ② ㄱ, ㄷ   ③ ㄱ, ㄹ
④ ㄴ, ㄷ   ⑤ ㄷ, ㄹ

2. 국제 수지의 변동과 영향

562

다음 (가)~(라)가 우리나라 국제 수지에 미칠 영향만을 〈보기〉에서 고른 것은?

(가) 미국으로 우리나라 기업이 생산한 재화의 수출이 증가하였다.

(나) 미국 투자 기업이 국내에서 우리나라 기업이 보유한 건물을 매입하였다.

(다) 한류 열풍의 영향으로 해외로 수출되는 우리나라 드라마와 영화가 증가하였다.

(라) 우리나라 대학으로 유학 오는 외국인이 증가하였고, 해외로 유학 가는 우리나라 학생은 감소하였다.

[보기]

ㄱ. (가)는 경상 수지의 지급 요인이다.

ㄴ. (나)는 금융 계정의 수취 요인이다.

ㄷ. (다)는 서비스 수지의 수취 요인이다.

ㄹ. (라)는 이전 소득 수지의 지급 요인이다.

---

① ㄱ, ㄴ　　② ㄱ, ㄷ　　③ ㄴ, ㄷ
④ ㄴ, ㄹ　　⑤ ㄷ, ㄹ

563

그림은 갑국의 상품 수지 흑자 규모를 나타낸다. 이에 대한 설명으로 옳은 것은?

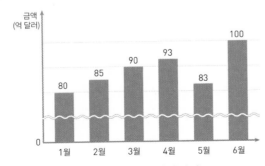

① 1~4월에 걸쳐 상품 수출액은 증가하였다.

② 1~4월의 상품 수지는 통화량의 감소 요인이다.

③ 4월에 비해 5월에 상품 수입액은 증가하였다.

④ 5월에 비해 6월에 경상 수지 흑자는 증가하였다.

⑤ 6월의 상품 수지는 갑국 통화/달러 환율의 하락 요인이다.

★564

빈출

다음 을의 주장에 부합하는 내용만을 〈보기〉에서 고른 것은?

[보기]

ㄱ. 대외 신용도가 하락한다.

ㄴ. 교역 대상국과의 무역 마찰이 발생한다.

ㄷ. 기업의 생산 위축으로 고용이 감소한다.

ㄹ. 통화량의 증가로 물가 상승이 초래된다.

---

① ㄱ, ㄴ　　② ㄱ, ㄷ　　③ ㄴ, ㄷ
④ ㄴ, ㄹ　　⑤ ㄷ, ㄹ

565

그림은 갑국의 경상 수지 추이를 나타낸다. 이에 대한 옳은 분석만을 〈보기〉에서 고른 것은? (단, 갑국은 원화를 사용하고, 달러화를 사용하는 을국과만 교역한다.)

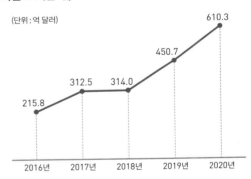

[보기]

ㄱ. 을국으로의 수출 규모가 매년 증가하고 있다.

ㄴ. 경상 수지 추이는 국내 물가 하락의 요인이다.

ㄷ. 경상 수지 추이는 원/달러 환율의 하락 요인이다.

ㄹ. 경상 수지 추이가 지속되면 을국과의 무역 마찰이 나타날 수 있다.

---

① ㄱ, ㄴ　　② ㄱ, ㄷ　　③ ㄴ, ㄷ
④ ㄴ, ㄹ　　⑤ ㄷ, ㄹ

★빈출
566

다음 자료에 대한 설명으로 옳지 <u>않은</u> 것은?

> 국제 수지와 환율은 밀접한 관련이 있다. ㉠국제 수지 흑자가 지속된다면 이는 외환 시장에서 외화 ___(가)___ 의 증가 요인이 되어 환율의 ___(나)___ 을/를 가져온다. 이와 같은 환율의 변화로 ㉡국제 수지 흑자 폭은 감소하게 된다. 반대로 ㉢국제 수지 적자가 지속된다면 이와 반대의 효과가 나타나게 된다.

① (가)에는 '공급'이 들어갈 수 있다.

② (나)에는 '하락'이 들어갈 수 있다.

③ ㉠은 국내 물가 상승을 초래하는 요인이다.

④ ㉡은 환율 하락으로 수출 감소, 수입 증가가 나타나기 때문이다.

⑤ ㉢은 국내 통화량 증가를 초래하는 요인이다.

567

그림은 시기별 갑국의 경상 수지를 나타낸다. 이에 대한 옳은 분석 및 추론만을 〈보기〉에서 고른 것은?

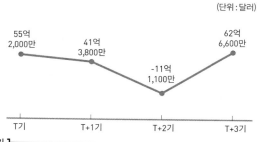

(단위: 달러)

[보기]
> ㄱ. T기에 비해 T+1기에 경상 거래 수출 규모가 감소하였다.
> ㄴ. T+1기에 비해 T+2기에 기업의 생산 및 고용이 증가했을 것이다.
> ㄷ. T+3기에는 T+2기와 달리 경상 거래에 따른 외환 유입액이 유출액보다 크다.
> ㄹ. T+2기에서 T+3기로의 변화와 같은 추세가 지속될 경우 통화량 증가로 물가 상승이 초래될 수 있다.

① ㄱ, ㄴ   ② ㄱ, ㄷ   ③ ㄴ, ㄷ
④ ㄴ, ㄹ   ⑤ ㄷ, ㄹ

1등급을 향한 서답형 문제

[568~569] 다음을 읽고 물음에 답하시오.

> 국제 수지 항목 중 상품 및 서비스 등의 거래와 관련된 외화의 수취와 지급을 나타내는 ___(가)___ 은/는 외화의 수요와 공급에 큰 영향을 미친다. ___(가)___ 이/가 적자일 경우 외화의 유입액보다 유출액이 많으며, 이는 외환 시장에서 외화의 수요 ___(나)___ (으)로 이어져 ㉠원/달러 환율이 변동하게 된다.

568

빈칸 (가), (나)에 들어갈 용어를 쓰시오.

569

밑줄 친 ㉠과 같은 변동 추세가 지속될 경우 상품 수출입 및 상품 수지에 미칠 영향을 서술하시오.

[570~571] 표는 경상 수지를 구성하는 항목을 나타낸다. 물음에 답하시오.

항목	외화 지급	외화 수취
상품 수지	㉠	㉡
서비스 수지	㉢	㉣
본원 소득 수지	㉤	㉥
이전 소득 수지	㉦	㉧

570

(가)~(라)의 국제 거래가 포함될 수 있는 항목을 위의 ㉠~㉧에서 고르시오.

> (가) 우리나라 기업의 자동차 수출
> (나) 우리 정부의 국제기구 분담금 지급
> (다) 외국 관광 중 외국 항공사의 비행기 이용
> (라) 외국에서 근무 중인 우리나라 근로자의 본국으로의 임금 송금

571

㉠, ㉢에 해당하는 사례를 각각 하나씩 서술하시오.

적중 1등급 문제

» 바른답·알찬풀이 49쪽

572

표는 갑국의 경상 수지를 나타낸다. 이에 대한 옳은 설명만을 〈보기〉에서 고른 것은?

(단위 : 달러)

구분	2018년	2019년	2020년
상품 수지	200	250	200
서비스 수지	100	150	200
본원 소득 수지	−30	0	30
이전 소득 수지	−20	−20	−20

[보기]
ㄱ. 대가 없이 해외로 유출된 금액은 3년간 동일하다.
ㄴ. 갑국의 경상 수지 추이는 갑국 통화/달러 환율의 하락 요인이다.
ㄷ. 지식 재산권 사용료가 집계되는 항목의 흑자 규모는 증가하고 있다.
ㄹ. 외국 주식 매입에 따른 외화의 유출이 집계되는 항목은 2020년에 흑자로 전환되었다.

① ㄱ, ㄴ   ② ㄱ, ㄷ   ③ ㄴ, ㄷ
④ ㄴ, ㄹ   ⑤ ㄷ, ㄹ

573

다음 자료를 바탕으로 T+1월 갑국의 경상 수지 변화에 대한 설명으로 옳은 것은?

〈갑국의 T월 경상 수지〉

(단위 : 억 달러)

상품 수지	서비스 수지	본원 소득 수지	이전 소득 수지
30	10	3	−2

〈갑국의 T+1월 경상 거래〉
• 영화 수출 10억 달러 수취
• 해외 관광 경비 5억 달러 지급
• 자동차 수출 30억 달러 수취
• 원유 수입 25억 달러 지급
• 개발 도상국 무상 원조 1억 달러 지급
• 해외 투자에 따른 수익 1억 달러 수취

① 경상 수지의 흑자 폭이 감소한다.
② 상품 수지는 10억 달러만큼 증가한다.
③ 이전 소득 수지의 적자 폭이 확대된다.
④ 서비스 수지 흑자 규모가 5억 달러만큼 감소한다.
⑤ 본원 소득 수지 흑자 규모가 1억 달러만큼 감소한다.

574

표는 갑국 경상 수지 항목의 변화를 나타낸다. 이에 대한 옳은 분석만을 〈보기〉에서 고른 것은?

(단위 : 억 달러)

구분	2018년	2019년
상품 수지	90	70
서비스 수지	60	50
본원 소득 수지	20	−20
이전 소득 수지	20	−10

[보기]
ㄱ. 2019년 경상 수지 흑자 규모는 전년 대비 20억 달러만큼 감소하였다.
ㄴ. 차관 도입액이 포함되는 항목은 2019년에 10억 달러 적자를 기록하였다.
ㄷ. 해외 투자에 따른 배당금이 포함되는 항목은 2019년에 수취액이 지급액보다 적었다.
ㄹ. 해외 지식 재산권 사용료가 포함되는 항목은 2018년과 2019년에 모두 흑자를 기록하였다.

① ㄱ, ㄴ   ② ㄱ, ㄷ   ③ ㄴ, ㄷ
④ ㄴ, ㄹ   ⑤ ㄷ, ㄹ

575

그림은 갑국의 경상 수지 변동 추이를 나타낸다. 이에 대한 옳은 분석을 〈보기〉에서 고른 것은?

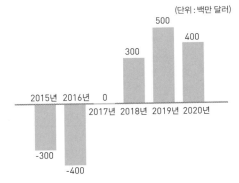

[보기]
ㄱ. 2016년 이전의 흐름은 대외 신용도 하락의 요인이다.
ㄴ. 2017년은 전년과 상품의 수출, 수입액의 규모가 같다.
ㄷ. 2018년 이후의 흐름은 통화량 증가 및 물가 상승의 요인이다.
ㄹ. 2020년은 2019년보다 경상 거래 수출액이 감소하였다.

① ㄱ, ㄴ   ② ㄱ, ㄷ   ③ ㄴ, ㄷ
④ ㄴ, ㄹ   ⑤ ㄷ, ㄹ

576

다음 자료에 대한 옳은 설명만을 〈보기〉에서 고른 것은?

그림에서 A~D는 갑국의 상품 수출액과 상품 수입액의 변화를 나타낸다. 갑국의 현재 상품 수출액과 상품 수입액은 E이며, E에서의 경상 수지는 균형이다. 단, 모든 시기 갑국의 서비스 수지, 본원 소득 수지, 이전 소득 수지는 변함이 없고, 자본 수지와 금융 계정은 고려하지 않는다.

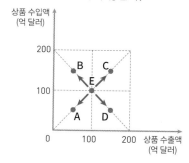

[보기]

ㄱ. E에서 A로 이동하면 상품 수지는 적자가 된다.
ㄴ. E에서 B로 이동하면 외화 유입액은 외화 유출액보다 작아진다.
ㄷ. E에서 C로 이동하면 상품 수지는 흑자가 된다.
ㄹ. E에서 D로 이동하면 경상 수지는 흑자가 된다.

① ㄱ, ㄴ 　　② ㄱ, ㄷ 　　③ ㄴ, ㄷ
④ ㄴ, ㄹ 　　⑤ ㄷ, ㄹ

577

표는 갑국의 상품 수지 흑자 규모를 나타낸다. 이에 대한 설명으로 옳은 것은?

(단위 : 억 달러)

1월	2월	3월	4월	5월	6월
60	70	80	85	95	100

① 1~4월 동안 경상 수지 흑자 규모는 증가하였다.
② 1~4월의 상품 수지는 갑국 물가의 상승 요인이다.
③ 5월의 상품 수지는 달러화 대비 갑국 통화 가치 하락 요인이다.
④ 1~6월의 상품 수출액이 같다면, 2월의 상품 수입액은 1월보다 크다.
⑤ 1~6월 중 6월의 상품 수입액이 가장 컸다면, 상품 수출액은 6월이 가장 작았을 것이다.

578

그림은 2020년 갑국의 경상 수지를 나타낸다. 이에 대한 분석으로 옳은 것은?

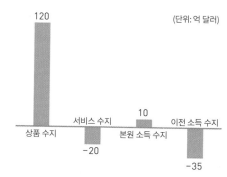

① 상품의 수출액은 전년 대비 120억 달러만큼 증가한다.
② 서비스 거래에 따른 외화 유출액은 외화 유입액보다 적다.
③ 해외에 제공한 공적 개발 원조금이 기록되는 항목은 흑자이다.
④ 갑국 경상 수지는 달러화 대비 갑국 통화 가치의 상승 요인이다.
⑤ 해외 기업에 투자한 국내 거주자에게 지급되는 배당금이 기록되는 항목은 적자이다.

579

그림은 갑국의 경상 수지를 나타낸다. 이에 대한 분석 및 추론으로 옳지 않은 것은?

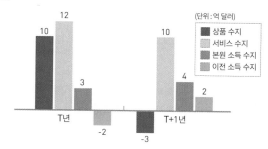

① T년의 경상 수지는 23억 달러 흑자이다.
② 전년 대비 T+1년 상품 수출액은 감소하였을 것이다.
③ 저작권 사용료가 집계되는 항목은 2년 연속 흑자이다.
④ 무상 원조가 집계되는 항목은 적자에서 흑자로 전환되었다.
⑤ 전년 대비 T+1년의 경상 수지는 10억 달러만큼 감소하였다.

단원 마무리 문제

12 국제 무역과 무역 정책

580

다음 자료에 대한 설명으로 옳은 것은?

> 표는 갑국과 을국이 X재와 Y재를 각각 1단위 생산하는 데 소요되는 노동 시간을 나타낸다. 단, 갑국과 을국은 X재와 Y재만을 생산하며, 노동만을 생산 요소로 사용한다.

구분	갑국	을국
X재	5시간	2시간
Y재	10시간	8시간

① 갑국은 X재와 Y재 생산 모두에 절대 우위가 있다.
② 을국의 X재 1단위 생산의 기회비용은 Y재 4단위이다.
③ Y재 1단위 생산의 기회비용은 갑국이 을국보다 크다.
④ 갑국은 X재 생산에, 을국은 Y재 생산에 비교 우위가 있다.
⑤ X재 1단위와 Y재 1/3단위가 교환될 경우 양국 모두 이익을 얻을 수 있다.

581

그림은 갑국~병국의 생산 가능 곡선을 나타낸다. 이에 대한 옳은 분석만을 〈보기〉에서 고른 것은? (단, 갑국~병국 생산 요소의 양은 같다.)

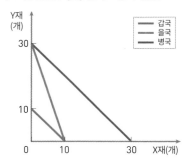

[보기]
ㄱ. X재 1개 생산의 기회비용은 을국보다 병국이 크다.
ㄴ. 갑국과 을국만 교역할 경우 갑국은 X재 생산에, 을국은 Y재 생산에 비교 우위가 있다.
ㄷ. 을국과 병국만 교역할 경우 을국은 X재 생산에, 병국은 Y재 생산에 비교 우위가 있다.
ㄹ. 갑국과 을국만 교역할 경우 X재와 Y재의 교환 비율이 1 : 2이면 양국 모두 이익을 얻을 수 있다.

① ㄱ, ㄴ ② ㄱ, ㄷ ③ ㄴ, ㄷ ④ ㄴ, ㄹ ⑤ ㄷ, ㄹ

582

다음 자료에 대한 옳은 설명만을 〈보기〉에서 고른 것은?

> 갑국과 을국은 X재와 Y재만을 생산하며, X재만 생산할 경우 갑국은 최대 10개, 을국은 최대 20개를 생산할 수 있다. 표는 양국이 비교 우위를 갖는 재화에만 특화하여 교역한 결과 양국에서 동시에 소비할 수 있는 X재와 Y재의 최대 수량을 나타낸다. 단, 양국의 생산 가능 곡선은 모두 직선이며, 거래 비용은 없다.

구분	교역 이전		교역 이후	
	X재	Y재	X재	Y재
갑국	5개	15개	10개	10개
을국	10개	10개	10개	20개

[보기]
ㄱ. Y재 1개 생산의 기회비용은 갑국이 을국의 3배이다.
ㄴ. Y재만 생산할 경우 갑국은 최대 30개를 생산할 수 있다.
ㄷ. Y재 2개당 X재 3개의 비율로 교환하면 양국 모두 이익을 얻을 수 있다.
ㄹ. X재 2개당 Y재 3개의 비율로 교환할 경우 갑국은 X재 10개와 Y재 15개를 동시에 소비할 수 있다.

① ㄱ, ㄴ ② ㄱ, ㄷ ③ ㄴ, ㄷ ④ ㄴ, ㄹ ⑤ ㄷ, ㄹ

583

밑줄 친 ㉠을 폐지할 경우 이에 따른 효과만을 〈보기〉에서 고른 것은?

> 그림은 갑국의 X재 시장 상황을 나타낸다. 현재 갑국은 X재에 T만큼의 ㉠관세를 부과하여 수입하고 있다. 단, X재의 국제 가격은 P_1이고, 이 가격에서 갑국은 X재를 무제한 수입할 수 있다.

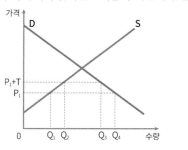

[보기]
ㄱ. X재 국내 생산자의 잉여는 감소한다.
ㄴ. X재 국내 소비자의 잉여는 증가한다.
ㄷ. 갑국의 X재 수입량이 Q_1Q_4만큼 증가한다.
ㄹ. 갑국 시장에서 X재 거래량이 Q_3만큼 증가한다.

① ㄱ, ㄴ ② ㄱ, ㄷ ③ ㄴ, ㄷ ④ ㄴ, ㄹ ⑤ ㄷ, ㄹ

584

다음 자료에 대한 옳은 분석만을 〈보기〉에서 고른 것은?

표는 시기별 갑국과 을국이 X재와 Y재 1개 생산에 필요한 노동량을 나타낸다. 단, 양국의 생산 요소는 노동뿐이며, 비교 우위 상품을 특화하여 이익이 발생하는 범위 내에서만 교역한다.

구분	2015년		2020년	
	갑국	을국	갑국	을국
X재	5명	4명	4명	2명
Y재	5명	3명	3명	3명

[보기]
ㄱ. 2015년에 X재 1개 생산의 기회비용은 을국이 갑국보다 작다.
ㄴ. 2015년과 달리 2020년에 갑국은 Y재 생산에 비교 우위를 가진다.
ㄷ. 2015년에 양국이 교역을 할 경우 갑국의 X재 1개 소비의 기회비용은 교역 전보다 증가한다.
ㄹ. 2020년에 양국이 교역을 할 경우 X재 1개의 교역 조건은 Y재 2/3개와 3/4개 사이에서 결정된다.

① ㄱ, ㄴ   ② ㄱ, ㄷ   ③ ㄴ, ㄷ
④ ㄴ, ㄹ   ⑤ ㄷ, ㄹ

585 ✅ 서술형

밑줄 친 조치로 갑국에서 나타날 변화를 X재 수입량, X재 거래량, 관세 수입, 소비자 잉여 측면에서 서술하시오.

그림은 갑국 국내 X재 시장의 수요와 공급 곡선을 나타낸다. 갑국 정부는 국제 가격에 X재를 수입하다가 최근 관세를 부과하였다. 그림의 음영 부분은 관세 부과로 인한 국내 생산자 잉여의 증가분을 나타낸다. 단, X재는 국제 시장에서 무제한으로 공급될 수 있다.

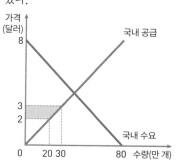

13 환율의 결정과 환율 변동

586

그림은 외환 시장의 균형점 이동을 나타낸다. 균형점이 E에서 A로 이동하는 요인으로 가장 적절한 것은?

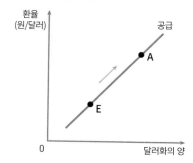

① 한국인의 미국 여행 감소
② 미국인의 한국 유학 감소
③ 한국 기업의 대미 투자 증가
④ 한국 기업의 대미 수출 증가
⑤ 미국 기업의 한국산 원자재 수입 증가

587

다음 (가)~(다)가 우리나라 외환 시장에 미치는 영향에 대한 분석으로 옳은 것은? (단, 우리나라의 외환 시장은 수요와 공급 법칙을 따른다.)

(가) 우리나라 기업의 대미 수출 급증으로 수출액이 크게 늘어났다.
(나) 미국으로 유학을 가는 우리나라 사람이 증가하여 유학비 송금 규모가 크게 늘어났다.
(다) 미국 기업의 한국 내 투자 규모가 크게 늘어났다.

① (가)는 원/달러 환율의 상승 요인이다.
② (나)는 원/달러 환율의 하락 요인이다.
③ (다)는 달러화의 공급 증가 요인이다.
④ (나)는 (가)와 달리 달러화의 공급 변동 요인이다.
⑤ (나)와 (다)가 함께 나타날 경우 달러화의 거래량은 감소한다.

588

그림은 원/달러 환율과 엔/달러 환율의 변동을 나타낸다. 이에 대한 옳은 설명만을 〈보기〉에서 고른 것은? (단, E는 현재 환율 수준이다.)

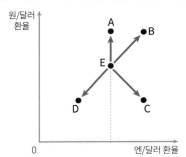

[보기]
ㄱ. A로의 이동은 미국에서 일본산 제품에 비해 한국산 제품의 가격 경쟁력이 높아지는 요인이다.
ㄴ. B로의 이동은 일본 시장에서 미국산 제품의 수입이 감소하는 요인이다.
ㄷ. 대미 경상 수지가 한국은 적자, 일본은 흑자인 경우 C로 이동할 수 있다.
ㄹ. D로의 이동은 달러화로 표시한 한국산 제품의 수출 가격이 하락하는 요인이다.

① ㄱ, ㄴ ② ㄱ, ㄷ ③ ㄴ, ㄷ
④ ㄴ, ㄹ ⑤ ㄷ, ㄹ

589

표는 환율 변동의 영향을 나타낸다. (가)~(마)에 들어갈 내용을 각각 쓰시오.

원/달러 환율 변동		원화 대비 달러화 가치 상승
수출 제품	달러화 표시 가격	(가)
	수출량	(나)
수입 측면	원화 표시 가격	(다)
	수입량	(라)
경상 수지		개선
외채 상환 부담		(마)

590

다음과 같은 환율 변동의 영향에 대한 옳은 추론만을 〈보기〉에서 고른 것은?

- 국내 주식 시장에서 외국인 투자 자금의 대규모 유출 …… 이로 인해 원/달러 환율 변동 발생
- 일본 정부의 무제한적 통화량 확대 정책 실시 …… 이로 인해 원/엔 환율 변동 발생

[보기]
ㄱ. 우리나라 수출 상품의 달러화 표시 가격은 하락할 것이다.
ㄴ. 우리나라로 여행 온 미국인 관광객의 비용 부담은 증가할 것이다.
ㄷ. 일본에 일정액의 엔화를 송금하는 국내 거주 한국인의 비용 부담은 감소할 것이다.
ㄹ. 일본에서 부품을 수입하여 미국으로 완제품을 수출하는 우리나라 기업의 가격 경쟁력은 약화될 것이다.

① ㄱ, ㄴ ② ㄱ, ㄷ ③ ㄴ, ㄷ
④ ㄴ, ㄹ ⑤ ㄷ, ㄹ

---

14 국제 수지의 이해

591

다음 자료를 바탕으로 2021년 6월 갑국의 경상 수지에 대한 설명으로 옳은 것은?

다음은 2021년 6월에 이루어진 갑국의 모든 경상 거래를 나타낸다. 단, 2021년 5월 갑국의 상품 수지, 서비스 수지, 본원 소득 수지, 이전 소득 수지는 모두 균형이다.
- A국과 B국으로의 스마트폰 수출로 5,000만 달러 수취
- 지진 피해를 입은 C국에 무상 원조금 1,000만 달러 지급
- A국 국민의 갑국 내 여행비로 2,000만 달러 수취
- B국 기업의 주식에 투자한 갑국 거주자의 배당금 500만 달러 수취

① 서비스 수지는 적자를 기록하였다.
② 이전 소득 수지는 흑자를 기록하였다.
③ 전월에 비해 상품 수지는 개선되었다.
④ 전월에 비해 본원 소득 수지는 악화되었다.
⑤ 경상 거래를 통한 외화의 유입액보다 유출액이 많았다.

592

밑줄 친 ㉠, ㉡에 해당하는 옳은 내용만을 〈보기〉에서 고른 것은?

교사 : 표는 경상 수지가 2019년에 적자, 2020년에 흑자를 기록한 갑국의 전년 대비 경상 수지의 항목별 증감액을 나타내요. 이를 통해 ㉠진위 여부를 파악할 수 있는 내용과 ㉡진위 여부를 파악할 수 없는 내용을 발표해 보세요.

구분	2020년	2021년
상품 수지	30억 달러 증가	20억 달러 증가
서비스 수지	20억 달러 증가	15억 달러 증가
본원 소득 수지	15억 달러 감소	15억 달러 증가
이전 소득 수지	15억 달러 증가	10억 달러 감소

[보기]
ㄱ. ㉠ - 2020년 서비스 수지는 흑자이다.
ㄴ. ㉠ - 2019년부터 2021년까지 본원 소득 수지 항목의 수취액이 같다면 지급액은 2021년이 2020년보다 많다.
ㄷ. ㉡ - 2019년 경상 수지 적자액은 50억 달러보다 크다.
ㄹ. ㉡ - 재화 거래를 통한 수취액은 2019년보다 2021년이 작다.

① ㄱ, ㄴ ② ㄱ, ㄷ ③ ㄴ, ㄷ
④ ㄴ, ㄹ ⑤ ㄷ, ㄹ

593 ✔ 서술형

밑줄 친 부분에 해당하는 내용을 세 가지 서술하시오.

학생 : 선생님, 어제 부모님이 뉴스를 보시면서 우리나라가 몇 개월 동안 경상 수지 흑자라고 하는데, 이것이 마냥 좋은 것만은 아니라고 하셨어요. 경상 수지 흑자가 계속되면 좋은 일이 아닌가요?
교사 : 경상 수지 흑자가 지속되면 국내 경제에 부정적인 영향을 미칠 수 있기 때문이에요.

594

표는 연도별 갑국의 경상 수지를 나타낸다. 이에 대한 설명으로 옳은 것은?

(단위 : 억 달러)

구분	2019년	2020년
경상 수지	55	72
상품 수지	115	100
서비스 수지	-25	32
(가)	-40	-65
이전 소득 수지	5	5

① 내국인 투자자의 해외 주식 투자액은 (가)에 반영된다.
② 2020년에 서비스 수지는 외화 유입액이 유출액보다 많다.
③ 전년 대비 2020년에 경상 수지의 외화 유입액은 증가하였다.
④ 전년 대비 2020년에 재화의 수출액과 수입액의 차이는 증가하였다.
⑤ 이전 소득 수지의 수취액과 지급액 규모는 2019년과 2020년이 같다.

595

그림은 갑국의 연도별 경상 수지를 나타낸다. 이에 대한 옳은 분석만을 〈보기〉에서 고른 것은?

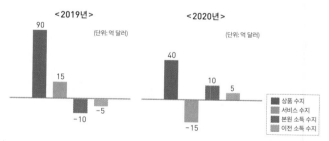

[보기]
ㄱ. 2019년의 경상 수지는 90억 달러 흑자이다.
ㄴ. 전년 대비 2020년에 재화 수출액은 감소하였다.
ㄷ. 2020년에 지식 재산권 사용료가 포함되는 항목은 적자를 기록하였다.
ㄹ. 교포에게 무상으로 송금한 금액이 포함되는 항목은 2019년에는 흑자였지만, 2020년에는 적자를 기록하였다.

① ㄱ, ㄴ ② ㄱ, ㄷ ③ ㄴ, ㄷ
④ ㄴ, ㄹ ⑤ ㄷ, ㄹ

15 Ⅴ 경제생활과 금융
금융과 금융 생활

1. 금융의 의미와 중요성

1 금융

(1) 의미
① 돈을 빌리거나 빌려줌으로써 자금이 융통되는 것
② 재무적 자원을 현재와 미래 시점 사이에 배분하는 경제적 활동 → 자금의 수요자와 공급자 간의 거래를 통해 나타남

(2) 특징
① 미래의 불확실성에 영향을 받음
② 돈을 보다 유용하게 쓰고자 하는 시점이 서로 달라 나타남

2 금융의 중요성

(1) 가계 소비 지출과 소득 발생 시점 간 불일치를 해결함 → 대출을 통한 자동차 구입, 노후 생활 자금 마련을 위한 투자 등

(2) 기업 간접 금융과 직접 금융의 방식으로 생산 활동에 필요한 자금을 공급받음

(3) 정부 조세 수입과 채권 발행 등을 통해 자금을 조달하여 정부 지출을 하고 공공재를 공급함

3 금융 제도와 화폐

(1) 금융 제도
① 의미 : 금융 시장을 중심으로 거래 당사자와 다양한 유관 기관, 정책과 규제를 담당하는 기관을 모두 포함하는 총체적인 체계
② 필요성 : 금융 기관에 돈을 맡긴 사람이 손해를 입었을 때 이를 보상해 줄 수 있는 공식적 조직이 필요함

> **자료** 허생전 속 금융 거래 ⓒ 124쪽 617번 문제로 확인
>
> 허생은 가난하기 짝이 없었으며 아내가 삯바느질해서 겨우 입에 풀칠하면서 지냈다. 어느 날 허생의 아내는 배고픔을 참다못해 눈물을 흘리며 푸념을 늘어놓았다. "당신은 평생 과거도 보지 않고 어찌 글만 읽는단 말입니까?" 그 길로 허생은 한양에서 제일 부자라는 변 씨를 찾아가 말하였다. "내 집이 가난하여 장사 밑천이 없소. 만 냥만 빌려주시오." 변 씨는 대뜸 승낙하고는 만 냥을 내주었다. 만 냥을 얻은 허생은 과일 장사를 시작하는데…….
> – 박지원, 『허생전』 –
>
> **분석** 변 씨가 허생에게 돈을 빌려주지 않았더라면 허생은 과일 장사를 하지 못하였을 것이고 큰 돈을 벌 수도 없었을 것이다. 과거에는 개인에게 돈이나 쌀을 빌리는 방식으로 금융 거래가 이루어졌지만, 오늘날에는 금융 시장과 금융 기관 등의 금융 제도를 마련하여 금융 거래에서 발생하는 문제점을 줄이고 금융 거래를 원활하게 하고 있다.

✪ (2) 화폐 ⓒ 121쪽 607번 문제로 확인
① 기능 : 교환과 지불 수단, 모든 경제적 가치를 나타내고 측정하는 척도, 가치 저장의 수단
② 특징 : 국가가 사회에서 통용되도록 정한 법정 화폐를 의미함

> **자료** 이자율과 물가 ⓒ 122쪽 611번 문제로 확인
>
> • 명목 이자율 : 물가 변동을 반영하지 않은 이자율
> • 실질 이자율 : 물가 변동을 반영한 이자율
>
> **분석** 이자는 일정 기간 자금을 빌리거나 빌려준 것의 대가를 말한다. 원금에 대한 이자의 비율을 이자율이라고 하며 이자율은 물가 변동의 여부에 따라 명목 이자율과 실질 이자율로 구분된다.

2. 생활 속의 금융

1 합리적인 금융 생활

(1) 다양한 금융 생활
① 수입 : 일정 기간 개인이나 가계에 들어오는 총금액
② 지출 : 외부로 나가는 총금액
③ 저축 : 수입에서 지출을 뺀 잔액
④ 투자 : 미래 수익을 기대하며 자산을 운용하는 것

(2) 신용과 신용 거래
① 신용 : 금융 기관으로부터 빌릴 수 있는 자금의 크기와 이를 충분히 갚을 의지와 능력
② 신용 거래 : 현금과 재화 등을 거래할 때 정해진 기일에 돈을 지급하기로 약속하고 이루어지는 거래

2 금융 거래 보호와 금융 사고 예방

(1) 개인적 차원
① 금융 거래를 할 때에는 금융 소비자 스스로 신중하게 의사결정을 해야 함
② 금융 거래를 할 때에는 계약서의 약관을 꼼꼼히 읽고 사전에 확인해야 함

✪ (2) 사회적 차원 ⓒ 123쪽 614번 문제로 확인

예금자 보호 제도	전화 금융 사기 피해금 환급 제도
한 금융 기관에 적립된 일반 금융 상품과 퇴직 연금에 대해 각각 예금 보험 공사가 정한 이자와 원금을 합쳐 1인당 5,000만 원까지 보호받는 제도	전화 금융 사기에 속았을 때 관련 기관에 지급 정지를 요청하면 두 달간의 채권 소멸 개시 절차를 공고한 뒤 이의 제기를 거쳐 피해금을 환급해 주는 제도

> **자료** 투자와 투기 ⓒ 123쪽 615번 문제로 확인
>
> 투자가 중장기적 관점에서 앞으로 자산의 가치가 상승할 것이라는 확실한 판단에 따른 행위라면, 투기는 우연히 단기적으로 발생하는 가격 변동을 이용하여 큰 이익을 얻을 목적으로 이루어지는 비정상적인 행위를 말한다. 무리하게 빚을 내어 투자하거나 뚜렷한 투자 목적 없이 단기간의 시세 차익을 노리는 것 등을 투기의 예로 들 수 있다. – 한국은행, 『빚에 대해 알아야 할 5가지』 –
>
> **분석** 투자는 투자자의 성향과 미래의 상황 등을 고려한 활동으로 미래의 가치를 늘리기 위한 저축의 한 형태로 볼 수 있다. 그러나 투기는 우연성에 기대는 경우가 많고 실패했을 경우 개인과 사회에 미치는 부정적인 영향이 크기 때문에 바람직한 금융 거래가 아니다.

분석 기출 문제

» 바른답·알찬풀이 53쪽

핵심 개념 문제

• 빈칸에 들어갈 알맞은 용어를 쓰시오.

596 (　　　　　)(이)란 돈을 빌리거나 빌려줌으로써 자금이 융통되는 것을 의미한다.

597 화폐는 교환과 지불 수단이자 모든 경제적 가치를 나타내고 측정하는 척도이며 (　　　　　)의 수단이 된다.

• 다음 내용이 맞으면 ○표, 틀리면 ×표를 하시오.

598 현금과 재화 등을 거래할 때 돈을 바로 내지 않고 정해진 기일에 돈을 지급하기로 약속하고 이루어지는 거래를 대출이라고 한다. (　　　)

599 일정 기간 개인이나 가계에 들어오는 총금액을 수입, 외부로 나가는 총금액을 지출, 수입에서 지출을 뺀 잔액을 투자라고 한다. (　　　)

• 각 경제 주체가 금융을 이용하는 이유를 바르게 연결하시오.

600 가계 •　　　　　• ㉠ 채권 발행, 공공재 공급

601 기업 •　　　　　• ㉡ 자동차 구입과 같은 소비 지출

602 정부 •　　　　　• ㉢ 생산 활동에 필요한 자금 공급

• 다음 중 알맞은 것을 고르시오.

603 금융은 가계에서 발생한 소비 지출과 소득 발생 시점 간의 (㉠ 일치, ㉡ 불일치)를 해결해 준다.

604 투자는 저축한 자산을 (㉠ 미래, ㉡ 과거) 수익을 기대하며 운용하는 것이다.

• 다음 내용과 관련 있는 제도를 〈보기〉에서 고르시오.

605 금융 기관에 적립된 금융 상품에 대해 예금 보험 공사가 정한 이자와 원금을 1인당 5천만 원까지 보호받는 제도이다. (　　　)

606 전화 금융 사기에 속았을 때 관련 기관에 지급 정지 요청을 하면 일정한 절차를 거쳐 피해금을 환급해 준다. (　　　)

[보기]
ㄱ. 전화 금융 사기 피해금 환급 제도　　ㄴ. 예금자 보호 제도

★ 빈출
607

빈칸에 들어갈 내용으로 적절하지 않은 것은?

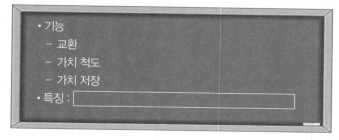

• 기능
　－ 교환
　－ 가치 척도
　－ 가치 저장
• 특징 : _____

① 거래를 할 때 지불 수단이 된다.
② 모든 경제적 가치를 나타내는 지표이다.
③ 재화의 가치를 보존하고 저장하기도 한다.
④ 국가가 한 사회 내에서 통용되도록 발행한다.
⑤ 최근에는 지폐 형태의 사용량이 증가하고 있다.

608

밑줄 친 ㉠에 대한 설명으로 옳지 않은 것은?

최근에는 현금이 없어도 일상생활을 하는 데 불편을 느낄 수 없다. 대부분 현금보다는 신용 카드, 체크 카드와 같은 전자 지급 수단을 사용하기 때문이다. 뿐만 아니라 온라인 전자 결제, 휴대 전화 소액 결제 등과 같은 ㉠ 전자 화폐도 등장하였다.

① 현금의 역할이 약화된 배경이 된다.
② 정보 통신 기술의 발달에 따른 현상이다.
③ '현금 없는 사회'란 말이 등장한 것과 관련 있다.
④ 간단하고 편리하게 결제할 수 있는 장점이 있다.
⑤ 개인 정보가 유출되거나 전산 장애의 위험은 없다.

609

그림은 갑국~병국의 명목 이자율과 물가 상승률을 나타낸다. 이에 대한 분석으로 옳은 것은?

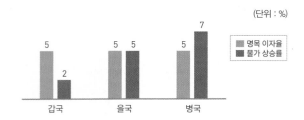

① 갑국~병국의 실질 이자율은 모두 같다.
② 갑국의 경우 현금 보유가 예금보다 유리하다.
③ 갑국은 병국보다 예금의 실질 구매력이 더 크다.
④ 갑국~병국은 예금 100만 원에 대한 1년 후 이자가 모두 다르다.
⑤ 병국은 갑국보다 물가 상승률을 고려하지 않은 이자율이 높다.

610

표에 대한 옳은 분석만을 〈보기〉에서 고른 것은?

(단위 : %)

구분	t년	t+1년
명목 이자율	3	5
물가 상승률	5	3

[보기]
ㄱ. t년에 예금한다면 원리금이 원금보다 작아진다.
ㄴ. 실질 이자율은 t년보다 t+1년이 높다.
ㄷ. t년이 t+1년보다 예금하려는 유인이 크다.
ㄹ. t년과 t+1년 모두 예금이 현금 보유보다 유리하다.

① ㄱ, ㄴ   ② ㄱ, ㄷ   ③ ㄴ, ㄷ
④ ㄴ, ㄹ   ⑤ ㄷ, ㄹ

★빈출
611

다음 자료와 관련된 옳은 설명만을 〈보기〉에서 고른 것은?

일정 기간 돈을 빌려 쓴 대가로 지급하는 것을 이자라고 하며, 원금에서 이자를 나눈 비율을 이자율이라고 한다. 이자율은 물가의 변동을 고려하는지에 따라 명목 이자율과 실질 이자율로 구분된다. 물가 변동을 고려하지 않은 이자율은 명목 이자율이고, 물가 변동을 고려한 이자율은 실질 이자율이다.

[보기]
ㄱ. 명목 이자율은 반드시 실질 이자율보다 크다.
ㄴ. 물가 상승률이 높을수록 실질 이자율은 낮아진다.
ㄷ. 이자 소득의 구매력은 물가 상승률이 높을수록 작아진다.
ㄹ. 실질 이자율이 음(-)의 값일 경우 현금을 보유하는 것보다 예금이 낫다.

① ㄱ, ㄴ   ② ㄱ, ㄷ   ③ ㄴ, ㄷ
④ ㄴ, ㄹ   ⑤ ㄷ, ㄹ

612

(가), (나)에 대한 옳은 설명만을 〈보기〉에서 고른 것은? (단, (가), (나)는 직접 금융 시장과 간접 금융 시장 중 하나이다.)

(가) 자금 공급자와 수요자가 직접 거래하여 자금이 어느 수요자에게 갔는지 알 수 있는 시장
(나) 자금 공급자와 수요자가 직접 거래하지 않아 자금이 누구에게 갔는지 명확히 드러나지 않는 시장

[보기]
ㄱ. 채권은 (가)에서 거래된다.
ㄴ. 주식회사는 주로 (나)에서 활동한다.
ㄷ. 일반적으로 자금 공급자는 (나)보다 (가)에서 더 높은 수익률을 기대한다.
ㄹ. (나)에서 자금 공급자는 금융 거래에서 발생할 수 있는 모든 위험을 직접 부담한다.

① ㄱ, ㄴ   ② ㄱ, ㄷ   ③ ㄴ, ㄷ
④ ㄴ, ㄹ   ⑤ ㄷ, ㄹ

613

교사의 질문에 대한 학생의 답변으로 옳지 <u>않은</u> 것은?

교사 : 신용의 의미와 중요성을 주제로 발표해 보세요.
학생 : _____

① 신용이 좋으면 더 많은 이자를 부담해야 해요.
② 신용이 있으면 현금이 없어도 물건을 살 수 있어요.
③ 신용이 좋지 않으면 취업에도 불리하게 작용할 수 있어요.
④ 공과금 등은 약속한 기한 안에 내야 신용을 높일 수 있어요.
⑤ 신용은 돈을 빌려 쓰고 약속대로 갚을 수 있는 능력을 말해요.

★ 빈출
614

다음 대화에서 금융 제도에 대해 잘못 이해한 학생은?

갑 : 난 전화 금융 사기를 당해서 금융 감독원에 신고했어.
을 : 금융 사기 피해를 막기 위해서는 우선 카드 비밀번호를 안
전하게 관리해야 해.
병 : 금융 거래에 사용되는 약관은 전문적인 내용으로만 작성
되어 있어서 되도록 보지 않으려고 해.
정 : 예금자 보호 제도를 알게 되어서 부모님께 한 금융 기관
에 5,000만 원을 초과해서 예치하지 말라고 말씀드렸어.
무 : 금융 의사 결정에 대한 책임은 스스로에게 있어.

① 갑   ② 을   ③ 병   ④ 정   ⑤ 무

★ 빈출
615

빈칸 (가)에 들어갈 수 있는 내용으로 알맞은 것은?

가계는 저축을 현금으로 보유할 수도 있지만, 여러 형태로 투
자하기도 한다. 투자는 미래의 가치 증식을 목적으로 금융 자
산 또는 실물 자산으로 저축을 전환하는 활동을 말한다. 즉,
투자는 _____ (가)

① 미래의 가치를 늘리기 위한 지출의 한 형태이다.
② 자산의 가치가 상승할 것이라는 판단에서 이루어진다.
③ 시세 차익이 중요하기 때문에 무리하게 빚을 내서라도 하
는 것이 좋다.
④ 단기적으로 발생하는 가격 변동을 이용하여 큰 이익을 얻을
목적으로 이루어진다.
⑤ 투자자의 성향에 따라 원금 손실의 위험을 감수하더라도 높
은 수익을 추구하는 안정적 투자형이 있다.

616

신용과 신용 거래에 대한 옳은 설명만을 〈보기〉에서 고른 것은?

[보기]
ㄱ. 신용은 개인의 경제적 지불 능력에 관한 사회적 평가이다.
ㄴ. 신용을 활용하면 당장은 돈이 없어도 금전적 혜택을 누릴
수 있다.
ㄷ. 신용이 좋지 않은 사람은 은행에서 낮은 이자로 돈을 빌
릴 수 있다.
ㄹ. 일반적으로 신용 거래는 현금 거래에 비해 과소비의 위험
이 높지 않다.

① ㄱ, ㄴ   ② ㄱ, ㄷ   ③ ㄴ, ㄷ
④ ㄴ, ㄹ   ⑤ ㄷ, ㄹ

[617~618] 다음을 읽고 물음에 답하시오.

질문 :　　　　　　　(가)

답 : 금융은 가계의 소비 지출과 소득 발생 시점 간 생기는 불일치를 해결해 줍니다. 기업은 ㉠ 간접 금융과 ㉡ 직접 금융의 방식으로 생산에 필요한 자금을 공급받을 수 있습니다. 한편 정부도 조세 수입을 통해 정부 지출을 하고 채권 발행 등을 통해 자금을 조달하여 공공재를 공급하거나 다양한 정부 사업을 추진하는 데 금융을 이용하게 됩니다.

617

빈칸 (가)에 들어갈 내용으로 가장 적절한 것은?

① 신용 관리는 왜 해야 할까요
② 불경기를 이기려면 어떻게 해야 할까요
③ 개인 신용 회복 제도는 어떤 것이 있나요
④ 금융은 각 경제 주체에 어떤 면에서 중요할까요
⑤ 금융 사기 피해를 예방하는 방법은 어떤 것이 있나요

618

밑줄 친 ㉠, ㉡에 대한 옳은 설명만을 〈보기〉에서 고른 것은?

┌─[보기]─────────────────────────┐
ㄱ. 주식에 투자하는 것은 ㉠에 해당한다.
ㄴ. 은행의 정기 예금, 정기 적금은 ㉡에 해당한다.
ㄷ. ㉠은 불특정 다수의 자금 공급자가 금융 기관에 예금하고 자금 수요자는 이를 대출받음으로써 이루어진다.
ㄹ. ㉡은 자금의 수요자가 자금의 공급자에게 증서를 발행해 줌으로써 이들로부터 직접 자금을 조달받는 방식이다.
└──────────────────────────────┘

① ㄱ, ㄴ　　　② ㄱ, ㄷ　　　③ ㄴ, ㄷ
④ ㄴ, ㄹ　　　⑤ ㄷ, ㄹ

1등급을 향한 서답형 문제

[619~620] 다음을 읽고 물음에 답하시오.

국민 경제가 원활하게 순환하고 성장하기 위해서는 자금의 여유가 있는 사람과 자금이 부족한 사람을 연결하는 (㉠)의 역할이 필요하다. (㉠)은/는 필요한 곳으로 자금이 흘러가게 함으로써 경제적으로 모두에게 이익을 가져다 준다.

619

㉠에 들어갈 알맞은 용어를 쓰시오.

620

㉠이 가계와 기업에 주는 긍정적인 영향을 한 가지씩 서술하시오.

[621~622] 다음을 읽고 물음에 답하시오.

1997년 외환 위기로 여러 은행이 문을 닫으면서 금융 시장의 불안감이 커졌다. 정부는 금융 시장의 혼란을 막기 위해 ㉠의 제도를 시행하여 예금의 원금 전액을 보장해 주기로 하였다. 그러나 외환 위기를 벗어난 2001년부터는 1인당 5천만 원으로 보장 한도를 올렸는데 이후 저축 은행 부실 사태가 발생하면서 저축 은행의 보장 한도를 낮추어야 한다는 주장이 제기되기도 하였다.

621

밑줄 친 ㉠이 무엇인지 쓰시오.

622

현재와 같이 1인당 5천만 원까지 예금을 보장해 주는 ㉠ 제도를 유지하는 것에 대해 찬반 의견을 서술하시오.

(1) 찬성 :

(2) 반대 :

적중 1등급 문제

» 바른답·알찬풀이 54쪽

623

표에 대한 분석으로 옳은 것은?

(단위 : %)

구분	갑국		을국	
	2019년	2020년	2019년	2020년
명목 이자율	4	2	5	4
물가 상승률	3	1	4	5

① 2019년의 실질 이자율은 갑국보다 을국이 높다.

② 2019년에 을국은 갑국과 달리 실질 이자율이 전년과 동일하다.

③ 2020년에 갑국과 을국 모두 실질 이자율이 전년보다 낮다.

④ 2020년에 을국에서는 갑국과 달리 예금의 원리금이 감소한다.

⑤ 2020년에 을국에서는 실물 자산 투자가 예금 가입보다 유리하다.

624

그림은 갑국의 향후 1년간 물가 상승률과 명목 이자율의 조합인 A~D를 나타낸다. 이에 대한 옳은 분석만을 〈보기〉에서 고른 것은?

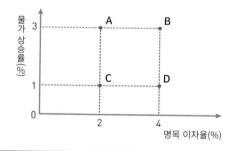

[보기]

ㄱ. A의 경우 실물 자산 보유가 예금보다 유리하다.

ㄴ. 실질 이자율은 B의 경우가 가장 높다.

ㄷ. A의 경우는 C보다 예금의 실질 구매력이 작다.

ㄹ. B의 경우는 D보다 물가 상승률을 고려하지 않은 이자율이 더 높다.

① ㄱ, ㄴ   ② ㄱ, ㄷ   ③ ㄴ, ㄷ
④ ㄴ, ㄹ   ⑤ ㄷ, ㄹ

[625~626] 그림을 보고 물음에 답하시오.

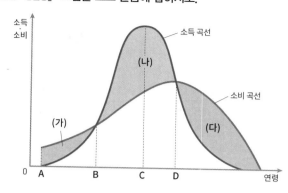

625

그림의 (가)~(다)에 대한 설명으로 옳은 것은?

① (가)는 양(+)의 값을 가진다.

② (나)를 증가시키기 위해서는 대출을 늘려야 한다.

③ (나)의 일부는 노후 생활을 위한 투자로 활용된다.

④ (다)는 소비가 소득보다 크기 때문에 금융 거래가 이루어지지 않는다.

⑤ (가)와 (다)의 합이 (나)와 일치되도록 금융 활동을 계획하는 것이 중요하다.

626

A~D 시기에 대한 옳은 설명만을 〈보기〉에서 고른 것은?

[보기]

ㄱ. A 시기는 금융 활동을 하지 않는다.

ㄴ. B 시기에 자산은 음(-)의 값을 가진다.

ㄷ. C 시기에는 소비를 하고 남은 소득을 저축할 수 있다.

ㄹ. D 시기에 소득은 전부 소비되므로 자산은 0이 된다.

① ㄱ, ㄴ   ② ㄱ, ㄷ   ③ ㄴ, ㄷ
④ ㄴ, ㄹ   ⑤ ㄷ, ㄹ

627

표는 갑국의 T+1년 경제 지표에 대한 예상을 나타낸다. 이에 대한 옳은 분석만을 〈보기〉에서 고른 것은? (단, 기준 연도는 T년이고, 물가 수준은 GDP 디플레이터로 측정한다.)

(가)			(나)		
명목 GDP	실질 GDP	명목 이자율	명목 GDP	실질 GDP	명목 이자율
3% 감소	변화 없음	2%	3% 증가	변화 없음	2%

[보기]
ㄱ. (가)의 경우 T년 대비 물가 수준이 상승한다.
ㄴ. (가)의 경우 실질 이자율은 양(+)의 값이다.
ㄷ. (나)의 경우 예금보다 현금 보유가 유리하다.
ㄹ. (나)의 경우 GDP 디플레이터가 100을 초과한다.

① ㄱ, ㄴ   ② ㄱ, ㄷ   ③ ㄴ, ㄷ
④ ㄴ, ㄹ   ⑤ ㄷ, ㄹ

628

그림은 갑국의 T기~T+3기의 물가 상승률과 명목 이자율을 나타낸다. 이에 대한 설명으로 옳은 것은?

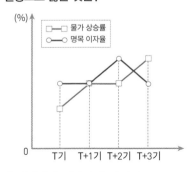

① T기에 실질 이자율은 음(−)의 값이다.
② T기 대비 T+1기에 실질 이자율은 상승하였다.
③ T+1기 대비 T+2기에 원리금의 구매력은 상승하였다.
④ T+3기에는 예금보다 현금을 보유하는 것이 유리하다.
⑤ T기~T+3기 모두에서 명목 이자율은 실질 이자율보다 낮다.

629

다음 자료에 대한 설명으로 옳은 것은?

〈□□은행 정기 예금 상품 안내〉
A는 연 금리 4%의 정기 예금으로 100만 원을 예치할 경우 3년 만기 기준 예상 원리금은 1,124,864원이다. 반면, B는 연 금리 4.1%의 정기 예금으로 100만 원을 예치할 경우 3년 만기 기준 예상 원리금은 1,123,000원입니다. A와 B는 이자 계산 방법에 차이가 있으며, A와 B 모두 연 단위로 예치할 수 있습니다.

① A는 단리 방식이 적용된다.
② B는 매년 발생하는 이자가 증가한다.
③ B는 A와 달리 입출금이 자유로운 예금이다.
④ 예치 기간이 1년일 경우 A보다 B가 유리하다.
⑤ 물가 상승률이 3%일 경우 실질 이자율은 A가 B보다 높다.

630

다음은 갑국의 경제 상황을 보여 주는 기사이다. 이에 대한 옳은 추론만을 〈보기〉에서 고른 것은?

○○신문
시중 금리 지속적 상승
반면, 물가 상승률은 하락세 지속

[보기]
ㄱ. 실질 이자율이 상승할 것이다.
ㄴ. 원리금의 실질 구매력이 상승할 것이다.
ㄷ. 은행에 예금한 사람들의 이자 소득이 감소할 것이다.
ㄹ. 대출을 받으려는 사람들의 상환 부담이 감소할 것이다.

① ㄱ, ㄴ   ② ㄱ, ㄷ   ③ ㄴ, ㄷ
④ ㄴ, ㄹ   ⑤ ㄷ, ㄹ

16 수입·지출과 신용

Ⅴ 경제생활과 금융

☑ 출제 포인트   ☑ 소득의 유형   ☑ 지출의 구성   ☑ 자산과 부채   ☑ 신용 관리

1. 수입과 지출

1 수입의 구성

(1) 의미

① 일정 기간 개인이나 가계에 들어온 총금액

② 소득과 부채의 합

③ 규칙적이고 반복적으로 발생하는 경상 소득과 불규칙적으로 발생하는 비경상 소득으로 구분됨

★(2) 경상 소득   Ⓒ 129쪽 645번, 647번 문제로 확인

① 근로 소득 : 사업체에 고용되어 근로를 제공한 대가로 얻는 소득 예 임금, 상여금

② 사업 소득 : 사업자의 지위에서 사업의 성과로 얻는 소득

③ 재산 소득 : 개인이 가진 금융 자산이나 실물 자산으로부터 발생하는 소득 예 이자, 배당금, 임대료

④ 이전 소득 : 경제 활동에 참여하지 않고 정부나 개인으로부터 무상으로 받는 소득 예 공적 연금, 기초 연금

(3) 비경상 소득   일시적 요인으로 얻는 소득 예 경조금, 퇴직금, 연금 일시금

2 지출의 구성

(1) 의미

① 일정 기간 개인이나 가계로부터 나가는 총금액

② 소비 지출과 비소비 지출로 구분됨

(2) 소비 지출   생활에 필요한 것을 구입하면서 발생하는 비용

(3) 비소비 지출   소비 지출 이외의 모든 지출 예 세금, 건강 보험료, 연금 보험료, 이자 또는 수수료

2. 자산과 부채의 합리적 관리

1 자산과 부채

(1) 자산   현재와 미래에 걸쳐 경제적 가치가 있는 자원

(2) 부채   다른 사람에게 지고 있는 경제적 비용 또는 의무

(3) 순자산   자산에서 부채를 뺀 것

2 자산과 부채의 관리

(1) 자산의 관리   자산을 처분해야 할 만큼 지출이 많다면 비교적 현금으로 전환하기 쉬운 유동 자산을 많이 보유하는 것이 유리함

(2) 부채의 관리

① 이자 비용 부담이 큰 부채일수록 빨리 갚는 것이 바람직함

② 이자 비용에도 못 미치는 수익을 얻는 투자 목적의 자산을 보유하는 것은 비효율적임

3. 신용 관리

★1 신용   Ⓒ 130쪽 651번 문제로 확인

(1) 신용

① 의미 : 부채로 빌릴 수 있는 자금의 크기와 또 빌린 자금을 약속한 대로 잘 갚을 수 있는 의지와 능력

② 개인은 감당할 수 있는 범위 내에서 자금을 빌리고 약속한 기간 안에 부채를 갚아야 함

> **자료**   **신용 회복을 위한 지원 제도**   Ⓒ 131쪽 657번 문제로 확인
>
> • 프리 워크아웃 : 단기 연체 채무자에 대한 선제적 채무 조정을 통해 연체 장기화를 방지함
> • 개인 워크아웃 : 장기 연체 채무자에 대한 채무 조정 프로그램으로 신용 회복과 경제적 회생을 지원함
> • 개인 회생 : 가용 소득 범위 내에서 일정 기간 채무를 변제한 뒤 잔여 채무는 면책하는 법원의 결정
> • 개인 파산(파산 면책) : 채무 상환 능력이 없는 채무자에 대해 파산 면책 결정을 통해 채무 상환 책임을 면제하는 법원의 결정

> **분석**   신용 회복 지원 제도는 과중한 채무와 신용에 문제가 있는 사람들의 경제적 재기를 지원하는 제도이다. 프리 워크아웃과 개인 워크아웃은 신용 회복 위원회를 통해, 개인 회생과 개인 파산은 법원을 통해 신청할 수 있다.

(2) 신용 사회

① 신용이 좋은 사람은 채무를 갚지 않을 가능성이 작아 비교적 간단한 절차로 금융 거래가 가능함

② 개인의 신용도가 높으면 불필요한 거래 비용을 줄이고 경제 활동을 원활하게 할 수 있으므로 경제 활성화에 도움이 됨

★2 신용 관리 방법

> **자료**   **개인 신용 관리 십계명**   Ⓒ 131쪽 653번 문제로 확인
>
> 1. 인터넷이나 전화 등을 통한 대출은 신중하게 결정하라.
> 2. 건전한 신용 거래 이력을 꾸준히 쌓아라.
> 3. 갚을 능력을 고려하여 적정한 채무 규모를 설정하라.
> 4. 주거래 금융 회사를 정하여 거래하라.
> 5. 타인을 위한 보증은 삼가라.
> 6. 주기적인 결제 대금은 자동 이체를 활용하라.
> 7. 연락처가 변경되면 거래하는 금융 회사에 통보하라.
> 8. 소액이라도 절대 연체하지 마라.
> 9. 연체를 상환할 때는 오래된 것부터 상환하라.
> 10. 자신의 신용 정보 현황을 주기적으로 확인하라.
>
> – 금융 감독원 www.fss.or.kr –

> **분석**   우리나라에서는 개인의 금융 거래 정보를 종합하여 신용 점수를 산출하고 있다. 신용 점수가 높을수록 금융 회사에서 대출을 받는 데 제약이 적으며 금리도 낮다. 따라서 금융 생활에서 신용이 하락하지 않도록 관리하는 것이 필요하다.

분석 기출 문제

» 바른답·알찬풀이 56쪽

핵심 개념 문제

•• 빈칸에 들어갈 알맞은 용어를 쓰시오.

631 (   )(이)란 일정 기간 개인이나 가계에 들어온 총금액을 말한다.

632 수입은 규칙적이고 반복적으로 발생하는 (   )과 불규칙적으로 발생하는 (   )(으)로 구분된다.

633 세금, 건강 보험료, 연금 보험료, 이자 등과 같은 소비 지출 이외의 모든 지출을 (   )(이)라고 한다.

•• 다음 내용이 맞으면 ○표, 틀리면 ×표를 하시오.

634 순자산은 자산에서 부채를 뺀 것으로 자산이 많더라도 부채가 많으면 그만큼 순자산은 줄어든다.   (   )

635 일반적으로 부채는 부정적인 것으로 인식되지만 필요한 소비나 투자를 하기 위한 돈이 부족할 때 부채를 이용하면 도움이 된다.   (   )

•• 자산과 부채를 바르게 연결하시오.

636 금융 자산 •   • ㉠ 자동차 할부금

637 실물 자산 •   • ㉡ 현금, 예금, 보험

638 부채 •   • ㉢ 부동산, 귀금속 등

•• 다음 중 알맞은 것을 고르시오.

639 처분 가능 소득이 지출보다 적어 적자가 발생하여 돈을 빌리면 (㉠ 자산, ㉡ 부채)이/가 증가한다.

640 자산을 처분해야 할 만큼 지출이 많다면 비교적 현금으로 전환하기 쉬운 (㉠ 유동 자산, ㉡ 고정 자산)으로 자산을 보유하는 것이 유리하다.

•• 다음 내용과 관련 있는 개념을 〈보기〉에서 고르시오.

641 사업자의 지위에서 사업의 성과로 얻는 소득   (   )

642 근로를 제공한 대가로 얻는 소득   (   )

[보기]
ㄱ. 근로 소득   ㄴ. 재산 소득   ㄷ. 사업 소득

643

표는 어느 가계의 연도별 가계 소득의 항목별 비율을 나타낸다. 이에 대한 설명으로 옳은 것은?

(단위 : %)

구분		2019년	2020년
가계 소득		100	100
경상 소득	근로 소득	45	40
	사업 소득	25	20
	재산 소득	10	15
	㉠	15	20
비경상 소득		5	5

* 2020년의 가계 소득은 2019년보다 증가하였음

① 이자 소득은 ㉠에 포함된다.

② 2019년 대비 2020년에 사업 소득은 감소하였다.

③ 2019년 대비 2020년에 비경상 소득은 증가하였다.

④ 재산 소득 대비 비경상 소득의 비중은 2019년과 2020년이 같다.

⑤ 2019년에 근로 소득이 경상 소득에서 차지하는 비중은 50% 이상이다.

644

다음 글을 뒷받침하는 진술만을 〈보기〉에서 고른 것은?

> 돈을 어떻게 관리하는지에 따라 개인의 경제생활은 달라질 수 있다. 적은 돈도 꾸준하게 관리해서 많은 돈을 모으는 사람이 있고, 많은 돈이 있어도 잘 관리하지 못해 경제적 어려움을 겪는 사람도 있다.

[보기]
ㄱ. 부채는 빚이기 때문에 절대 보유해서는 안 된다.
ㄴ. 최근 은행 예금만으로 필요한 만큼의 자산을 확보하는 것이 어려워졌다.
ㄷ. 신용의 중요성이 커지고 있으므로 신용 거래를 더욱 늘려야 한다.
ㄹ. 은퇴 후의 삶이 길어지면서 자산 관리의 중요성은 더욱 강조되고 있다.

① ㄱ, ㄴ   ② ㄱ, ㄷ   ③ ㄴ, ㄷ
④ ㄴ, ㄹ   ⑤ ㄷ, ㄹ

[645~646] 표는 어느 가구의 연간 소득을 나타낸다. 물음에 답하시오.

(단위 : 만 원)

구분		2017년	2018년	2019년	2020년
소득		3,480	4,200	4,800	4,910
(가)		3,380	4,060	4,620	4,770
	근로 소득	2,200	2,670	3,000	3,300
	사업 소득	800	1,000	1,200	1,000
	재산 소득	30	20	20	30
	이전 소득	350	370	400	440
(나)		100	140	180	140

★빈출
645

다음 설명에 대해 옳게 응답한 학생은?

설명 \ 학생	갑	을	병	정	무
(가)는 경상 소득, (나)는 비경상 소득이다.	✔	✔		✔	
(가)에는 주식 배당금과 기초 연금이 포함된다.		✔		✔	✔
퇴직금, 임대료 등은 (나)에 해당한다.		✔	✔		✔
(가)와 (나)는 모두 수입의 중요한 원천이 된다.	✔		✔	✔	✔

* 맞는 답에 '✔' 표시를 함

① 갑　　② 을　　③ 병　　④ 정　　⑤ 무

646

위의 자료에 대한 분석으로 옳지 않은 것은?

① 생산 활동과 관계없이 무상으로 받은 소득은 지속적으로 증가하였다.

② 전년 대비 2020년에 자영업으로 인한 소득이 포함된 소득은 감소하였다.

③ 2018년 대비 2020년에 전체 소득 중 사업 소득이 차지하는 비중은 증가하였다.

④ 2018년과 2019년에 불규칙적으로 발생하는 소득은 전년 대비 같은 금액만큼 증가하였다.

⑤ 전체 소득에서 이자 소득이 포함된 소득이 차지하는 비중은 2018년보다 2017년이 크다.

★빈출
647

(가)~(라)에 대한 옳은 설명만을 〈보기〉에서 고른 것은?

> (가) 갑은 한 달 동안 일하고 300만 원의 월급을 받았다.
> (나) 을이 지난주에 산 로또가 3억 원에 당첨되었다.
> (다) 병은 가지고 있던 ○○ 주식에서 50만 원의 배당금을 얻었다.
> (라) 정은 전기 및 수도 요금 10만 원이 출금되었다는 안내 문자를 받았다.

【 보기 】

ㄱ. (가)와 (나)는 수입, (다)와 (라)는 지출에 해당한다.

ㄴ. (가)는 경상 소득, (나)는 비경상 소득에 해당한다.

ㄷ. (다)는 소비 지출, (라)는 비소비 지출에 해당한다.

ㄹ. 식료품비는 (라)와 관련 있다.

① ㄱ, ㄴ　　　② ㄱ, ㄷ　　　③ ㄴ, ㄷ

④ ㄴ, ㄹ　　　⑤ ㄷ, ㄹ

2. 자산과 부채의 합리적 관리

648

갑, 을의 자산 관리 방법에 대한 설명으로 옳지 않은 것은?

> 갑 : 나는 지금 가지고 있는 돈과 은행에서 대출을 받아 부동산에 투자하려고 해. 부동산 가치가 상승하리라는 보장은 없지만 일단 오르기만 하면 큰돈을 벌 수 있어.
> 을 : 난 결혼 자금과 내 집 마련과 같은 미래 지출에 대비해서 은행에 저축하려고 해. 비록 큰 이익은 얻지 못하지만 안정적으로 자산을 늘릴 수 있어.

① 갑의 행위는 투자보다 투기에 가깝다.

② 갑은 자산을 주로 실물 자산으로 보유하고자 한다.

③ 을은 자산을 주로 금융 자산으로 보유하고자 한다.

④ 을은 자산을 늘리기 위해 현재의 소비를 줄이려 할 것이다.

⑤ 갑의 행위는 을의 행위에 비해 금융 시장의 안정적인 성장에 이바지한다.

649

빈칸 (가)에 들어갈 수 있는 내용만을 〈보기〉에서 고른 것은?

> 가계 부채가 크게 증가하여 2018년에 1,500조 원을 넘어섰다. 가계 부채가 많아지면 빚 상환 부담이 커지므로 가계의 경제적 어려움도 커진다. 그뿐만 아니라 가계 부채의 증가는 _____(가)_____

【 보기 】
ㄱ. 가계의 소비 증가를 가져온다.
ㄴ. 이자까지 갚아야 하는 부담이 커진다.
ㄷ. 기업의 생산과 고용 증가로 이어진다.
ㄹ. 국가 경제가 침체의 악순환에 빠지는 원인이 될 수 있다.

① ㄱ, ㄴ   ② ㄱ, ㄷ   ③ ㄴ, ㄷ
④ ㄴ, ㄹ   ⑤ ㄷ, ㄹ

3. 신용 관리

650

을의 조언에 따른 갑의 경제적 행위만을 〈보기〉에서 고른 것은?

> 갑 : 제 개인 신용이 매우 나빠서 걱정이에요.
> 을 : 부채가 지나치게 많네요. 소득보다 많은 부채를 줄이는 것이 중요해요.

【 보기 】
ㄱ. 합리적 소비를 통해 카드 지출을 줄였다.
ㄴ. 실물 자산을 처분하여 현금 보유량을 늘렸다.
ㄷ. 현금 서비스를 받아 자녀의 대학 등록금을 냈다.
ㄹ. 보유 중인 주식을 팔아 대출금 일부를 상환하였다.

① ㄱ, ㄴ   ② ㄱ, ㄹ   ③ ㄴ, ㄷ
④ ㄴ, ㄹ   ⑤ ㄷ, ㄹ

★651 빈출

다음의 (가)를 관리하는 방법에 대한 옳은 설명만을 〈보기〉에서 고른 것은?

> _(가)_ 은/는 금융 소비자가 대출을 약속대로 상환할 가능성을 수치화한 지표로, 금융 소비자의 신용 거래 조건을 결정하는 중요한 기준이다. _(가)_ 은/는 나빠지는 것보다 좋아지는 것이 더 어려우므로 관리에 신경을 써야 한다.

【 보기 】
ㄱ. 매번 다른 금융 기관을 이용한다.
ㄴ. 연체가 발생하지 않도록 주의한다.
ㄷ. 신용 카드 현금 서비스를 자제한다.
ㄹ. 대출 시 상환 능력보다 경제적 필요를 우선시한다.

① ㄱ, ㄴ   ② ㄱ, ㄷ   ③ ㄴ, ㄷ
④ ㄴ, ㄹ   ⑤ ㄷ, ㄹ

652

빈칸 (가)에 들어갈 내용으로 가장 적절한 것은?

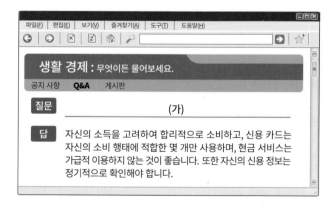

① 수입을 늘리려면 어떻게 해야 할까요
② 올바른 신용 관리 방법을 알려 주세요
③ 가계 부채를 어떻게 줄일 수 있을까요
④ 불경기를 벗어나려면 어떻게 해야 할까요
⑤ 금융 사기 피해를 예방하는 방법을 알려 주세요

653

⊙에 대한 설명으로 옳지 <u>않은</u> 것은?

> 경제생활을 하다 보면 큰돈이 필요한데 모아 놓은 돈이 부족할 때가 있다. 이때는 돈을 빌려서 충당하고 나중에 갚아야 한다. 그런데 돈을 빌리기 위해서는 (⊙)이/가 있어야 한다.

① ⊙이 나쁘면 대출을 받기 어렵다.
② ⊙이 나쁘면 취업에 불리하게 작용한다.
③ 우리나라에서는 ⊙의 정도에 따라 점수를 부여하고 있다.
④ 일반적으로 하나의 은행을 정하여 거래하면 ⊙이 낮아진다.
⑤ 대출 금액, 카드 거래 실적, 연체 사실 등을 종합적으로 고려하여 ⊙을 평가한다.

654

개인 신용 관리 방법에 대해 모두 옳게 응답한 학생은?

방법＼학생	갑	을	병	정	무
주거래 금융 기관을 다양하게 정하여 거래하는 것이 좋다.		✓		✓	✓
연체를 상환할 때에는 오래된 것보다는 가까운 것부터 상환한다.			✓	✓	
주기적인 결제 대금은 자동 이체를 활용하는 것이 좋다.	✓		✓		✓

* 맞는 답에 '✓' 표시를 함

① 갑　　② 을　　③ 병　　④ 정　　⑤ 무

1등급을 향한 서답형 문제

[655~656] 다음을 읽고 물음에 답하시오.

> **하우스 푸어 전성시대, 나의 슈바베 지수는?**
> 가계의 총지출 중에서 주거비가 차지하는 비중을 '슈바베 지수'라고 한다. 이때 주거비는 월 임차료뿐만 아니라 주택 담보 대출 상환 원리금, 주택 유지와 관리비 등 주택과 관련된 비용을 모두 포함한다. 선진국에서는 슈바베 지수를 빈곤의 척도로 사용하는데, 우리나라 슈바베 지수는 2008년 9.8%로 최저치였으나, 2010년 10.1%, 2011년 10.4%, 2013년 10.8%로 꾸준히 상승하는 추세이다.

655

선진국에서 슈바베 지수를 빈곤의 척도로 사용하는 이유를 쓰시오.

656

우리나라의 슈바베 지수가 꾸준히 상승하는 이유를 서술하시오.

[657~658] 다음을 읽고 물음에 답하시오.

> (⊙)은/는 개인이 빚을 갚을 능력이 없거나 그러한 상태가 발생할 우려가 있을 때 장래에 최대 5년까지 채무를 갚으면 나머지 빚은 법원이 모두 면책해 주는 제도이다.

657

⊙에 들어갈 알맞은 용어를 쓰시오.

658

⊙과 같은 제도 외에 법원을 통한 신용 회복 제도를 쓰고 그 내용을 서술하시오.

적중 1등급 문제

» 바른답·알찬풀이 57쪽

659

표는 어느 가계의 2021년 3월 수입과 지출 내역을 나타낸다. 이에 대한 옳은 분석만을 〈보기〉에서 고른 것은?

(단위 : 만 원)

수입		지출	
항목	금액	항목	금액
㉠ 급여	200	식료품비	50
상여금	50	세금	30
㉡ 주식 배당금	20	건강 보험료	40
㉢ 국민연금	30	대출 이자	20
		통신비	30

* 처분 가능 소득=소득-비소비 지출

〔 보기 〕
ㄱ. ㉠은 사업 소득이다.
ㄴ. ㉡은 재산 소득, ㉢은 이전 소득이다.
ㄷ. 소비 지출액은 110만 원이다.
ㄹ. 처분 가능 소득은 210만 원이다.

① ㄱ, ㄴ   ② ㄱ, ㄷ   ③ ㄴ, ㄷ
④ ㄴ, ㄹ   ⑤ ㄷ, ㄹ

660

표는 어떤 가계의 소득 구성 변화를 나타낸다. 전월 대비 9월에 대한 설명으로 옳지 않은 것은?

(단위 : 만 원)

구분	2021년 8월	2021년 9월
회사 급여	300	350
가게 운영 수익	300	250
국민연금	50	50
경조금	0	50
합계	650	700

① 근로 소득이 증가하였다.
② 사업 소득이 감소하였다.
③ 이전 소득은 변함이 없다.
④ 경상 소득은 600만 원이다.
⑤ 비경상 소득이 발생하였다.

661

표는 갑의 재무 현황을 나타낸다. 이에 대한 옳은 설명만을 〈보기〉에서 고른 것은?

(가)		(나)	
아파트	3억 원	은행 대출금	1억 원
자동차	3,000만 원	차 할부금	800만 원
현금	500만 원		
예금	1,500만 원		
채권	300만 원		
주식	500만 원		

〔 보기 〕
ㄱ. (가)는 자산, (나)는 부채이다.
ㄴ. 아파트는 유동성이 높은 자산이다.
ㄷ. 은행 대출을 받기 위해서는 신용이 요구된다.
ㄹ. 자동차 할부는 과도한 소비 지출을 줄일 수 있으므로 적극적으로 이용하는 것이 좋다.

① ㄱ, ㄴ   ② ㄱ, ㄷ   ③ ㄴ, ㄷ
④ ㄴ, ㄹ   ⑤ ㄷ, ㄹ

662

다음 직장인 갑에게 해 줄 수 있는 조언으로 적절하지 않은 것은?

직장인 갑은 할부로 자동차를 구매하였는데 할부금을 연체하여 신용이 급락하였다. 이후 전세 자금 마련을 위해 은행에서 5천만 원을 대출받고자 하였으나 A 은행으로부터는 대출을 거절당하였고 B 은행으로부터는 이전보다 높은 대출 이자를 부담해야 한다는 말을 들었다. 갑은 지금부터라도 자산 관리의 원칙을 파악하여 신용을 관리해야겠다고 생각하였다.

① 주기적인 결제 대금은 자동 이체를 활용하세요.
② 연체를 상환할 때에는 오래된 것부터 상환하세요.
③ 소액이라도 절대 연체하지 않는 습관을 기르세요.
④ 자신의 신용 정보 현황을 주기적으로 확인하세요.
⑤ 신용 점수를 높이기 위해 신용 카드를 더 많이 쓰세요.

663

표는 갑의 월별 소득 및 지출 관련 자료이다. 이에 대한 분석으로 옳은 것은? (단, 갑의 저축은 매월 10만 원으로 동일하다.)

(단위 : 만 원)

구분	7월	8월	9월
소득	230	240	230
경상 소득	220	210	210
비소비 지출	20	20	20

* 처분 가능 소득 = 소득 - 비소비 지출
** 저축 = 처분 가능 소득 - 소비 지출

① 소득 대비 저축의 비(比)는 8월이 가장 크다.
② 정기적으로 발생하는 소득은 8월에 가장 많다.
③ 소비 지출 대비 비소비 지출의 비(比)는 7월이 가장 크다.
④ 소득과 처분 가능 소득 간의 차이는 7월과 9월이 동일하다.
⑤ 처분 가능 소득에서 저축이 차지하는 비율은 9월이 가장 높다.

664

다음은 갑의 월간 수입과 지출 항목을 나타낸다. 밑줄 친 ㉠~㉺에 대한 설명으로 옳지 않은 것은?

수입	지출
㉠ 월급	㉤ 근로 소득세
㉡ 주식 배당금	㉥ 사회 보험료
㉢ 정기 예금 이자	㉦ 대출 이자
㉣ 자녀 결혼 축하금	㉧ 식료품비

① ㉠, ㉡은 모두 경상 소득에 해당한다.
② ㉢은 ㉡과 달리 재산 소득에 해당한다.
③ ㉣은 ㉠과 달리 비경상 소득에 해당한다.
④ ㉤, ㉥은 모두 비소비 지출에 해당한다.
⑤ ㉧은 ㉦과 달리 소비 지출에 해당한다.

665

표는 소득의 유형에 따라 구분한 것이다. 이에 대한 설명으로 옳은 것은?

	㉡	근로자로 고용되어 노동을 제공한 대가로 얻은 소득
㉠	사업 소득	자영업자나 고용주의 지위에서 사업을 경영하여 얻은 소득
	재산 소득	㉢
	이전 소득	㉣
㉤		비정기적이고 일시적 요인에 의해 얻은 소득

① ㉠의 예로 '퇴직금'을 들 수 있다.
② ㉡은 정기적으로 발생하는 소득이다.
③ ㉢에는 '생산에 참여하지 않고 얻은 소득'이 들어갈 수 있다.
④ ㉣의 예로 '상가 임대 수입'을 들 수 있다.
⑤ ㉤에는 재산을 이용하여 얻은 수입이 포함된다.

666

교사의 질문에 대한 옳은 답변만을 〈보기〉에서 고른 것은?

올바른 신용 관리 방법을 발표해 볼까요?

신용 관리
· 신용이란 : 채무자의 부채 상환 능력 또는 그에 대한 사회적 평가
· 신용 관리의 중요성 : 현대 사회의 금융 거래는 신용을 바탕으로 하기 때문에 신용 관리가 중요함
· 신용 관리 방법

[보기]

ㄱ. 채무를 피하기 위해 무조건 현금을 사용해야 합니다.
ㄴ. 신용 카드는 자신의 상환 능력 내에서 사용해야 합니다.
ㄷ. 자신의 신용 및 재무 상태를 정기적으로 점검해야 합니다.
ㄹ. 연체를 하더라도 채무는 최대한 상환을 늦추는 것이 좋습니다.

① ㄱ, ㄴ ② ㄱ, ㄷ ③ ㄴ, ㄷ
④ ㄴ, ㄹ ⑤ ㄷ, ㄹ

17 Ⓥ 경제생활과 금융

자산 관리와 금융 상품

☑ 출제 포인트 ☑ 자산 관리의 원칙 ☑ 금융 상품의 유형

1. 자산 관리의 이해

1 자산의 의미와 중요성

(1) 자산

① 의미 : 개인이나 단체가 보유한 경제적 가치가 있는 유·무형의 물품 및 권리 → 현재 또는 미래 수입의 원천이 됨

② 크게 금융 자산과 실물 자산으로 구분

(2) 자산 관리의 중요성

① 저금리 시대 → 예금만으로는 필요한 자산 확보가 어려움

② 평균 수명 연장 → 충분한 노후 대비가 필요함

★2 자산 관리의 원칙 ⓒ 136쪽 683번 문제로 확인

(1) 안전성

① 어떤 자산의 가치가 온전하게 보전될 수 있는 정도

② 일반적으로 예금은 안전성이 높고, 주식은 안전성이 낮음

(2) 수익성

① 투자한 금융 상품으로부터 이익을 기대할 수 있는 정도

② 일반적으로 주식의 수익성이 높은 편임

(3) 유동성

① 어떤 자산을 빠르고 쉽게 현금으로 전환할 수 있는 정도

② 토지나 주택과 같은 부동산은 유동성이 낮은 편임

(4) 필요성

① 수익성이 높은 금융 상품은 안전성이 떨어져 원금 손실의 위험이 있고, 안전한 금융 상품은 일반적으로 수익성이 낮음

② 안전성과 수익성은 상충 관계에 있어 자산을 선택하기가 쉽지 않음

(5) 분산 투자의 원리

① 여러 개의 금융 상품에 적절히 분산 투자해야 한다는 것

② 개별 자산이 갖는 특성을 충분히 고려하여 개인의 만족을 극대화할 수 있는 최적의 포트폴리오를 선택함

자료 **보물찾기와 자산 관리** ⓒ 136쪽 682번 문제로 확인

각자 두 개의 보물을 숨기고 보물을 찾는 사람이 그 보물을 가질 수 있으며 다른 사람들이 찾지 못한 보물은 원래 주인의 것이 된다. 이때 두 개의 보물을 한 장소에 숨겼을 경우 만약 발견되지 않으면 두 개의 보물을 모두 지킬 수 있지만 반대의 경우에는 한 꺼번에 보물을 모두 잃게 된다. 하지만 두 개의 보물을 각각 다른 장소에 숨겼을 때는 하나가 발견되더라도 남은 하나의 보물은 지킬 수 있다. 자산 관리도 마찬가지이다.

〔분석〕 보물을 숨길 때 어떻게 숨기는 것이 가장 좋을지 합리적으로 선택하는 것처럼 자산 관리도 어떤 자산을 어떻게 구성할 것인지 선택해야 한다. 일반적으로 안전성을 선택하면 수익성이 낮고 수익성을 선택하면 안전성이 낮아진다. 이때 개인의 성향에도 영향을 받게 되므로 자산 관리의 목적 및 기간에 따라 합리적으로 자산을 관리하는 것이 바람직하다.

2. 다양한 금융 상품

★1 예금 상품 ⓒ 137쪽 686번 문제로 확인

(1) 요구불 예금

① 자유롭게 입금과 출금을 할 수 있는 금융 상품

② 돈을 맡겨 놓고 필요할 때마다 돈을 찾거나 이체하는 용도로 쓰임 → 보통 예금

(2) 저축성 예금

① 일정 금액의 돈을 일정 기간 맡겨 두고 이자를 받는 금융 상품

② 정기 예금 : 일정 금액을 한꺼번에 맡겨 두었다가 만기가 되면 원리금을 돌려받는 금융 상품

③ 정기 적금 : 일정 기간 일정 금액의 돈을 금융 기관에 적립하여 만기일에 원리금을 받는 금융 상품

★2 금융 투자 상품 ⓒ 137쪽 688번, 689번 문제로 확인

(1) 주식

① 기업의 소유 지분을 받는 대가로 자금을 투자한 사람에게 발행되는 증서

② 국내 및 해외의 경제 여건, 투자한 기업의 경영 실적 등에 따라 주식의 가격이 변하기 때문에 가격 변동에 따른 위험성이 큰 금융 상품

(2) 채권

① 국가, 지방 자치 단체, 기업 등이 미래에 일정한 이자를 지급할 것을 약속하고 자금을 빌리면서 발행하는 증서

② 상환 금액과 만기가 정해져 있고, 주로 정부와 같은 신용도가 높은 곳에서 발행하므로 비교적 안전성이 높음

(3) 펀드

① 전문 운용 기관이 여러 사람으로부터 자금을 모아 주식, 채권 등에 투자하고 그 결과에 따라 수익을 돌려주는 금융 상품

② 소액 투자 가능, 투자 전문가가 대신 운용 → 원금 손실에 대한 책임은 투자자가 부담함

3 보험 미래에 당할지 모를 사고에 대비하여 평소에 보험료를 회사에 내고 사고가 나면 약속한 보험금을 받는 금융 상품

사회 보험	민영 보험
· 국가나 공공 단체가 운영 · 어느 정도의 강제성을 지님 📌 국민 건강 보험, 고용 보험 등	· 민간 단체나 민영 회사가 운영 · 필요에 따라 자발적으로 가입 📌 생명 보험, 손해 보험 등

4 연금

(1) 의미 노후 생활의 안정을 위해 경제 활동 기간에 벌어들인 소득의 일부를 적립하는 제도

(2) 공적 연금, 퇴직 연금, 개인연금 등 → 자신의 상황에 맞는 연금에 가입하여 노후를 대비함

분석 기출 문제

» 바른답·알찬풀이 58쪽

핵심 개념 문제

•• 빈칸에 들어갈 알맞은 용어를 쓰시오.

667 (　　　　　)(이)란 개인이나 단체가 보유한 경제적 가치가 있는 유·무형의 물품 및 권리를 말한다.

668 자산 관리에서 '달걀을 한 바구니에 담지 말라.'라는 말은 (　　　　　)의 중요성을 강조한 말이다.

669 일상생활에서 다양한 사고와 재난을 겪을 수 있는데, 이러한 위험에 대비하기 위한 금융 상품이 (　　　　　)(이)다.

•• 다음 내용이 맞으면 ○표, 틀리면 ×표를 하시오.

670 안전성은 자신이 투자한 자산의 가치가 줄어들지 않고 안전하게 보호될 수 있는 정도를 의미한다.　　(　　　)

671 수익성은 투자한 금융 상품으로부터 이익을 기대할 수 있는 정도를 의미한다.　　(　　　)

672 예금은 주식회사가 자금을 마련하기 위해 투자자로부터 돈을 받고 발행하는 증서이다.　　(　　　)

•• 자산의 특성과 그 의미를 바르게 연결하시오.

673 수익성 •　　　　• ㉠ 재산 가치의 보장 정도

674 안전성 •　　　　• ㉡ 미래에 가치 상승의 가능성

675 유동성 •　　　　• ㉢ 현금으로 전환하기 쉬운 정도

•• 다음 중 알맞은 것을 고르시오.

676 일반적으로 (㉠주식, ㉡은행 예금)의 수익성이 더 높다.

677 채권은 상환 금액과 만기가 정해져 있고 정부와 같은 신용도가 높은 곳에서 발행하므로 비교적 (㉠안전성, ㉡수익성)이 높다.

•• 다음 내용과 관련 있는 금융 상품을 〈보기〉에서 고르시오.

678 일정 금액의 돈을 맡겨 두고 이자를 받는 상품 (　　　)

679 경제 활동 기간에 번 소득의 일부를 적립하여 은퇴 이후 일정 금액을 받는 상품 (　　　)

┌─[보기]──────────────────┐
ㄱ. 연금　　　ㄴ. 저축성 예금　　　ㄷ. 보험
└──────────────────────────┘

680

그림은 경제 수업 내용을 정리한 노트의 일부이다. (가)~(다)에 대한 옳은 설명만을 〈보기〉에서 고른 것은? (단, (가)~(다)는 각각 정기 예금, 주식, 채권 중 하나이다.)

금융 상품의 일반적인 특성 비교
• 수익성: (다) > (가) > (나)
• 안전성: (나) > (가) > (다)
• 유동성: _____ ㉠

┌─[보기]──────────────────────┐
ㄱ. ㉠에는 '(다) > (나) > (가)'가 적절하다.

ㄴ. (나)는 (가)와 달리 예금자 보호 제도의 적용을 받는다.

ㄷ. (나)와 (다)는 모두 시세 차익을 얻을 수 있다.

ㄹ. (다)는 (가), (나)와 달리 배당 수익을 기대할 수 있다.
└──────────────────────────────┘

① ㄱ, ㄴ　　　② ㄱ, ㄷ　　　③ ㄴ, ㄷ

④ ㄴ, ㄹ　　　⑤ ㄷ, ㄹ

681

표는 금융 상품 (가)~(다)를 비교한 것이다. 이에 대한 옳은 설명만을 〈보기〉에서 고른 것은? (단, (가)~(다)는 각각 예금, 주식, 채권 중 하나이다.)

기준＼금융 상품	(가)	(나)	(다)
수익성	++++	+	++
안전성	+	++++	++

* +가 많을수록 그 정도가 강함

┌─[보기]──────────────────────┐
ㄱ. (가)는 채권에 해당한다.

ㄴ. (다)는 (나)와 달리 시세 차익을 기대할 수 있다.

ㄷ. (나)는 (가)에 비해 원금 손실의 위험이 낮은 편이다.

ㄹ. (다)는 (가)와 달리 배당 수익을 기대할 수 있다.
└──────────────────────────────┘

① ㄱ, ㄴ　　　② ㄱ, ㄷ　　　③ ㄴ, ㄷ

④ ㄴ, ㄹ　　　⑤ ㄷ, ㄹ

빈출
682

그림은 갑국의 경제 상황과 시기에 따른 가계의 자산 구성 변화를 나타낸다. 이에 대한 설명으로 옳은 것은?

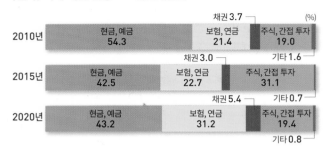

① 현금, 예금보다 보험, 연금의 비중이 더 높다.
② 주식, 간접 투자의 비중은 갈수록 높아지고 있다.
③ 2020년에는 노후 대비에 대한 불안감이 반영되었다.
④ 경제의 불확실성이 감소하면서 자산 구성이 변화되었다.
⑤ 안전성이 낮은 자산의 비중은 2015년 이후 높아지고 있다.

빈출
683

다음 ㉠~㉢에 대한 설명으로 옳은 것은?

> ㉠ : 어떤 금융 상품의 가격 상승이나 이자 수익을 기대할 수 있는 정도
> ㉡ : 어떤 금융 상품의 원금에 손실이 발생하지 않을 가능성의 정도
> ㉢ : 필요할 때 쉽게 현금으로 전환할 수 있는 정도

① 일반적으로 ㉠이 높은 금융 상품은 ㉡이 낮다.
② ㉠이 높은 금융 상품에는 예금이 있다.
③ ㉡이 낮은 금융 상품에는 주식이 있다.
④ ㉢은 현금이 가장 낮고, 토지가 가장 높다.
⑤ ㉢보다 ㉠, ㉡을 고려하는 것이 합리적이다.

---

2. 다양한 금융 상품

684

밑줄 친 ㉠~㉣에 대한 설명으로 옳은 것은?

> 갑 : 어제 정기 적금이 만기가 되어 3천만 원의 목돈이 생겼는데 어떻게 하면 좋을까?
> 을 : ㉠ 주식에 투자해. ○○ 관련 주가가 상승 중이거든.
> 병 : 요금 ㉡ 채권에 투자하는 사람도 많아졌어.
> 정 : □□ ㉢ 정기 예금에 가입해. 3년 만기 상품이야.
> 무 : ◇◇ 은행에 노후 생활의 안정을 위해 자금을 적립하고 노령이나 퇴직 등의 사유가 발생했을 때 급여를 받는 ㉣ △△ 상품이 새로 나왔어.

① ㉠은 간접 금융의 방식이다.
② ㉡은 ㉠에 비해 수익성은 높지만 안전성이 낮다.
③ ㉢은 시세 차익과 배당금을 기대할 수 있다.
④ ㉣은 노후 생활의 안정을 위한 상품이다.
⑤ ㉠은 ㉢, ㉣에 비해 원금 손실의 위험이 낮다.

685

표는 갑~병의 금융 상품별 투자 비중을 나타낸다. 이에 대한 분석으로 옳지 <u>않은</u> 것은?

(단위 : %)

구분	갑	을	병
주식	100	–	40
채권	–	50	30
정기 예금	–	50	30

① 갑은 배당금을 받을 수 있는 상품에 투자하였다.
② 을은 대부분 안전성 위주의 상품에 투자하였다.
③ 병의 투자 상품에는 시세 차익을 기대할 수 있는 것이 있다.
④ 갑은 을보다 수익성이 높은 상품을 선호한다.
⑤ 병은 을보다 안전성이 높은 상품을 선호한다.

★빈출 686

그림은 갑이 보유하고 있는 금융 자산의 구성을 나타낸다. 이에 대한 옳은 설명만을 〈보기〉에서 고른 것은?

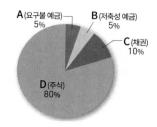

A(요구불 예금) 5% B(저축성 예금) 5%
C(채권) 10%
D(주식) 80%

┌─[보기]─
│ ㄱ. A는 B보다 유동성이 높다.
│ ㄴ. B는 예금자 보호 제도의 대상이 아니다.
│ ㄷ. 일반적으로 C는 D보다 안전성이 높다.
│ ㄹ. 갑은 수익성보다 안전성을 우선시하는 투자 성향을 보인다.
└─

① ㄱ, ㄴ   ② ㄱ, ㄷ   ③ ㄴ, ㄷ
④ ㄴ, ㄹ   ⑤ ㄷ, ㄹ

687

다음 자료에 대한 옳은 설명만을 〈보기〉에서 고른 것은?

┌─
│ 갑은 금융 상품 A~C 중 하나를 선택하려고 한다.
│ • A : 이자를 받기 위한 목적으로 약정 기간 매달 일정 금액을 은행에 입금하여 목돈을 만드는 상품
│ • B : 기업에 자금을 투자한 사람에게 그 대가로 회사 소유권의 일부를 주고 회사의 수익과 손실을 함께 책임지는 상품
│ • C : 국가나 공공 기관 또는 금융 기관 등이 투자자로부터 자금을 빌리면서 일정 기간 뒤에 원금에 확정된 이자를 더하여 지급하는 상품
└─

┌─[보기]─
│ ㄱ. A는 예금, B는 채권이다.
│ ㄴ. C는 B보다 안전성이 낮다.
│ ㄷ. 일반적으로 A보다 B의 안전성이 낮다.
│ ㄹ. 일반적으로 B와 달리 A, C는 만기가 있다.
└─

① ㄱ, ㄴ   ② ㄱ, ㄷ   ③ ㄴ, ㄷ
④ ㄴ, ㄹ   ⑤ ㄷ, ㄹ

[688~689] 다음을 읽고 물음에 답하시오.

┌─
│ 일반적으로 금융 상품을 선택할 때에는 ㉠안전성, ㉡수익성, ㉢유동성을 고려해야 한다. 금융 상품은 크게 ㉣예금, ㉤주식, ㉥채권, ㉦보험, ㉧연금으로 나눌 수 있다.
└─

★빈출 688

밑줄 친 ㉠~㉢에 대한 옳은 설명만을 〈보기〉에서 고른 것은?

┌─[보기]─
│ ㄱ. 일반적으로 ㉠이 높은 금융 상품은 ㉡이 낮다.
│ ㄴ. ㉡이 높은 금융 상품은 원금 손실의 위험이 있다.
│ ㄷ. 자산 관리를 위해서는 ㉡만을 추구하는 것이 가장 좋다.
│ ㄹ. 일반적으로 ㉡이 높으면 ㉢이 높다.
└─

① ㄱ, ㄴ   ② ㄱ, ㄷ   ③ ㄴ, ㄷ
④ ㄴ, ㄹ   ⑤ ㄷ, ㄹ

★빈출 689

밑줄 친 ㉣~㉧에 대한 설명으로 옳지 않은 것은?

① ㉣에는 요구불 예금과 저축성 예금이 있다.
② ㉤은 시세 차익을 얻을 수 있다.
③ ㉥은 주로 기업이나 정부가 발행한다.
④ ㉦은 높은 수익을 가져다주지만 위험성도 높다.
⑤ 국민연금, 퇴직 연금, 개인연금 등은 ㉧에 해당한다.

690

교사의 질문에 대한 학생의 답변으로 옳지 않은 것은?

┌─
│ 교사 : 회사에서는 주식과 채권을 발행해요. 주식과 채권에 대해 발표해 볼까요?
│ 학생 : _____
└─

① 주식은 채권보다 수익성이 높은 편입니다.
② 채권은 주식보다 안전성이 높은 편입니다.
③ 주식 투자자는 채권 소유자와 달리 회사 경영에 참여할 수 있습니다.
④ 주식에 투자한 자금은 회사의 부채이지만, 채권에 투자한 자금은 회사의 자본금이 됩니다.
⑤ 주식 투자자는 회사의 이윤이 많아지면 배당금이 증가하지만, 채권은 확정된 금액만 받을 수 있습니다.

691

(가), (나)에 대한 옳은 설명만을 〈보기〉에서 고른 것은?

> (가) 미래에 당할지 모를 사고에 대비하여 평소에 보험료를 보험사에 내고 사고가 나면 약속한 보험금을 받는 상품
> (나) 자금이 필요한 기업이나 정부가 돈을 빌리면서 언제까지 빌리고, 이자는 언제, 얼마를 줄 것인지를 약속하는 금융 상품

[보기]
ㄱ. (가)는 보험, (나)는 채권이다.
ㄴ. (가)는 여유로운 노후 생활의 보장을 목표로 한다.
ㄷ. (나)는 시세 차익을 기대할 수 없다.
ㄹ. (나)는 원금과 이자에 대한 안전성이 비교적 높은 편이다.

① ㄱ, ㄴ　　　② ㄱ, ㄷ　　　③ ㄱ, ㄹ
④ ㄴ, ㄷ　　　⑤ ㄷ, ㄹ

692

(가), (나)에서 설명하는 금융 상품을 바르게 연결한 것은?

> (가) 일상생활에서 다양한 사고와 재난을 겪을 수 있는데, 이러한 위험에 대비하기 위한 금융 상품
> (나) 자산 운용을 전문으로 하는 금융 기관이 여러 사람으로부터 자금을 모아 주식, 채권 등에 투자하여 운용하고 그 결과에 따라 수익을 돌려주는 간접 투자 상품

	(가)	(나)		(가)	(나)
①	예금	연금	②	예금	펀드
③	보험	펀드	④	보험	채권
⑤	펀드	예금			

🐾 1등급을 향한 서답형 문제

[693~694] 다음을 읽고 물음에 답하시오.

> 효과적인 자산 관리를 위해서는 ⊙ 자산 관리의 원칙을 고려해야 한다. 그러나 일반적으로 모든 요소를 고루 갖춘 금융 상품을 찾는 것은 어렵다. 따라서 자산 관리의 목적 및 기간에 따라 포트폴리오를 구성하여 여러 가지 금융 상품에 분산하여 투자해야 한다.

693

밑줄 친 ⊙에 해당하는 세 가지를 쓰시오.

694

밑줄 친 ⊙을 고려하여 예금과 주식의 특징을 비교하시오.

[695~696] 다음을 읽고 물음에 답하시오.

> (가) 이자를 받을 목적으로 계약 동안 매달 일정 금액을 은행에 입금하여 목돈을 마련하는 상품
> (나) 어떤 기업의 소유 지분을 받는 대가로 자금을 투자한 사람에게 증서를 발행하고 기업의 이익에 따라 배당금을 받는 상품
> (다) 정부나 기업이 필요한 자금을 빌리면서 발생한 일종의 차용 증서로 증서에 명시한 만기에 맞추어 원금과 이자를 지급하는 상품

695

(가)~(다)에 해당하는 금융 상품을 쓰시오. (단, (가)~(다)는 각각 주식, 채권, 정기 적금 중 하나이다.)

696

(가)와 (나)를 수익성과 안전성을 기준으로 비교하여 서술하시오.

적중 1등급 문제

» 바른답·알찬풀이 59쪽

697

다음 자료에 대한 분석으로 옳지 않은 것은?

표는 금융 상품 A~C를 평가한 보고서의 일부이다. 금융 상품에 투자하려는 갑과 을은 이 자료를 바탕으로 각자 자신의 기준에 따라 의사 결정을 하려고 한다.

갑 : 금융 상품에 투자할 때 수익성만 고려해야 해.
을 : 안전성, 수익성, 유동성을 모두 고려해야지.

< 금융 상품 평가표 >

구분	A	B	C
안전성	5	1	3
수익성	1	5	3
유동성	4	3	4

* 수치는 최저 1점, 최고 5점을 기준으로 작성되었음

① A는 주식보다 요구불 예금에 가깝다.
② B는 C보다 수익성은 높지만 유동성은 낮다.
③ 갑은 'B>C>A' 순으로 선호한다.
④ 을은 A와 C를 동일하게 선호한다.
⑤ 갑과 을이 가장 선호하는 금융 상품은 동일하다.

699

그림은 A점을 기준으로 금융 상품의 안전성과 수익성을 나타낸다. 이에 대한 설명으로 옳은 것은?

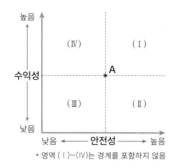

* 영역 (Ⅰ)~(Ⅳ)는 경계를 포함하지 않음

① (Ⅰ), (Ⅱ) 영역은 유동성이 낮다.
② (Ⅱ)와 (Ⅳ) 영역 중 예금은 (Ⅱ)에 가깝다.
③ 회사채와 비교했을 때 국·공채는 (Ⅱ) 영역보다 (Ⅲ) 영역에 가깝다.
④ (Ⅱ) 영역이 채권의 특징이라면 예금의 일반적인 특성은 (Ⅳ)에 속한다.
⑤ 다른 조건이 같다면, (Ⅰ) 영역보다 (Ⅲ) 영역에 투자하는 것이 합리적이다.

698

그림은 포트폴리오 A~D의 위험성과 수익성을 나타낸다. 이에 대한 옳은 분석 및 추론만을 <보기>에서 고른 것은? (단, 투자자는 위험성과 수익성만을 고려한다.)

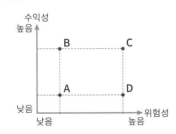

[보기]

ㄱ. B는 D에 비해 수익성과 위험성 모두 낮다.
ㄴ. A는 C에 비해 예금보다 주식 위주로 구성되어 있을 것이다.
ㄷ. 다른 조건이 같다면, A보다 B를 선택하는 것이 합리적이다.
ㄹ. 수익성을 중시하는 투자자가 A와 C 중 하나를 선택해야 한다면, C를 선택할 것이다.

① ㄱ, ㄴ   ② ㄱ, ㄷ   ③ ㄴ, ㄷ
④ ㄴ, ㄹ   ⑤ ㄷ, ㄹ

700

그림은 금융 상품 A~D의 일반적인 특성을 나타낸다. 이에 대한 옳은 설명만을 <보기>에서 고른 것은? (단, A~D는 각각 주식, 채권, 요구불 예금, 저축성 예금 중 하나이다.)

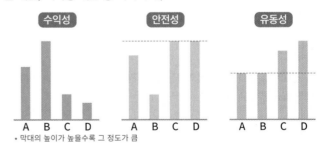

* 막대의 높이가 높을수록 그 정도가 큼

[보기]

ㄱ. A는 채권, B는 주식이다.
ㄴ. 현금화의 정도는 D가 A보다 낮다.
ㄷ. 원금 손실의 위험은 B가 가장 높다.
ㄹ. C는 요구불 예금, D는 저축성 예금이다.

① ㄱ, ㄴ   ② ㄱ, ㄷ   ③ ㄴ, ㄷ
④ ㄴ, ㄹ   ⑤ ㄷ, ㄹ

701

표는 질문에 따라 금융 상품 A~C의 일반적인 특징을 나타낸 것이다. 이에 대한 옳은 설명만을 〈보기〉에서 고른 것은? (단, A~C는 각각 정기 예금, 주식, 채권 중 하나이다.)

구분	A	B	C
시세 차익을 기대할 수 있는가?	예	아니요	예
만기가 존재하는가?	아니요	예	예

[보기]

ㄱ. A는 B와 달리 배당 수익을 기대할 수 있다.
ㄴ. B는 C와 달리 예금자 보호 제도의 적용 대상이다.
ㄷ. C는 A와 달리 이자 수익을 기대할 수 없다.
ㄹ. A와 C는 모두 기업만 발행 주체가 될 수 있다.

① ㄱ, ㄴ   ② ㄱ, ㄷ   ③ ㄴ, ㄷ
④ ㄴ, ㄹ   ⑤ ㄷ, ㄹ

702

표는 갑이 보유한 금융 상품의 상품별 현황을 나타낸다. 이에 대한 설명으로 옳은 것은?

(단위 : 만 원)

정기 예금	주식	채권	정기 적금
300	500	100	100

① 저축성 예금의 총액은 300만 원이다.
② 이자 수익을 기대할 수 있는 상품의 총액은 400만 원이다.
③ 시세 차익을 기대할 수 있는 상품의 총액은 500만 원이다.
④ 배당 수익을 기대할 수 있는 상품의 총액은 600만 원이다.
⑤ 갑이 보유한 금융 자산 중 원금이 보장되는 상품의 비율은 40%이다.

703

그림은 금융 상품 A, B의 일반적인 특징을 도식화하여 나타낸 것이다. 이에 대한 설명으로 옳은 것은? (단, A와 B는 각각 주식과 채권 중 하나이다.)

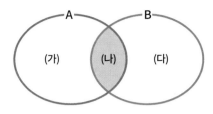

① (가)가 '만기가 존재한다.'이면, A는 주식이다.
② (나)에는 '예금자 보호의 대상이다.'가 들어갈 수 있다.
③ (다)가 '이자 수익을 기대할 수 있다.'이면, B는 채권이다.
④ A가 주식이면, (다)에는 '배당 수익을 기대할 수 있다.'가 들어갈 수 있다.
⑤ B가 채권이면, (가)에는 '시세 차익을 기대할 수 있다.'가 들어갈 수 있다.

704

표는 갑이 보유한 금융 상품의 연도별 비중을 나타낸다. 이에 대한 옳은 설명만을 〈보기〉에서 고른 것은?

(단위 : %)

구분	요구불 예금	저축성 예금	국채	주식
2018년	10	30	30	30
2019년	10	0	50	40
2020년	15	0	40	45

[보기]

ㄱ. 만기가 존재하는 금융 상품의 비중은 2018년이 가장 높다.
ㄴ. 배당 수익을 기대할 수 있는 금융 상품의 비중은 매년 높아지고 있다.
ㄷ. 예금자 보호 제도의 적용을 받은 금융 상품의 비중은 2020년이 가장 높다.
ㄹ. 갑의 금융 자산 규모가 매년 10%씩 증가하였다면, 2019년 대비 2020년에 시세 차익을 기대할 수 있는 금융 자산 규모는 감소하였다.

① ㄱ, ㄴ   ② ㄱ, ㄷ   ③ ㄴ, ㄷ
④ ㄴ, ㄹ   ⑤ ㄷ, ㄹ

18 Ⓥ 경제생활과 금융
생애 주기와 재무 계획

✓ 출제 포인트   ✓ 생애 주기 곡선   ✓ 생애 주기별 특징   ✓ 재무 설계

1. 생애 주기와 재무 목표

1 생애 주기에 따른 소득과 소비

(1) 생애 주기

① 의미 : 인간의 생애를 경제 활동 시기와 관련지어 몇 가지 단계로 나타낸 것

② 각 단계에서 소득과 소비의 불균형을 어떻게 해소하여 자신이 원하는 생활을 유지해 나갈지가 중요함 → 소득을 얻는 시기는 한정되지만 소비는 평생 이루어지기 때문임

(2) 생애 주기별 특징 ⓒ 143쪽 720번 문제로 확인

① 유소년기 : 소득보다 소비가 많은 시기 → 경제적으로 자립하기 어려워 부모의 도움에 의존하는 시기

② 청년기 : 취업으로 소득이 발생하는 시기 → 아직 소득이 적은 편이라 자립 기반이 약한 시기

③ 중·장년기 : 경제 활동이 활발해 소득과 저축이 증가하는 시기 → 자녀 양육, 주택 마련, 노후 준비 등 소비가 많은 시기

④ 노년기 : 은퇴하여 소득이 크게 줄어드는 시기

자료 생애 주기에 따른 소득과 소비 ⓒ 142쪽 717번 문제로 확인

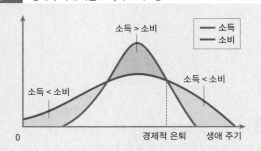

분석 개인의 소득은 대체로 20대부터 50대까지 증가하여 최고점에 이른 후 점점 감소하기 시작한다. 특히 은퇴 이후에는 소득이 급격히 감소하므로 그동안 모은 자산에서 발생하는 소득이나 미리 가입한 연금 등으로 생활해야 한다.

2 생애 주기별 재무 목표

생애 주기	주요 이슈	주요 재무 목표
사회 초년기 (20대)	졸업 및 취직	• 독립 • 주거 자금, 결혼 자금 모으기
가족 형성기 (30대)	• 자녀 출산 및 육아 • 내 집 마련	• 자녀 양육 자금 • 부채 상환(결혼, 주택)
자녀 성장기 (40대)	• 자녀 교육 • 재산 형성	• 자녀 교육비 • 주택 넓히기
가족 성숙기 (50대)	• 자녀 결혼 • 은퇴 및 노후 대비 점검	• 자녀 대학 교육비 • 노후 자금 마련
노후 생활기 (60대 이후)	노후 생활 시작	• 은퇴 후 생활 시작 • 건강 유지 비용, 병원 진료비

2. 재무 설계

1 재무 설계의 정의와 필요성

(1) 의미 생애 주기별로 정한 구체적인 재무 목표에 맞추어 자신의 소비와 지출을 계획하고 실행하는 것

(2) 필요성 누구나 미래는 불확실하므로 개인이 기대하는 생활 수준을 유지하고 목표를 달성하기 위해 꼭 필요함

2 재무 설계의 과정

(1) 재무 목표 설정 자신의 가치관과 기대하는 생활 양식에 적합한 장·단기의 재무 목표를 현실적으로 설정함 예 6개월 후 새 노트북 구입하기(100만 원)

(2) 재무 상태 분석 현재 수입은 얼마이고 어떤 소득으로부터 얼마가 들어오는지, 그 소득이 정기적인지 아니면 일시적인지 등을 파악함 예 현재 자산 20만 원

(3) 목표 달성을 위한 대안 모색 목표 달성을 위해 필요한 자금을 언제까지, 어떻게 마련할 것인지 재무 행동 계획을 수립함 예 5개월 동안 매주 용돈 1만 원씩 모으기

(4) 재무 행동 계획 실행 재무 목표 달성을 위한 계획을 실행함 예 용돈 기입장 작성을 통해 확인한 결과 명절에 받은 용돈은 무조건 저축하기, 집안일 도와드리고 용돈 받기

(5) 재무 실행 평가와 수정 재무 목표 달성 과정에서 나타나는 상황의 변화나 여러 문제점을 파악하여 계획을 수정하거나 재무 목표를 재설정함 예 예상하지 못한 지출로 노트북 구매 2개월 미루기

자료 재테크와 재무 설계 ⓒ 144쪽 725번 문제로 확인

재테크와 재무 설계는 모두 자신이 보유한 자산을 활용하여 더 많은 경제적 이익을 얻기 위해 실행한다는 공통점이 있다. 그러나 재테크와 재무 설계에는 큰 차이점이 있다. 먼저 재테크는 '재무'와 '기술(technology)'의 합성어인 '재무 테크놀로지'를 줄여서 만든 말로, 재산을 불리는 기술을 의미한다. 재테크의 목적은 높은 수익을 얻을 수 있는 금융 상품이나 부동산에 투자해서 자산을 늘리는 것이다. 반면, 재무 설계는 자신의 생애 주기에 따른 예상 소득을 바탕으로 소비와 저축을 합리적으로 설계하는 것을 말한다. 취업 이전의 유소년기부터 퇴직 이후의 노후 생활까지 고려해서 인생 전체의 재무 목표를 정하고 그것을 달성하기 위한 계획을 세우는 것이다. 즉, 재무 설계는 생애 주기를 고려하여 재무 목표를 정하기 때문에 재테크보다 장기적이고 계획적이며 안전성이 높다는 특징이 있다.

분석 재테크가 짧은 시간에 많은 수익을 낼 수 있도록 부동산과 주식 등에 집중적으로 투자하는 방식이라면, 재무 설계는 자산의 특성과 자신의 생애 주기 등을 고려하여 장기적인 재무 계획을 세우는 것이다. 자신의 생애 주기에 따른 예상 소득을 바탕으로 올바른 재무 설계가 필요하다.

분석 기출 문제

>> 바른답·알찬풀이 61쪽

>> 바른답·알찬풀이 61쪽

1. 생애 주기와 재무 목표

•• 빈칸에 들어갈 알맞은 용어를 쓰시오.

705 (   )(이)란 시간의 흐름에 따라 개인이나 가족의 삶이 어떻게 달라지는지를 몇 가지 단계로 나타낸 것이다.

706 생애 주기별로 정한 구체적인 재무 목표에 맞추어 자신의 소비와 지출을 계획하고 실행하는 것을 (   )(이)라고 한다.

•• 다음 내용이 맞으면 ○표, 틀리면 ×표를 하시오.

707 재무 계획은 자신의 현재 수입을 토대로 현재에 어떻게 생활할 것인지를 검토하는 작업이다.   (   )

708 재무 설계는 짧은 시간에 최대한 많은 수익을 얻는 것을 목적으로 한다.   (   )

•• 생애 주기와 주요 재무 목표를 바르게 연결하시오.

709 가족 형성기 •   • ㉠ 건강 유지비

710 자녀 성장기 •   • ㉡ 자녀 교육비

711 노후 생활기 •   • ㉢ 자녀 양육 자금

•• 다음 중 알맞은 것을 고르시오.

712 (㉠ 청년기, ㉡ 노년기)는 소득이 감소하나 소비는 지속하며, 일반적으로 의료와 건강을 위한 지출이 증가한다.

713 중·장년기는 왕성하게 경제 활동을 하는 시기로, 소득이 높고 소비가 (㉠ 많은, ㉡ 적은) 시기이다.

714 (㉠ 사회 초년기, ㉡ 가족 형성기)에는 결혼 자금과 주택 구입 자금 마련 등과 관련된 재무 목표를 세운다.

•• 다음 내용과 관련 있는 개념을 〈보기〉에서 고르시오.

715 높은 수익을 얻기 위해 단기적으로 주식이나 부동산 등에 투자한다.   (   )

716 생애 주기를 고려하여 소비와 저축을 장기적으로 설계하고 재무 관리 계획을 짠다.   (   )

[보기]
ㄱ. 재무 설계   ㄴ. 재테크

빈출
★717

그림은 생애 주기 곡선이다. (가)~(다)에 대한 설명으로 옳지 <u>않은</u> 것은?

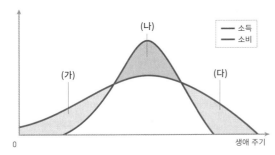

① (가)는 음(−)의 저축을 나타낸다.
② (나) 시기는 경제 활동이 활발해져 소득이 많이 증가한다.
③ (나) 시기에는 소비가 증가하여 현명한 자산 관리가 필요하다.
④ (다)에서는 소비 감소율보다 소득 감소율이 크다.
⑤ (가)와 (다)의 합은 항상 (나)와 같다.

718

그림은 생애 주기에 따른 갑과 을의 저축을 나타낸다. 이에 대한 옳은 분석만을 〈보기〉에서 고른 것은?

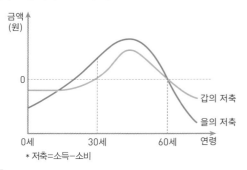

* 저축=소득−소비

[보기]
ㄱ. 30세일 때의 저축은 갑보다 을이 많다.
ㄴ. 60세일 때의 을의 저축은 0원이고, 소득도 0원이다.
ㄷ. 60세까지의 누적 저축액은 갑보다 을이 많다.
ㄹ. 누적 저축액이 최대가 되는 연령은 갑보다 을이 빠르다.

① ㄱ, ㄴ   ② ㄱ, ㄷ   ③ ㄴ, ㄷ
④ ㄴ, ㄹ   ⑤ ㄷ, ㄹ

719

다음 강연을 통해 추론할 수 있는 주제로 가장 적절한 것은?

저는 30대에 중등 교사에 임용되어 처음으로 제가 번 돈으로 부모님께 용돈을 드릴 수 있었습니다. 결혼 후 40~50대에는 집을 마련하고 평범하게 살아가는 중산층이었어요. 그런데 아이들 두 명을 대학에 보내고 해외 유학을 보내는 과정에서 자금이 부족해 살던 집을 팔게 되었습니다. 60대 중반인 지금은 작은 전셋집에서 사는데, 연금을 받아도 예전처럼 사는 것은 꿈도 못 꾸게 되었습니다.

① 금융 자산의 특징
② 분산 투자의 중요성
③ 신용 관리의 중요성
④ 예금자 보호 제도의 필요성
⑤ 생애 주기를 고려한 재무 설계의 필요성

★ 빈출
720

다음은 경제 수업 시간에 정리한 내용의 일부이다. 빈칸 (가)에 들어갈 내용만을 〈보기〉에서 고른 것은?

학습 주제 : 생애 주기에 따른 소득과 소비의 변화

(가)

[보기]
ㄱ. 유소년기는 소득보다 소비가 많다.
ㄴ. 청년기는 가장 왕성한 경제 활동을 하는 시기이다.
ㄷ. 중·장년기에는 경제적 자립을 위한 기반이 갖추어진다.
ㄹ. 중·장년기에는 주택 구입과 자녀 양육으로 지출이 늘어난다.

① ㄱ, ㄴ   ② ㄱ, ㄷ   ③ ㄱ, ㄹ
④ ㄴ, ㄷ   ⑤ ㄷ, ㄹ

721

빈칸 (가)에 들어갈 내용으로 가장 적절한 것은?

개인마다 생애 주기와 추구하는 삶의 방식이 다르므로 재무 목표는 개인적으로 다양하게 설정할 수 있다. 따라서 생애 주기별로 장기와 단기로 구분된 재무 목표와 우선순위를 정하고 필요 자금을 예측하여 이를 계획적으로 달성해 나가는 것이 중요하다. 예를 들어 _____ (가)

① 사회 초년기에는 은퇴 후 생활을 계획해야 한다.
② 가족 형성기에는 건강 유지 비용을 고민해야 한다.
③ 자녀 성장기에는 자녀 양육 자금 마련이 필요하다.
④ 가족 성숙기에는 노후 대비에 대한 점검이 필요하다.
⑤ 노후 생활기에는 독립 및 주거 자금 마련을 고민해야 한다.

722

갑에게 해 줄 수 있는 적절한 충고만을 〈보기〉에서 고른 것은?

갑은 매달 초 받는 용돈을 중순 정도에 다 써 버려 월말에는 하고 싶었던 것을 마음껏 하지 못해 후회한 적이 많다. 갑은 어른이 되어 가정을 꾸려 나갈 때 이런 일이 발생하지 않도록 하려면 어떻게 하는 것이 좋은지 궁금해졌다.

[보기]
ㄱ. 재무 계획을 통해 미래 수입을 예상해야 한다.
ㄴ. 단기 계획보다는 장기 계획을 잘 세워야 한다.
ㄷ. 재정 상태를 파악하여 무리한 계획을 세우지 않아야 한다.
ㄹ. 많은 지출이 예상되는 결혼은 될 수 있으면 미루는 것이 좋다.

① ㄱ, ㄴ   ② ㄱ, ㄷ   ③ ㄴ, ㄷ
④ ㄴ, ㄹ   ⑤ ㄷ, ㄹ

723

시민 A에게 해 줄 수 있는 조언으로 적절하지 <u>않은</u> 것은?

> 기자 : 시민분이 겪는 어려움을 들어 볼까요?
> 시민 A : 맞벌이인데 생각보다 돈이 모이지 않아요. 소득보다 씀씀이가 큰 것 같기는 한데, 그렇다 하더라도 매달 카드 값이 나가고 나면 남는 돈이 별로 없어요.

① 지출과 소득을 모두 관리해야 합니다.
② 자녀에 대한 교육비도 대비해야 합니다.
③ 꼭 필요한 지출과 그렇지 않은 지출을 구분해야 합니다.
④ 노년기에는 소득이 줄기 때문에 지금부터 좋은 소비 습관을 가져야 합니다.
⑤ 고령화로 생애 주기가 짧아지기 때문에 현재의 만족을 위해 소비해야 합니다.

724

(가)~(라) 시기에 대한 설명으로 옳지 <u>않은</u> 것은?

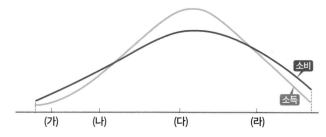

① (가) 시기에는 주로 부모의 소득에 의존한다.
② (나) 시기에는 경제 활동을 시작하지만 소득보다 소비가 더 많다.
③ (다) 시기에는 주택 구입, 자녀 양육비가 소비의 많은 부분을 차지한다.
④ (라) 시기에는 소득이 줄지만 소비가 더 많이 줄어 저축할 수 있다.
⑤ (나), (다) 시기에는 (라) 시기에 대한 대비가 필요하다.

---

2. 재무 설계

★빈출 725

(가)~(라)는 갑의 재무 설계 과정을 나타낸다. 이에 대한 분석으로 옳지 <u>않은</u> 것은?

> (가) 결혼을 1년 앞둔 갑은 결혼 자금을 마련하려는 계획을 세웠다.
> (나) 갑은 현재 자신이 보유한 자산, 월별 수입과 지출 내용을 파악하였다.
> (다) 최근 지출이 늘어 현금이 부족해지자 갑은 주식 투자 비중을 줄이기로 계획을 수정하였다.
> (라) 갑은 월급의 30%를 정기 적금에 넣고, 20%를 주식에 투자하기로 하고 이를 실행하였다.

① (가) 단계에서 갑은 재무 목표를 설정하였다.
② (나) 단계에서는 재무 목표 달성에 필요한 자금 규모를 설정해야 한다.
③ (다) 단계에서 갑은 자신의 지출 변화에 따라 포트폴리오를 수정하였다.
④ (라) 단계에서는 재무 목표에 맞게 포트폴리오를 구성해야 한다.
⑤ 재무 설계는 (가) – (나) – (라) – (다) 순으로 이루어졌다.

726

다음 내용에 해당하는 재무 설계의 과정은?

> • 현재의 수입은 얼마이고 어떤 소득 원천으로부터 얼마가 들어오는지를 파악한다.
> • 정기적인 소득인지 일시적인 소득인지를 파악한다.
> • 항상 들어가는 돈과 그렇지 않은 돈을 구분한다.

① 재무 목표 설정
② 재무 상태 분석
③ 재무 행동 계획 실행
④ 재무 실행 평가와 수정
⑤ 재무 목표 달성을 위한 대안 모색

727

일반적인 재무 설계의 과정을 바르게 나열한 것은?

> (가) 재무 목표 설정
> (나) 재무 상태 분석
> (다) 재무 행동 계획 실행
> (라) 재무 실행 평가와 수정
> (마) 목표 달성을 위한 대안 모색

① (가) – (나) – (다) – (라) – (마)
② (가) – (나) – (라) – (다) – (마)
③ (가) – (나) – (마) – (다) – (라)
④ (가) – (마) – (나) – (라) – (다)
⑤ (가) – (마) – (다) – (라) – (나)

728

다음 글을 뒷받침하는 주장에 모두 옳게 응답한 학생은?

> 우리는 살아가면서 경기 불황, 질병, 조기 퇴직 등 사회적·경제적으로 어려운 상황에 부딪힐 수 있다. 이러한 어려움은 언제 누구에게 발생할지 모르기 때문에 미리 준비해야 한다. 불확실한 미래에 대비하고 생애 주기별 재무 목표를 실행하기 위해서는 재무 설계에 따른 계획적인 금융 생활을 실천해야 한다.

주장 \ 학생	갑	을	병	정	무
평생에 걸친 장기적인 재무 계획이 요구된다.	✓	✓		✓	
저축보다는 소비의 관리 계획이 중요하다.		✓	✓		✓
예상 소득을 바탕으로 소비와 저축을 합리적으로 조정한다.			✓	✓	
세금이나 상속과 관련된 계획을 세우는 것은 포함되지 않는다.	✓				✓

* 맞는 답에 '✓' 표시를 함

① 갑　　② 을　　③ 병　　④ 정　　⑤ 무

[729~730] 그림을 보고 물음에 답하시오.

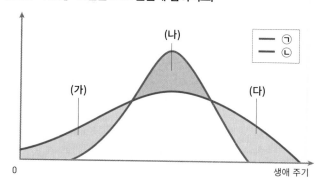

729

㉠, ㉡에 들어갈 알맞은 용어를 쓰시오.(단, ㉠, ㉡은 각각 소득과 소비 중 하나이다.)

730

일반적으로 (가)~(다) 중 은퇴 계획을 수립해야 하는 시기가 언제인지 쓰고 그 이유를 쓰시오.

[731~732] 다음을 읽고 물음에 답하시오.

> 지속할 수 있고 건전한 금융 생활을 위해서는 생애 주기별로 언제, 어느 정도의 자금이 필요한지 예측하여 재무 목표를 설정해야 한다. 이때 현재의 소득이나 자산만을 기준으로 현재의 소비를 결정하는 것이 아니라 전 생애 동안의 예상 소득과 지출을 고려하여 구체적으로 장·단기 재무 목표를 설정해야 한다.

731

사회 초년기에 있는 직장인에게 적합한 재무 목표를 쓰시오.

732

일반적인 재무 설계의 과정을 서술하시오.

적중 1등급 문제

» 바른답·알찬풀이 62쪽

[733~734] 그림은 A 시점부터 남은 일생의 소득과 소비를 일치시키려는 사람의 재무 계획을 나타낸다. 물음에 답하시오

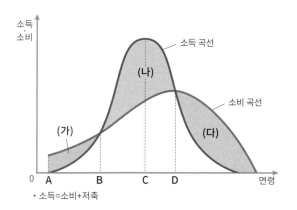

• 소득=소비+저축

733

위 그림에 대한 설명에 모두 옳게 응답한 학생은?

설명＼학생	갑	을	병	정	무
(가)는 양(+)의 저축을 의미한다.	✔		✔	✔	
(가)와 (다)의 합은 (나)와 일치한다.		✔		✔	✔
(나)는 소득에서 소비를 뺀 값으로 양(+)의 저축이다.		✔	✔		✔
노인 일자리 확대는 (다)의 크기 변화에 영향을 준다.	✔		✔	✔	✔

* 맞는 답에 '✔' 표시를 함

① 갑　　② 을　　③ 병　　④ 정　　⑤ 무

734

A~D 시기에 대한 설명으로 옳은 것은? (단, A 시점 이전에는 자산과 부채가 없다.)

① A~B 시기에는 소득이 소비보다 크다.

② B~C 시기에는 소득보다 소비가 지속적으로 증가한다.

③ C~D 시기에는 누적 저축액 증가율이 감소한다.

④ D 시점에는 소득과 소비가 같아 누적 저축액은 0이 된다.

⑤ B~D 시기의 누적 저축액은 D 시점 이후 모두 소비된다.

735

밑줄 친 ⊙~ⓒ에 대한 옳은 설명만을 <보기>에서 고른 것은?

소비자는 현재 소득이 아니라 일생 동안의 소득을 염두에 두고 전 생애에 걸쳐 적절한 소비 수준을 결정한다. 소득이 작은 ⊙ 청년기에는 앞으로의 소득이 커질 것을 예상하고 소득보다 더 높은 소비 수준을 유지한다. ⓒ 중·장년기에 소득 수준이 높아지면 이를 모두 소비하는 것이 아니라 은퇴 후를 대비해 저축을 하게 된다. ⓒ 노년기는 중·장년기에 모아둔 돈을 활용하여 종전의 소비 수준을 어느 정도 유지하는 시기이다.

[보기]

ㄱ. ⊙에는 양(+)의 저축이 이루어진다.

ㄴ. ⓒ에는 소비가 많지 않아 저축액이 증가한다.

ㄷ. ⓒ에는 병원비, 여가비 등의 소비가 큰 비중을 차지한다.

ㄹ. ⓒ에 남은 소득을 ⊙, ⓒ에 쓸 수 있도록 재무 설계를 해야 한다.

① ㄱ, ㄴ　　② ㄱ, ㄷ　　③ ㄴ, ㄷ

④ ㄴ, ㄹ　　⑤ ㄷ, ㄹ

736

그림은 일생 동안의 소득과 소비를 일치시키려는 사람이 작성한 재무 계획을 나타낸다. 이에 대한 설명으로 옳지 않은 것은?

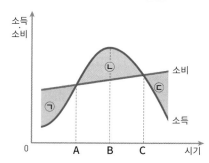

① ⊙과 ⓒ의 합은 ⓒ과 일치한다.

② 소득에 비해 소비는 안정적인 경향을 보인다.

③ A 시기에는 소득과 소비가 일치하여 저축은 0이 된다.

④ A~B 시기에는 소득 증가율이 소비 증가율보다 크다.

⑤ 누적 저축액은 C 시기가 가장 많다.

737

다음은 갑~병의 투자 성향이다. 갑~병에게 적절한 조언만을 〈보기〉에서 고른 것은?

> 갑 : 현금을 수시로 필요로 하고 있어 언제든지 현금을 찾을 수 있어야 합니다.
>
> 을 : 원금 보장보다는 높은 수익을 올릴 수 있는 투자를 선호하고 있습니다.
>
> 병 : 현재 은퇴를 한 상황으로 수익이 적더라도 원금이 안전하게 보장되었으면 합니다.

[보기]
ㄱ. 갑 - 유동성을 중시하므로 요구불 예금을 적극 활용해야 합니다.
ㄴ. 을 - 수익성을 중시하므로 주식보다 정기 예금 비중을 높여야 합니다.
ㄷ. 을 - 시세 차익을 얻을 수 있는 채권이나 주식에 대한 적극적 투자가 필요합니다.
ㄹ. 병 - 안전성을 중시하므로 예금자 보호 제도가 적용되는 금융 상품을 지양해야 합니다.

① ㄱ, ㄴ   ② ㄱ, ㄷ   ③ ㄴ, ㄷ
④ ㄴ, ㄹ   ⑤ ㄷ, ㄹ

738

그림은 생애 주기에 따른 소득과 소비 곡선을 나타낸다. 이에 대한 설명으로 옳은 것은?

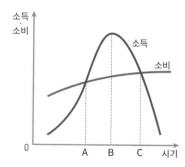

① A에서 누적 저축액이 가장 많다.
② B는 처음으로 저축을 할 수 있는 시기이다.
③ C는 경제적으로 정년에 해당하는 시점이다.
④ A~C 사이에서는 누적 저축액이 지속적으로 감소한다.
⑤ B~C 사이에서는 부채가 지속적으로 감소한다.

739

다음은 재무 설계를 위한 갑의 상담 기초 자료이다. 갑의 재무 상황에 대한 옳은 설명만을 〈보기〉에서 고른 것은?

> 〈재무 설계 상담을 위한 기초 자료〉
> 재무 설계를 위해 다음 질문에 답변해 주십시오.
> 1. 현재의 저축과 부채를 적으시오.
>   : 저축 1억 원, 부채 0원
> 2. 현재부터 은퇴 시점까지 예상 소득과 소비 규모를 적으시오.
>   : 소득 10억 원, 소비 8억 원
> 3. 은퇴 이후 예상 소득과 소비 규모를 적으시오.
>   : 소득 1억 원, 소비 5억 원

[보기]
ㄱ. 예상 저축 총액은 은퇴 후 필요한 추가 자금보다 많다.
ㄴ. 현재의 소득, 소비 추이로 안정적인 노후 생활이 가능하다.
ㄷ. 안정적 노후 생활을 위해 은퇴 전까지 저축을 늘려야 한다.
ㄹ. 노후 생활 대비를 위해 저축에 대한 자산 관리가 필요하다.

① ㄱ, ㄴ   ② ㄱ, ㄷ   ③ ㄴ, ㄷ
④ ㄴ, ㄹ   ⑤ ㄷ, ㄹ

740

표는 갑의 재무 설계 상담 전후의 지출 내역을 정리한 것이다. 상담 후에 대한 옳은 분석만을 〈보기〉에서 고른 것은? (단, 갑의 소득은 상담 전후 변화가 없다.)

상담 전		상담 후	
생활비	400만 원	생활비	300만 원
세금	30만 원	세금	30만 원
사회 보장비	50만 원	사회 보장비	50만 원
정기 적금	100만 원	정기 적금	50만 원
적립식 펀드	20만 원	적립식 펀드	170만 원

* 처분 가능 소득＝소득－비소비 지출

[보기]
ㄱ. 처분 가능 소득이 증가하였다.
ㄴ. 소비 지출 대비 비소비 지출의 비가 높아졌다.
ㄷ. 소득에서 저축이 차지하는 비율이 하락하였다.
ㄹ. 안전성보다 수익성 중심으로 포트폴리오가 변화하였다.

① ㄱ, ㄴ   ② ㄱ, ㄷ   ③ ㄴ, ㄷ
④ ㄴ, ㄹ   ⑤ ㄷ, ㄹ

단원 마무리 문제 🅥 경제생활과 금융

15 금융과 금융 생활

741

그림은 금융 시장의 흐름을 나타낸다. 이에 대한 설명으로 옳지 않은 것은?

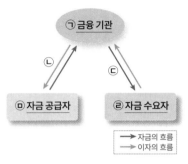

① 시중 은행은 ㉠에 포함된다.
② ㉡은 생산 요소 공급의 대가이다.
③ ㉢은 재화와 서비스 판매의 대가이다.
④ 생산 요소 시장에서 ㉣은 기업이다.
⑤ 생산 요소 시장에서 ㉤은 가계이다.

742

다음 대화에 대한 옳은 설명만을 〈보기〉에서 고른 것은?

> 은행원 : 우리 은행의 ㉠ 정기 예금 금리는 연 2%입니다.
> 갑 : 연간 물가 상승률이 1%에 그칠 거 같은데 예금을 해야 할까요?
> 을 : 물가 상승률이 3%는 될 거 같은데 예금을 해야 할지 고민이에요.

【 보기 】
ㄱ. 갑의 예측이 맞을 경우 ㉠의 실질 이자율은 1%이다.
ㄴ. 갑의 예측이 맞을 경우 ㉠의 원리금은 원금보다 작다.
ㄷ. 을의 예측이 맞을 경우 ㉠의 실질 이자율은 음(−)의 값이다.
ㄹ. 을의 예측이 맞을 경우 ㉠의 예치보다 현금 보유가 유리하다.

① ㄱ, ㄴ   ② ㄱ, ㄷ   ③ ㄴ, ㄷ
④ ㄴ, ㄹ   ⑤ ㄷ, ㄹ

743

표는 갑국의 연도별 물가 상승률과 실질 이자율을 나타낸다. 이에 대한 설명으로 옳은 것은?

(단위 : %)

구분	2019년	2020년	2021년
실질 이자율	2	0	−1
물가 상승률	4	3	2

* 실질 이자율＝명목 이자율－물가 상승률

① 2019년의 명목 이자율이 가장 높다.
② 2020년에는 명목 이자율과 실질 이자율이 같다.
③ 2021년에는 예금보다 현금 보유가 유리하다.
④ 물가 수준은 2020년보다 2021년이 낮다.
⑤ 동일한 금액을 예금하였을 때 원리금의 실질 구매력은 2019년보다 2020년이 높다.

[744~745] 다음 자료를 보고 물음에 답하시오.

> 표는 1,000만 원을 3년간 예치하였을 경우 정기 예금 상품 A, B의 예상 원리금 차이를 나타낸다. 단, 세금 및 거래 비용은 고려하지 않는다.
>
> | 구분 | A | B |
> |---|---|---|
> | 연 금리 | 10% | 10% |
> | 이자 계산 방법 | (가) | (나) |
> | 3년 만기 기준 예상 원리금 | 1,300만 원 | 1,331만 원 |

744

(가), (나)에 들어갈 개념을 쓰시오.

745 🖊 서술형

(가)와 (나)의 차이를 서술하고, 장기간 예금할 경우 (가), (나) 중 어떤 방식이 자산 증식에 유리한지 서술하시오.

16 수입·지출과 신용

746

표는 어떤 가구의 월 소득 변화를 나타낸다. 이에 대한 옳은 설명만을 〈보기〉에서 고른 것은?

10월		11월	
월급	350만 원	월급	350만 원
명절 상여금	200만 원	주식 배당금	100만 원
경조금	500만 원	예금 이자	50만 원

【 보기 】
ㄱ. 10월의 경상 소득은 1,050만 원이다.
ㄴ. 10월 대비 11월에 경상 소득은 50만 원만큼 감소하였다.
ㄷ. 경상 소득 중 근로 소득의 비중은 10월이 11월보다 높다.
ㄹ. 11월의 소득에는 10월과 달리 사업 소득이 포함되어 있다.

① ㄱ, ㄴ   ② ㄱ, ㄷ   ③ ㄴ, ㄷ
④ ㄴ, ㄹ   ⑤ ㄷ, ㄹ

747

다음 대화에 대한 설명으로 옳지 않은 것은?

갑 : 최근 정부에서 경기 (A) 위해 ㉠소득세율을 인하했다는 뉴스를 보았어요.
을 : 중앙은행 또한 기준 금리를 (B)하였고, 그 영향으로 통화량이 증가하여 시중 은행들의 ㉡예금 이자율이 인하되었고, ㉢대출 이자율 또한 인하되었어요.

① A는 '부양'이다.
② B는 '인하'이다.
③ ㉠은 가계의 처분 가능 소득의 증가 요인이다.
④ ㉡은 가계 저축의 감소 요인이다.
⑤ ㉢은 가계 비소비 지출의 증가 요인이다.

748

표는 갑의 연도별 소득을 나타낸다. 이에 대한 설명으로 옳은 것은?

(단위 : 만 원)

구분		2018년	2019년	2020년
㉠	근로 소득	3,500	4,000	4,200
	사업 소득	1,500	1,200	1,000
	㉢	500	400	300
	이전 소득	0	0	100
㉡		500	0	0

① ㉠은 ㉡과 달리 비정기적으로 발생하는 소득이다.
② ㉢은 생산 활동과 관련없이 무상으로 주어지는 소득이다.
③ 자영업자의 이윤이 포함된 소득은 매년 증가하였다.
④ 보유 자산을 이용하여 얻은 소득은 매년 감소하였다.
⑤ 노동을 제공한 대가로 얻은 소득은 2018년에 가장 크다.

[749~750] 그림은 질문에 따라 소득의 유형을 구분한 것이다. 물음에 답하시오. (단, A~C는 각각 사업 소득, 이전 소득, 비경상 소득 중 하나이다.)

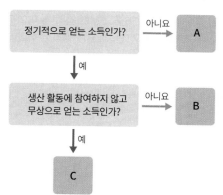

749

A, B, C에 해당하는 소득을 쓰시오.

750 ✔ 서술형

A~C에 해당하는 사례를 그 이유를 포함하여 각각 하나씩 서술하시오.

17 자산 관리와 금융 상품

751

다음 대화에 대한 설명으로 옳은 것은? (단, A~C는 각각 주식, 채권, 예금 중 하나이다.)

> 교사 : 금융 상품 A~C에 대해 이야기해 볼까요?
> 갑 : B, C는 A와 달리 시세 차익을 기대할 수 있습니다.
> 을 : A, C는 B와 달리 배당 수익을 기대할 수 없습니다.
> 교사 : 두 학생 모두 정확하게 설명했어요.

① A는 주주로서의 지위가 부여된다.
② B는 이자 수익을 기대할 수 있다.
③ C는 기업 및 정부가 발행 주체가 될 수 있다.
④ A와 B는 모두 만기가 존재한다.
⑤ A는 C에 비해 안전성이 낮다.

752

표는 기준 (가), (나)에 따라 A, B를 구분한 것이다. 이에 대한 옳은 설명만을 〈보기〉에서 고른 것은? (단, A, B는 각각 주식과 예금 중 하나이다.)

구분		(가)	
		높음	낮음
(나)	높음		A
	낮음	B	

[보기]
ㄱ. (가)가 '안전성'이면, A는 예금이다.
ㄴ. (나)가 '수익성'이면, A는 B와 달리 시세 차익을 기대할 수 있다.
ㄷ. A가 B와 달리 만기가 존재하는 금융 상품이면, (가)에는 '수익성'이 들어갈 수 있다.
ㄹ. B가 A와 달리 이자 수익을 기대할 수 있다면, (나)에는 '안전성'이 들어갈 수 있다.

① ㄱ, ㄴ   ② ㄱ, ㄷ   ③ ㄴ, ㄷ
④ ㄴ, ㄹ   ⑤ ㄷ, ㄹ

753

표는 갑~병의 금융 상품별 투자액을 나타낸다. 이에 대한 설명으로 옳은 것은?

(단위 : 만 원)

구분	갑	을	병
정기 예금	200	100	400
정기 적금	100	100	300
채권	700	0	200
주식	0	800	100

① 갑은 을에 비해 수익성을 중시하고 있다.
② 을은 갑과 달리 이자 수익을 기대할 수 있다.
③ 병은 을과 달리 시세 차익을 기대할 수 있다.
④ 갑은 병과 달리 배당 수익을 기대할 수 없다.
⑤ 갑~병 모두 이자 수익을 기대할 수 있는 금융 상품의 비중이 50%를 초과한다.

[754~755] 표는 질문에 따라 금융 상품 A~C를 구분한 것이다. 물음에 답하시오. (단, A~C는 각각 예금, 주식, 채권 중 하나이다.)

질문	A	B	C
만기가 있는가?	예	아니요	예
시세 차익을 기대할 수 있는가?	예	예	아니요
(가)	㉠	㉡	㉢

754

A~C에 해당하는 금융 상품을 쓰시오.

755 ✐ 서술형

(가)에 들어갈 수 있는 질문을 두 가지 제시하고, 각각의 질문에 대해 ㉠~㉢에 들어갈 응답을 서술하시오.

756

그림은 기준에 따라 금융 상품 A, B를 비교한 것이다. 이에 대한 설명으로 옳은 것은? (단, A, B는 각각 예금과 주식 중 하나이다.)

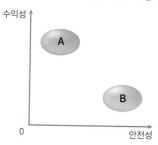

* 원점에서 멀어질수록 '높음'을 의미함

① A는 만기가 존재하는 금융 상품이다.
② B는 일정 한도까지 원금이 보호된다.
③ A와 B 모두 시세 차익을 기대할 수 있다.
④ A는 B에 비해 원금 손실의 가능성이 낮다.
⑤ B는 A와 달리 배당 수익을 기대할 수 있다.

757

다음 대화에 대한 옳은 설명만을 〈보기〉에서 고른 것은? (단, A, B는 각각 예금과 주식 중 하나이다.)

사회자 : 자신의 투자 경험에 대해 이야기해 볼까요?
갑 : 저는 금융 상품 A에 3천만 원을 투자하였는데, 해당 금융 상품의 시장 가격 하락으로 절반 이상의 손실이 발생하였습니다.
을 : 저는 금융 상품 B에 3천만 원을 투자하였는데, 해당 금융 기관이 파산하였음에도 불구하고 원금과 이자를 모두 돌려받았습니다.

【 보기 】
ㄱ. A는 3천만 원 미만으로는 원금이 보장된다.
ㄴ. B는 예금자 보호 제도의 적용을 받는다.
ㄷ. B는 최대 3천만 원까지만 원금이 보장된다.
ㄹ. B는 A에 비해 안전성이 높은 금융 상품이다.

① ㄱ, ㄴ   ② ㄱ, ㄷ   ③ ㄴ, ㄷ
④ ㄴ, ㄹ   ⑤ ㄷ, ㄹ

18 생애 주기와 재무 계획

758

그림은 갑의 생애 주기에 따른 소득과 소비 곡선을 나타낸다. 이에 대한 설명으로 옳은 것은?

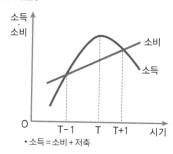

* 소득 = 소비 + 저축

① T 시점은 경제적 정년을 의미한다.
② 누적 저축액은 T 시점에서 가장 많다.
③ T−1 시점과 T+1 시점의 누적 저축액은 0이다.
④ T+1 시점 이후 소득 대비 소비의 비중은 높아진다.
⑤ T−1 시점에서 T+1 시점 사이 소득은 지속적으로 증가한다.

[759~760] 그림은 생애 주기에 따른 소득과 소비 곡선을 나타낸다. 물음에 답하시오.

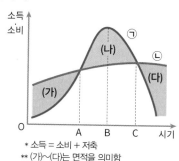

* 소득 = 소비 + 저축
** (가)~(다)는 면적을 의미함

759

㉠, ㉡에 해당하는 개념을 쓰시오.

760 🖊 서술형

생애 기간 중 소득과 소비의 크기가 일치할 경우 (가)~(다)의 관계에 대해 서술하시오.

memo

빠른답 체크
Speed Check

◀ 이곳을 열면 정답을 바로 확인할 수 있습니다.

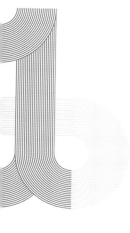

1등급 만들기 경제 760제

빠른답 체크
Speed Check

빠른답 체크 후 틀린 문제는
빠른답·알찬풀이에서
꼭 확인하세요.

---

01 희소성과 합리적 선택

001 경제 활동　　　002 생산 활동
003 임금　004 ×　005 ○　006 ○
007 ⓒ　008 ⓒ　009 ㉠　010 ○
011 ⓒ　012 ⓒ　013 ㄴ　014 ㄱ

015 ⑤　016 ③　017 ①　018 ②
019 ①　020 ②　021 ⑤　022 ③
023 ㉠ : 명시적 비용, ⓒ : 암묵적 비용, ⓒ : 매
몰 비용　024 해설 참조
025 감소(약화)　　　026 해설 참조

027 ①　028 ⑤　029 ④　030 ②
031 ④　032 ④　033 ②　034 ④

02 경제 문제를 해결하는 다양한 방식

035 경제 체제　　　036 시장 경제 체제
037 분업　038 ×　039 ○　040 ○
041 ⓒ　042 ⓒ　043 ㉠　044 ⓔ
045 ⓒ　046 ㉠　047 ㄴ　048 ㄱ

049 ⑤　050 ②　051 ⑤　052 ④
053 ②　054 ③　055 ⑤　056 ④
057 ④　058 ④　059 ③　060 ①
061 혼합 경제 체제　062 해설 참조
063 사유 재산권　　064 해설 참조

065 ④　066 ②　067 ④　068 ①
069 ③　070 ①　071 ④　072 ④

03 경제 주체의 역할

073 가계　074 기업　075 정부　076 ×
077 ×　078 ○　079 ○　080 ⓒ
081 ㉠　082 ㉠　083 ⓒ　084 ⓒ
085 ㄴ　086 ㄱ

087 ④　088 ③　089 ②　090 ⑤
091 ①　092 ③　093 ④　094 ②
095 ⑤　096 ⑤　097 ③　098 ④
099 A : 기업, B : 정부, C : 가계
100 해설 참조　　　101 해설 참조

102 ②　103 ⑤　104 ⑤　105 ③
106 ②　107 ①　108 ①　109 ④

I 단원 마무리 문제

110 ④　111 ④　112 ③　113 ②
114 ⑤　115 ⑤　116 ④　117 ⑤
118 ④　119 A : 시장 경제 체제, B : 계획 경
제 체제　120 해설 참조　121 ②
122 ⑤　123 ④　124 ③　125 ②
126 해설 참조　　　127 ㉠ : 소득세, 재산
세, 법인세, ⓒ : 부가가치세, 개별 소비세

04 시장의 수요와 공급

128 수요　　129 공급
130 수요 법칙, 공급 법칙　131 ○　132 ×
133 ○　134 ⓒ　135 ㉠　136 ㉠
137 ⓒ　138 ㉠　139 ㄴ　140 ㄷ
141 ㄱ

142 ②　143 ③　144 ⑤　145 ④
146 ③　147 ②　148 ④　149 ①
150 ④　151 ②　152 ④　153 ③
154 ①　155 ②　156 ②　157 ①
158 ㉠ : 수요, ⓒ : 수요량, ⓒ : 수요 법칙
159 해설 참조　　　160 해설 참조
161 해설 참조

162 ⑤　163 ④　164 ②　165 ②
166 ②　167 ④　168 ⑤　169 ④

05 시장을 통한 자원 배분과 가격 탄력성

170 시장　171 수요량　172 공급　173 ○
174 ×　175 ○　176 ○　177 ⓒ
178 ⓒ　179 ⓒ　180 ㉠　181 ㉠
182 | 수요량 변동률(%)/가격 변동률(%) |
183 2

184 ⑤　185 ①　186 ②　187 ③
188 ⑤　189 ⑤　190 ①　191 ③
192 ⑤　193 ③　194 ④　195 ②
196 ㉠ : 크게, ⓒ : 용이한
197 해설 참조　　　198 | −20%/10% | =2
199 해설 참조

200 ②　201 ③　202 ③　203 ②
204 ②　205 ③　206 ⑤　207 ⑤

06 수요와 공급의 응용

208 소비자 잉여　　　209 생산자 잉여
210 총잉여　211 ×　212 ○　213 ○
214 ○　215 ⓒ　216 ㉠　217 ㉠
218 ⓒ　219 ㉠　220 ⓒ

221 ④　222 ②　223 ⑤　224 ④
225 ③　226 ②　227 ④　228 ①
229 ⑤　230 ③　231 ②　232 ④
233 균형 가격 : 4,000원, 균형 거래량 : 2개
234 해설 참조
235 소비자 잉여 : a+b+c, 생산자 잉여 : d+e+f
236 해설 참조

237 ④　238 ③　239 ①　240 ④
241 ④　242 ③　243 ⑤　244 ②

07 시장 실패와 정부의 시장 개입

245 독과점 시장　　　246 공공재
247 정부 실패　248 ×　249 ○
250 ○　251 ⓒ　252 ⓒ　253 ⓒ
254 ⓒ　255 ㉠　256 ㉠　257 ㄱ
258 ㄴ

259 ②　260 ③　261 ③　262 ②
263 ③　264 ③　265 ①　266 ③
267 ⑤　268 ④　269 ④　270 ②
271 ②　272 ③　273 ②　274 ④
275 ㉠ : 비배제성, ⓒ : 비경합성
276 해설 참조　　　277 최고 가격제
278 해설 참조

279 ④　280 ③　281 ②　282 ⑤
283 ③　284 ③　285 ③　286 ②

II 단원 마무리 문제

287 ②　288 ②　289 ④　290 ⑤
291 대체재　　　292 해설 참조
293 ④　294 ②　295 단위 탄력적
296 해설 참조　297 ②　298 ④
299 ④　　　300 공급, 수요
301 해설 참조　302 ②　303 ②
304 ②
305 (가) : 외부 경제, (나) : 외부 불경제
306 해설 참조

기출 분석 문제집

1등급 만들기

❶ 핵심 개념 잡기
시험 출제 원리를 꿰뚫는 핵심 개념을 잡는다!

❷ 1등급 도전하기
선별한 고빈출 문제로 실전 감각을 키운다!

❸ 1등급 달성하기
응용 및 고난도 문제로 1등급 노하우를 터득한다!

1등급 만들기로, 실전에서 완벽한 1등급 달성!

- **국어** 문학, 독서
- **수학** 고등 수학(상), 고등 수학(하),
  수학 I, 수학 II, 확률과 통계, 미적분, 기하
- **사회** 통합사회, 한국사, 한국지리, 세계지리,
  생활과 윤리, 윤리와 사상, 사회·문화,
  정치와 법, 경제, 세계사, 동아시아사
- **과학** 통합과학, 물리학 I, 화학 I, 생명과학 I, 지구과학 I,
  물리학 II, 화학 II, 생명과학 II, 지구과학 II

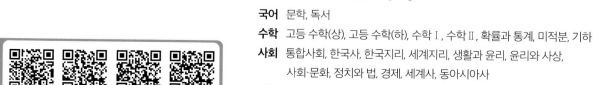

고등 도서안내

개념서

비주얼 개념서 ————————————————————

룩 LOOK

이미지 연상으로 필수 개념을 쉽게 익히는
비주얼 개념서

국어   문법
영어   분석독해

내신 필수 개념서 ————————————————————

 **올리드**

개념 학습과 유형 학습으로
내신 잡는 필수 개념서

사회   통합사회, 한국사, 한국지리, 사회·문화,
        생활과 윤리, 윤리와 사상
과학   통합과학, 물리학 I, 화학 I,
        생명과학 I, 지구과학 I

기본서

문학 ————————————————————

손쉬운

작품 이해에서 문제 해결까지
손쉬운 비법을 담은 문학 입문서

현대 문학, 고전 문학

수학 ————————————————————

수학중심

개념과 유형을 한 번에 잡는 강력한
개념 기본서

고등 수학(상), 고등 수학(하),
수학 I, 수학 II, 확률과 통계, 미적분, 기하

유형중심

체계적인 유형별 학습으로 실전에서 더욱 강력한
문제 기본서

고등 수학(상), 고등 수학(하),
수학 I, 수학 II, 확률과 통계, 미적분

1등급 만들기

경제
760제

바른답·알찬풀이

바른답·알찬풀이

1등급 만들기

경제 760제

바른답·알찬풀이

Ⅰ 경제생활과 경제 문제

01 희소성과 합리적 선택

분석 기출 문제

7~9쪽

[핵심 개념 문제]

001 경제 활동 **002** 생산 활동 **003** 임금 **004** ✕ **005** ○
006 ○ **007** ㉡ **008** ㉢ **009** ㉠ **010** ㉠ **011** ㉡ **012** ㉢
013 ㄴ **014** ㄱ

015 ⑤ **016** ③ **017** ① **018** ② **019** ① **020** ② **021** ⑤
022 ③

[1등급을 향한 서답형 문제]

023 ㉠ : 명시적 비용, ㉡ : 암묵적 비용, ㉢ : 매몰 비용
024 예시답안 합리적 선택은 편익이 명시적 비용(㉠)과 암묵적 비용(㉡)의 합인 기회비용보다 큰 선택을 의미한다. 이때 매몰 비용(㉢)은 고려하지 않아야 한다.
025 감소(약화) **026** 예시답안 (가)는 긍정적 유인으로, 성적이 우수한 학생에게 장학금을 지급하는 것을 예로 들 수 있다. (나)는 부정적 유인으로, 교통 신호를 위반한 사람에게 과태료를 부과하는 것을 예로 들 수 있다.

015

A는 분배 활동, B는 소비 활동, C는 생산 활동에 해당한다. ⑤ 생산을 주로 담당하는 경제 주체는 기업이다. 기업은 생산물 시장에서의 공급자이며, 생산 요소 시장에서의 수요자이다.

바로잡기 ① 재화와 서비스의 저장 및 운반은 생산 활동의 사례에 해당한다. ② 가족 식사를 위한 식자재 구입은 소비 활동의 사례에 해당한다. ③ 식당 운영을 위한 식자재 구입은 생산 활동의 사례에 해당한다. ④ 소비 활동을 주로 담당하는 경제 주체는 가계이다.

016

갑은 기업에 해당하고, 을은 기업에 고용된 근로자이므로 가계에 해당한다. ㄱ. 을이 빵을 배달하는 행위는 생산 활동에 해당한다. ㄹ. 을은 노동이라는 생산 요소를 제공한 대가로 임금을 받고 있으므로 이는 분배 활동에 해당한다.

바로잡기 ㄴ. 갑은 생산 활동을 위해 밀가루와 계란을 구매하였으므로 이는 생산 활동에 해당한다. ㄷ. 을은 갑에게 노동이라는 생산 요소를 제공하고 있다.

017

(가)는 소비 활동, (나)는 생산 활동이다. ㄱ. 소비 활동을 주로 담당하는 경제 주체는 가계이다. 가계는 생산 요소 시장에서의 공급자이며, 생산물 시장에서의 수요자이다. ㄴ. 생산 활동을 주로 담당하는 경제 주체는 기업이다. 기업은 이윤 극대화를 추구한다.

바로잡기 ㄷ. 음식 배달은 가치를 증대시키는 행위이므로 생산 활동의 사례에 해당한다. ㄹ. 생신 축하를 위해 케이크를 구입하는 행위는 소비 활동의 사례에 해당한다.

018

② 배달 대행 회사는 기업에 해당한다. 기업은 생산 요소 시장에서 수요자 역할을 한다.

바로잡기 ① 기업은 이윤 극대화를 추구한다. ③ 갑은 소비자로, 생산물 시장에서 수요자 역할을 한다. ④ 을의 행위는 생산 활동에 해당한다. ⑤ 갑의 행위는 소비 활동에 해당한다.

019

X재는 공급보다 수요가 작아 시장에서 거래가 이루어지지 않는 무상재이고, Y재는 시장에서 대가를 지불해야 소비할 수 있는 경제재이다. ① X재는 인간의 욕구에 비해 자원의 존재량이 많다.

020

자원의 희소성으로 인해 선택의 문제가 발생하게 된다. ㄱ. 경제 문제는 자원의 희소성으로 인해 발생한다. ㄷ. '어떻게 생산할 것인가?'의 경제 문제는 생산 요소를 어떻게 활용하고, 생산물을 어떤 방법으로 생산할 것인지를 결정하는 문제이다.

바로잡기 ㄴ. 생산 공정의 자동화 결정 문제는 생산 요소를 어떻게 활용할 것인가와 관련 있으므로 ㉢에 해당한다. ㄹ. ㉣은 효율성뿐만 아니라 형평성도 고려해야 한다.

021

㉠은 매몰 비용, ㉡은 명시적 비용, ㉣은 암묵적 비용이다. ㄷ. 신기술 개발에 투자하여 신기술 개발이 완성되었을 때 얻을 수 있는 이익보다 다른 사업에 투자했을 때 얻을 수 있는 이익이 크다면 다른 사업에 투자하는 것이 합리적이다. ㄹ. 신기술 개발 이익이 명시적 비용과 암묵적 비용의 합보다 크다면 신기술 개발을 완성하는 것이 합리적이다.

바로잡기 ㄱ. ㉠은 신기술 개발을 중단하면 회수할 수 없는 비용인 매몰 비용이다. ㄴ. ㉡은 신기술 개발을 위한 명시적 비용에 해당한다.

022

갑이 콜라를 선택한 것은 콜라 선택의 순편익이 사이다 선택의 순편익보다 크기 때문이고, 을이 사이다를 선택한 것은 사이다 선택의 순편익이 0보다 크기 때문이다.

바로잡기 ㄱ. 콜라 선택에 따른 기회비용은 사이다 선택 시 얻을 수 있었던 만족감이다. ㄹ. 을은 사이다를 소비했으므로 사이다 선택의 순편익이 0보다 크다.

024

채점 기준	수준
편익과 기회비용을 비교하여 편익이 커야 하며, 매몰 비용은 고려하지 말아야 한다는 점을 모두 정확히 서술한 경우	상
편익과 기회비용을 비교하여 편익이 큰 경우를 선택해야 한다는 점만 서술한 경우	중
편익이 비용보다 커야 한다는 것만 서술한 경우	하

025

(가)는 긍정적 유인이고, (나)는 부정적 유인이다. 부정적 유인은 특정 행동을 감소시킨다.

026

채점 기준	수준
긍정적 유인과 부정적 유인임을 쓰고, 적절한 사례를 제시한 경우	상
긍정적 유인과 부정적 유인임은 썼으나, 적절한 사례를 하나만 제시한 경우	중
긍정적 유인과 부정적 유인 중 하나만 제시한 경우	하

027 희소성과 희귀성 구분하기

1등급 자료 분석 희소성과 희귀성

㉠A 생선은 식감이 매우 좋고 영양가가 풍부해서 사고 싶어하는 사
　　　　희소성 ○
람들은 많은데, 양식이 불가능하고 서식지도 한정되어 있어 높은 가
　　　　　　　　　　　　　　　희소성 ○
격에 판매되고 있다. 반면, ㉡B 생선은 식탁에 자주 올라오는 생선
중 하나로, 양식장에서 대량으로 생산되어 계절과 상관없이 저렴한
가격으로 살 수 있다. ㉢C 생선은 원래 심해에서 서식하기 때문에
　　　　　　　　　　　　　　　　희귀성 ○, 희소성 ×
바다에서 아주 드물게 발견할 수 있는 희귀 어종이다. 하지만 이 생
선은 사고 싶어하는 사람이 없기 때문에 판매되지 않고 있다.

① ㉠은 ㉡에 비해 생산량이 적고, 사람들이 원하는 만큼 생산하기
어려워 시장 가격이 상대적으로 높게 나타난다. 따라서 ㉠은 ㉡보다
희소성이 크다. ㉢은 존재량이 적지만 사람들이 원하지 않으므로 희
소하지 않다.

바로잡기 ② ㉠은 ㉡에 비해 공급이 적다. ③ ㉠은 높은 가격에 거래되지만,
㉢은 시장에서 거래되지 않으므로 경제적 가치가 없다. ④ ㉠은 ㉡에 비해 희
귀성이 크다. ⑤ ㉠과 ㉡은 경제재이다.

028 편익과 기회비용 파악하기

1등급 자료 분석 편익과 기회비용

갑 : 안녕! 너도 공연을 보러 온 거야?　　　공연 관람의 명시적 비용
을 : 아니. 공연 표를 예매하려고 왔어. ㉠10만 원짜리 표를 예매하
　　기 위해 1달 동안 저축했어. 표를 예매하려고 ㉡2시간의 아르
　　바이트 수입도 포기하고 왔어.　　공연 관람의 암묵적 비용
갑 : 인터넷으로 표를 예매하면 ㉢20% 할인을 받을 수 있어. 지금
　　인터넷으로 예매해 봐.　　명시적 비용이 낮아짐
을 : 아, 그래? 그런데 ㉣여기까지 온 시간과 노력이 아까우니 그냥
　　직접 표를 예매할래.　　매몰 비용

ㄷ. 인터넷으로 표를 예매하여 20% 할인을 받으면 명시적 비용이 감
소하여 순편익이 증가한다. ㄹ. ㉣은 매몰 비용으로, 합리적 선택을
위해 고려해서는 안 된다.

바로잡기 ㄱ. ㉠은 을의 공연 관람을 위한 명시적 비용이다. ㄴ. ㉡은 을의 공
연 관람을 위한 암묵적 비용이다.

029 합리적 선택하기

1등급 자료 분석 합리적 선택

갑의 상황을 나타내면 다음과 같다.

구분	편익	명시적 비용	암묵적 비용	
창업할 경우	1억 5천만 원	− (1억 원)	+ 1억 원	=−5천만 원
회사를 계속 다닐 경우	1억 원	− (0원)	+ 5천만 원	=5천만 원

ㄴ. 창업을 선택할 경우 순편익은 −5천만 원이다. ㄹ. 창업을 선택할
경우 판매 수입은 1억 5천만 원, 명시적 비용은 1억 원이다.

바로잡기 ㄱ. 현재 갑이 회사에서 받는 연봉은 매몰 비용에 해당하지 않는
다. ㄷ. 창업을 선택할 경우 이윤은 5천만 원으로 암묵적 비용인 연봉 1억 원
보다 작다.

030 경제적 유인의 유형 구분하기

1등급 자료 분석 긍정적 유인과 부정적 유인

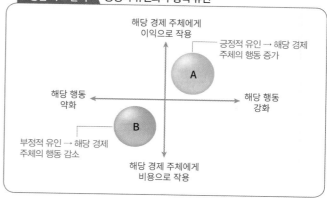

ㄱ. 긍정적 유인인 보조금 지급으로 전기 자동차 구매가 증가하였다.
ㄷ. 부정적 유인인 벌금 부과로 과속 차량이 감소하였다.

바로잡기 ㄴ. 벌금 부과로 해당 행동이 감소하였으므로 이는 B의 사례에 해당
한다. ㄹ. 벌점 및 벌 청소로 해당 행동이 강화되었으므로 이는 A와 B 모두에
해당하지 않는다.

031 경제 활동의 유형 이해하기

1등급 자료 분석 생산 활동, 분배 활동, 소비 활동

교사 : A는 생산 과정에 참여한 대가를 주고받는 경제 활동입니다.
　　　A에 대해 발표해 보세요.　　분배
갑 : A의 결과 가계가 취득한 소득은 소비의 바탕이 됩니다. → 옳은 진술
을 : 　　　　　　(가)
병 : 　　　　　　(나)　　　　── 갑과 을 또는 갑과 병
교사 : 옳게 발표한 학생은 ㉠두 명입니다.

생산 과정에 참여한 대가를 주고받는 경제 활동은 분배 활동이므로 A
는 분배 활동이다. 따라서 옳게 발표한 학생은 갑과 을, 또는 갑과 병
이다. ④ 효용을 얻는 활동은 소비 활동이다. 해당 내용이 (나)에 들어
가면, 병의 발표는 틀린 내용이 된다. 따라서 ㉠에는 을이 포함된다.

바로잡기 ① ㉠에는 갑이 포함된다. ② 택배 기사가 주문받은 상품을 배달하
는 것은 생산 활동의 사례이다. ③ 분배의 기준과 방식은 경제 체제를 결정하
는 요소로 작용한다. 해당 내용이 (가)에 들어가면 옳게 발표한 학생은 갑과 을
이 된다. 따라서 ㉠에는 병이 포함되지 않는다. ⑤ 부가가치를 창출하는 활동
은 생산 활동이고, 생산 과정을 부분으로 나누어 작업하는 방식은 분업이다. 따
라서 해당 내용이 (가)에 들어가면, (나)에는 해당 내용이 들어갈 수 없다.

032 민간 경제의 순환 이해하기

1등급 자료 분석 가계의 경제 활동

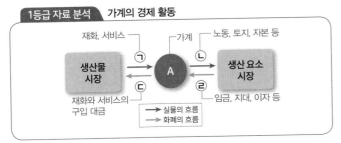

A는 생산물 시장에서의 수요자이며, 생산 요소 시장에서의 공급자이므로 가계이다. ④ 노동과 자본은 생산 요소이므로 이는 ⓒ에 해당한다.

바로잡기 ① 가계는 소비 활동의 주체이다. 생산 활동의 주체는 기업이다. ② 가계는 재화와 서비스의 수요자이다. 재화와 서비스의 공급자는 기업이다. ③ 재화와 서비스는 ㉠에 해당한다. ⑤ 임금과 이자는 ㉣에 해당한다.

033 기회비용과 합리적 선택 이해하기

1등급 자료 분석 기회비용과 합리적 선택

갑은 직접 구매한 ㉠액세서리를 착용하여 즐거움을 느끼고 있었
　　　　　　　　　　재화　　　　　　　　　갑에게 효용을 줌
다. 진로에 대해 고민하던 갑은 1인 기업을 설립하여 영상 콘텐츠
를 제작하였다. 영상 콘텐츠 제작에는 ㉡액세서리 구입을 포함하여
　　　　　　　　　　갑의 1인 기업 운영에 필요한 생산 요소 구입
㉢연간 1,000만 원의 비용이 발생한다. 꾸준한 활동으로 안정적인
갑의 1인 기업 운영에 따른 명시적 비용　　갑의 1인 기업 운영에 따른 암묵적 비용
수입을 얻던 갑은 ○○ 기업으로부터 ㉣연봉 5,000만 원의 조건으
로 입사 제안을 받았다. 현재 갑은 1인 기업 운영을 계속할지, 아니
면 1인 기업 운영을 그만두고 ○○ 기업에 입사할지 고민하고 있다.

ㄱ. ㉠은 소비를 통해 갑에게 효용을 주는 재화이다. ㄷ. ㉢은 갑이 1인 기업을 운영하면서 실제로 지출하게 되는 비용, 즉 명시적 비용이다.

바로잡기 ㄴ. ㉡은 갑이 1인 기업의 운영을 위해 필요한 생산 요소를 구입하는 활동이므로 이는 소비 활동에 해당하지 않는다. ㄹ. ㉣은 갑의 1인 기업 운영에 따른 암묵적 비용에 해당한다.

034 경제적 유인의 유형 이해하기

1등급 자료 분석 긍정적 유인과 부정적 유인

유형	A 긍정적 유인	B 부정적 유인
의미	경제 주체의 행위를 변화시키기 위해 편익을 증가시키거나 비용을 감소시키는 것	경제 주체의 행위를 변화시키기 위해 비용을 증가시키거나 편익을 감소시키는 것
사례	(가)	(나)
	올림픽 대회에서 메달을 획득한 선수에게 제공하는 포상금	쓰레기 무단 투기를 하는 사람에게 적발 시 부과하는 범칙금

A는 긍정적 유인, B는 부정적 유인이다. ④ '목표 성적을 달성한 학생에 대한 장학금 지급'은 긍정적 유인의 사례이므로 (가)에 들어갈 수 있다.

바로잡기 ① A는 긍정적 유인, B는 부정적 유인이다. ② 가계와 기업 모두 경제적 유인에 반응한다. ③ '음주 운전자에 대한 벌금 인상'은 부정적 유인의 사례이므로 (나)에 들어갈 수 있다. ⑤ 경제적 유인은 민간 경제 주체가 합리적 결정을 하도록 유도한다.

O2 경제 문제를 해결하는 다양한 방식

분석 기출문제
13~16쪽

[핵심 개념 문제]

035 경제 체제　　**036** 시장 경제 체제　　**037** 분업　**038** ×　　**039** ○

040 ○　　**041** ㉡　　**042** ㉢　　**043** ㉠　　**044** ㉣　　**045** ㉡　　**046** ㉠

047 ㄴ　　**048** ㄱ

049 ⑤　　**050** ②　　**051** ⑤　　**052** ④　　**053** ②　　**054** ③　　**055** ⑤

056 ④　　**057** ④　　**058** ④　　**059** ③　　**060** ①

1등급을 향한 서답형 문제

061 혼합 경제 체제　　**062** **예시답안** 정부의 시장 규제가 완화되어 경제 주체의 자유로운 경쟁이 활성화될 수 있고, 사유 재산의 인정 범위가 확대됨에 따라 경제 주체의 경제적 유인이 강해져 생산 동기가 강화될 것이다.

063 사유 재산권　　**064** **예시답안** 우리나라 헌법은 국민의 사유 재산권을 보장하고 있으면서 동시에 정부가 경제에 대해 규제와 조정, 즉 개입할 수 있음을 명시하고 있다. 따라서 우리나라는 시장 경제 체제 요소와 계획 경제 체제 요소가 혼합된 혼합 경제 체제를 채택하고 있다.

049

갑국은 을국에 비해 경제에 대한 정부의 통제가 강하고, 경제적 효율성 중시 정도와 시장 가격에 기초한 경제 문제 해결 정도가 낮게 나타나고 있다. 따라서 갑국의 경제 체제는 계획 경제 체제이고, 을국의 경제 체제는 시장 경제 체제이다. ㄷ, ㄹ. 을국은 갑국에 비해 경제적 유인과 경제 주체 간 자유로운 경쟁을 강조할 것이다.

바로잡기 ㄱ, ㄴ. 을국은 갑국에 비해 가격 기구의 기능을 중시하고, 시장 경제 체제의 성격이 강할 것이다.

050

A는 시장 경제 체제, B는 계획 경제 체제이다. ㄱ. 시장 경제 체제는 시장 가격에 따른 경제 주체의 자유로운 의사 결정을 통해 경제 문제를 해결한다. ㄹ. 시장 경제 체제는 기업의 영리 추구 활동을 보장한다. 따라서 해당 질문은 (가)에 들어갈 수 없다.

바로잡기 ㄴ. 시장 경제 체제에서 '보이지 않는 손'의 기능을 중시한다. ㄷ. 기본적 경제 문제는 시장 경제 체제와 계획 경제 체제 모두에서 나타난다.

051

자유로운 경쟁이 이루어지는 상황에서 기업은 불필요한 자원 낭비를 막기 위해 노력하게 되고, 이로 인해 사회 전체의 효율성이 향상된다.

052

갑은 정부가 시장에 적극적으로 개입해야 한다고 주장하고 있으며, 을은 시장의 기능을 강조하고 있다.

바로잡기 ㄱ. 을은 '보이지 않는 손'을 강조한다. ㄷ. 제시된 대화를 통해서는 알 수 없다.

053

정부의 계획에 의해 자원이 배분되는 경제 체제는 계획 경제 체제이고, 시장 가격에 따른 경제 주체의 자유로운 의사 결정으로 경제 문제를 해결하는 경제 체제는 시장 경제 체제이다. 따라서 A는 시장 경제 체제, B는 계획 경제 체제이다. ㄱ. 계획 경제 체제에서는 정부가 경제 문제를 해결하는 주체이다. ㄹ. 우리나라의 경제 체제는 시장 경제 체제를 근간으로 계획 경제 체제의 요소가 가미된 혼합 경제 체제이다.

(바로잡기) ㄴ. 시장 경제 체제는 계획 경제 체제와 달리 경제적 유인을 강조한다. ㄷ. 전통과 관습에 의해 경제 문제를 해결하는 경제 체제는 전통 경제 체제이다.

054

A는 계획 경제 체제, B는 시장 경제 체제이다. ㄴ, ㄷ. 시장 경제 체제는 개별 경제 주체의 사유 재산권과 경제 활동의 자유를 보장하며, 시장에서의 가격을 통해 희소한 자원을 배분하므로 가격 기구를 중시한다.

(바로잡기) ㄱ. 대공황을 계기로 등장한 경제 체제는 혼합 경제 체제이다. ㄹ. 시장 경제 체제와 계획 경제 체제는 모두 자원의 희소성에 영향을 받는다.

055

A는 시장 경제 체제, B는 계획 경제 체제, C는 혼합 경제 체제이다. ⑤ 혼합 경제 체제는 시장 경제 체제와 계획 경제 체제 요소가 혼합된 경제 체제로 시장 경제 체제에 비해 정부의 시장 개입에 대해 긍정적이다.

(바로잡기) ① 시장 경제 체제는 사적 이익 추구를 중시한다. ② 계획 경제 체제는 정부의 계획에 의해 경제 문제를 해결한다. ③ 생산 수단의 사적 소유를 부정하는 경제 체제는 계획 경제 체제이다. ④ 시장 경제 체제는 계획 경제 체제에 비해 경제적 유인을 중시한다.

056

갑은 정부의 시장 개입 확대를, 을은 정부의 시장 개입 축소를 주장하고 있다. ㄴ, ㄹ. 복지 향상을 위한 정부의 시장 개입은 갑의 주장에, 공공 부문의 경제 규모 최소화는 을의 주장에 부합한다.

(바로잡기) ㄱ. 갑은 큰 정부를 지향해야 한다고 주장할 것이다. ㄷ. 을은 시장의 역할을 강조하고 있으므로 개인의 이익 추구 행위를 제한하는 것을 반대할 것이다.

057

제시문은 특화와 분업을 통해 생산성이 향상됨을 보여 준다.

(바로잡기) ① 자급자족보다 분업할 경우 더 많은 성과를 낼 수 있다. ③ 특화하여 생산하면 사회 전체적으로 생산량이 증가하므로 이를 교환하면 사회 전체적으로 소비량도 증가할 것이다. ⑤ 분업은 서로에게 이득이 된다.

058

분업을 통해 생산성이 향상될 수 있으며, 분업 방식은 대량 생산에 적합하다.

(바로잡기) ㄱ. 분업으로 인해 개별 노동자는 단순한 행동만 반복하게 되어 노동자의 개성이 사라질 수 있다. ㄷ. 분업은 생산성 향상에 효과적이므로 시장 경제 체제에서 강조한다.

059

갑국은 을국에 비해 사유 재산권의 보장 정도와 시장 가격 기구의 중시 정도, 경제적 효율성 중시 정도가 높으므로 시장 경제 체제에 가깝다. ㄱ. 을국은 사유 재산권의 보장 정도가 낮으므로 자유로운 경제 활동이 제한될 것이다. ㄹ. 시장 가격 기구가 중시되는 갑국에서는 경제 주체 간 자유로운 경쟁이 나타날 것이다.

(바로잡기) ㄴ. 갑국은 시장 가격 기구의 중시 정도가 높으므로 시장에서의 교환이 활발히 이루어질 것이다. ㄷ. 갑국은 시장 경제 체제, 을국은 계획 경제 체제에 가깝다.

060

제시문에 나타난 문제는 계획 경제 체제에서 발생할 수 있는 문제이다. 이를 해결하기 위해서는 사유 재산권 보장, 자유로운 경제 활동 보장과 같이 시장 경제를 뒷받침하는 사회 제도의 도입이 필요하다.

(바로잡기) ㄷ, ㄹ. 정부가 주도하여 자원을 배분하거나 정부가 시장 가격을 대신하여 시장 참여자에게 정보를 제공할 경우 제시된 문제를 더욱 악화시킬 수 있다.

061

갑국 정부가 도입하고자 하는 정책은 시장 경제 체제의 요소와 계획 경제 체제의 요소가 섞여 있다. 따라서 갑국 정부는 경제 체제를 혼합 경제 체제로 전환하고자 함을 알 수 있다.

062

채점 기준	수준
제시된 용어를 포함하여 예상되는 변화를 정확히 서술한 경우	상
제시된 용어를 포함하여 예상되는 변화를 서술하였으나, 내용이 미흡한 경우	중
예상되는 변화를 한 가지만 옳게 서술한 경우	하

063

국민의 재산권을 보장한다는 내용에서 사유 재산권을 도출할 수 있다.

064

채점 기준	수준
혼합 경제 체제임을 쓰고, 헌법 내용을 활용하여 그 이유를 서술한 경우	상
혼합 경제 체제임은 썼으나, 헌법 내용을 활용하지 않고 서술한 경우	중
혼합 경제 체제라고만 쓴 경우	하

적중1등급 문제

17~18쪽

065 ④	066 ②	067 ⑤	068 ①	069 ③
070 ①	071 ③	072 ④		

065 경제 체제의 유형 파악하기

1등급 자료 분석 계획 경제 체제, 시장 경제 체제, 혼합 경제 체제

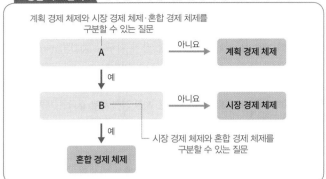

ㄴ. 시장 가격에 의한 자원 배분은 계획 경제 체제를 시장 경제 체제·혼합 경제 체제와 구분하는 기준이 된다. ㄹ. 혼합 경제 체제에서는 정부가 경제 문제 해결에 적극적으로 개입한다.

바로잡기 ㄱ. 국가의 정책 목표를 우선으로 추구하는 경제 체제는 계획 경제 체제이다. ㄷ. 시장 경제 체제는 경제 주체의 자유로운 경제 활동을 보장한다.

066 경제 체제의 특징 파악하기

1등급 자료 분석 계획 경제 체제와 시장 경제 체제

구분		생산 수단의 소유 주체	
		정부	개인
경제 문제 해결 방식	정부의 계획과 명령	갑국	시장 경제 체제
	시장 가격 기구	계획 경제 체제	을국

계획 경제 체제에서는 생산 수단의 소유 주체가 정부이며, 정부의 계획과 명령에 따라 경제 문제를 해결한다. 반면, 시장 경제 체제에서는 생산 수단의 소유 주체가 개인이며, 시장 가격 기구에 따라 경제 문제를 해결한다. 따라서 갑국은 계획 경제 체제, 을국은 시장 경제 체제를 채택하고 있다. ㄱ. 갑국은 계획 경제 체제를 채택하고 있으므로 생산물의 종류와 수량을 정부가 결정할 것이다. ㄷ. 을국은 시장 경제 체제를 채택하고 있으므로 시장 가격 기구의 자원 배분 기능을 강조할 것이다.

바로잡기 ㄴ. 갑국에서는 원칙적으로 생산 수단의 사적 소유가 제한될 것이다. ㄹ. 을국은 갑국과 달리 민간 경제 주체의 자율성을 중시할 것이다.

067 경제 체제의 특징 파악하기

1등급 자료 분석 계획 경제 체제와 시장 경제 체제

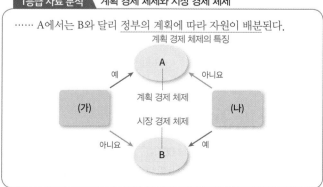

정부의 계획에 따라 자원이 배분되는 경제 체제는 계획 경제 체제이다. 따라서 A는 계획 경제 체제, B는 시장 경제 체제이다. ⑤ 경제적 유인에 따른 경제 문제의 해결을 중시하는 경제 체제는 시장 경제 체제이다. 따라서 해당 질문은 (나)에 들어갈 수 있다.

바로잡기 ① 개인의 이윤 추구 동기를 강조하는 경제 체제는 시장 경제 체제이다. ② '보이지 않는 손'의 기능을 중시하는 경제 체제는 시장 경제 체제이다. ③ 계획 경제 체제와 시장 경제 체제 모두에서 자원의 희소성에 따른 경제 문제가 발생한다. ④ 계획 경제 체제에서는 분배 과정에서 효율성보다 형평성을 중시한다. 따라서 해당 질문은 (가)에 들어갈 수 없다.

068 경제 체제의 특징 파악하기

1등급 자료 분석 시장 경제 체제와 계획 경제 체제

특징 ─ 시장 경제 체제 요소	갑국	을국
생산 수단의 사유화 정도	+++	+
공공 부문의 비중 ─ 계획 경제 체제 요소	+	+++
경제 전체의 효율성 ─ 시장 경제 체제 요소	+++	+

① 갑국은 을국에 비해 시장 경제 체제 요소가 강하게 나타나고, 을국은 갑국에 비해 계획 경제 체제 요소가 강하게 나타난다.

바로잡기 ② 을국이 갑국에 비해 정부의 시장 개입 정도가 높을 것이다. ③ 갑국은 을국과 달리 개별 경제 주체의 자율성을 중시할 것이다. ④ 시장 가격에 의한 자원 배분은 시장 경제 체제 요소가 강한 갑국에서 강조될 것이다. ⑤ 사유 재산권 보장 정도는 생산 수단의 사유화 정도가 높은 갑국이 을국에 비해 높을 것이다.

069 경제 체제의 특징 파악하기

1등급 자료 분석 계획 경제 체제, 시장 경제 체제, 전통 경제 체제

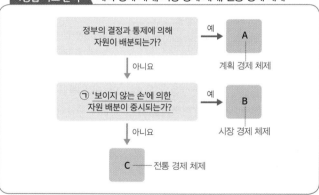

정부의 결정과 통제에 의해 자원이 배분되는 경제 체제는 계획 경제 체제이며, '보이지 않는 손'에 의한 자원 배분이 중시되는 경제 체제는 시장 경제 체제이다. 따라서 A는 계획 경제 체제, B는 시장 경제 체제, C는 전통 경제 체제이다. ㄴ. 계획 경제 체제는 주로 사회주의와 결합하고, 시장 경제 체제는 주로 자본주의와 결합한다. ㄷ. 자유 경쟁의 원리가 강조되는 경제 체제는 시장 경제 체제이다.

바로잡기 ㄱ. 경제 주체의 사적 이윤 추구를 보장하는 경제 체제는 시장 경제 체제이다. ㄹ. 전통과 관습에 의한 자원 배분이 중시되는 경제 체제는 전통 경제 체제이다. ㉠ 대신 해당 내용이 들어가면 B는 전통 경제 체제, C는 시장 경제 체제이다. 생산 수단의 사적 소유가 원칙적으로 금지되는 경제 체제는 계획 경제 체제이다.

070 경제 체제의 특징 비교하기

시장 경제 체제와 계획 경제 체제

구분	(가) 시장 경제 체제에서 '예'라고 답할 수 있는 질문	(나) 계획 경제 체제에서 '예'라고 답할 수 있는 질문
시장 경제 체제	예	아니요
계획 경제 체제	아니요	예

ㄱ. 경제적 효율성이 높은 경제 체제는 시장 경제 체제이다. ㄴ. 기업의 이윤 추구 동기가 강한 경제 체제는 시장 경제 체제이다. ㄷ. 경제 문제를 정부가 해결하는 경제 체제는 계획 경제 체제이다. ㄹ. 자원 배분 과정에서 정부의 명령을 강조하는 경제 체제는 계획 경제 체제이다.

071 경제 체제의 특징 파악하기

경제 체제의 특징

갑국은 정부의 계획과 명령에 의해 경제 문제를 해결하는 경제 체제 ← 계획 경제 체제
를 채택하고 있었다. 경제의 활력과 생산성이 갈수록 떨어지자, 갑국은 시장 경제 체제의 요소를 도입하여 다음과 같은 정책을 실시하였다. ← 계획 경제 체제의 단점
• ㉠ 사유 재산의 허용 범위를 확대하였다.
• _____ (가) _____ → 시장 경제 체제의 요소

정부의 계획과 명령에 의해 경제 문제를 해결하는 경제 체제는 계획 경제 체제이다. 따라서 갑국은 계획 경제 체제를 채택하고 있었다. 경제의 활력과 생산성이 갈수록 떨어지자 갑국은 시장 경제 체제의 요소를 도입하였다. ㄴ. 사유 재산의 허용 범위를 확대하는 것은 시장 경제 체제 요소이다. 따라서 ㉠으로 인해 갑국에서는 자원 배분에 대한 정부의 영향력이 약화될 것이다. ㄷ. 국영 기업의 민영화는 시장 경제 체제 요소이다. 따라서 해당 내용은 (가)에 들어갈 수 있다.

ㄱ. ㉠으로 인해 갑국에서는 개인의 경제적 자율성이 강화될 것이다. ㄹ. 민간 기업의 이윤 추구 활동에 대한 규제를 철폐하는 것은 시장 경제 체제의 요소이다. 따라서 해당 내용은 (가)에 들어갈 수 있다.

072 경제 체제의 특징 파악하기

계획 경제 체제와 시장 경제 체제

A 계획 경제 체제	B 시장 경제 체제
생산 수단의 국가 소유와 경제 활동에 관한 정부 통제를 중시한다.	사유 재산을 보장하고 경제 주체 간 자율적인 의사 결정을 중시한다.

A는 계획 경제 체제, B는 시장 경제 체제이다. A에서 B로 경제 체제가 전환될 경우 시장 경제 체제의 요소가 강조될 것이다.

④ 시장 경제 체제는 계획 경제 체제와 달리 경제적 유인을 강조한다. 일반적으로 형평성은 계획 경제 체제에서 더 강조된다.

---

03 경제 주체의 역할

분석 기출 문제

20~23쪽

[핵심 개념 문제]

| 073 가계 | 074 기업 | 075 정부 | 076 × | 077 × | 078 ○ | 079 ㉡ |
| 080 ㉢ | 081 ㉠ | 082 ㉠ | 083 ㉡ | 084 ㉡ | 085 ㄴ | 086 ㄱ |

| 087 ④ | 088 ③ | 089 ② | 090 ⑤ | 091 ① | 092 ③ | 093 ④ |
| 094 ② | 095 ⑤ | 096 ⑤ | 097 ③ | 098 ④ | | |

1등급을 향한 서답형 문제

099 A : 기업, B : 정부, C : 가계 **100 예시답안** (가)는 공공재이다. 공공재는 한 사람의 소비가 다른 사람의 소비에 영향을 미치지 않고, 누구나 대가 없이 이용할 수 있어 필요한 만큼 시장에서 충분히 생산되지 않으므로 정부는 공공재의 생산과 공급을 담당하게 된다. **101 예시답안** 정부는 소득 재분배 정책을 통해 시장의 분배 과정에 개입하여 소득 격차를 줄이기 위해 노력해야 합니다. 이를 위해 최저 임금 제도, 누진세 제도, 사회 보장 제도 등의 소득 재분배 정책이 필요합니다.

087

빵집은 기업에 해당하고, 종업원은 ㉠에 노동이라는 생산 요소를 제공하고 있다. ④ 생산은 단순히 제조하는 행위뿐만 아니라 보관, 판매 행위까지 포함한다. 따라서 종업원의 빵 포장 및 계산은 생산 활동에 해당한다.

① 빵집은 생산 요소 시장에서의 수요자이다. ② 갑이 빵 생산을 위해 밀가루를 구입하는 행위는 생산 활동에 해당한다. ③ 종업원은 노동이라는 생산 요소를 공급하였다. ⑤ 소비자는 생산물 시장에서의 수요자이다.

088

A는 노동 제공의 대가이므로 임금, B는 자본 제공의 대가이므로 이자, C는 토지 제공의 대가이므로 지대이다.

ㄱ. 기초 연금은 요소 소득에 해당하지 않는다.

089

② 택배 서비스는 기업이 생산물 시장에 제공하는 서비스에 해당한다.

① 기업은 생산물 시장에서의 공급자이다. ③ 상가 건물 임대는 생산 요소 시장에서 이루어진다. ④ 재화와 서비스는 생산물 시장에서 거래된다. ⑤ 가계는 생산 요소 제공의 대가를 받는다.

090

민간 경제의 주체는 가계와 기업이다. ㄷ, ㄹ. (가)는 가계, ㉠은 노동, 토지, 자본 등이고, ㉡은 임금, 지대, 이자 등이다. 가계는 생산 요소 시장에서 공급자 역할을 한다.

ㄱ, ㄴ. 생산물인 재화와 서비스는 기업에서 가계로의 실물의 흐름으로 나타난다.

091

ㄱ. ㉠이 생산물 시장에서 거래되는 재화와 서비스라면, (가)는 기업이다. 기업은 생산 활동의 주체이다. ㄴ. ㉡이 생산 요소 시장에서 거래

되는 생산 요소라면, (나)는 가계이다. 가계는 소비 활동의 주체이다.

(바로잡기) ㄷ. 이윤 극대화를 추구하는 경제 주체는 기업이다. 기업은 생산물을 공급한다. ㄹ. 효용 극대화를 추구하는 경제 주체는 가계이다. 가계는 기업에 생산 요소를 공급한다.

092

A 전자는 공장을 이전하고, 생산 공정을 바꾸는 등 생산 비용을 줄이기 위해 다양한 방법을 고려하고 있다. 이를 통해 기업이 이윤 극대화를 추구함을 알 수 있다.

(바로잡기) ④ 사회적 후생 극대화를 추구하는 경제 주체는 정부이다. ⑤ 기업은 생산 요소 시장에서 수요자 역할을 한다.

093

(가)는 생산 요소 시장, (나)는 생산물 시장이다. ㄴ, ㄹ. 기업은 생산 요소 시장에서 노동, 토지, 자본과 같은 생산 요소를 공급받으며, 생산물 시장에 재화와 서비스를 공급한다.

(바로잡기) ㄱ. 재화는 생산물 시장에서 거래된다. ㄷ. 이자는 생산 요소 시장에서 거래된다.

094

A는 가계, B는 기업이다. ② 기업이 생산물 시장에 공급하는 실물인 ⓒ은 재화와 서비스이다.

(바로잡기) ① ⓐ에는 재화와 서비스 구매에 따른 지출이 해당한다. ③ ⓒ은 생산 요소 제공의 대가이다. ④ 가계는 효용 극대화를 추구한다. ⑤ 기업은 이윤 극대화를 추구한다.

095

제시된 내용에는 환경 오염, 독과점, 공공재 생산의 부족 등의 문제가 나타나 있다. 정부는 시장 경제 체제의 유지와 원활한 작동을 위해 이러한 문제에 대응하고 있다.

096

⑦은 직접세, ⓒ은 간접세이다. ㄷ, ㄹ. 일반적으로 ⑦은 소득에 부과되어 누진세율이 적용되고, ⓒ은 소비에 부과되어 비례세율이 적용된다.

(바로잡기) ㄱ. ⑦은 소득이 증가함에 따라 적용되는 세율이 높아지고 있다. ㄴ. ⓒ은 납세자와 담세자가 일치하지 않는다.

097

(가)는 직접세, (나)는 간접세이다. ㄴ. 직접세는 납세자와 담세자가 일치하는 세금으로, 주로 소득이나 재산에 부과되며, 소득세, 법인세 등이 이에 해당한다. ㄷ. 간접세는 납세자와 담세자가 일치하지 않는 세금으로, 주로 소비 지출에 부과되며, 부가가치세가 이에 해당한다.

(바로잡기) ㄱ. (가)는 주로 소득이나 재산에 부과된다. ㄹ. (나)는 주로 소비 지출에 부과된다.

098

제시된 사례는 독과점을 해소하고, 과대·과장 광고를 적발하는 등 공정한 경쟁을 유도하는 사례이다.

100

채점 기준	수준
(가)가 공공재임을 쓰고, 공공재의 특징을 정부 역할과 관련지어 서술한 경우	상
(가)가 공공재임을 쓰고, 공공재의 특징만 서술한 경우	중
(가)가 공공재라고만 쓴 경우	하

(1등급 정리 노트) **공공재**

공공재는 값을 치른 사람만 배타적으로 사용할 수 있는 소비의 배제성이 없고, 한 사람의 소비가 다른 사람의 소비를 줄이는 소비의 경합성도 없다. 즉, 비배제성과 비경합성의 특성을 가지고 있다. 국방 서비스는 대표적인 공공재이다. 국방 서비스는 누구나 소비할 수 있으므로 돈을 내지 않은 사람의 소비를 막을 수 없다. 또한, 한 사람이 국방 서비스를 소비하더라도 다른 사람이 누리는 국방 서비스의 양이 감소하지 않는다. 따라서 이러한 공공재는 무임승차 문제를 발생시키므로 일반 기업은 사람들이 원하는 양만큼 충분히 생산하기 힘들며, 대부분 정부가 공공재의 생산과 공급을 담당하게 된다.

101

채점 기준	수준
갑의 주장에서 도출할 수 있는 정부의 역할을 쓰고, 정책 두 가지를 서술한 경우	상
갑의 주장에서 도출할 수 있는 정부의 역할을 썼으나, 정책을 하나만 서술한 경우	중
갑의 주장에서 도출할 수 있는 정부의 역할만 서술한 경우	하

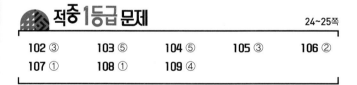
적중 1등급 문제
24~25쪽

| 102 ③ | 103 ⑤ | 104 ⑤ | 105 ③ | 106 ② |
| 107 ① | 108 ① | 109 ④ | | |

102 경제 주체 파악하기

(1등급 자료 분석) 가계, 기업, 정부

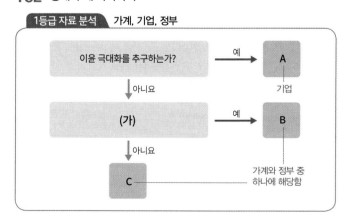

이윤 극대화를 추구하는 경제 주체는 기업이다. 따라서 A는 기업이고, B와 C는 각각 가계와 정부 중 하나이다. ㄴ. 민간 경제 주체는 가계와 기업이다. B가 민간 경제 주체라면, C는 정부이다. 정부는 사회적 후생 극대화를 추구한다. ㄷ. 정부는 조세를 징수하는 주체이다. B가 정부라면, 해당 질문은 (가)에 들어갈 수 있다.

ㄱ. 공공재 생산을 담당하는 주체는 정부이다. ㄹ. 효용 극대화를 추구하는 경제 주체는 가계이다. 해당 질문이 (가)에 들어가면, B는 가계이다. 가계는 생산 요소 시장에서의 공급자이다.

103 민간 경제의 순환 분석하기

1등급 자료 분석 민간 경제의 순환

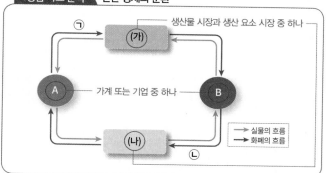

민간 경제 주체는 가계와 기업이다. 따라서 A, B는 각각 가계와 기업 중 하나이고, (가), (나)는 각각 생산물 시장과 생산 요소 시장 중 하나이다. ⑤ B가 소비의 주체인 가계라면, (나)는 생산물 시장이다. 재화와 서비스는 생산물 시장에서 거래된다.

① ㉠이 임금, 지대, 이자라면, (가)는 생산 요소 시장, A는 기업, B는 가계이다. ② ㉡이 재화와 서비스 구매의 대가라면, (나)는 생산물 시장이다. ③ (가)가 노동, 토지, 자본 등이 거래되는 생산 요소 시장이라면, B는 효용 극대화를 추구하는 가계이다. ④ A가 효용 극대화를 추구하는 주체인 가계라면, (나)는 생산 요소 시장이다.

104 국민 경제의 순환 모형 이해하기

1등급 자료 분석 국민 경제의 순환 모형

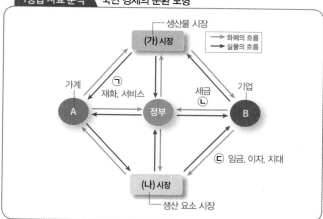

가계는 생산물 시장에서의 수요자이며 생산 요소 시장에서의 공급자이고, 기업은 생산물 시장에서의 공급자이며 생산 요소 시장에서의 수요자이다. 따라서 (가) 시장은 생산물 시장, (나) 시장은 생산 요소 시장이며, A는 가계, B는 기업이다. ⑤ ㉢은 생산 요소에 대한 대가이다. 임금, 이자, 지대는 ㉢에 해당한다.

① 가계는 효용 극대화, 기업은 이윤 극대화를 추구한다. ② 생산물 시장에서는 재화와 서비스가 거래되고, 생산 요소 시장에서는 생산 요소가 거래된다. ③ ㉠에는 재화와 서비스가 해당한다. ④ 기업의 법인세가 ㉡에 해당한다.

105 경제 주체 간 흐름 파악하기

1등급 자료 분석 경제 주체 간 실물의 흐름

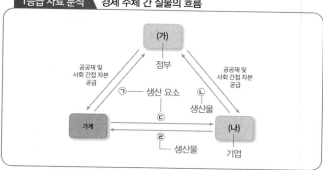

(가)는 정부, (나)는 기업이다. ㄴ. 가계가 정부나 기업에 제공하는 실물은 생산 요소이다. ㄷ. 기업이 가계나 정부에 제공하는 실물은 생산물이다.

ㄱ. 조세는 화폐의 흐름에 해당한다. ㄹ. 정부는 사회적 후생 극대화를, 기업은 이윤 극대화를 추구한다.

106 조세의 유형 이해하기

1등급 자료 분석 조세의 유형

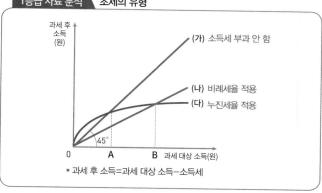

(가)는 소득세를 부과하지 않는 경우이고, (나)는 비례세율이 적용되는 경우이며, (다)는 누진세율이 적용되는 경우이다. ② (다)에서 과세 대상 소득이 A 미만인 사람은 과세 대상 소득보다 과세 후 소득이 많으므로 정부로부터 경제적 지원을 받았을 것임을 추론할 수 있다.

① (가)는 소득세가 부과되지 않으므로 과세 대상 소득과 과세 후 소득이 같다. ③ (가)는 소득세가 부과되지 않으므로 세액이 영(0)이며, (나)는 세액이 양(+)의 값이다. ④ (나)는 (다)보다 소득 재분배 효과가 작다. ⑤ 과세 대상 소득이 B 이상일 경우 소득이 증가할 때 (다)가 (나)보다 세액 증가율이 더 크다.

107 기업의 역할 이해하기

1등급 자료 분석 기업의 사회적 책임

사회자 : 기업의 사회적 책임의 범위는 어디까지로 봐야 할까요?
   소비자나 지역 사회 등과의 관계 속에서 이윤을 추구하는 기업이 사회에 대한 책임을 함께 져야 한다는 것을 의미

갑 : 기업은 이윤을 창출하고 일자리를 제공하는 본연의 경제 활동으로 충분히 사회적 책임을 다한다고 봅니다.
   └ 기업의 사회적 책임을 좁은 범위로 이해

을 : 기업은 윤리적인 방식으로 경영되어야 하며, 사회의 복지 증진에도 기여해야 합니다.
   └ 기업의 사회적 책임을 넓은 범위로 이해

갑은 이윤을 창출하고 일자리를 제공하는 것만으로 기업이 사회적 책임을 다한다고 보는 반면, 을은 기업의 경영이 윤리적이어야 하며, 사회의 복지 증진에도 기여해야 한다고 본다. ㄱ. 갑은 기업의 사회적 책임을 좁은 범위에서 이해하므로 기업의 발전이 사회 발전에 기여한다고 볼 것이다. ㄴ. 을은 기업의 사회적 책임을 넓은 범위에서 이해하므로 기업의 장학 및 자선 사업을 긍정적으로 볼 것이다.

바로잡기 ㄷ. 을은 갑에 비해 기업의 사회적 책임 범위를 폭넓게 요구할 것이다. ㄹ. 을이 기업의 영리 추구 활동을 부정적으로 볼 것이라고 보기 어렵다.

108 가계의 합리적 선택 이해하기

1등급 자료 분석 총지출액과 '총편익/총지출액'의 변화

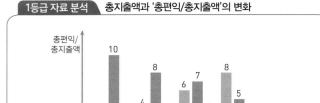

X재 소비량에 따른 총지출액, 총편익, 순편익을 나타내면 다음과 같다.

(단위 : 개, 만 원)

소비량	1	2	3	4
총지출액	2	4	6	8
총편익	20	32	42	40
순편익	18	28	36	32

ㄱ. 소비량이 3개일 때 순편익은 36만 원으로 가장 크다. ㄴ. 순편익은 소비량이 2개일 때가 28만 원, 4개일 때가 32만 원이다.

바로잡기 ㄷ. 소비량이 1개씩 증가할 때마다 추가적으로 얻는 편익은 감소한다. ㄹ. 소비량이 증가할수록 '총편익/소비량'은 지속적으로 감소한다.

109 경제 주체 파악하기

1등급 자료 분석 가계, 기업, 정부

질문	기업 A	정부 B	가계 C
가계, 기업			
조세를 납부할 의무가 있는가?	예	아니요	예
생산 요소 시장에서의 수요자인가?	예	예	아니요
기업, 정부			

조세를 납부할 의무가 있는 경제 주체는 가계와 기업이며, 생산 요소 시장에서의 수요자는 기업과 정부이다. 따라서 A는 기업, B는 정부, C는 가계이다. ④ 정부는 공공재의 생산을 담당한다.

바로잡기 ① 효용 극대화를 추구하는 경제 주체는 가계이다. ② 생산 요소를 공급하고 소득을 얻는 경제 주체는 가계이다. ③ 사회적 후생 극대화를 추구하는 경제 주체는 정부이다. ⑤ 경제 활동에 대한 규제와 조정을 담당하는 경제 주체는 정부이다.

01 희소성과 합리적 선택

110 ④　**111** ④　**112** ③　**113** ②　**114** ⑤　**115** ⑤　**116** ④

02 경제 문제를 해결하는 다양한 방식

117 ⑤　**118** ④　**119** A : 시장 경제 체제, B : 계획 경제 체제
120 (가) : 생산 수단의 국유화 정도, 경제 문제 해결에 있어 정부의 영향력 정도, (나) : 시장 가격의 기능을 중시하는 정도, 경제적 유인의 중시 정도
121 ②

03 경제 주체의 역할

122 ⑤　**123** ④　**124** ③　**125** ②　**126** **예시답안** 직접세와 간접세는 납세자와 담세자의 일치 여부에 따라 구분된다. 직접세는 납세자와 담세자가 일치하여 조세 전가가 일어나지 않으며, 일반적으로 누진세율이 적용되어 소득 재분배 효과가 크다. 간접세는 납세자와 담세자가 일치하지 않아 조세 전가 가능하며, 일반적으로 비례세율이 적용되어 조세 부담의 형평성이 낮다.
127 ㉠ : 소득세, 재산세, 법인세, ㉡ : 부가가치세, 개별 소비세

110
재화나 서비스를 사용하여 효용을 얻는 활동은 소비이고, 부가가치를 창출하는 활동은 생산이다. 따라서 A는 소비, B는 분배, C는 생산이다. ④ ㉠과 ㉡은 부가가치를 창출하는 활동이므로 생산, ㉢은 생산 요소를 제공한 대가를 받는 것이므로 분배, ㉣은 상품의 사용으로 만족감을 얻고자 하므로 소비에 해당한다.

111
A 시장은 생산 요소 시장, B 시장은 생산물 시장이다. ㄴ. 대학생 갑은 생산 요소 시장에 노동을 제공하였으므로 이는 ㉠에 해당한다. ㄹ. 학생 을이 납부한 학원 수강료는 생산물 시장에서 서비스에 대한 대가를 지불하는 것이므로 이는 ㉢에 해당한다.

바로잡기 ㄱ. A 시장은 생산 요소 시장이다. ㄷ. 컴퓨터 회사가 반도체 회사에서 구입한 부품용 반도체는 생산 요소의 구입으로 실물의 흐름이다. ㉡은 화폐의 흐름이다.

112
민간 경제 주체는 가계와 기업이다. 따라서 A는 정부이고, B와 C는 각각 가계와 기업 중 하나이다. ③ 부가가치를 창출하는 민간 경제 주체는 기업이다. 정부의 복지 지출은 가계의 소득 증대에 기여한다.

바로잡기 ① 생산 요소 시장에서의 공급자는 가계이다. 가계는 효용 극대화를 추구한다. ② 생산물 시장에서의 공급자는 기업이다. 정부는 기업에 법인세를 부과한다. ④ 생산 활동의 주체는 기업이다. 사회적 후생 극대화를 추구하는 경제 주체는 정부이다. ⑤ A와 B가 노동 시장에서의 수요자라면, B는 기업, C는 가계이다. 소비 활동의 주체는 가계이다.

113
ㄱ. (가)의 사례에서 기업들은 생산 방법을 바꾸고 있다. 이는 생산 방법을 결정하는 문제와 관련 있다. ㄷ. (나)의 임금 인상안 문제 해결은 생산 요소 시장인 노동 시장에 영향을 준다.

ㄴ. (나)에서는 일반적으로 형평성과 효율성을 모두 중시한다. ㄹ. 모든 경제 활동은 자원의 희소성을 바탕으로 발생하므로 공공재의 생산 과정에서도 기본적인 경제 문제가 발생한다.

114

A재와 B재는 인간의 욕구에 비해 존재량이 상대적으로 부족하므로 희소성이 있다. 따라서 (가)는 희소성, (나)는 희귀성이다. A재는 희소성이 있고 희귀성이 없으며, B재는 희소성과 희귀성이 모두 있고, C재는 희소성이 없고 희귀성이 있으며, D재는 희소성과 희귀성이 모두 없다. ⑤ A재와 B재는 희소성이 있어 시장 가격이 존재하지만, C재와 D재는 희소성이 없어 시장 가격이 존재하지 않는다.

① (가)는 희소성, (나)는 희귀성이다. ② B재는 경제재이다. ③ 유명 화가의 작품은 B재의 사례에 해당한다. ④ A재와 B재 모두 희소성이 있지만, A재는 B재와 달리 희귀성이 없으므로 B재보다 A재의 시장 가격이 높다고 보기 어렵다.

115

제시된 사례는 다음과 같이 나타낼 수 있다.

(단위 : 원)

구분	편익	명시적 비용	암묵적 비용	기회비용	순편익
A 스낵	4,000	3,000	2,000	5,000	−1,000
B 스낵	6,000	4,000	1,000	5,000	1,000

⑤ 기회비용은 A 스낵을 선택하는 경우 5,000원, B 스낵을 선택하는 경우 5,000원이다.

① A 스낵 선택의 기회비용은 5,000원이다. ② A 스낵을 선택하는 경우 명시적 비용보다 암묵적 비용이 작다. ③ B 스낵을 선택하는 것이 합리적이다. ④ 암묵적 비용은 A 스낵을 선택하는 경우가 B 스낵을 선택하는 경우보다 크다.

116

A는 긍정적 유인, B는 부정적 유인이다. ㄴ. 부정적 유인은 해당 행위자들에게 손해 또는 비용으로 작용한다. ㄹ. 해당 행동을 하는 사람들의 편익을 증가시키는 것은 행위자들에게 해당 행동을 강화시킬 수 있으므로 이는 긍정적 유인에 해당한다.

ㄱ. 긍정적 유인은 가계와 기업의 경제 활동에 영향을 미친다. ㄷ. 긍정적 유인은 행위자에게 이익(편익)으로 작용하여 해당 행동을 강화시키는 요인으로 작용하고, 부정적 유인은 사람들에게 해당 행동을 약화시키는 요인으로 작용한다.

117

A는 시장 경제 체제, B는 계획 경제 체제이다. ⑤ 시장 경제 체제는 자원 배분 과정에서 '보이지 않는 손'의 역할을 강조한다. 따라서 해당 질문은 (다)에 들어갈 수 있다.

① 계획 경제 체제는 경제적 유인 체계가 효과적으로 작동하기 어렵다. 따라서 해당 질문은 (가)에 들어갈 수 없다. ② 계획 경제 체제는 원칙적으로 생산 수단의 사유화가 인정되지 않는다. 따라서 해당 질문은 (가)에 들어갈 수 없다. ③ 계획 경제 체제는 시장 경제 체제와 달리 정부가 주도하여 경제 문제를 해결한다. 따라서 해당 질문은 (나)에 들어갈 수 없다. ④ 시장 경제 체제는 계획 경제 체제와 달리 민간 경제 주체들 간 자율적인 의사 결정을 중시한다. 따라서 해당 질문은 (나)에 들어갈 수 없다.

118

(가)에는 계획 경제 체제의 특징에만 해당하는 내용이, (나)에는 시장 경제 체제의 특징에만 해당하는 내용이 들어갈 수 있다. ㄴ. 계획 경제 체제는 시장 경제 체제와 달리 정부의 명령이나 계획에 따라 자원 배분이 이루어진다. 따라서 해당 내용은 (가)에 들어갈 수 있다. ㄹ. 시장 경제 체제는 계획 경제 체제와 달리 민간 경제 주체 간 자유로운 의사 결정과 경쟁을 중시한다. 따라서 해당 내용은 (나)에 들어갈 수 있다.

ㄱ. 시장 경제 체제와 계획 경제 체제 모두 자원의 희소성으로 인한 선택의 문제가 발생한다. 따라서 해당 내용은 (가)에 들어갈 수 없다. ㄷ. 시장 경제 체제는 큰 정부보다 작은 정부를 지향한다. 따라서 해당 내용은 (나)에 들어갈 수 없다.

119

경제 활동의 자유를 보장하는 정도는 시장 경제 체제가 계획 경제 체제보다 높다. 따라서 A는 시장 경제 체제, B는 계획 경제 체제이다.

120

(가)에는 시장 경제 체제보다 계획 경제 체제에서 높게 나타나는 기준이, (나)에는 계획 경제 체제보다 시장 경제 체제에서 높게 나타나는 기준이 들어갈 수 있다.

121

우리나라는 시장 경제 체제를 중심으로 계획 경제 체제의 요소가 일부 가미된 혼합 경제 체제를 채택하고 있다. ② A 조항에는 시장 경제 체제의 요소가 있으나, 계획 경제 체제의 요소가 없고, B 조항에는 시장 경제 체제를 기반으로 계획 경제 체제의 요소가 더해져 있다.

122

제시된 기사에는 아파트 내에서의 흡연으로 인해 이웃들이 피해를 입는 사례가 나타나 있다. ⑤ 아파트 내에서의 흡연에 대해 과태료를 부과하는 경우 아파트 내에서의 흡연을 감소시켜 이로 인한 피해를 줄일 수 있다.

① 담배 생산에 대해 보조금을 지급하는 경우 담배 공급이 증가한다. ② 담배 소비에 부과되는 세금의 세율을 낮추는 경우 담배 수요가 증가한다. ③ 담배 제조 기업들의 자유로운 활동을 보장하는 것으로는 제시된 문제를 해결하기 어렵다. ④ 기업을 대신하여 정부가 직접 담배를 생산하더라도 제시된 문제를 해결하기가 어렵다.

123

갑의 X재와 Y재 소비량에 따른 총효용은 다음과 같다.

소비량	총효용	
	X재	Y재
1개	14	9
2개	26	16
3개	34	19
4개	39	20
5개	42	20

ㄴ. X재 3개와 Y재 2개를 소비할 때 총효용이 최대가 되므로 합리적이다. ㄹ. 갑의 총효용은 X재만 5개 소비하는 경우 42이고, Y재만 5개 소비하는 경우 20이다.

바로잡기 ㄱ. 갑이 얻을 수 있는 최대 효용은 50이다. ㄷ. Y재의 소비량이 증가할수록 'Y재 총효용/Y재 소비량'은 감소한다.

124

제시된 자료를 바탕으로 X재 생산량에 따른 총수입, 총비용 및 이윤을 나타내면 다음과 같다.

(단위 : 개, 달러)

생산량	1	2	3	4	5
총수입	10	20	30	40	50
총비용	7	14	24	32	45
이윤	3	6	6	8	5

③ 생산량이 2개일 때와 생산량이 3개일 때의 이윤은 6만 원으로 같다.

바로잡기 ① 생산량이 1개일 때 이윤이 가장 작다. ② 생산량이 증가함에 따라 '총비용/생산량'은 7만 원 → 7만 원 → 8만 원 → 8만 원 → 9만 원으로 변화한다. ④ 생산량을 1개씩 늘릴 때마다 추가적으로 발생하는 비용은 7만 원 → 7만 원 → 10만 원 → 8만 원 → 13만 원'으로 변화한다. ⑤ 생산량을 1개씩 늘릴 때마다 추가적으로 발생하는 수입은 10만 원으로 일정하다.

125

갑국의 경우 변경 전에는 비례세율, 변경 후에는 누진세율이 적용되었고, 을국의 경우 변경 전과 변경 후 모두 비례세율이 적용되었다.
ㄱ. 갑국에서는 변경 후 누진세율이 적용되었으므로 과세 대상 소득 증가율보다 세액 증가율이 크다. ㄷ. 갑국에서는 변경 후 누진세율이 적용되었으므로 변경 전보다 변경 후의 소득 재분배 효과가 크다.

바로잡기 ㄴ. 을국에서는 변경 전과 변경 후 모두 과세 대상 소득 증가율과 세액 증가율이 같다. ㄹ. 을국에서는 변경 전과 변경 후 모두 비례세율이 적용되었다.

126

채점 기준	수준
납세자와 담세자의 일치 여부, 조세 전가, 일반적인 세율 적용 방식을 모두 언급하여 정확히 서술한 경우	상
납세자와 담세자의 일치 여부, 조세 전가, 일반적인 세율 적용 방식 중 두 가지를 언급하여 서술한 경우	중
납세자와 담세자의 일치 여부, 조세 전가, 일반적인 세율 적용 방식 중 한 가지를 언급하여 서술한 경우	하

II 시장과 경제 활동

04 시장의 수요와 공급

분석 기출 문제

31~35쪽

[핵심 개념 문제]

128 수요	129 공급	130 수요 법칙, 공급 법칙		131 ◯	132 ×
133 ◯	134 ⓛ	135 ㉠	136 ㉠	137 ⓛ	138 ㉠	139 ㄴ
140 ㄷ	141 ㄱ				

142 ②	143 ③	144 ⑤	145 ④	146 ③	147 ②	148 ④
149 ①	150 ④	151 ⑤	152 ④	153 ③	154 ①	155 ②
156 ②	157 ①					

1등급을 향한 서답형 문제

158 ㉠ : 수요, ⓛ : 수요량, ㉢ : 수요 법칙   **159** **예시답안** 수요의 증가 요인에는 소득의 증가, 대체재의 가격 상승, 보완재의 가격 하락, 기호(선호)의 증가, 소비자 수의 증가, 미래 가격 상승 예상 등이 있다.

160 **예시답안** 딸기잼의 원재료인 딸기 가격의 상승으로 딸기잼 공급이 감소하여 딸기잼 공급 곡선이 왼쪽으로 이동할 것이다.   **161** **예시답안** 잼 전용 유리병과 보완 관계에 있는 딸기잼의 가격 상승은 잼 전용 유리병의 수요를 감소시키므로 잼 전용 유리병 시장에서 수요 곡선이 좌측으로 이동할 것이다.

142

ㄱ. X재 가격의 상승은 공급 곡선상 점의 이동으로 나타나므로 공급점은 c로 이동할 수 있다. ㄷ. 원자재 가격의 상승은 공급 곡선을 좌측으로 이동시킨다. 이 경우 공급점은 b로 이동할 수 있다.

바로잡기 ㄴ. X재 가격의 하락은 공급 곡선상 점의 이동으로 나타나므로 공급점은 e로 이동할 수 없다. ㄹ. X재 생산 기술의 혁신이 일어나면 공급이 증가하여 공급 곡선이 우측으로 이동하므로 공급점은 d로 이동할 수 있다.

143

ㄴ. A재 공급이 증가하면 A재 가격이 하락하므로 보완재인 X재 수요는 증가한다. ㄷ. B재 공급이 감소하면 B재 가격이 상승하므로 대체재인 X재 수요가 증가한다. 이는 X재 가격 상승 요인이 된다.

바로잡기 ㄱ. A재와 B재의 관계는 알 수 없다. ㄹ. X재와 A재는 보완 관계에 있으므로 X재 가격 상승은 A재 수요 감소 요인이다.

144

농산물을 원재료로 이용하는 농산물 가공식품 업체의 증가는 농산물의 수요를 증가시킨다. 이는 농산물 가격의 상승 요인이 된다.

145

ㄴ. 우유의 생산 비용 감소는 우유의 공급 증가 요인이다. ㄹ. 우유의 미래 가격 하락 예상은 우유의 공급 증가 요인이다.

바로잡기 ㄱ. 우유 가격이 상승하면 우유의 공급량이 증가한다. ㄷ. 우유와 같이 먹는 빵의 가격 하락은 우유의 수요 증가 요인이다.

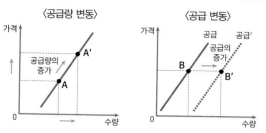

〈공급량 변동〉 〈공급 변동〉

해당 재화의 가격이 변하면 공급량이 변하여 공급 곡선상 점이 이동한다. 반면, 가격 이외의 요인이 변하면 공급이 변동하여 공급 곡선 자체가 이동한다. 이때 공급이 증가하면 공급 곡선은 우측으로 이동하고, 공급이 감소하면 공급 곡선은 좌측으로 이동한다.

146

A재와 B재는 대체 관계, A재와 C재는 보완 관계에 있다. ③ B재의 원자재 가격 상승은 B재의 공급 감소 요인이므로 B재의 가격이 상승한다. B재 가격 상승은 대체재인 A재 수요를 증가시켜 A재 가격이 상승한다. A재의 인건비 상승은 A재의 공급 감소 요인이므로 A재의 가격이 상승한다. A재 가격 상승은 보완재인 C재 수요를 감소시켜 C재 가격이 하락한다.

（바로잡기） ① A재 선호도 하락은 A재 수요 감소 요인이다. B재 선호도 상승은 B재 수요 증가 요인이다. ② A재의 원자재 가격 하락은 A재 공급 증가 요인이다. C재의 원자재 가격 하락은 C재 공급 증가 요인이다. ④ C재의 생산 여건 악화는 C재 공급 감소 요인이다. A재의 인건비 하락은 A재 공급 증가 요인이다. ⑤ C재 선호도 증가는 C재 수요 증가 요인이다. B재의 시장 가격 상승은 수요량 감소 요인이며 공급량 증가 요인이다.

147

플라스틱 컵 생산업체에 판매세를 부과하는 것은 플라스틱 컵의 공급 감소 요인이며, 환경 캠페인과 개인 컵 이용 할인 제도는 플라스틱 컵의 수요 감소 요인이다. 따라서 균형점 E는 (나)로 이동한다.

148

인건비 상승은 커피 공급의 감소 요인이고, 대체재인 녹차의 가격 하락과 커피에서의 농약 검출은 커피 수요의 감소 요인이다. 커피 공급과 수요가 모두 감소하면, 균형 거래량은 감소하지만, 균형 가격의 변동은 불분명하다.

수요 변동의 요인	공급 변동의 요인
• 소득 수준	• 생산 요소의 가격
• 대체재 또는 보완재의 가격	• 생산 기술
• 소비자의 기호(선호)	• 공급자의 수
• 소비자의 수	• 미래 가격에 대한 예상
• 미래 가격에 대한 예상	

149

갑국의 사과 시장에서 가격에 따른 수요량과 공급량을 나타내면 다음과 같다.

（단위 : 원, 개）

가격	수요량	공급량
100	4	0
200	3	1
300	3	2
400	3	2
500	2	3
600	2	3
700	1	3
800	0	4

ㄱ, ㄴ. 균형 가격은 400원과 500원 사이에서 형성되며, 균형 거래량은 2개이다.

（바로잡기） ㄷ. 사과에 대한 선호도가 가장 높은 사람은 갑이다. ㄹ. 균형 가격은 400원과 500원 사이에서 형성된다.

150

국산 자동차와 대체 관계에 있는 외국산 자동차의 수입이 증가하면 국내 자동차 시장에서는 자동차의 공급이 증가하는 반면, 국산 자동차 시장에서는 국산 자동차의 수요가 감소한다.

151

⑤ 소비자의 소득 감소는 수요 감소 요인이고, 생산비 증가는 공급 감소 요인이다. 수요와 공급이 모두 감소하면 균형 거래량은 감소하고, 균형 가격은 불분명하다.

（바로잡기） ① 수요만 증가해도 균형 가격 상승과 균형 거래량 증가가 나타날 수 있다. ② 공급의 변동 없이 C 시기에서 D 시기로의 변동은 나타날 수 없다. ③ X재의 보완재 가격이 상승하면 X재의 수요가 감소하므로 균형 가격이 하락하고, 균형 거래량이 감소한다. ④ X재의 대체재 가격이 상승하면 X재의 수요가 증가하므로 A 시기에서 B 시기로의 변동이 나타날 수 있다.

152

미래의 가격 상승이 예상될 때, 현재의 수요는 증가하고 공급은 감소한다. ④ ⓒ은 다음 달에 X재 가격이 오를 것을 예상하고 공급자가 이번 달에 공급을 줄이는 것이다.

153

③ 손목시계의 경우 수요와 공급이 모두 감소하므로 손목시계의 균형 거래량은 감소하고, 균형 가격의 변동은 불분명하다.

154

① B재 공급의 감소는 B재 가격 상승 요인이고, 이는 보완 관계에 있는 A재의 수요 감소 요인이다. A재의 부품인 C재의 가격 하락은 A재의 공급 증가 요인이다. A재의 수요가 감소하고 공급이 증가하면 A재의 균형 가격은 하락하고, 균형 거래량의 변화는 불분명하다.

155

ㄱ. X재의 가격과 공급량 간에 정(+)의 관계가 나타나므로 공급 법칙이 적용되고 있다. ㄷ. 균형 거래량은 20개보다 크고 25개보다 적다.

（바로잡기） ㄴ. 균형 가격은 4만 원과 5만 원 사이에서 형성될 것이다. ㄹ. X재의 가격이 높을수록 X재의 판매 수입이 증가한다고 볼 수 없다.

156

X재는 균형 가격이 하락하고, 균형 거래량이 증가하였다. ㄱ. 수요만 증가하면 균형 가격이 상승하고 균형 거래량이 증가하며, 수요만 감소하면 균형 가격이 하락하고 균형 거래량이 감소한다. ㄷ. 공급만 증가할 경우 균형 가격은 하락하고 균형 거래량은 증가한다.

바로잡기 ㄴ. 공급 감소 시 수요가 증가하면 균형 가격이 상승하고, 공급 감소 시 수요가 감소하면 균형 거래량이 감소한다. ㄹ. 수요의 감소 폭보다 공급의 감소 폭이 더 클 경우 균형 가격은 상승하고 균형 거래량은 감소한다.

157

자동차의 보완재인 휘발유 가격의 하락은 자동차 수요의 증가 요인, 자동차 부품 가격의 상승은 자동차 공급의 감소 요인이다. 가계의 실질 소득 상승은 자동차 수요의 증가 요인, 공급자들의 내년 자동차 가격 상승 예상은 올해 자동차 공급의 감소 요인이다. ① 자동차 시장에서 수요 증가와 공급 감소가 동시에 나타나면 균형점 E는 (가) 영역으로 이동한다.

159

채점 기준	수준
수요 증가 요인을 세 가지 모두 옳게 서술한 경우	상
수요 증가 요인을 두 가지만 옳게 서술한 경우	중
수요 증가 요인 중 한 가지만 옳게 서술한 경우	하

160

채점 기준	수준
공급 곡선의 이동과 요인을 모두 옳게 서술한 경우	상
딸기 가격 상승과 딸기잼 공급 곡선의 왼쪽 이동만 서술한 경우	중
딸기 가격 상승만 서술한 경우	하

161

채점 기준	수준
잼 전용 유리병의 수요 감소와 그 이유를 논리적으로 서술한 경우	상
잼 전용 유리병의 수요 감소와 그 이유를 미흡하게 서술한 경우	중
잼 전용 유리병의 수요가 감소한다는 점만 서술한 경우	하

적중 1등급 문제
36~37쪽

162 ⑤	163 ④	164 ②	165 ②	166 ②
167 ④	168 ⑤	169 ④		

162 시장 균형 변동 요인 추론하기

1등급 자료 분석 시장 균형의 변동 요인

단, X재와 Y재의 1월 공급은 작년 12월과 같다.

1월은 공급이 변하지 않은 상태에서 수요 변동만으로 균형 가격과 균형 거래량 변화가 나타났다.

구분	균형 가격		균형 거래량	
	1월	2월	1월	2월
X재	㉠→하락	하락	감소	증가
Y재	하락→수요 감소	상승	㉡→감소	증가

㉠ 수요 감소 / ㉡ 수요 감소

을. 1월과 작년 12월의 공급이 같고, 전월 대비 1월에 균형 가격이 하락하였으므로 Y재 수요는 감소하였다. 공급의 변동 없이 수요가 감소하면 균형 거래량은 감소한다. 병. 수요가 증가했는데 균형 거래량이 증가하고 균형 가격이 하락하려면 공급이 증가해야 한다. 정. Y재는 2월에 균형 가격이 상승하고 균형 거래량이 증가하였다. 수요가 감소하면 이러한 변동은 나타날 수 없다.

바로잡기 갑. 1월에 X재 시장에서는 수요가 감소하였다. X재 수요가 감소하면 균형 가격은 하락한다. 따라서 ㉠에는 '하락'이 들어가야 한다.

163 시장 균형점 파악하기

1등급 자료 분석 시장 균형의 변동

X재의 시장 수요량 / X재의 시장 공급량 (단위 : 원, 개)

가격	수요량		시장 수요량	공급량		시장 공급량
	갑	을		병	정	
800	1	0	1	6	6	12
700	2	0	2	5	5	10
600	3	1	4	4	4	8
500	4	2	6	3	3	6
400	5	3	8	2	2	4
300	6	4	10	1	1	2

수요량과 공급량이 일치 → 균형 가격은 500원, 균형 거래량은 6개임

가격이 500원일 때 시장 수요량은 6개이고, 시장 공급량은 6개이다. 즉, 시장 가격이 500원일 때 수요량과 공급량이 일치하여 균형을 이루게 된다. ④ 을이 모든 가격대에서 수요량을 1개씩 늘리면, 600원에서는 초과 공급이, 500원에서는 초과 수요가 발생한다. 따라서 균형 가격은 500원과 600원 사이에서 결정된다.

164 수요와 공급의 변동 요인 이해하기

1등급 자료 분석 수요와 공급의 변동

구분		X재	Y재
요인	공급 측면	㉠ 공급↓	㉡ 공급↑
	수요 측면	㉢ Z재 가격 변화	수요와 공급 증가
결과	균형 가격	변화 없음	변화 없음
	판매 수입	감소→수요와 공급 감소	증가

X재는 수요와 공급이 모두 감소하였고, Y재는 수요와 공급이 모두 증가하였다. 따라서 ㉠에는 공급 감소 요인, ㉡에는 공급 증가 요인이 들어갈 수 있다. ② Y재 생산 기술 향상은 공급 증가 요인에 해당한다.

바로잡기 ① 생산 요소 가격 하락은 공급 증가 요인이다. ③ Z재의 가격이 상승함에 따라 X재의 수요가 감소한다면, X재와 Z재는 보완 관계에 있다. ④ Z재의 가격이 상승함에 따라 Y재의 수요가 증가한다면 Y재와 Z재는 대체 관계에 있다. ⑤ Z재 공급자 수가 증가하면 Z재 가격이 하락한다. Z재 가격 하락으로 X재 수요가 감소한다면 X재와 Z재는 대체 관계에 있다.

165 시장 균형점 파악하기

1등급 자료 분석 수요와 공급의 변동 요인

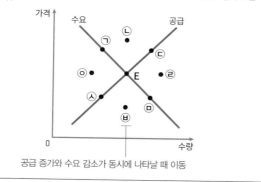

자동차의 부품으로 사용되는 철강의 가격이 급락하였고, 소비자들은 향후 자동차의 가격이 하락할 것이라는 최근 언론 보도를 신뢰하고 있다. — 자동차의 수요 감소 요인 / 자동차의 공급 증가 요인

공급 증가와 수요 감소가 동시에 나타날 때 이동

② 자동차 부품인 철강 가격의 하락은 공급 증가 요인이고, 소비자들의 향후 자동차의 가격 하락 예상은 수요 감소 요인이다. 공급 증가와 수요 감소가 동시에 일어나면 ㉭으로 균형점이 이동한다.

166 수요와 공급 곡선의 이동 이해하기

1등급 자료 분석 수요와 공급 곡선의 이동

가격(달러) / 모든 가격대에서 X재 수요량 200개씩 증가, 소비자에게 개당 200달러의 보조금 지급 → 수요 증가

600 / 500 / 400 / 300 / 200 / 100 공급 / 수요

모든 가격대에서 X재 공급량 200개씩 증가, 생산자에게 개당 200달러의 보조금 지급 → 공급 증가

0 100 200 300 400 500 600 수량(개)

ㄱ. 모든 가격대에서 X재 수요량이 200개씩 증가할 경우 수요 곡선이 우측으로 이동하여 균형 가격은 300달러, 균형 거래량은 300개가 된다. ㄷ. 소비자에게 개당 200달러의 보조금을 지급하면 생산자 잉여는 2만 달러에서 4만 5천 달러로 2만 5천 달러만큼 증가한다.

바로잡기 ㄴ. 생산자에게 개당 200달러의 보조금을 지급하면 소비자 잉여는 2만 달러에서 4만 5천 달러로 2만 5천 달러만큼 증가한다. ㄹ. 모든 가격대에서 X재 공급량이 200개씩 증가할 경우 균형 거래량은 200개에서 300개로 100개만큼 증가한다.

167 시장 균형점 파악하기

1등급 자료 분석 수요와 공급의 변동

(단위 : 원, 천 개)

구분	T기	T+1기	T+2기	T+3기
판매 가격	1,000	1,100	1,000	1,200
판매량	30	40	50	30

가격 ↑, 판매량 ↑ / 가격 ↓, 판매량 ↑ / 가격 ↑, 판매량 ↓

ㄴ. 전기 대비 T+2기에 판매 가격은 하락하고 판매량은 증가하였다. 공급이 증가하면 가격이 하락하고 거래량이 증가한다. ㄹ. 전기 대비 판매 가격 변동률은 T+1기의 경우 10%, T+2기의 경우 약 −9.1%이다.

바로잡기 ㄱ. 전기 대비 T+1기에 판매 가격은 상승하고 판매량은 증가하였다. 수요가 감소하면 가격이 하락하고 거래량이 감소한다. ㄷ. 전기 대비 T+3기에 판매 가격은 상승하고 판매량은 감소하였다. 수요가 증가하면 가격이 상승하고 거래량이 증가한다.

168 수요와 공급의 변화 요인 이해하기

1등급 자료 분석 수요와 공급의 변화 요인

커피 시장의 균형에 영향을 주는 요인
(가) 커피의 원재료인 원두 가격의 상승 — 공급 감소 요인
(나) 커피의 대체재인 홍차 가격의 하락 — 수요 감소 요인
(다) 커피의 보완재인 커피 크림 가격의 하락 — 수요 증가 요인
(라) 커피 공급자 수의 증가 — 공급 증가 요인

⑤ 홍차의 생산 비용 증가는 홍차 공급의 감소 요인으로, 이는 홍차 가격의 상승을 초래한다. 커피와 대체 관계에 있는 홍차의 가격이 상승할 경우 커피의 수요가 증가하여 커피의 균형 거래량은 증가한다.

바로잡기 ① 원재료 가격의 상승은 공급 감소 요인이다. ② 대체재 가격의 하락은 수요 감소 요인이므로 이는 판매 수입 감소 요인이다. ③ 보완재 가격의 하락은 수요 증가 요인이므로 이는 균형 거래량 증가 요인이다. ④ 공급자 수의 증가는 공급 증가 요인이므로 이는 균형 가격 하락 요인이다.

169 연관재 관계 분석하기

1등급 자료 분석 대체재, 보완재의 관계

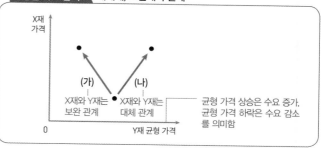

X재 가격 / (가) / (나) / X재와 Y재는 보완 관계 / X재와 Y재는 대체 관계 / 0 / Y재 균형 가격 / 균형 가격 상승은 수요 증가, 균형 가격 하락은 수요 감소를 의미함

④ (나)의 경우 X재와 Y재는 대체 관계에 있으므로 X재의 가격 상승은 Y재의 수요 증가 요인이다. 이는 Y재의 균형 거래량 증가 요인이다.

바로잡기 ① (가)의 경우 X재와 Y재는 보완 관계에 있다. ② X재 가격 상승은 보완재인 Y재 수요 감소 요인이다. ③ (나)의 경우 X재와 Y재는 대체 관계에 있다. ⑤ (가)의 경우 X재 가격 상승은 Y재의 판매 수입 감소 요인이다.

분석 기출 문제

39~42쪽

[핵심 개념 문제]

170 시장 171 수요량 172 공급 173 ○ 174 × 175 ㄹ
176 ㉠ 177 ㉡ 178 ㉢ 179 ㉡ 180 ㉠ 181 ㉠
182 | 수요량 변동률(%)/가격 변동률(%) | 183 2

184 ⑤ 185 ① 186 ③ 187 ④ 188 ⑤ 189 ⑤ 190 ①
191 ③ 192 ⑤ 193 ⑤ 194 ① 195 ⑤

1등급을 향한 서답형 문제

196 ㉠ : 크게, ㉡ : 용이한 197 예시답안 공산품에 비해 생산 기간이 길고 저장이 어렵기 때문이다.
198 |−20%/10%|=2 199 예시답안 X재의 경우 수요가 가격에 대해 더 민감하게 반응한다. X재 수요의 가격 탄력성은 2이고, Y재 수요의 가격 탄력성은 1/2이므로 X재 수요는 가격에 대해 탄력적이고, Y재 수요는 가격에 대해 비탄력적이다.

184

제시문은 부족했던 생필품이 시장을 통한 기업의 이윤 추구 활동 과정에서 자연스럽게 풍족해지는 사례를 보여 주고 있다. 즉, 생필품 가격이 높아지자 기업들이 생필품 생산을 늘린 것이다.

185

① 필요한 여러 가지 물건을 쉽게 찾을 수 있어 한번에 살 수 있었다는 내용을 통해 시장이 거래 비용을 감소시킨다는 것을 알 수 있다.

1등급 정리 노트　거래 비용

거래 비용은 각종 거래 과정에서 발생하는 비용을 말한다. 거래 전에 정보를 수집하거나 협상을 위해 필요한 비용, 계약을 준수하는지를 감시하는 비용 등을 포함한다.

186

D_3는 수요의 가격 탄력성이 완전 비탄력적이고, D_1은 D_2보다 수요가 가격에 대해 더 탄력적이다. ③ 사치품의 경우 일반적으로 수요가 가격에 대해 탄력적이므로 D_2보다 D_1에 가깝다.

바로잡기 ① 수요가 가격에 대해 가장 탄력적인 경우는 D_1이다. ② D_3는 완전 비탄력적인 수요 곡선이다. ④ D_1은 D_2보다 수요가 가격에 대해 민감하다. ⑤ 대체재가 많은 재화일수록 더 탄력적인 수요 곡선을 가진다.

1등급 정리 노트　수요의 가격 탄력성에 영향을 미치는 요인

• 상품의 특성 : 필수품의 성격을 가진 상품은 수요의 가격 탄력성이 작고, 사치품의 성격을 가진 상품은 수요의 가격 탄력성이 크다.
• 대체재의 존재 : 상품의 대체재가 적을수록 수요의 가격 탄력성이 작고, 대체재가 많을수록 수요의 가격 탄력성이 커진다.
• 가격 변동에 대응하는 시간 : 단기보다는 시간이 지날수록 수요의 가격 탄력성이 커진다.
• 소비 예산에서 차지하는 비중 : 소비 예산에서 차지하는 비중이 큰 상품일수록 수요의 가격 탄력성이 크다.

187

③ 모나리자 진품은 아무리 가격이 변동해도 공급량이 1개로 고정되어 있으므로 수직선 형태의 공급 곡선이 된다.

188

⑤ 생필품은 수요의 가격 탄력성이 비탄력적이며, 사치품은 수요의 가격 탄력성이 탄력적이다. 따라서 생필품의 성격에 가까울수록 수요의 가격 탄력성이 작다. 대체재가 많을수록, 소비자의 대응 기간이 길수록 수요의 가격 탄력성은 크게 나타난다.

189

ㄷ. S_1은 공급이 가격에 대해 완전 비탄력적이다. 단 하나뿐인 골동품은 가격이 변동해도 공급량이 변동하지 않으므로 공급이 가격에 대해 완전 비탄력적이다. ㄹ. S_2가 S_3보다 공급이 가격에 대해 더 비탄력적이다.

바로잡기 ㄱ. 일반적으로 농산물은 공급이 가격에 대해 비탄력적이므로 농산물의 공급 곡선은 S_3보다 S_2에 가깝다. ㄴ. 생산 기간이 짧은 제품일수록 공급이 가격에 대해 탄력적이므로 S_1보다 S_3에 가까워진다.

190

A재의 경우 수요의 가격 탄력성이 1보다 크고, B재의 경우 수요의 가격 탄력성이 1보다 작으며, C재의 경우 수요의 가격 탄력성이 단위 탄력적이다. ① A재의 경우 가격 인하로 판매 수입이 증가했으므로 수요가 가격에 대해 탄력적이다.

바로잡기 ② 수직선 형태의 수요 곡선의 경우 수요의 가격 탄력성이 0이다. ③ 수평선 형태의 수요 곡선의 경우 수요의 가격 탄력성이 무한대이다. ④ 사치품은 일반적으로 수요가 가격에 대해 탄력적이다. ⑤ 기업의 가격 인하 전략이 특정 제품의 수요의 가격 탄력성을 변동시키는 것은 아니다.

191

A재는 가격이 상승하였으나 판매 수입이 감소하였다. 이는 가격 상승률보다 수요량 감소율이 더 컸기 때문이다. ③ 수요의 가격 탄력성이 1보다 크면 가격 인상 시 판매 수입이 감소한다.

1등급 정리 노트　수요의 가격 탄력성과 판매 수입

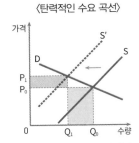
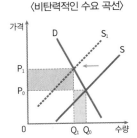

수요의 가격 탄력성이 탄력적인 경우 가격 인상 시 판매 수입은 감소한다.

수요의 가격 탄력성이 비탄력적인 경우 가격 인상 시 판매 수입은 증가한다.

192

A재가 성인병 예방에 효과적이라는 연구 결과는 수요 곡선을 우측으로 이동시키는 요인이다. ⑤ A재는 수요가 가격에 대해 탄력적이므로 가격 인상 시 A재 판매 수입은 감소한다.

193

A재의 공급 곡선은 수직선 형태이고, B재의 공급 곡선은 수평선 형태이다. ⑤ B재의 경우 수요가 변동해도 균형 가격이 변동하지 않으므로 수요량 감소율과 판매 수입 감소율이 같다.

바로잡기 ① A재의 가격은 하락한다. ② A재는 판매량이 일정하고, B재는 판매량이 감소한다. ③ A재와 B재 모두 판매 수입이 감소한다. ④ A재 가격은 하락하고, B재 가격은 변동이 없으므로 A재 가격이 B재 가격보다 낮다.

194

① 청소년과 노인의 경우 가격 하락 시 판매 수입이 증가하였으므로 수요의 가격 탄력성이 1보다 크다. 성인의 경우 가격 상승 시 판매 수입이 증가하였으므로 수요의 가격 탄력성이 1보다 작다.

195

⑤ 짜장면의 경우 가격 인상 시 판매 수입 변화율이 0이므로 가격 인상률과 수요량 감소율이 동일($Ed=1$)하다. 짬뽕의 경우 가격 인상률과 판매 수입 변화율이 같으므로 이는 가격 인상에도 불구하고 수요량이 변동하지 않았기($Ed=0$) 때문이다. 탕수육의 경우 가격 인상 시 판매 수입이 감소하였으므로 가격 인상률보다 수요량 감소율이 더 크다($Ed>1$).

196

가격 변동에 대해 공급량 조절이 쉬운 상품(생산 기간이 짧은 상품, 저장이 용이한 상품, 원재료 확보가 쉬운 상품)일수록 공급의 가격 탄력성이 크게 나타나며, 상품의 가격 변동에 대한 공급자의 대응 기간이 길수록 공급의 가격 탄력성이 크게 나타난다.

197

채점 기준	수준
생산 기간과 저장 용이성 여부를 포함하여 서술한 경우	상
생산 기간이나 저장 용이성 여부 중 하나만 서술한 경우	중
원재료 확보나 생산자의 대응 기간으로 서술한 경우	하

198

X재의 경우 가격 상승률은 10%, 수요량 감소율은 20%이므로 수요의 가격 탄력성은 $|-20\%/10\%|=2$이다.

199

채점 기준	수준
X재의 수요가 가격에 대해 더 민감하다는 내용과 X재와 Y재의 수요의 가격 탄력성 수치를 모두 옳게 서술한 경우	상
X재의 수요가 가격에 대해 더 민감하다는 내용은 서술하였으나, X재와 Y재 중 하나의 수요의 가격 탄력성을 잘못 계산한 경우	중
X재의 수요가 가격에 대해 더 민감하다는 것만 서술한 경우	하

---

200 수요의 가격 탄력성과 판매 수입의 관계 파악하기

1등급 자료 분석 수요의 가격 탄력성과 판매 수입

구분	A재	B재	C재	D재
가격 변화율(%)	−5	−5	5	5
판매 수입 변화율(%)	5	−3	3	−2
	탄력적	비탄력적	비탄력적	탄력적

생산 요소 가격 하락 — 생산 요소 가격 상승

ㄴ. B재의 가격이 하락하였으므로 이는 생산 요소 가격의 하락에 따른 것이다. ㄷ. C재는 가격 상승 시 판매 수입이 증가하였다. 수요의 가격 탄력성이 비탄력적이면 가격 인상 시 판매 수입이 증가한다.

바로잡기 ㄱ. A재 수요의 가격 탄력성은 1보다 크다. ㄹ. 제시된 자료로는 공급의 가격 탄력성을 알 수 없다.

201 수요의 가격 탄력성과 판매 수입의 관계 파악하기

1등급 자료 분석 수요의 가격 탄력성과 판매 수입

ㄴ. 가격 변화율은 2017년의 경우 10%, 2018년의 경우 10%, 2019년의 경우 −10%, 2020년의 경우 −10%이다. 따라서 2018년의 가격 수준이 가장 높다. ㄷ. 2019년에는 가격 하락률과 판매 수입 하락률이 같다. 이는 수요가 가격에 대해 완전 비탄력적임을 의미한다.

바로잡기 ㄱ. 2017년에 X재 수요의 가격 탄력성은 완전 비탄력적이다. ㄹ. 2020년에는 가격이 10% 하락하였다. 수요 증가와 공급 감소가 나타나면 가격은 상승한다.

202 시장 균형 및 수요의 가격 탄력성 이해하기

1등급 자료 분석 시장 균형 및 수요의 가격 탄력성

• 최근 A재에 대한 소비자의 선호도가 낮아졌다. 단, A재 수요의 가격 탄력성은 1보다 크다.
　　　　　　　　　　　　　수요 감소
수요 곡선 자체가 이동한 경우 판매 수입을 판단할 때 수요의 가격 탄력성은 고려할 필요 없음

• 최근 B재를 생산하는 기업의 수가 줄었다. 단, B재 수요의 가격 탄력성은 1보다 작다.
　　　　　　　공급 감소　　　　　　비탄력적

③ A재에 대한 소비자의 선호도가 낮아지면 수요가 감소하여 균형 가격이 하락하고, 균형 거래량이 감소하여 판매 수입은 감소한다. B재를 생산하는 기업의 수가 감소하면 공급이 감소하여 균형 가격은 상승하고, B재 수요의 가격 탄력성이 1보다 작으므로 가격 상승 시 판매 수입이 증가한다.

203 수요의 가격 탄력성 추론하기

1등급 자료 분석 수요의 가격 탄력성

- 지우개를 판매하는 기업이 지우개 가격을 10% 내렸으나, 매출액은 인하 전과 동일하였다. <u>가격이 10% 하락할 때 수요량이 10% 증가</u>
- 사과 판매상이 매출액 증대를 위해 사과 값을 10% 올렸더니, 매출액이 인상 전보다 감소하였다. <u>수요의 가격 탄력성이 1보다 크기 때문</u>
- 한 달 동안 소비되는 빵의 수량은 항상 10개였는데, 빵 값이 20% 오른 이번 달은 1개가 줄어든 9개가 소비되었다. <u>수요의 가격 탄력성이 비탄력적임</u>
- 사인펜은 그 값이 아무리 많이 올라도 항상 매주 10개씩 판매된다. <u>수요의 가격 탄력성이 완전 비탄력적임</u>

② 수요의 가격 탄력성은 지우개의 경우 단위 탄력적($Ed=1$), 사과의 경우 탄력적($Ed>1$), 빵의 경우 비탄력적($Ed<1$), 사인펜의 경우 완전 비탄력적($Ed=0$)이다.

204 수요의 가격 탄력성 이해하기

1등급 자료 분석 수요의 가격 탄력성

구분	A재	B재	C재
	공급 감소로 인한 가격 상승		
가격 변화율(%)	2	2	2
㉠ 변화율(%)	0	−2	2
㉠이 거래량인 경우 →	완전 비탄력적	단위 탄력적	수요 법칙의 대상이 아님
㉠이 판매 수입인 경우 →	단위 탄력적	탄력적	완전 비탄력적

ㄱ. 거래량 변화율이 0%라면, 가격 변화율만큼 판매 수입이 변화하게 된다. ㄷ. 가격 변화율과 판매 수입 변화율이 동일할 경우 수요의 가격 탄력성은 완전 비탄력적이다.

바로잡기 ㄴ. ㉠이 거래량이면 B재의 수요는 가격에 대해 단위 탄력적이다. ㄹ. ㉠이 판매 수입이면, A재 수요의 가격 탄력성은 단위 탄력적, B재 수요의 가격 탄력성은 탄력적이므로 수요의 가격 탄력성은 A재가 B재에 비해 작다.

205 수요의 가격 탄력성 이해하기

1등급 자료 분석 수요의 가격 탄력성

구분		X재	Y재
가격 변화율(%)		1.0	2.2
소비 지출액 변화율(%)	갑	0.6 – 비탄력적	2.2 – 완전 비탄력적
	을	(가)	−2.2 – 탄력적

⑤ Y재의 가격 변동 이후 갑의 소비 지출액은 가격 변화율만큼 변화하였다. 이는 갑의 소비량에 변화가 없음을 의미한다. Y재의 가격 변동 이후 을의 소비 지출액은 감소하였다. 이는 을의 소비량이 감소하였음을 의미한다. 따라서 Y재의 판매량은 이전에 비해 감소하였다.

바로잡기 ① 갑의 X재 수요의 가격 탄력성은 비탄력적이다. ② 갑의 Y재의 가격 탄력성은 완전 비탄력적이다. ③ 을의 Y재 수요의 가격 탄력성은 탄력적이다. ④ (가)가 1.0이라면 가격 변동에도 불구하고 소비량에 변화가 없는 것이므로 수요의 가격 탄력성은 완전 비탄력적이다.

206 수요의 가격 탄력성 파악하기

1등급 자료 분석 수요의 가격 탄력성과 판매 수입

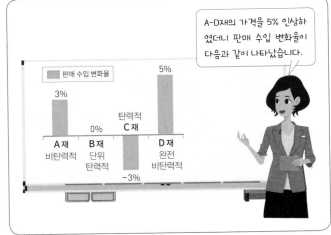

ㄷ, ㄹ. C재는 수요가 가격에 대해 탄력적이므로 가격 변화율보다 수요량 변화율이 크며, D재는 수요가 가격에 대해 완전 비탄력적이므로 수요 곡선이 수직선 형태로 수요 법칙이 적용되지 않는다.

바로잡기 ㄱ. A재의 수요는 가격에 대해 비탄력적이다. ㄴ. B재의 수요의 가격 탄력성은 1이다.

207 수요의 가격 탄력성 이해하기

1등급 자료 분석 수요의 가격 탄력성

갑국에서는 숙박 서비스 사업자가 숙박 서비스 요금을 10% 인상하였더니 판매 수입이 10% 감소하였고, 한우 판매자가 한우 판매 가격을 10% 인하하였더니 판매량이 5% 증가하였다. <u>가격 인상률에 비해 수요량 감소율이 큰 경우 → 탄력적</u>
<u>가격 인하율에 비해 판매량 증가율이 작은 경우 → 비탄력적</u>

⑤ 숙박 서비스의 경우 수요의 가격 탄력성이 1보다 크고, 한우의 경우 수요의 가격 탄력성이 1보다 작다. 따라서 수요의 가격 탄력성은 숙박 서비스보다 한우가 작다.

바로잡기 ① 숙박 서비스의 경우 수요가 가격에 대해 탄력적이다. ② 숙박 서비스의 거래량은 가격 인상률보다 더 크게 감소하였다. ③ 한우의 경우 수요가 가격에 대해 비탄력적이다. ④ 수요의 가격 탄력성이 비탄력적인 경우 가격 인하 시 판매 수입은 감소한다.

06 수요와 공급의 응용

46~49쪽

분석 기출 문제

[핵심 개념 문제]

208 소비자 잉여   **209** 생산자 잉여   **210** 총잉여

211 ×   **212** ○   **213** ○   **214** ○   **215** ○   **216** ○   **217** ○

218 ○   **219** ○   **220** ○

---

221 ④   **222** ②   **223** ⑤   **224** ④   **225** ③   **226** ②   **227** ④

228 ①   **229** ⑤   **230** ③   **231** ②   **232** ④

[1등급을 향한 서답형 문제]

233 균형 가격 : 4,000원, 균형 거래량 : 2개

234 (예시 답안) 거래할 소비자는 정과 무이고, 거래할 생산자는 A와 B이다. 정의 경우 최대 지불 용의 금액과 가격이 일치하여 소비자 잉여가 발생하지 않지만, 무의 경우 소비자 잉여가 1,000원 발생한다. B의 경우 최소 요구 금액과 가격이 일치하여 생산자 잉여가 발생하지 않지만, A의 경우 생산자 잉여가 1,000원 발생한다.

235 소비자 잉여 : a+b+c, 생산자 잉여 : d+e+f

236 (예시 답안) 규제 전 소비자 잉여는 a+b+c이고, 규제 후 소비자 잉여는 a+b+d이다.

221

④ 가격 수준이 P_0에서 P_2로 변동하면 거래량이 줄어들어 총잉여가 감소한다.

(바로잡기) ① P_1의 가격 수준에서는 초과 공급이 발생한다. ② P_2의 가격 수준에서는 초과 수요가 발생한다. ③ 가격 수준이 P_0에서 P_2로 변동하면 생산자 잉여는 감소한다. ⑤ 가격 수준이 P_0에서 P_1으로 변동하면 소비자 잉여는 감소한다.

222

ㄱ, ㄷ. X재의 시장 가격이 100원이므로 100원 이상을 지불할 용의가 있는 갑, 을, 병이 소비하고, 최소 요구 금액이 100원 이하인 A, B, C가 생산한다. 이때 소비자 잉여는 60원(갑 40원+을 20원)이고, 생산자 잉여는 60원(A 40원+B 20원)으로, 총잉여는 120원이다. Y재의 시장 가격은 200원이므로 200원 이상을 지불할 용의가 있는 갑, 을, 병이 소비하고, 최소 요구 금액이 200원 이하인 A, B, C가 생산한다. 이때 소비자 잉여는 90원(갑 50원+을 30원+병 10원)이고, 생산자 잉여는 60원(A 40원+B 20원)으로, 총잉여는 150원이다.

(바로잡기) ㄴ. X재 시장에서는 소비자 잉여가 60원이고, 생산자 잉여가 60원이다. ㄹ. 소비자 잉여는 갑이 가장 크고, 생산자 잉여는 A가 가장 크다.

(1등급 정리 노트) **수요 곡선과 공급 곡선의 의미**

> 수요 곡선은 각 가격대에서 얼마만큼의 수요량이 있는지를 나타내는 곡선이다. 각 수요량에 대응하는 가격은 결국 소비하려는 수량을 하나씩 늘릴 때마다 최대로 지불하고자 하는 금액을 의미한다. 또한 공급 곡선은 각 가격대에서 얼마만큼의 공급량이 있는지를 나타내는 곡선이다. 각 공급량에 대응하는 가격은 결국 공급하려는 수량을 하나씩 늘릴 때마다 최소한 받고자 하는 금액을 의미한다.

223

⑤ P_1 이하에서 거래되지 못하도록 규제하면 거래량은 Q_1으로 감소한다. 따라서 총잉여는 ⓒ+ⓔ만큼 감소한다.

(바로잡기) ①, ②, ③, ④ 생산자 잉여는 ⓓ+ⓔ+ⓕ에서 ⓑ+ⓓ+ⓕ로 변동하고, 소비자 잉여는 ⓐ+ⓑ+ⓒ에서 ⓐ로 변동한다.

224

④ A가 자전거 1대당 70만 원을 초과한 금액을 받고자 한다면, 지불하려는 최고 금액이 70만 원 이하인 병과 정은 구매할 수 없고, 갑과 을이 각각 1대씩 낙찰받을 수 있다.

(바로잡기) ① A가 자전거 가격을 90만 원으로 제시하면, 90만 원 이상을 지불하려는 사람은 갑뿐이므로 1대의 초과 공급이 발생한다. ② A가 자전거 가격을 100만 원으로 제시하면, 100만 원을 지불하려는 사람은 갑뿐이므로 1대의 초과 공급이 발생한다. ③ A가 80만 원에 2대를 판매할 때 갑은 20만 원의 소비자 잉여를, 을은 0원의 소비자 잉여를 얻으므로 총 20만 원의 소비자 잉여가 발생한다. ⑤ A가 갑에게는 100만 원, 을에게는 80만 원을 제안하여 판매할 수 있으므로 총 180만 원을 얻을 수 있다.

225

ㄴ. P_2보다 높은 가격에서 거래되지 못하도록 규제하면, 시장 거래량이 감소하여 생산자 잉여는 감소한다. ㄷ. 최고 가격제와 최저 가격제 모두 시장 거래량이 감소하여 총잉여가 감소한다.

(바로잡기) ㄱ. (가)를 시행하면 균형 가격보다 높은 가격에서 거래되므로 소비자 잉여는 감소한다. ㄹ. (가)를 시행하고 정부가 초과 공급량을 모두 매입하면, 소비자 잉여는 감소하고, 생산자 잉여는 증가한다.

(1등급 정리 노트) **가격 규제와 잉여의 변화**

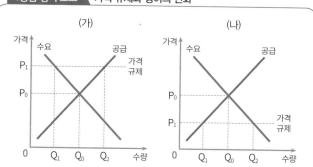

(가), (나)와 같이 시장 거래 가격이 균형 가격보다 높게 형성되거나 낮게 형성되면 시장 거래량이 감소하여 총잉여가 감소한다.

226

ㄱ, ㄷ. X재의 가격이 60만 원일 때 소비자 중 A와 B가 구매 의사가 있고, 생산자 중 갑과 을이 판매 의사가 있으므로 60만 원에 2개가 거래된다. 이 가격에서는 소비자 중 A에게만 10만 원의 소비자 잉여가 발생한다.

(바로잡기) ㄴ. 소비자 잉여는 10만 원이다. ㄹ. 60만 원의 가격에서 판매하는 생산자는 갑과 을이며, 갑에게서만 10만 원의 생산자 잉여가 발생한다.

227

ㄴ. B재의 시장 가격은 6만 원이므로 구매자는 을, 병, 정이고, 소비자 잉여는 을 0원, 병 1만 원, 정 2만 원으로 총 3만 원 발생한다. ㄹ. A~C재 모두 3명(을, 병, 정)이 구입하므로 시장 거래량은 3개이다.

바로잡기 ㄱ. A재의 시장 가격은 5만 원이므로 갑을 제외한 을, 병, 정이 구입한다. 따라서 총 3만 원(을 0원, 병 1만 원, 정 2만 원)의 소비자 잉여가 발생한다. ㄷ. A~C재 구입 시 소비자 잉여는 각각 3만 원으로 같다.

228

E_0가 E_1으로 이동하기 위해서는 노동 공급이 감소하고, 노동 수요가 증가해야 한다. ㄱ. 기업 투자의 증가는 생산 요소 투입 증가를 의미하므로 노동 수요의 증가 요인이다. ㄴ. 노동 가능 인구 감소는 노동 공급의 감소 요인이다.

바로잡기 ㄷ. 여가에 대한 선호 감소는 노동 공급의 증가 요인이다. ㄹ. 기업의 비관적 경기 전망 확산은 노동 수요의 감소 요인이다.

229

⑤ 해외 자본의 국내 유입이 증가하면 자금 공급이 증가하여 국내 이자율이 낮아질 수 있다.

바로잡기 ① 저축 증가로 자금 공급이 증가하면 이자율이 낮아진다. 저축 증가는 갑국 정부의 우려를 약화시킬 것이다. ② 갑국 정부는 자금 수요자를 보호하기 위한 정책을 시행할 것이다. ③ 자금의 수요 곡선을 이동시켜 자금 거래량을 증가시키려면 수요를 증가시켜야 하는데, 이 경우 이자율은 상승한다. ④ 기업의 신규 투자 증가는 자금 수요의 증가 요인으로 이는 이자율을 상승시킨다.

230

(가)에서는 자금 공급의 증가, (나)에서는 자금 수요의 증가가 나타나 있다. ③ 자금 공급이 증가하면 금리는 하락하고 자금 거래량은 증가한다. 자금 수요가 증가하면 금리는 상승하고 자금 거래량은 증가한다.

바로잡기 ①, ② 외국인의 국내 투자 증가는 국내 자금 공급이 증가하는 것이므로 자금의 공급 곡선을 우측으로 이동시켜 금리가 하락한다. ④, ⑤ 자금을 빌리려는 기업의 증가는 자금 수요의 증가를 의미하므로 이는 자금의 수요 곡선을 우측으로 이동시키는 요인이다.

231

그림의 균형점 이동은 노동 수요와 노동 공급이 모두 증가할 때 발생할 수 있다. ② 기업의 생산량 증대 전략은 생산 요소의 투입 증가를 의미하므로 노동 수요의 증가 요인이고, 노동 가능 인구의 증가는 노동 공급의 증가 요인이다.

바로잡기 ① 기업의 생산량 증대 전략은 노동 수요의 증가 요인이고, 여가에 대한 선호 증가는 노동 공급의 감소 요인이다. 수요 증가와 공급 감소가 동시에 발생하면 임금은 상승한다. ③ 기업의 비관적 경기 전망 확산은 노동 수요의 감소 요인이고, 노동 가능 인구의 감소는 노동 공급의 감소 요인이다. 수요 감소와 공급 감소가 동시에 발생하면 노동량은 감소한다. ④ 기업의 비관적 경기 전망 확산은 노동 수요의 감소 요인이고, 여가에 대한 선호 감소는 노동 공급의 증가 요인이다. 수요 감소와 공급 증가가 동시에 발생하면 균형 임금은 하락한다. ⑤ 재화와 서비스의 가격 상승은 노동 수요의 증가 요인이다. 외국인 근로자의 유입 감소는 노동 공급의 감소 요인이다. 노동 수요가 증가하고 노동 공급이 감소하면 임금은 상승한다.

232

ㄱ, ㄷ, ㄹ. (가)는 노동 시장에서 최저 가격제(최저 임금제)를 시행할 경우를, (나)는 금융(자금) 시장에서 최고 가격제(이자율 상한제)를 시행할 경우를 보여 준다. 최저 가격제는 정부가 특정 재화나 서비스의 가격이 너무 낮다고 판단하여 시장 균형 가격보다 높은 수준에서 가격을 정하여 이보다 낮은 수준에서 거래하지 못하도록 통제하는 제도이다. 최고 가격제는 정부가 특정 재화나 서비스의 가격이 너무 높다고 판단하여 시장 균형 가격보다 낮은 수준에서 가격을 정하여 이보다 높은 수준에서 거래하지 못하도록 통제하는 제도이다. 일반적으로 최저 가격제는 공급자(생산자)를, 최고 가격제는 수요자(소비자)를 보호하기 위한 것이다.

바로잡기 ㄴ. (가)의 경우 최저 가격제 실시로 인해 소비자 잉여가 감소한다.

233

가격 4,000원에서 소비자 정과 무가 X재를 구입하고, 생산자 A와 B가 X재를 판매한다. 따라서 균형 거래량은 2개이다.

234

채점 기준	수준
거래할 소비자와 생산자, 각각의 소비자 잉여와 생산자 잉여를 모두 옳게 쓴 경우	상
거래할 소비자와 생산자 중 하나만 쓰고, 해당하는 잉여를 옳게 쓴 경우	중
거래할 소비자와 생산자만 정확하게 쓴 경우	하

236

채점 기준	수준
규제 전후 소비자 잉여를 모두 정확하게 제시한 경우	상
규제 전후 소비자 잉여 중 하나만 제시한 경우	중
소비자 잉여가 증가한다고 서술한 경우	하

237 소비자 잉여와 생산자 잉여 파악하기

1등급 자료 분석 잉여

(단위 : 만 원)

구분		첫 번째 X재	두 번째 X재	세 번째 X재	네 번째 X재	다섯 번째 X재
최대 지불 용의 금액	갑	7	6	5	4	3
	을	6	5	4	3	2
최소 요구 금액	병	4	5	6	7	8
	정	3	4	5	6	7

가격 5만 원, 거래량 5개

ㄱ. 가격이 5만 원일 때 갑은 3개, 을은 2개를 구매하고, 병은 2개, 정은 3개를 판매한다. 따라서 가격이 5만 원일 때 거래량은 5개로 균형이 달성된다. ㄴ. 가격 5만 원에서 갑은 3개를 구입하여 3만 원의 소비자 잉여가 발생한다. ㄹ. 생산자에게 X재 1개당 2만 원의 판매세를 부과하면 병과 정이 X재 1개 추가 생산 시 최소 요구 금액이 2만 원씩 올라가게 된다. 이 경우 균형 가격은 6만 원이고, 균형 거래량은 3개이다. 판매세 부과 전 을은 5만 원에 2개를 구입하여 10만 원을 지출하였지만, 판매세 부과 후에는 6만 원에 1개를 구입하므로 을의 소비 지출액은 총 4만 원만큼 감소한다.

바로잡기 ㄷ. 균형 가격 5만 원에서 정은 3개를 공급하여 3만 원의 생산자 잉여가 발생한다.

238 가격 규제 시 거래량 및 사회적 잉여 파악하기

1등급 자료 분석 최고 가격제

정부는 X재 가격이 60만 원으로 폭등하자 시장 거래 가격을 40만 원 이하로 규제하였다.

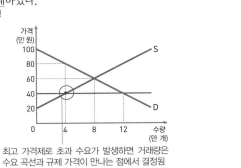
최고 가격제 시행

최고 가격제로 초과 수요가 발생하면 거래량은 수요 곡선과 규제 가격이 만나는 점에서 결정됨

시장 균형 가격보다 낮은 금액에서 거래하도록 가격을 정하였으므로 최고 가격제가 시행되었다. ㄴ. 규제 이전에는 60만 원에서 8만 개가 거래되었으므로 소비자 잉여는 160억 원이고, 규제 이후에는 40만 원에서 4만 개가 거래되었으므로 소비자 잉여는 200억 원이다. 따라

서 소비자 잉여는 규제 이전보다 40억 원만큼 증가한다. ㄷ. 규제 이전에는 60만 원에서 8만 개가 거래되었으므로 생산자 잉여는 160억 원이고, 규제 이후에는 40만 원에서 4만 개가 거래되었으므로 생산자 잉여는 40억 원이다. 따라서 생산자 잉여는 규제 이전보다 120억 원만큼 감소한다.

바로잡기 ㄱ. 시장 거래량은 8만 개에서 4만 개로, 4만 개만큼 감소한다. ㄹ. 총소비 지출액은 규제 이전 480억 원(=60만 원×8만 개)이고, 규제 이후 160억 원(=40만 원×4만 개)으로 320억 원만큼 감소한다.

239 정부 개입과 잉여의 변화 파악하기

1등급 자료 분석 정책 시행 이후의 변화

(단위 : 개)

구분	정책 시행 이전		정책 시행 이후	
	수요량	공급량	수요량	공급량
X재	220	220	180	250
Y재	200	200	230	190

초과 공급 발생 → 최저 가격제

초과 수요 발생 → 최고 가격제

ㄱ. 정책 시행 이후 X재 시장에서는 초과 공급이, Y재 시장에서는 초과 수요가 발생하였으므로 X재 시장에서는 최저 가격제가, Y재 시장에서는 최고 가격제가 시행되었다. ㄴ. 최저 가격제는 공급자 보호를, 최고 가격제는 소비자 보호를 목적으로 한다.

바로잡기 ㄷ. A와 B 시행 이후 시장 거래량은 X재가 180개, Y재가 190개이다. ㄹ. A의 경우 규제 가격이 시장 균형보다 높고, B의 경우 규제 가격이 시장 균형보다 낮다.

240 노동 시장 분석하기

1등급 자료 분석 노동 수요와 노동 공급

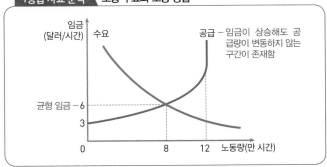

ㄴ. 시장 균형에서 총 노동 소득은 6달러×8만 시간=48만 달러이다. ㄹ. 공급 곡선에서 수직선인 구간이 존재한다. 공급 곡선이 수직선이면 가격 변동에도 공급량 변동이 없는 것이므로 노동 공급이 임금에 대해 완전 비탄력적인 구간이다.

바로잡기 ㄱ. 임금이 3달러일 때에는 초과 수요가 발생한다. ㄷ. 공급 곡선에서는 수직선 구간(임금이 상승해도 공급량이 변동하지 않는 구간)이 나타나므로 그 구간에서는 공급 법칙이 성립하지 않는다.

241 잉여의 변화 파악하기

1등급 자료 분석 소비자 잉여와 생산자 잉여

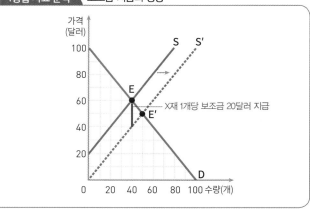

④ T기에 비해 T+1기에 가격은 상승하고 거래량이 감소하였으므로 소비자 잉여는 감소한다.

(바로잡기) ① 가격 규제 정책 상황에서 X재의 거래량이 20개가 되기 위해서는 소비자에게 X재 1개당 10달러의 보조금을 지급하면 된다. ② T+1기에 가격이 40달러 수준에서 규제되므로 거래량은 10개로 감소한다. ③ T+2기에 X재 1개당 10달러의 보조금을 지급하더라도 가격 규제 정책이 적용되므로 X재의 시장 가격은 40달러가 된다. ⑤ T+1기에 비해 T+2기에 생산자 잉여는 증가한다.

242 소비자 잉여 및 생산자 잉여 변화 파악하기

1등급 자료 분석 잉여의 변화

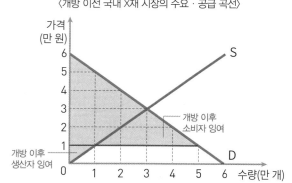

정부는 수입 금지 품목이었던 X재의 수입을 개방하기로 하였다. 단, X재는 국제 시장에서 1만 원에 무제한 구입할 수 있다.
개방 이전 국내 가격은 3만 원이었으나, 개방 이후 1만 원으로 하락함

〈개방 이전 국내 X재 시장의 수요·공급 곡선〉

ㄴ. 개방 이전 균형 가격은 3만 원, 균형 거래량은 3만 개이므로 총잉여는 9억 원이다. ㄷ. 개방 이후에는 1만 원에 판매할 수 있는 공급자만 공급하므로 국내 생산자 잉여는 감소한다.

(바로잡기) ㄱ. 개방 이전 생산자 잉여는 4억 5천만 원이다. ㄹ. 개방 이후 국내 소비자 잉여는 개방 이전보다 증가한다.

243 잉여의 변화 파악하기

1등급 자료 분석 보조금 지급의 영향

ㄷ. X재 1개당 20달러의 보조금 지급으로 균형 가격이 하락하였고, 균형 거래량이 증가하였다. 이에 따라 소비자 잉여는 450달러만큼 증가하였고, 생산자 잉여는 450달러만큼 증가하였다. ㄹ. 보조금은 X재 1개당 20달러가 지급되었으므로 보조금 지급 총액은 1,000달러이다.

(바로잡기) ㄱ. 보조금은 20달러 지급되었다. ㄴ. 생산자 잉여는 450달러만큼 증가하였다.

244 정부 개입과 잉여의 변화 파악하기

1등급 자료 분석 생산자 잉여

공급자	갑	을	병	정	무
최소 요구 금액(원)	5,000	4,000	3,000	2,000	1,000

이 금액보다 높은 가격에서 공급

가격(원)	5,000	4,000	3,000	2,000	1,000
시장 수요량(개)	1	2	3	4	5

가격별 공급량

가격(원)	5,000	4,000	3,000	2,000	1,000
시장 공급량(개)	5	4	3	2	1

② X재 시장에서 시장 가격은 3,000원, 시장 거래량은 3개이다. 최소 요구 금액이 3,000원보다 큰 갑과 을은 X재를 생산하지 않는다.

(바로잡기) ① 거래량은 3개이다. ③ 생산자 잉여는 정이 1,000원, 무가 2,000원으로 총 3,000원이지만, 소비자 잉여는 알 수 없다. 제시된 자료로는 생산자 잉여가 소비자 잉여보다 큰지 알 수 없다. ④ 정의 생산자 잉여는 1,000원이다. ⑤ 갑~무의 최소 요구 금액이 모두 2,000원씩 상승하면 시장 가격은 4,000원, 시장 거래량은 2개이다.

분석 기출 문제

53~57쪽

[핵심 개념 문제]

245 독과점 시장	**246** 공공재	**247** 정부 실패	**248** ×
249 ○	**250** ○	**251** ㉢	**252** ㉠	**253** ㉤	**254** ㉣	**255** ㉠
256 ㉠	**257** ㄱ	**258** ㄴ				

259 ②	**260** ③	**261** ③	**262** ②	**263** ③	**264** ③	**265** ①
266 ③	**267** ⑤	**268** ④	**269** ③	**270** ②	**271** ②	**272** ③
273 ④	**274** ④					

1등급을 향한 서답형 문제

275 ㉠ : 비배제성, ㉡ : 비경합성 **276** 예시답안 공공재이다. 공공재는 비경합성과 비배제성이라는 특성이 있어 시장 원리에 맡기면 기업이 충분한 이윤을 얻지 못하므로 사회가 필요로 하는 양보다 적게 생산되기 때문이다.

277 최고 가격제 **278** 예시답안 최고 가격제는 가격을 안정시키고, 소비자를 보호하기 위해 시행된다. 하지만 초과 수요가 발생하고 총잉여가 감소하며, 암시장이 형성될 수 있다.

259

첫 번째 질문은 배제성의 유무를, 두 번째 질문은 경합성의 유무를 묻고 있다. C재는 공유 자원, D재는 공공재이다. ② 공유 자원은 배제성이 없고 경합성이 있는 재화로 쉽게 남용되어 자원이 고갈되는 문제점이 발생할 수 있다.

바로잡기 ① A재는 배제성과 경합성이 모두 있는 재화이다. 치안, 국방 서비스는 공공재로서 배제성과 경합성이 모두 없다. ③ 우리나라의 전기 공급은 배제성이 있으므로 D재의 공급 사례에 해당하지 않는다. ④ A재와 B재는 모두 배제성을 갖는다. ⑤ 일반적으로 무임승차자의 문제는 비배제성을 갖는 재화에서 나타난다. 따라서 B재는 무임승차자 문제가 나타나지 않는다.

260

③ A가 사회적 비용이 반영된 공급 곡선이라면, 사회적 최적 거래량은 Q_1이고, 시장 거래량은 Q_2이다. 이는 과다 생산이 나타난 것이므로 외부 불경제 상황을 보여 준다.

261

(가)는 배제성과 경합성이 있는 재화이고, (나)는 배제성이 없고 경합성이 있는 공유 자원이며, (다)는 배제성과 경합성이 모두 없는 공공재이다.

바로잡기 ㄱ. (가)는 희소성이 있는 재화이다. ㄹ. (나)와 (다)는 모두 배제성이 없다.

262

(가)에서는 외부 경제, (나)에서는 외부 불경제가 나타나 있다. ㄱ. 기술 개발로 갑이 누리는 편익보다 사회 전체가 누리는 편익이 더 크다. ㄷ. (가)와 같은 외부 경제에서는 과소 생산 문제가 발생하고, (나)와 같은 외부 불경제에서는 과다 생산 문제가 발생한다.

바로잡기 ㄴ. (나)에서는 외부 불경제가 나타나 있다. 외부 불경제가 나타날 경우 사적 비용보다 사회적 비용이 크다. ㄹ. 외부 경제와 외부 불경제 모두 외부 효과로, 시장 실패에 해당한다.

263

③ 공유 자원은 경합성이 있고 배제성이 없으므로 필요한 양보다 과다하게 사용하는 현상이 나타날 수 있다. 즉, 자원이 쉽게 고갈될 수 있어 '공유지의 비극'이 나타날 수 있다.

바로잡기 ① 막히는 무료 도로는 C재의 사례에 해당한다. ② 사적 재화는 경합성과 배제성이 모두 있으므로 A재의 속성을 갖는다. ④ 우리나라에서 유선 전화 가입은 B재의 사례에 해당한다. ⑤ 한 사람의 소비가 다른 사람의 소비량을 감소시키지 않는 것은 비경합성이다. D재는 C재와 달리 경합성이 없다.

264

ㄴ, ㄷ. 제시된 내용은 독과점 시장에 대한 것으로, 규모의 경제는 독과점의 원인이 될 수 있다.

1등급 정리 노트 **완전 경쟁 시장과 불완전 경쟁 시장**

- 완전 경쟁 시장 : 진입 장벽이 없어 누구나 들어와 경쟁할 수 있는 시장으로서 완전한 정보를 가진 많은 수의 공급자와 수요자 사이에 동질적 상품이 거래되는 시장이다.
- 불완전 경쟁 시장 : 독점이나 과점과 같이 소수 기업이 시장 지배력을 가지고 있어 가격을 결정할 수 있거나, 독점적 경쟁 시장(공급자는 다수이지만 상품이 차별화된 시장)과 같이 제품이 차별화되어 있어 기업이 자사 제품의 가격을 결정할 수 있는 시장이다.

265

① 독감 백신 접종은 외부 경제 사례이다. 외부 경제에서는 사회적 편익이 사적 편익보다 크다.

바로잡기 ② 독감 백신 접종은 외부 경제 사례이다. 무임승차 문제는 일반적으로 공공재에서 발생한다. ③ 항생제는 비용을 지불해야만 사용할 수 있으므로 배제성이 있다. ④ 항생제의 과도한 사용은 외부 불경제 사례로, 외부 불경제에서는 사회적 최적 수준보다 과다 생산·소비되는 문제가 나타난다. ⑤ ㉠과 ㉡ 모두 시장에서 비효율적인 자원 배분이 일어나는 시장 실패 사례이다.

266

생산 측면에서 외부 경제가 나타나면 사적 비용이 사회적 비용보다 크고, 생산 측면에서 외부 불경제가 나타나면 사회적 비용이 사적 비용보다 크다. ㄴ. 외부 불경제가 나타나면, 시장 생산량은 사회적 최적 생산량보다 많다. ㄷ. 외부 경제가 나타나면, 시장 생산량은 사회적 최적 생산량보다 적다.

바로잡기 ㄱ. X재 시장에서 외부 불경제가 나타났다면, 시장 생산량은 Q_0이다. ㄹ. Q_0가 사회적 최적 생산량이면, X재 시장에서는 과소 생산이 발생하였다.

1등급 정리 노트 **외부 경제와 외부 불경제**

외부 경제	외부 불경제
• 사회적 최적 수준보다 적은 수준에서 생산·소비됨	• 사회적 최적 수준보다 많은 수준에서 생산·소비됨
• '사회적 편익>사적 편익' 또는 '사회적 비용<사적 비용'	• '사회적 비용>사적 비용' 또는 '사회적 편익<사적 편익'

267

⑤ (가)는 배제성이 있는 재화이고, (나)는 배제성과 경합성이 모두 없는 공공재이며, (다)는 배제성이 없고 경합성이 있는 공유 자원이다.

바로잡기 ① 공공재는 (나)에 해당한다. ② (나)는 배제성과 경합성이 모두 없다. ③ 일반적으로 시장에서 거래되는 재화는 경합성과 배제성이 모두 있는 재화이다. ④ (가)는 배제성이 있고, (나)는 배제성이 없다.

268

(가)에서 소녀 효과는 여성에 대한 교육이 해당 여성뿐만 아니라 미래의 가족에게도 혜택을 줄 수 있음을 보여 준다. (나)는 외부 경제가 나타나는 상황에서 보조금을 지원하는 것과 동일한 원리로 볼 수 있다.

바로잡기 갑. (가)에는 긍정적 외부 효과(외부 경제)가 나타나 있다. 병. 갑국은 외부 경제를 개선하기 위한 정책을 실시하였다.

269

시장 균형 가격보다 높은 수준에서 규제 가격이 설정되었으므로 정부의 가격 규제 정책은 최저 가격제이다. ③ 최저 가격제 실시 이후 시장 거래량은 4만 개이다.

270

ㄱ, ㄷ. 최고 가격제는 가격 상한선을 시장 균형 가격보다 낮은 수준에서 설정해야 실효성이 있으며, 이로 인해 초과 수요가 발생한다.

바로잡기 ㄴ. P_1이 가격 하한선이면, 정부의 정책은 실효성이 없다. ㄹ. P_1보다 높은 가격에서 암시장이 형성될 수 있다.

271

ㄱ. P_1은 가격 상한선으로 실효성이 있다. ㄷ. P_2가 가격 하한선일 때 공급이 감소하면 가격이 P_2보다 높아질 수 있다. 이때 가격 규제 효과는 사라질 수 있다.

바로잡기 ㄴ. 시장 균형 가격보다 낮은 수준에서 가격 상한선을 정하는 것은 소비자를 보호하기 위한 것이다. ㄹ. P_2는 가격 상한선이 아니라 가격 하한선으로 실효성이 있다.

272

시장 균형 가격보다 높은 수준에서 가격을 규제하고 있으므로 이는 최저 가격제에 해당한다. ③ 최저 가격제는 공급자를 보호하기 위한 정책이다.

273

④ 공급이 S′로 변동하면 시장 균형 가격이 가격 하한선인 P보다 높아지므로 정책의 실효성이 사라진다.

바로잡기 ① 공급 변화 전 거래량은 Q_0이다. ② 공급 변화 전 초과 공급이 발생한다. ③ 공급 변화 후에는 초과 수요가 존재하지 않는다. ⑤ 이자율 상한제는 최고 가격제로, 이는 소비자를 보호하는 제도이다.

274

ㄱ. 현재 노동 수요와 노동 공급이 각각 D와 S이므로 균형 가격은 W_0, 균형 거래량은 Q_0이다. ㄷ, ㄹ. 최고 가격제는 가격 상한이 균형 가격보다 낮은 수준에서, 최저 가격제는 가격 하한이 균형 가격보다 높은 수준에서 설정된다.

바로잡기 ㄴ. 정부가 W_2 수준에서 규제한다면, 이는 최저 가격제이다.

276

채점 기준	수준
공공재임을 쓰고, '생산'이라는 용어를 사용하여 시장 원리하에서 비효율적 자원 배분을 언급한 경우	상
공공재임을 쓰고, '생산'이라는 용어를 사용하지 않았지만 시장 원리하에서 비효율적 자원 배분을 언급한 경우	중
공공재임을 쓰고, '과소 생산' 등의 취지를 언급한 경우	하

277

시장 균형 가격보다 낮은 수준에서 규제 가격을 설정하였으므로 이는 최고 가격제이다.

278

채점 기준	수준
최고 가격제의 목적과 부작용을 모두 정확히 서술한 경우	상
최고 가격제의 목적과 부작용을 미흡하게 서술한 경우	중
최고 가격제의 목적과 부작용 중 하나만 서술한 경우	하

적중1등급 문제

58~59쪽

279 ④	280 ③	281 ②	282 ⑤	283 ③
284 ③	285 ③	286 ②		

279 외부 효과 파악하기

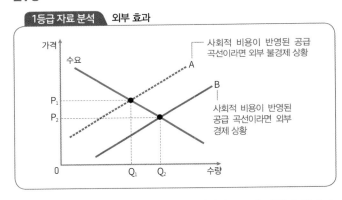

1등급 자료 분석 외부 효과

ㄱ. A가 사회적 비용이 반영된 공급 곡선이면, Q_1이 사회적 최적 수준의 거래량이므로 과다 생산이 일어나는 외부 불경제 상황이다. ㄷ. B가 사적 비용만 반영된 공급 곡선이라면, 시장 가격은 P_2, 시장 거래량은 Q_2이다. ㄹ. B가 사회적 비용이 반영된 공급 곡선이라면, Q_2가 사회적 최적 수준의 거래량이 되어 과소 생산이 일어나는 외부 경제 상황이고, 이때 생산자에게 보조금을 지급하면 외부 효과를 개선할 수 있다.

바로잡기 ㄴ. A가 사적 비용만 반영된 공급 곡선이라면, Q_1이 시장 거래량, Q_2가 사회적 최적 수준의 거래량이 된다. 따라서 시장 거래량은 사회적 최적 수준보다 Q_1Q_2만큼 적다.

280 외부 효과 파악하기

생산 측면과 소비 측면의 외부 효과

거래량이 Q_0일 경우 사적 비용이 반영된 가격	거래량이 Q_0일 경우 사회적 비용이 반영된 가격	시장 거래량	사회적 최적 거래량
P_0	P_1	Q_0	Q_1
$P_0 < P_1$		$Q_0 > Q_1$	
사적 비용이 반영된 가격보다 사회적 비용이 반영된 가격이 높으므로 생산 측면에서의 외부 불경제임		외부 불경제에서는 사회적 최적 수준의 거래량보다 시장 거래량이 많음	

시장 거래량이 사회적 최적 수준의 거래량보다 많으므로 X재 시장에서는 외부 불경제가 나타났다.

바로잡기 ㄱ. 생산 측면에서의 외부 불경제 상황이다. ㄹ. 사회적 최적 수준의 가격에서는 초과 수요가 발생하지 않는다.

281 가격 규제 정책 분석하기

최고 가격제

갑국 정부는 X재가 P_1보다 높은 가격 수준에서 거래될 수 없도록 규제하는 정책을 시행하였다. 단, 현재 갑국 X재 시장에서 수요 곡선은 D_1, 공급 곡선은 S이다. ── 최고 가격제

P_1은 가격 상한선 → 최고 가격제 시행

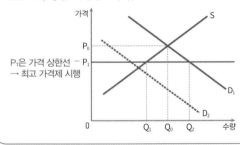

갑. 갑국 정부 정책은 시장 균형 가격이 높다고 판단하여 더 낮은 가격에 거래되도록 가격 상한선을 설정하는 최고 가격제이다. 정. 수요 곡선이 D_2로 이동하면 시장 균형 가격이 가격 상한선보다 낮아지므로 정부 정책의 실효성이 사라진다.

바로잡기 을. 정부 정책으로 인해 총잉여는 감소한다. 병. X재를 구입하지 못한 사람 중에는 $P_1 \sim P_0$의 가격을 지불할 용의가 있는 사람들이 있다.

282 정부의 시장 개입에 따른 효과 분석하기

직접적인 가격 규제와 간접적인 시장 개입

그림은 X재 시장의 수요와 공급을 나타낸다. 정부는 정책 (가), (나) 중 하나를 시행하고자 한다.
(가) 최고 가격을 40원에서 설정한다.
(나) 공급자에게 판매량 1개당 20원의 보조금을 지원한다.

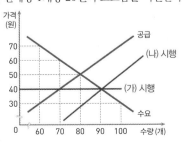

정책 (가)를 시행하면 시장 가격은 40원, 시장 거래량은 70개가 된다. 정책 (나)를 시행하면 공급 곡선이 우측으로 이동하여 시장 가격은 40원, 시장 거래량은 90개가 된다. ⑤ (가)의 정책은 총잉여를 감소시키고, (나)의 정책은 총잉여를 증가시킨다.

283 외부 효과 이해하기

외부 경제와 외부 불경제

질문	X재	Y재
정부 개입 이전과 비교하여 정부 개입 이후 가격의 변화율이 양(+)의 값인가? ─ 외부 불경제 외부 불경제 ─┘	예	아니요 ─ 외부 경제
정부 개입 이전과 비교하여 정부 개입 이후 거래량의 변화율이 양(+)의 값인가? 외부 경제	아니요	예

정부 개입 이전에 비해 정부 개입 이후 거래량 변화율이 음(−)의 값인 X재 시장에서는 외부 불경제, 양(+)의 값인 Y재 시장에서는 외부 경제가 나타났다. ㄴ. 생산 측면에서의 외부 경제의 경우 사회적 비용보다 사적 비용이 크다. ㄷ. 외부 불경제의 경우 세금과 같은 부정적 유인의 제공이, 외부 경제의 경우 보조금과 같은 긍정적 유인의 제공이 필요하다.

바로잡기 ㄱ. 정부 개입 전 X재 시장에서는 부정적 외부 효과가 발생했다. ㄹ. 외부 불경제의 경우 정부 개입 이후 생산량이 감소하고, 외부 경제의 경우 정부 개입 이후 생산량이 증가한다.

284 시장 실패의 유형 이해하기

정보 비대칭성

…… 결국 평소 휴대 전화 관리에 소홀하여 보험 혜택을 받을 가능성이 높은 사람들만이 파손 보험에 가입할 가능성이 높다. 또한 파 ── 정보의 비대칭성에 따른 역선택
손 보험에 가입한 사람들은 휴대 전화 관리를 이전에 비해 소홀히 하는 경향이 나타나게 된다. ── 정보의 비대칭성에 따른 도덕적 해이

③ 정보의 비대칭성에는 정보가 부족한 당사자가 바람직하지 않은 상대방과 거래하게 되는 역선택과 정보가 많은 당사자가 사회적으로 바람직하지 않은 행위를 하는 도덕적 해이가 있다.

285 외부 효과 분석하기

긍정적 외부 효과와 부정적 외부 효과

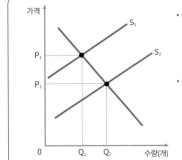

• 긍정적 외부 효과인 경우
Q_1 시장 거래량
Q_2 사회적 최적 거래량
P_1 시장 가격
P_2 사회적 최적 수준의 가격

• 부정적 외부 효과인 경우
Q_1 사회적 최적 거래량
Q_2 시장 거래량
P_1 사회적 최적 수준의 가격
P_2 시장 가격

긍정적 외부 효과가 발생할 경우 시장 거래량보다 사회적 최적 수준의 거래량이 많고, 부정적 외부 효과가 발생할 경우 사회적 최적 수준의 거래량보다 시장 거래량이 많다.

바로잡기 ㄱ. 긍정적 외부 효과가 발생했다면, 시장 가격은 P₁이다. ㄹ. X재 1개당 P₁P₂만큼의 세금을 부과하더라도 S₁과 S₂가 일치하지 않으므로 외부 효과가 해소되지 않는다.

286 시장 실패의 유형 이해하기

1등급 자료 분석　정보 비대칭성

> …… 보험에 가입한 사람들이 ㉠가입 전에 비해 레저 활동 중 부상 대비에 소홀히 하는 현상이 확인되었고, 안전한 스포츠 활동을 하
> _{정보 비대칭성에 따른 도덕적 해이}
> 여 부상 위험이 적은 사람들은 보험에 거의 가입하지 않고 ㉡부상 위험이 높은 스포츠 활동을 즐기는 사람들만 보험에 가입하는 상황
> 이 발생하였다.
> _{정보 비대칭성에 따른 역선택}

ㄱ. 정보를 더 많이 가진 사람이 바람직하지 않은 행동을 하는 경우는 도덕적 해이에 해당하며, 정보를 더 적게 가진 사람이 불리한 선택을 하는 경우는 역선택에 해당한다. ㄷ. ㉠과 ㉡은 모두 정보의 비대칭성에 따른 현상이다.

바로잡기 ㄴ. ㉡은 정보의 비대칭성에 따른 현상이다. ㄹ. 보조금 지급은 외부 경제 해결을 위한 방법이다.

단원 마무리 문제

60~63쪽

04 시장의 수요와 공급

287 ② 　**288** ② 　**289** ④ 　**290** ⑤ 　**291** 대체재

292 **예시 답안** (가)로 이동할 경우 대체재의 가격이 상승하고 원료의 가격이 하락하므로 X재의 수요와 공급이 모두 증가한다. (나)로 이동할 경우 대체재의 가격이 하락하고 원료의 가격이 상승하므로 X재의 수요와 공급이 모두 감소한다.

05 시장을 통한 자원 배분과 가격 탄력성

293 ⑤ 　**294** ② 　**295** 단위 탄력적 　**296** **예시 답안** Y재는 가격 인상률에 비해 판매량의 감소율이 크므로 매출액이 감소하였다. 즉, Y재의 경우 수요가 가격에 대해 탄력적이므로 매출액이 감소한 것이다.

06 수요와 공급의 응용

297 ④ 　**298** ④ 　**299** ④ 　**300** 공급, 수요 　**301** **예시 답안** 갑이 제안하는 방안은 공급 증가의 요인으로, 공급이 증가하면 소비자 잉여와 총잉여는 증가하고, 생산자 잉여는 알 수 없다. 을이 제안하는 방안은 수요 증가의 요인으로, 수요가 증가하면 생산자 잉여와 총잉여는 증가하고, 소비자 잉여는 알 수 없다.

07 시장 실패와 정부의 시장 개입

302 ② 　**303** ② 　**304** ② 　**305** (가) : 외부 경제, (나) : 외부 불경제

306 **예시 답안** (가)의 경우 외부 효과 개선을 위해 생산자에게 보조금 지급 등이 요구된다. (나)의 경우 외부 효과 개선을 위해 소비자에게 세금 부과 등이 요구된다.

287

ㄱ. 원자재 가격의 하락으로 공급이 증가하면 A에서 B로 이동이 가능하다. ㄷ. 생산성 하락으로 공급이 감소하고, 선호 증가로 수요가 증가하면 B에서 C로 이동이 가능하다.

바로잡기 ㄴ. B에서 A로 이동하기 위해서는 공급이 감소해야 한다. 생산 기술의 발달은 공급의 증가 요인이다. ㄹ. C에서 A로 이동하기 위해서는 수요와 공급이 모두 감소해야 한다. 원자재 가격 상승은 공급의 감소 요인이고, 대체재 가격 상승은 수요의 증가 요인이다.

288

② A재와 B재는 대체 관계에 있으므로 A재의 가격이 하락하면 B재의 수요가 감소하여 B재의 거래량이 감소한다.

바로잡기 ① A재의 가격 상승은 B재의 수요 증가 요인이다. ③ B재와 C재는 연관재 관계가 아니다. ④ A재의 가격 상승은 C재의 수요 감소 요인이다. ⑤ A재의 가격이 하락하면 C재의 수요가 증가하여 C재의 판매 수입이 증가한다.

289

ㄴ. ㉠은 공급 증가를 보여 준다. 생산성 향상 및 생산 기술의 발달은 공급의 증가 요인이다. ㄹ. 공급 증가로 가격이 하락하면 대체 관계에 있는 재화의 수요는 감소하여 판매 수입이 감소한다.

바로잡기 ㄱ. 생산성 하락은 공급의 감소 요인이다. ㄷ. 공급 증가로 가격이 하락하면 보완 관계에 있는 재화의 수요가 증가하여 판매량이 증가한다.

290

⑤ X재 가격이 하락할 때 A재의 수요 증가로 A재의 매출액이 증가하므로 X재와 A재는 보완 관계에 있고, X재의 가격이 상승할 때 B재의 수요 증가로 B재의 매출액이 증가하므로 X재와 B재는 대체 관계에 있다.

바로잡기 ① X재 가격이 상승하면, A재의 거래량은 감소한다. ② X재의 생산비 감소는 X재의 가격 하락 요인으로 이는 B재의 수요 감소 요인이다. ③ X재 가격이 하락하면, B재의 시장 가격은 하락한다. ④ X재 원자재 가격 상승은 X재의 가격 상승 요인으로 이는 A재의 수요 감소 요인이다.

291

용도가 서로 비슷하여 대신 사용할 수 있는 경우는 한 재화의 가격이 상승할 때 다른 재화의 수요가 증가한다. 이는 대체 관계에 해당한다.

292

채점 기준	수준
(가), (나)로의 이동이 X재 시장에 미치는 영향을 수요와 공급 측면에서 모두 서술한 경우	상
(가), (나)로의 이동이 X재 시장에 미치는 영향을 수요와 공급 중 하나의 측면에서만 서술한 경우	중
(가), (나)로의 이동만 서술한 경우	하

293

⑤ 병의 경우 가격 상승으로 소비 지출액이 증가하였으므로 수요가 가격에 대해 비탄력적이며, 정의 경우 가격 상승률만큼 소비 지출액이 상승하였으므로 수요가 가격에 대해 완전 비탄력적이다.

① X재의 공급은 감소하였다. ② 갑의 X재에 대한 수요는 가격에 대해 탄력적이다. ③ 을의 X재에 대한 수요는 가격에 대해 단위 탄력적이다. ④ 정의 경우 구매량에는 변화가 없다.

294

ㄱ. X재는 가격이 상승하고 판매 수입에는 변화가 없으므로 수요의 가격 탄력성이 단위 탄력적이고, Y재는 공급 변화에도 불구하고 가격의 변화가 없으므로 수요의 가격 탄력성이 완전 탄력적이다. ㄷ. X재의 가격이 상승하기 위해서는 공급이 감소해야 하고, Y재의 판매 수입이 증가하기 위해서는 공급이 증가해야 한다.

ㄴ. Y재 수요의 가격 탄력성은 완전 탄력적이다. ㄹ. Y재는 수요 법칙이 적용되지 않는다.

295

X재는 가격 인상에도 불구하고 매출액이 일정하므로 수요의 가격 탄력성이 단위 탄력적이다.

296

채점 기준	수준
가격 인상률, 판매량 감소율, 수요의 가격 탄력성 세 가지를 모두 포함하여 서술한 경우	상
위 세 가지 개념 중 두 가지를 포함하여 서술한 경우	중
위 세 가지 개념 중 한 가지를 포함하여 서술한 경우	하

297

ㄴ. 공급 증가로 균형 가격이 하락하고 균형 거래량이 증가하므로 총잉여는 증가한다. ㄹ. 수요가 가격에 대해 탄력적인 경우 가격이 하락하면 판매 수입은 증가한다.

ㄱ. 가격이 하락하고, 거래량이 증가하므로 소비자 잉여는 증가한다. ㄷ. 생산 비용 증가는 공급 감소 요인이다.

298

④ ㉡으로 인해 거래량이 4만 개만큼 감소하였으므로 총잉여는 80만 원(40원×4만 개×1/2)만큼 감소하였다.

① 가격 하한제는 공급자 보호를 목적으로 한다. ② 초과 공급이 8만 개 발생한다. ③ 소비자 잉여는 120만 원만큼 감소한다. ⑤ ㉡으로 인해 거래량은 4만 개로 감소하고 가격은 80원이므로 소비자의 X재 지출액은 480만 원에서 320만 원으로 감소한다.

299

ㄴ. 가격 상한선이 50달러로 결정될 경우 거래량이 감소하고 가격이 하락하므로 생산자 잉여는 감소한다. ㄹ. 모든 가격 수준에서 X재 공급량이 5만 개씩 증가할 경우 공급이 증가하여 총잉여는 증가한다. 가격 상한제를 실시하면 총잉여는 감소한다.

ㄱ. 공급이 증가할 경우 가격이 하락하고, 거래량이 증가하므로 소비자 잉여는 증가한다. ㄷ. (가)의 경우 거래량이 15만 개로 증가하는 반면, (나)의 경우 거래량이 5만 개로 감소한다.

300

생산자에게 보조금을 지급하면 공급이 증가하고, 소비자에게 보조금을 지급하면 수요가 증가한다.

301

채점 기준	수준
갑과 을이 제안하는 방안이 소비자 잉여, 생산자 잉여, 총잉여에 미치는 영향을 모두 정확하게 서술한 경우	상
갑과 을이 제안하는 방안이 소비자 잉여, 생산자 잉여, 총잉여에 미치는 영향 중 두 가지를 서술한 경우	중
갑과 을이 제안하는 방안이 소비자 잉여, 생산자 잉여, 총잉여에 미치는 영향 중 한 가지만 서술한 경우	하

302

ㄱ, ㄷ. 시장 거래량보다 사회적 최적 수준의 거래량이 많으므로 소비 측면의 긍정적 외부 효과가 나타나고 있음을 알 수 있다. 이는 사적 편익보다 사회적 편익이 큰 경우로, D는 사적 편익만 반영한 수요 곡선, D′는 사회적 편익이 반영된 수요 곡선을 나타낸다.

ㄴ. 소비 측면의 긍정적 외부 효과가 나타나고 있다. ㄹ. 외부 효과를 개선하기 위해서는 소비에 대한 보조금 등을 지급한다.

303

ㄱ. 공해상의 물고기는 배제성이 없고 경합성이 있는 재화이다. 공해상의 물고기가 A재에 해당하면, (가)는 경합성이다. ㄷ. D재는 배제성과 경합성이 모두 없는 재화로 공공재에 해당한다. 공공재는 사회적 최적 수준보다 과소 생산된다.

ㄴ. 유료 케이블 방송은 배제성이 있고 경합성이 없는 재화이다. 유료 케이블 방송이 A재에 해당하면, (나)는 경합성이다. ㄹ. 공공재는 인간의 욕구에 비해 부족한 재화로, 희소성이 있다.

304

② A재 시장은 정부 개입으로 A재의 거래량이 증가하였다. 즉, A재 시장에서는 긍정적 외부 효과가 나타나 거래량 증가를 위해 보조금 지급 등의 정책이 시행되었음을 알 수 있다.

① A재 시장에서는 외부 경제가 나타났다. ③ B재 시장에서는 외부 불경제가 나타났으므로 사적 편익이 사회적 편익보다 크다. ④ 외부 불경제의 개선을 위해 B재 시장에서는 정부 개입으로 수요가 감소한다. ⑤ 정부 개입으로 외부 효과가 개선되었으므로 A재, B재 모두 사회적 최적 거래량이 T개이다.

305

(가)는 시장 거래량보다 사회적 최적 수준의 거래량이 많으므로 외부 경제, (나)는 사회적 최적 수준의 거래량보다 시장 거래량이 많으므로 외부 불경제에 해당한다.

306

채점 기준	수준
(가), (나)에 나타난 외부 효과를 개선하기 위한 방안을 모두 정확하게 서술한 경우	상
(가), (나)에 나타난 외부 효과를 개선하기 위한 방안 중 한 가지만 정확하게 서술한 경우	중

분석 기출 문제   65~68쪽

[핵심 개념 문제]

307 국내 총생산(GDP)   **308** 명목 GDP, 실질 GDP

309 ○   **310** ○   **311** ×   **312** ○   **313** ㉡   **314** ㉡, ㉠

315 ㉠   **316** 1,200   **317** 2,400   **318** 20%

319 ③   **320** ①   **321** ④   **322** ①   **323** ①   **324** ④   **325** ③

326 ④   **327** ⑤   **328** ④   **329** ④   **330** ③   **331** ⑤

[1등급을 향한 서답형 문제]

332 2020년   **333** (예시답안) (1) (100kg×4만 원)+(20대×40만 원)=1,200만 원 (2) (100kg×6만 원)+(20대×100만 원)=2,600만 원

334 ㉠ : 한 나라 안에서, ㉡ : 최종 생산물   **335** (가) 50만 원+250만 원+100만 원+400만 원=800만 원, (나) 100만 원+700만 원=800만 원, (다) (50만 원+300만 원+400만 원+700만 원)−(50만 원+300만 원+300만 원)=800만 원

319

③ 전년 대비 2020년에 실질 GDP 증가율보다 명목 GDP 증가율이 낮으므로 2020년은 전년 대비 물가가 하락하였다.

(바로잡기) ① 2017년의 실질 GDP와 명목 GDP를 알 수 없으므로 물가 수준을 비교할 수 없다. ② 전년 대비 2019년에 실질 GDP 증가율보다 명목 GDP 증가율이 높으므로 물가가 상승하였다. ④ GDP 디플레이터가 가장 높은 연도는 2019년이다. ⑤ 2019년의 경제 성장률이 2020년의 경제 성장률보다 높다.

1등급 정리 노트   명목 GDP와 실질 GDP

명목 국내 총생산	해당 연도 가격×해당 연도의 생산량
실질 국내 총생산	기준 연도 가격×해당 연도의 생산량

기준 연도 대비 명목 GDP 증가율이 실질 GDP 증가율보다 높으면 물가가 상승한 것이고, 명목 GDP 증가율보다 실질 GDP 증가율이 높으면 물가가 하락한 것이다.

320

ㄱ. 기준 연도의 GDP 디플레이터는 100이다. ㄴ. 전년 대비 2020년에 물가 수준은 변화가 없는데 명목 GDP가 증가했으므로 실질 GDP는 증가하였다.

(바로잡기) ㄷ. 2020년의 경제 성장률은 양(+)의 값을 가진다. ㄹ. 2018년 대비 2020년 물가 상승률은 0%이다.

321

ㄴ. 2018년과 2019년에는 명목 GDP 증가율이 실질 GDP 증가율보다 크므로 물가가 상승하였고, 2020년에는 명목 GDP 증가율이 실질 GDP 증가율보다 작으므로 물가가 하락하였다. ㄹ. 명목 GDP 증가율과 실질 GDP 증가율이 지속적으로 양(+)의 값이므로 명목

GDP와 실질 GDP 모두 2020년에 가장 크다.

(바로잡기) ㄱ. 2017년은 기준 연도이므로 명목 GDP와 실질 GDP가 같다. ㄷ. 2020년은 명목 GDP 증가율이 실질 GDP 증가율보다 작다. 따라서 2020년의 물가는 전년 대비 하락하였다.

322

제시된 내용은 국내 총생산(GDP)에 관한 것이다. 갑, 을. GDP는 국민 소득을 나타내는 일반적인 지표로, 각 생산 단계에서 창출된 부가 가치의 합으로 계산할 수 있다.

(바로잡기) 병. 외국 기업이 우리나라에서 생산한 제품의 가치는 우리나라 GDP에 포함된다. 정. GDP로는 복지 수준과 소득 분배 상태를 파악할 수 없다.

323

① 2018년의 명목 GDP는 20,000원으로, 이는 (사과 10개×㉠원)+(연필 10개×1,000원)이다. 따라서 ㉠은 1,000원이다. 기준 연도에는 명목 GDP와 실질 GDP가 같으므로 ㉡은 20,000원이다. 2019년 실질 GDP는 20,000원으로 이는 (사과 15개×1,000원)+(연필 ㉢개×1,000원)이다. 따라서 ㉢은 5개이다. 2020년 실질 GDP는 (사과 10개×1,000원)+(연필 10개×1,000원)으로 20,000원이다.

324

④ 실질 GDP가 변동이 없으므로 경제 성장률이 0%이다.

(바로잡기) ① 갑국의 상황을 경기 침체로 볼 수 없다. ② 물가는 지속적으로 상승하고 있다. ③ 국민의 생활 수준이 개선되려면 경제가 성장해야 한다. ⑤ 제시된 자료로는 사과와 연필의 대체 관계를 알 수 없다.

325

제시된 사례는 교통사고로 인해 GDP가 증가하는 것을 보여 준다. 이는 GDP 크기와 삶의 질이 비례하지 않음을 보여 준다.

1등급 정리 노트   국내 총생산(GDP)의 한계

- 시장에서 거래되는 재화와 서비스의 가치만 포함 : 시장을 통하지 않은 경제 활동(가사 노동, 자원봉사, 지하 경제의 거래 등)은 포함되지 않음
- 생산 활동으로 창출된 가치만 포함 : 소비 활동인 여가의 가치는 포함되지 않음
- 삶의 질을 측정하지 못함 : 환경 오염, 자원 고갈, 범죄, 소득 불평등 등에 따른 삶의 질 변화를 반영하지 못함

326

ㄱ. GDP는 최종 생산물의 시장 가치를 합한 값이다. 갑국에서 최종 생산물은 빵으로, 빵의 가치는 450만 원이다. ㄴ. 제분업자는 200만 원의 밀을 300만 원의 밀가루로 만들었으므로 100만 원의 부가가치를 창출하였다.

(바로잡기) ㄷ. 농부가 창출한 부가가치는 120만 원이고, 제빵업자가 창출한 부가가치는 150만 원이다.

327

2020년은 명목 GDP 증가율이 실질 GDP 증가율보다 작으므로 전년 대비 물가가 하락하였다. ⑤ 2019년이 기준 연도라면 2020년의 명목 GDP는 실질 GDP보다 작다.

328

④ A 기업은 3천 달러의 부가가치를 창출하였고, B 기업은 7천 달러의 부가가치를 창출하였으며, C 기업은 5천 달러를 주식의 형태로 전환한 것이므로 부가가치를 창출하지 않았다.

바로잡기 ① 총생산물은 최종 생산물뿐만 아니라 중간 생산물까지 포함한 개념이다. B 기업이 정제한 원유(최종 생산물)만으로도 2만 달러이므로 중간 생산물(정제 전 원유)을 고려하면 총생산물의 가치는 2만 달러보다 크다. ② 갑국이 창출한 부가가치는 A 기업의 경우 3천 달러, B 기업의 경우 7천 달러로 총 1만 달러이다. ③ B 기업이 창출한 부가가치는 7천 달러이다. ⑤ C 기업은 5천 달러를 주식의 형태로 전환한 것이다.

329

ㄱ. 매해 물가 상승률이 10%이고, 실질 GDP가 지속적으로 증가하였으므로 명목 GDP는 증가하였다. ㄴ. 2020년의 실질 GDP는 2018년보다 크며, 물가가 지속적으로 상승하였으므로 2020년의 명목 GDP는 2018년의 실질 GDP보다 크다. ㄹ. 기준 연도가 2017년이고, 물가가 지속적으로 상승하였으므로 2018년과 2019년 모두 명목 GDP가 실질 GDP보다 크다.

바로잡기 ㄷ. 경제 성장률은 2019년이 2020년보다 높다.

330

1960~1970년대 우리나라는 값싼 노동력을 바탕으로 외국 원조 등을 받아 정부 주도로 경제 개발 계획을 추진하였다. ③ 국내 수요가 충분하지 않아 외국으로의 수출에 집중하였다.

331

⑤ 세계 금융 위기는 시장에 대한 정부 개입을 강화하는 계기가 되었다.

332

전년 대비 2019년에는 쌀과 자동차의 생산량이 증가하지 않았지만, 전년 대비 2020년에는 쌀과 자동차의 생산량이 모두 증가하였다.

333

채점 기준	수준
(1), (2) 모두 계산식과 값을 옳게 서술한 경우	상
(1), (2) 중 계산식과 값 중 하나만 옳게 서술한 경우	중
(1), (2) 중 하나에 대해 일부만 옳게 서술한 경우	하

335

원료 공급자가 50만 원, 농부가 250만 원, 고추 도매상이 100만 원, 고추장 생산자가 400만 원의 부가가치를 창출하였다.

336 경제 성장률 및 명목 GDP 파악하기

1등급 자료 분석 물가 상승률과 실질 GDP 증가율

(단위 : %)

구분	2018년	2019년	2020년
실질 GDP 증가율	3	0	-3
물가 상승률	⓪	2	1

물가 상승률 0%는 전년 대비 실질 GDP와 명목 GDP 증가율이 같다는 것임

④ 2018년은 물가 상승률이 0%이므로 전년 대비 실질 GDP 증가율과 명목 GDP 증가율이 같다. 2019년 실질 GDP 증가율은 0%이지만 물가 상승률이 2%이므로 명목 GDP는 전년 대비 2% 상승하였다. 따라서 2019년의 명목 GDP는 2018년보다 크다.

337 물가와 실질 GDP 변동 파악하기

1등급 자료 분석 명목 GDP와 실질 GDP

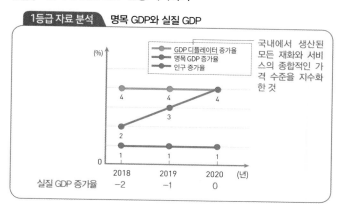

국내에서 생산된 모든 재화와 서비스의 종합적인 가격 수준을 지수화한 것

⑤ 물가 상승률보다 명목 GDP 증가율이 낮으므로 실질 GDP는 감소하였다.

바로잡기 ① GDP 디플레이터가 매년 4% 상승했으므로 물가는 지속적으로 상승하였다. ② 인구 증가율은 1%로 일정하고 명목 GDP 증가율은 점점 상승하고 있으므로 1인당 명목 GDP는 증가하고 있다. ③ 2018년과 2019년 모두 물가가 상승하였다. ④ 전년 대비 2020년 물가 상승률은 4%이다.

338 GDP 기준 이해하기

1등급 자료 분석 GDP의 기준

순서	내용	
1	외국 기업이 우리나라에 공장을 세워 생산한 자동차	우리나라 GDP
2	국내 농가에서 생산하여 최종 소비자에게 판매한 쌀	우리나라 GDP
3	우리나라 기업이 외국에 공장을 세워 생산한 자동차	타국 GDP
4	우리나라 식품 가공 기업이 원료용으로 수입한 쌀	타국 GDP

③ 우리나라 공장 및 농가에서 생산된 자동차와 쌀은 우리나라의 GDP에 포함된다. 반면, 외국 공장에서 생산되거나 수입한 재화는 우리나라의 GDP에 포함되지 않는다.

339 실질 GDP와 물가 변동으로 명목 GDP 변동 파악하기

실질 GDP와 물가 지수

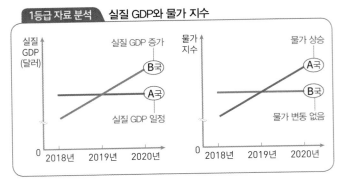

ㄴ. 전년 대비 2019년에 B국의 실질 GDP는 증가하였고 물가는 일정하므로 명목 GDP는 증가하였다. ㄷ. 전년 대비 2020년에 A국의 실질 GDP는 변동이 없고 물가는 상승하였으므로 명목 GDP는 증가하였다.

(바로잡기) ㄱ. 2019년에 A국과 B국의 실질 GDP는 같지만, 전년 대비 증가율이 다르므로 경제 성장률은 다르다. ㄹ. 전년 대비 2020년에 B국은 실질 GDP가 증가하였으나 물가 수준이 변함이 없으므로 명목 GDP는 실질 GDP와 같다.

340 실질 GDP와 명목 GDP 이해하기

실질 GDP와 명목 GDP

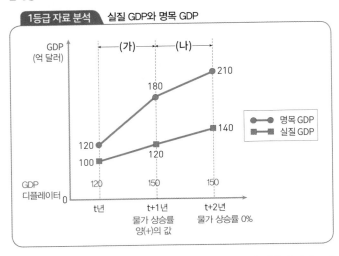

ㄷ. (가) 기간에는 실질 GDP가 증가하고 물가 수준이 상승하였다. 이는 정부 지출 증가에 따른 총수요 증가로 인해 나타날 수 있다. ㄹ. (나) 기간에는 실질 GDP가 증가하였으나 물가가 일정하다. 이는 총수요와 총공급이 동일한 규모로 증가할 때 나타날 수 있다.

(바로잡기) ㄱ. 전년 대비 경제 성장률은 t+1년이 t+2년보다 높다. ㄴ. t+2년의 물가 상승률은 0%이다.

341 경제 성장률과 물가 변동으로 실질 GDP 파악하기

경제 성장률과 물가 변동률

구분	2018년	2019년	2020년
경제 성장률(%)	−2	1	⓪
GDP 디플레이터	90	100	110

실질 GDP 증가율 ⎰2019년 실질 GDP=2020년 실질 GDP
(명목 GDP/실질 GDP)×100 — 물가 상승

② 전년 대비 2019년에 실질 GDP가 증가하였고 물가가 상승하였다. 따라서 전년 대비 2019년에 명목 GDP는 증가하였다.

342 경제 지표 변화 분석하기

명목 GDP와 실질 GDP

(단위 : 억 달러, %)

구분	2018년		2018년 대비 2019년 증가율		2019년 대비 2020년 증가율	
	명목 GDP	실질 GDP	명목 GDP	실질 GDP	명목 GDP	실질 GDP
갑국	100	100	4	5	−4	−5
을국	120	100	−5	2	5	−2

120에서 감소한 비율만큼 다시 증가하더라도 120보다 작아짐

100에서 증가한 비율만큼 다시 감소할 경우 100보다 작아짐

⑤ 실질 GDP 대비 명목 GDP의 비는 2018년 갑국의 경우 1, 을국의 경우 1.2이다. 2019년에 갑국과 을국 모두 실질 GDP가 명목 GDP보다 더 많이 증가했으므로 실질 GDP 대비 명목 GDP의 비는 2019년이 2018년보다 작다.

(바로잡기) ① 갑국의 실질 GDP는 2020년이 가장 작다. ② 을국의 명목 GDP는 2019년에 비해 2020년에 증가하였다. ③ 2019년의 명목 GDP는 갑국이 104억 달러, 을국이 114억 달러로, 갑국이 을국보다 작다. ④ 2020년 실질 GDP는 갑국과 을국 모두 100억 달러보다 작다.

343 GDP 계산 방법 이해하기

GDP의 계산

(단위 : 억 달러)

구분		A 기업	B 기업
부가가치		500	©
판매 수입		㉠	= 1,200
분배	임금	250	㉣
	지대	80	100
	이자	70	100
	이윤	㉡	200

⑤ X재는 Y재 생산의 원료로 모두 사용되므로 A 기업의 판매 수입 500억 달러는 B 기업의 Y재 생산에 필요한 중간 생산물의 가격에 해당한다.

(바로잡기) ① X재 생산에는 중간 생산물이 소요되지 않았으므로 A 기업의 부가가치는 판매 수입과 같다. 따라서 ㉠은 500, ㉡은 100이다. ② B 기업의 판매 수입은 A 기업의 판매 수입(중간 생산물의 가격)+B 기업의 부가가치이다. 따라서 ©은 700, ㉣은 300이다. ③ 최종 생산물은 Y재이므로 갑국의 GDP는 1,200억 달러이다. ④ 부가가치는 B 기업이 A 기업보다 크다.

분석 기출 문제

72~75쪽

[핵심 개념 문제]

344 지출 **345** 경기, 경기 순환 **346** 총수요 **347** ㉡ **348** ㉠
349 ㉣ **350** ㉢ **351** × **352** ○ **353** ○ **354** ㉠ **355** ㉡
356 ㉡ **357** ㄴ **358** ㄱ, ㄴ

359 ⑤ **360** ⑤ **361** ⑤ **362** ② **363** ③ **364** ① **365** ①
366 ⑤ **367** ④ **368** ⑤ **369** ⑤ **370** ⑤

1등급을 향한 서답형 문제

371 ㉠ : 투자 지출, ㉡ : 임금 **372** 예시 답안 국내 기업의 원자재 수입액은 기업 투자액에는 포함되지만 순수출에서는 제외되기 때문에 2020년의 GDP에는 영향을 미치지 않는다. **373** 예시 답안 기업의 설비 투자는 총수요 중 투자 지출에 영향을 준다. 설비 투자 감소는 총수요 감소 요인으로, 이는 실질 GDP의 감소 요인이 된다.

359

(가)는 생산 요소 시장, (나)는 생산물 시장, A는 기업, B는 정부이다. ⑤ 생산물 시장에서 기업은 공급자이다.

360

(가)는 기업, (나)는 가계이다. ⑤ A는 가계가 생산물 시장에서 생산물을 구입하고 그 대가를 지불하는 것으로, 이러한 가계의 소비 지출은 지출 국민 소득에 포함된다.

바로잡기 ① 기업은 이윤 극대화를 추구한다. ② 가계는 생산 요소 시장에서의 공급자이다. ③ 기업은 재화와 서비스를 생산한다. ④ 가계와 기업 모두 납세의 의무가 있다.

361

⑤ 밀가루 생산업자는 20원어치의 밀을 구입하여 40원어치의 밀가루를 만들었으므로 밀가루 생산업자가 만들어 낸 부가가치는 20원이다.

362

㉠ 회복기에는 물가가 서서히 상승한다. ㉣ 수축기에는 재고 수준이 가장 높다.

363

A는 확장기, B는 후퇴기, C는 수축기, D는 회복기이다. ㄴ. 일반적으로 수축기에는 실업률이 상승한다. ㄷ. 회복기는 생산 활동이 점점 활발해지는 시기이다.

바로잡기 ㄱ. 후퇴기에는 기업 투자가 감소하므로 자금 수요가 감소하여 금리가 하락한다. ㄹ. 회복기에는 일반적으로 주가가 서서히 상승한다.

364

ㄱ. 생산 요소 가격이 상승하면 총공급이 감소하여 균형점은 A로 이동한다. ㄴ. 정부 지출이 증가하면 총수요가 증가하여 균형점은 B로 이동한다.

365

① 실질 GDP는 소비 및 투자+정부 지출+순수출과 동일해야 한다. 따라서 2020년 갑국의 순수출(㉠)은 30억 달러이다. 갑국과 을국 간에만 교역이 이루어지므로 ㉣은 −30, ㉡은 90이다.

바로잡기 ② ㉠이 30이므로 ㉣은 −30이다. ③ 2019년 갑국의 순수출이 −20억 달러이므로 을국의 순수출은 20억 달러이다. ④ 갑국과 을국 모두 실질 GDP에는 변동이 없다. ⑤ 제시된 자료만으로는 물가 변동 방향을 파악할 수 없다.

366

그림은 총수요 증가를 나타낸다. ⑤ 가계와 기업이 미래 경제를 긍정적으로 전망하면 가계의 소비 지출이나 기업의 투자 지출이 증가하여 총수요가 증가한다.

바로잡기 ① 순수출 감소는 총수요 감소 요인이다. ② 가계 소비 감소는 총수요 감소 요인이다. ③ 시장 이자율 상승은 기업 투자를 감소시키는 요인이다. 기업의 투자 감소는 총수요 감소 요인이다. ④ 정부의 흑자 예산 편성은 총수요 감소 요인이다.

1등급 정리 노트 총수요의 변동 요인

총수요 곡선이 오른쪽으로 이동	총수요 곡선이 왼쪽으로 이동
↳ 총수요 증가 요인	↳ 총수요 감소 요인
민간 소비 증가, 민간 투자 증가, 정부 지출 증가, 순수출 증가	민간 소비 감소, 민간 투자 감소, 정부 지출 감소, 순수출 감소

367

④ 갑국 제품에 대한 해외 선호도 감소는 순수출을 감소시키므로 총수요 감소 요인이고, 국제 원자재 가격 급등은 총공급 감소 요인이다.

368

그림은 실질 GDP가 감소하고 물가 수준이 상승하는 상황을 보여 준다. ⑤ 원자재 가격 상승은 총공급 감소 요인이다. 총공급이 감소하면 실질 GDP는 감소하고 물가 수준은 상승한다.

바로잡기 ① 기술 혁신은 총공급 증가 요인이다. ② 순수출 증가는 총수요 증가 요인이다. ③ 기업 투자 증가는 총수요 증가 요인이다. ④ 민간 소비 감소는 총수요 감소 요인이다.

1등급 정리 노트 총공급의 변동 요인

총공급 곡선이 오른쪽으로 이동	총공급 곡선이 왼쪽으로 이동
↳ 총공급 증가 요인	↳ 총공급 감소 요인
생산 기술 향상, 생산비(임금, 원자재 가격 등) 하락, 생산 요소의 양 증가	원자재 가격 상승, 생산비 상승, 생산 요소의 양 감소

369

⑤ 2019년 대비 2020년 갑국의 총수요가 증가하였으므로 총수요 곡선이 오른쪽으로 이동한다. 2019년과 2020년의 물가 수준이 동일하므로 총수요와 총공급이 모두 증가해야 한다.

370

(가)는 총수요 증가를, (나)는 총공급 감소를 보여 준다. ⑤ 정부의 물가 안정 정책은 주로 총수요 조절로 이루어지므로 (나)의 경우 정부의 물가 안정 정책은 효과적이지 않다.

371

A는 지출 국민 소득, B는 분배 국민 소득을 나타낸다. 국내 총생산 (GDP)은 생산, 분배, 지출 측면에서 계산해도 그 크기가 같은데, 이를 국민 소득 삼면 등가의 법칙이라고 한다.

372

채점 기준	수준
GDP를 증가시키지 못한다는 점과 그 까닭을 정확하게 서술한 경우	상
GDP를 증가시키지 못한다는 점은 밝혔지만 그 까닭을 투자나 순수출과 연계하여 서술하지 못한 경우	중
GDP를 증가시키지 못한다는 점만 서술한 경우	하

373

채점 기준	수준
총수요와 실질 GDP에 미치는 영향을 모두 정확하게 서술한 경우	상
총수요의 구성 요소 중 투자 지출을 감소시킨다는 점만 서술한 경우	중
실질 GDP가 감소한다는 점만 서술한 경우	하

적중 1등급 문제

374 ③	375 ③	376 ②	377 ③	378 ⑤
379 ③	380 ④	381 ②		

374 국민 소득 삼면 등가의 법칙과 GDP 분석하기

1등급 자료 분석 지출 측면에서의 GDP

(단위 : %)

구분		2018년	2019년	2020년
GDP 증가율(전년 대비)		5	−1	5
GDP 대비 비율	소비	60	40	30
	투자	20	20	20
	정부 지출	10	15	10
	순수출	10	25	40

절대적 투자 금액이 아니라 GDP에서 차지하는 비중임

을. 2017년의 물가를 기준으로 측정한 것이므로 각 연도의 GDP 증가율은 모두 실질 GDP 증가율에 해당한다. 병. 2020년에 실질 GDP 증가율은 5%이고, GDP 대비 순수출의 비율만이 증가하였으므로 2020년의 경제 성장이 수출에 힘입었음을 추론할 수 있다.

바로잡기 갑. 2018년 GDP에서 순수출이 차지하는 비율은 10%이다. 이는 순수출액이 양(+)의 값을 갖는 것이므로 수출이 수입보다 크다. 정. 제시된 자료만으로는 파악할 수 없다.

375 GDP 파악하기

1등급 자료 분석 총수요의 구성 요소와 GDP

갑국 GDP 중 민간 소비로 인한 금액이 120억 달러이고, 이 중 20억 달러는 을국으로부터 수입한 금액이다.

(단위 : 억 달러)

구분	계	구입한 재화와 서비스의 생산지	
		갑국	을국
소비	120	100	20
투자	50	35	15
정부 지출	30	25	5

* 갑국은 을국의, 을국은 갑국의 유일한 무역 상대이다.   을국 수출액 40억 달러
** 갑국의 수출액은 100억 달러이다. = 을국 수입액 100억 달러
*** 갑국에서 생산된 재화와 서비스는 모두 판매되었다.

③ 갑국과 을국은 서로 유일한 무역 상대국이며, 갑국의 수출액은 100억 달러이므로 을국의 수입액은 100억 달러이다. 갑국에서 구입한 재화 중 40억 달러는 을국에서 구입한 것이므로 갑국의 수입액(을국의 수출액)은 40억 달러이다. 따라서 갑국의 순수출액은 100억 달러−40억 달러=60억 달러이다.

바로잡기 ① 갑국의 GDP는 260억 달러이다. ② 갑국의 총수요는 260억 달러이다. ④ 제시된 자료만으로는 파악할 수 없다. ⑤ 을국의 순수출액은 −60억 달러이다.

376 총수요의 구성 요소로 GDP 분석하기

1등급 자료 분석 순수출액과 명목 GDP

····· 교역은 양국 간에만 이루어지며, 거래 비용은 없다.
갑국의 수출액=을국의 수입액

(단위 : 개, 달러)

구분		갑국		을국	
		2019년	2020년	2019년	2020년
수출량		100	130	150	90
명목 GDP		1,000	1,000	㉠	700
명목 GDP 구성 요소	소비	400 (70)	450 (100)	300 (100)	300 (50)
	투자	200 (50)	300 (50)	200 (100)	150 (40)
	정부 지출	300 (30)	300 (30)	200 (50)	200 (40)
	⋮	⋮	⋮	2019년 을국의 수입품 지출액	

* ( ) 안의 수치는 해당 항목 중 수입품에 대한 지출액을 나타냄

② 2019년 을국의 수입품에 대한 지출액이 250달러이고, 갑국이 을국에 수출한 X재는 100개이므로 갑국 수출품인 X재 가격은 2.5달러이다.

바로잡기 ① 2019년 갑국의 순수출액은 100달러이므로 을국의 순수출액은 −100달러이다. 따라서 2019년 을국의 명목 GDP는 300+200+200−100=600 달러이다. ③ 2018년이 기준 연도이고, 2020년 갑국의 실질 GDP를 알 수 없으므로 GDP 디플레이터를 알 수 없다. ④ 을국의 경우 명목 GDP에서 정부 지출이 차지하는 비중은 2019년보다 2020년이 낮다. ⑤ 2019년 갑국의 X재 가격은 2.5달러이고, 명목 GDP는 1,000달러이므로 X재 생산량은 400개이다. 2020년은 을국이 수입한 갑국 X재의 수입액은 130달러이고, 갑국 X재 수출량은 130개

이므로 2020년 X재 1개 가격은 1달러이고, 갑국의 명목 GDP가 1,000달러이므로 X재 생산량은 1,000개이다. 갑국은 X재 생산량이 2019년 400개에서 2020년 1,000개로 증가하였으므로 경제 성장률은 양(+)의 값을 가진다.

377 국민 소득의 측정 이해하기

1등급 자료 분석 국민 소득의 구성

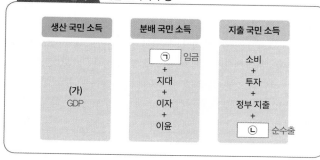

③ ⓒ은 순수출로, 이는 수출액에서 수입액을 뺀 값이다.

바로잡기 ① 생산 국민 소득은 최종 생산물의 시장 가치의 합이다. ② ㉠은 임금으로, 이는 노동 제공의 대가이다. ④ 분배 국민 소득과 지출 국민 소득이 같더라도 ㉠과 ⓒ이 같다고 단정할 수 없다. ⑤ 수출이 수입보다 많으면 ⓒ은 양(+)의 값을 가진다.

378 총수요와 총공급의 변동 요인 이해하기

1등급 자료 분석 총수요의 변동 요인

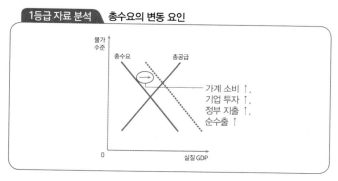

그림은 총수요 증가를 보여 준다. ⑤ 해외로의 수출 증가는 총수요의 증가 요인이다.

바로잡기 ① 생산 기술 발전은 총공급의 증가 요인이다. ② 수입 원자재 가격 상승은 총공급의 감소 요인이다. ③ 생산 가능 인구 감소는 총공급의 감소 요인이다. ④ 소비 지출 및 투자의 감소는 총수요의 감소 요인이다.

379 국민 경제 균형의 변화 이해하기

1등급 자료 분석 국민 경제 균형의 변화

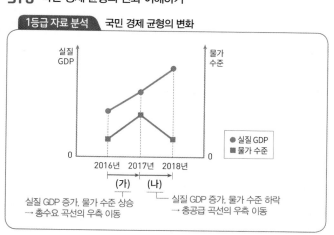

③ 민간 소비 및 투자의 증가는 총수요의 증가 요인으로, 실질 GDP 증가와 물가 상승을 동시에 초래할 수 있다.

바로잡기 ① (가)는 총수요가 증가할 때 나타난다. ② (나)는 총공급이 증가할 때 나타난다. ④ 수입 원자재 가격 하락은 (나)의 변동 요인이다. ⑤ 순수출 감소는 총수요 감소 요인이다.

380 총수요와 총공급의 변동 요인 이해하기

1등급 자료 분석 총수요와 총공급 변동 요인

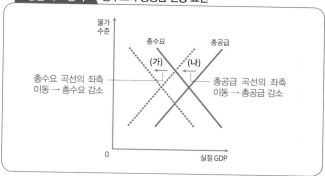

ㄴ. 정부 지출의 감소는 총수요의 감소 요인이다. ㄹ. 원자재 가격의 상승은 총공급의 감소 요인이다.

바로잡기 ㄱ. 소비 지출의 증가는 총수요의 증가 요인이다. ㄷ. 생산 기술의 발달은 총공급의 증가 요인이다.

381 총수요와 총공급 변동 요인을 통해 균형점 변동 추론하기

1등급 자료 분석

그림의 실선은 갑국의 1년 전 시장 상황을 나타낸다. 그 당시 갑국은 1년 후에 B점에서 균형을 이룰 것으로 예측했으나, 실제로는 A점에서 시장 균형이 나타났다.

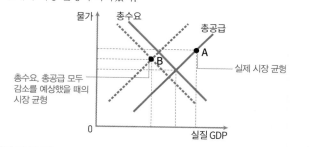

② 수출 증가는 순수출을 증가시켜 총수요를 증가시키는 요인이 된다.

바로잡기 ① 갑국은 B점을 예상하였으므로 총수요 감소를 예상한 것이다. 총수요 감소는 경기 호황 국면이 아니다. ③ 실제 경제 상황은 A점으로 나타났다. 국제 원자재 가격 상승은 A점으로의 이동 요인이 아니다. ④ 흑자 재정 정책은 총수요 감소 요인이다. A점은 총수요 증가로 발생한 것이다. ⑤ A점은 실질 GDP가 증가하여 실업률이 하락한 국면이므로 실업보다 물가 안정에 대응해야 할 것이다.

분석 기출 문제

[핵심 개념 문제]

382 경제 활동 인구　**383** 15세 이상 인구(노동 가능 인구)

384 경제 활동 참가율　　**385** ○　**386** ○　**387** ㉣　**388** ㉠

389 ㉡　**390** ㉢　**391** ㉠　**392** ㉡　**393** ㉡　**394** ㄱ, ㄴ　**395** ㄷ

396 ④　**397** ④　**398** ④　**399** ④　**400** ④　**401** ⑤　**402** ②

403 ②　**404** ④　**405** ③　**406** ③　**407** ③

[1등급을 향한 서답형 문제]

408 ㉠ : 마찰적, ㉡ : GDP 디플레이터, ㉢ : (명목 GDP/실질 GDP)×100

409 (가) : 일할 능력과 의사가 있음에도, (나) : 기준 연도의 물가 지수를 100

410 (10조 원/10조 원)×100=100　　**411** **예시 답안** 전년 대비 2020년에 물가는 하락하였다. 이는 명목 GDP는 변동이 없으나 실질 GDP가 증가했기 때문이다.

396

④ 질문 B는 구직 경험을 통해 일하고자 하는 의사를 확인하기 위한 것이다. 4주 동안의 구직 경험보다 1주 동안의 구직 경험이 더 적을 것이므로 4주를 1주로 바꾸면 질문 B에 '예'라고 답한 사람의 수가 감소한다. 따라서 실업자 수가 줄어드는 효과가 있다.

바로잡기 ① 질문 A는 취업자를 분별하기 위한 질문이다. ② 질문 B는 일할 의사를 확인하기 위한 질문이다. ③ '지난 1주 동안 4시간 이상 수입을 목적으로 일했나요?'라고 바꾸면 '예'라고 답할 사람이 감소할 수 있으므로 취업률 감소 효과가 있을 것이다. ⑤ (가)는 비경제 활동 인구이다.

397

ㄴ. B는 실업자이다. ㄹ. 경제 활동 인구가 일정한데 실업자가 증가하면 실업률은 상승한다.

바로잡기 ㄱ. A는 비경제 활동 인구이다. 비경제 활동 인구는 15세 이상 인구 중 일할 의사가 없는 사람이다. ㄷ. 15세 이상 인구가 일정할 때 비경제 활동 인구가 증가하면 경제 활동 인구가 감소하므로 경제 활동 참가율은 하락한다.

398

④ 〈상황 1〉은 실업자가 취업자가 된 경우로, 15세 이상 인구가 일정하므로 고용률은 상승하고 실업률은 하락하여 (나)로 이동한다. 〈상황 2〉는 비경제 활동 인구가 실업자가 된 경우로, 고용률은 일정하고 실업률은 상승하여 (마)로 이동한다.

399

밑줄 친 부분은 실업자였던 갑이 구직 단념자가 된 경우이다. ㄱ. 구직 단념자는 비경제 활동 인구에 해당하므로 실업자가 비경제 활동 인구가 되면 실업률이 하락한다. ㄷ. 고용률은 15세 이상 인구 중 취업자가 차지하는 비율로, 갑의 결정과 관련이 없다. ㄹ. 실업자는 경제 활동 인구에 해당하고, 구직 단념자는 비경제 활동 인구에 해당한다.

바로잡기 ㄴ. 실업자가 구직 단념자가 되면 경제 활동 인구가 감소하므로 취업률은 상승한다.

경제 활동 참가율(%)	(경제 활동 인구/15세 이상 인구)×100
실업률(%)	(실업자 수/경제 활동 인구)×100
고용률(%)	(취업자 수/15세 이상 인구)×100

400

ㄴ. 실업률+취업률=100%이다. 여성의 경우 실업률이 상승하였으므로 취업률은 하락하였다. ㄹ. 여성의 경우 취업자 수가 증가했는데도 취업률이 하락한 것은 경제 활동 인구가 더 큰 비율로 증가했기 때문이다. 15세 이상 인구가 일정하므로 여성의 경제 활동 참가율은 상승하였다.

바로잡기 ㄱ. 15세 이상 인구는 변함이 없고 남성의 경우 취업자 수가 일정하므로 남성의 고용률은 일정하다. ㄷ. 남성의 경우 취업자 수가 일정한데 실업률이 하락하였으므로 실업자 수가 감소하였다. 따라서 경제 활동 인구는 감소하였다.

401

병. 총수요 감소는 물가 상승을 억제하는 효과가 있다. 정. 인플레이션 상황에서는 채무자가 채권자보다 유리해진다.

바로잡기 갑. 물가 상승이 문제가 되고 있으므로 경기 침체 국면일 가능성이 높다고 볼 수 없다. 을. 인플레이션 상황에서는 금융 자산보다 실물 자산을 보유하는 것이 유리하다.

402

② 수요 견인 인플레이션은 총수요의 증가로 인해 발생한다. 생산 요소의 가격 상승은 비용 인상 인플레이션의 원인이다.

403

갑. T년의 국내 기업 투자 증가와 해외 수요 증가는 총수요 증가 요인이다. 병. T+10년의 임금 상승과 해외 원자재 가격 상승은 총공급 감소 요인이다. 총공급 감소는 경기 침체를 가져와 스태그플레이션을 유발할 수 있다.

바로잡기 을. T+10년에는 총공급의 감소가 나타났으므로 경기 호황이라고 볼 수 없다. 정. 인플레이션 상황에서는 금융 자산보다 실물 자산을 보유하는 것이 유리하다.

404

ㄴ. 소비자 물가 상승률이 양(+)의 값이므로 소비자 물가 지수는 지속적으로 상승하고 있다. ㄹ. GDP 디플레이터는 국내 생산물의 물가 수준을 반영한다. 수입 소비재의 가격이 상승하면 소비자 물가 지수가 상승하는 요인은 되지만, GDP 디플레이터의 상승 요인은 아니다.

바로잡기 ㄱ. 2016년 GDP 디플레이터 상승률은 0%로, 이는 명목 GDP 변동률과 실질 GDP 변동률이 같음을 의미한다. ㄷ. 2016년 가계가 체감하는 물가는 알 수 없다. 가계가 주로 사용하는 품목과 소비자 물가 지수의 표본에 포함된 품목이 다를 수 있기 때문이다.

405

첫 번째 내용은 총수요 증가 요인을, 두 번째 내용은 총공급 감소 요인을 보여 준다. ③ 총수요의 증가, 총공급의 감소는 모두 인플레이션의 발생 원인에 해당한다.

406

제시된 현상은 총공급 감소로 인해 발생한 인플레이션 상황을 나타낸다. ③ 인플레이션이 발생하면 화폐 자산의 가치가 하락하므로 저축이 감소한다.

407

③ 인플레이션이 발생하면 채무자, 실물 자산 보유자는 유리해지고, 채권자, 화폐 자산 소유자, 고정 소득 생활자 등은 불리해진다.

408

실업의 유형에는 경기적 실업, 구조적 실업, 마찰적 실업, 계절적 실업이 있다. GDP 디플레이터는 국내 총생산에 포함되는 모든 상품과 서비스의 종합적인 가격 수준을 지수화한 것으로, (명목 GDP/실질 GDP)×100으로 계산한다.

409

실업은 일할 능력과 의사가 있음에도 불구하고 일자리를 갖지 못한 상태를 말한다. 물가 지수는 종합적인 물가 수준을 숫자로 표시한 것으로 기준 연도의 물가 수준을 100으로 하여 비교하려는 연도의 물가 수준을 지수로 나타낸다.

410

GDP 디플레이터는 (명목 GDP/실질 GDP)×100으로 산출한다.

411

채점 기준	수준
물가 하락을 쓰고 그 이유를 정확하게 서술한 경우	상
물가 하락을 썼으나, 그 이유를 미흡하게 서술한 경우	중
물가 하락만 쓴 경우	하

적중 1등급 문제

83~84쪽

| 412 ④ | 413 ④ | 414 ② | 415 ③ | 416 ① |
| 417 ④ | 418 ⑤ | 419 ⑤ | | |

412 고용 관련 지표를 사례에 적용하기

1등급 자료 분석 경제 활동 실태 조사

갑 : 전업주부였다가 최근 친구 회사에 취직하였다.
  비경제 활동 인구 / 취업자

을 : 조선업에 종사하고 있었으나 최근 회사 구조 조정 과정에서 해고되어 다른 일자리를 찾고 있다.
  취업자 / 실업자

```
지난 1주간 1시간 이상        예
수입을 목적으로 일했나요?  ────→  (가)  취업자
         │ 아니요                   +
지난 4주 동안 구직 활동을    예        (나)  실업자
했습니까?              ────→              =
         │ 아니요                          경제 활동 인구
         (다)  비경제 활동 인구
```

(가)는 취업자, (나)는 실업자, (다)는 비경제 활동 인구이다. ④ 전업주부는 비경제 활동 인구에 해당하고, 회사에의 취직은 취업자가 된 것이다. 따라서 갑은 (다)에서 (가)가 된 것이다.

바로잡기 ① 실업률은 경제 활동 인구에서 (나)가 차지하는 비중이다. ② (다)는 15세 이상 인구 중 일할 능력이나 의사가 없는 사람이다. ③ 취업자 수와 실업자 수를 더하면 경제 활동 인구가 된다. ⑤ 을은 (가)에서 (나)가 된 것이다.

413 GDP 디플레이터 이해하기

1등급 자료 분석 GDP 디플레이터

2019년이 기준 연도이므로 2019년의 GDP 디플레이터는 100임 (단위 : %)

구분	2018년	2019년	2020년	2021년
물가 상승률	3	2	1	-1
GDP 디플레이터	100↓	100	100↑	100↓

④ 2019년과 2020년의 실질 GDP가 같다면, GDP 디플레이터는 2020년이 2019년보다 높으므로 명목 GDP는 2020년이 2019년보다 크다.

바로잡기 ① 2018년의 GDP 디플레이터는 100보다 작다. 따라서 2019년에 실질 GDP는 명목 GDP보다 크다. ② 2020년의 GDP 디플레이터는 100보다 크다. 따라서 실질 GDP는 명목 GDP보다 작다. ③ 2021년의 GDP 디플레이터는 101에서 1% 감소하였으므로 100보다 작다. ⑤ 2019년에 비해 2020년에 실질 GDP가 증가하였다면, 2020년의 명목 GDP가 2019년보다 커야 2020년의 GDP 디플레이터가 101이 된다.

414 고용 관련 지표의 변화 분석하기

1등급 자료 분석 고용률과 경제 활동 참가율

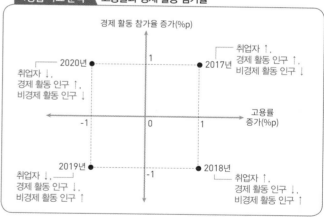

ㄱ. 2018년에 고용률은 1%p 증가하고, 경제 활동 참가율은 1%p 하락하였다. 15세 이상 인구가 일정하므로 취업자는 증가하였고 경제 활동 인구는 감소하였다. 따라서 실업자가 감소하였으므로 실업률이 하락하였다. ㄷ. 경제 활동 참가율은 2017년 1%p, 2018년 -1%p, 2019년 -1%p, 2020년 1%p 변동하였다. 2016년 경제 활동 참가율을 K%라고 하면 2020년 경제 활동 참가율은 K%가 된다.

바로잡기 ㄴ. 2020년 경제 활동 참가율은 1%p 증가하였다. 15세 이상 인구에 변동이 없으므로 경제 활동 인구는 증가하였고 비경제 활동 인구는 감소하였다. ㄹ. 2017년 고용률을 a%라고 하면 2018년의 고용률은 (a+1)%, 2019년의 고용률은 (a+1-1)%가 된다. 2019년의 고용률과 2017년의 고용률이 같고, 15세 이상 인구가 일정하므로 취업자 수도 같다.

415 고용 지표로 경제 활동 상황 파악하기

1등급 자료 분석 고용률과 취업률

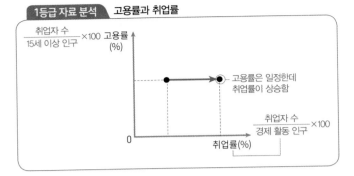

ㄴ. 15세 이상 인구와 고용률에 변동이 없으므로 취업자 수는 변동이 없다. 그런데 취업률이 상승하였다는 것은 경제 활동 인구가 감소한 것으로, 이는 실업자 수가 감소한 것이다. ㄷ. 15세 이상 인구가 일정하고 경제 활동 인구가 감소하였으므로 경제 활동 참가율은 하락하였다.

바로잡기 ㄱ. 고용률이 일정하고 15세 이상 인구에 변동이 없으므로 취업자 수는 변동이 없다. ㄹ. 취업자 수는 일정하고 실업자 수가 감소하였으므로 취업자에 대한 실업자의 비(比)는 감소하였다.

416 실업 관련 통계 분석하기

1등급 자료 분석 인구 구성의 변화

(단위 : 만 명)

- 비경제 활동 인구에서 취업자로 변화 ─ 40
- 비경제 활동 인구에서 실업자로 변화 ─ 실업자 40 40만 명
- 취업자에서 비경제 활동 인구로 변화 ─ 증가 30
- 비경제 활동 인구 50만 명 감소   취업자 10만 명 증가

(단위 : 만 명)

구분	취업자	실업자	비경제 활동 인구
2021년 연초	1,500	100	400
2021년 연말	1,510	140	350

ㄱ, ㄴ. 취업자 수는 연초 대비 연말에 10만 명만큼 증가하였고, 취업자 수에 비해 실업자 수의 증가 규모가 크므로 취업자 수 대비 실업자 수의 비(比)는 연초에 비해 연말이 크다.

바로잡기 ㄷ. 경제 활동 인구가 증가하였으므로 경제 활동 참가율은 상승하였다. ㄹ. 비경제 활동 인구는 감소하였다.

417 고용과 물가 관련 지표로 경제 상황 파악하기

1등급 자료 분석 경기 순환 분석

┌─ 하락하는 추세 ─┐   (단위 : %)

구분	2017년	2018년	2019년	2020년
실업률	5.2	4.1	3.5	3.0
물가 상승률	3.5	4.5	5.8	7.8

└─ 상승하는 추세 ─┘

실업률이 하락하고 물가 상승률이 높아지고 있는 상황이다. 을. 수요 견인 인플레이션은 총수요 증가로 발생한다. 총수요가 증가하면 실업률은 하락하고 물가가 상승한다. 정. 가계 소득 및 소비 지출의 증가는 총수요 증가 요인이다.

바로잡기 갑. 실업자 수가 감소하는지는 알 수 없다. 병. 1970년대 석유 파동 당시에는 물가는 상승하고 경기가 침체하는 스태그플레이션이 나타났다. 제시된 상황을 경기 침체라고 보기 어렵다.

418 인플레이션의 유형 파악하기

1등급 자료 분석 인플레이션의 유형

사회자 : 최근 A국에서 발생한 인플레이션에 대해 이야기해 볼까요?
갑 : 물가 상승에 따른 경기 과열이 우려되고 있습니다.
　　총수요 증가에 따른 수요 견인 인플레이션
을 : 물가 상승과 경기 침체가 함께 나타날 것으로 예상되고 있습니다.
　　총공급 감소에 따른 비용 인상 인플레이션

갑은 수요 견인 인플레이션을, 을은 비용 인상 인플레이션을 우려하고 있다. ⑤ 수요 견인 인플레이션과 비용 인상 인플레이션은 모두 물가가 상승하므로 돈을 빌려준 채권자보다 돈을 빌린 채무자가 유리해진다.

바로잡기 ① 수요 견인 인플레이션은 총수요 증가에 따른 현상이다. ② 갑은 수요 견인 인플레이션을 우려하고 있다. ③ 비용 인상 인플레이션은 총공급 감소에 따른 현상이다. ④ 을은 비용 인상 인플레이션을 우려하고 있다.

419 실업 관련 지표 변화 분석하기

1등급 자료 분석 고용률과 경제 활동 참가율

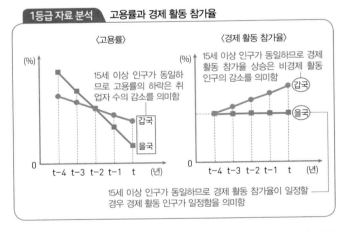

ㄷ. 갑국의 경우 경제 활동 참가율이 상승하고 있으므로 비경제 활동 인구는 감소하고 있다. ㄹ. t−2년과 비교하여 t−1년에 갑국과 을국 모두 고용률이 감소하였으므로 취업자 수는 감소하였다. 경제 활동 인구는 갑국의 경우 증가, 을국의 경우 변화가 없으므로 갑국과 을국 모두 실업자 수는 증가하였다.

바로잡기 ㄱ. 갑국과 을국 모두 경제 활동 인구에서 취업자가 차지하는 비율이 하락하고 있으므로 실업률은 상승하고 있다. ㄴ. 고용률 하락은 취업자 수의 감소를 의미한다.

분석 기출 문제

86~89쪽

[핵심 개념 문제]

420 경제 안정화	**421** 재정	**422** 중앙은행, 통화량	**423** ○	**424** ○
425 ○	**426** ㉡	**427** ㉠	**428** ㉣	**429** ㉢	**430** ㉠	**431** ㉡
432 ㉡	**433** ㄷ	**434** ㄴ	**435** ㄱ	

436 ③	**437** ②	**438** ②	**439** ②	**440** ②	**441** ④	**442** ①
443 ④	**444** ③	**445** ③	**446** ①	**447** ②		

1등급을 향한 서답형 문제

448 경기를 부양하기 위한 정책인가? **449** A : 공개 시장 운영, B : 지급 준비 제도, C : 여·수신 제도 **450** 통화량(또는 이자율) **451** 예시답안 통화량을 늘리기 위해 국·공채를 매입하거나 은행 대출액을 늘리거나 지급 준비율을 인하할 것이다. (이자율을 높이기 위해 국·공채를 매각하거나 대출을 축소하거나 지급 준비율을 인상할 것이다.)

436

정부는 경기가 침체되거나 지나치게 과열되었을 때 국민 경제의 안정을 위해 경제 안정화 정책을 시행한다. 을. 경제 안정화 정책은 불황기의 경우에는 고용 증대에, 호황기의 경우에는 물가 안정에 초점을 둔다. 병. 정부는 세율이나 재정 지출 변화를, 중앙은행은 이자율이나 통화량을 수단으로 사용한다.

바로잡기 갑. 호황기에는 물가 안정을 위한 경제 안정화 정책이 필요할 수 있다. 정. ㉣은 일반적으로 물가 상승과 실업률 상승을 의미한다.

437

② ㈑는 일반적인 경기 침체 상태로, 경기 부양을 위해 재정 적자를 감수하더라도 확대 재정 정책을 실시하는 것이 적절하다.

바로잡기 ① ㈎에서는 국·공채를 매각하여 통화량을 줄이는 정책이 적절하다. ③ 국민들은 고용 상황이 좋은 지점을 더 선호할 것이다. ④ 실업률이 낮은 상황이 경제 성장에 유리하다. ⑤ 총수요를 증가시키면 ㈑에서 ㈎로 이동한다.

438

ㄱ. 국내 가계 소비 증가는 총수요 증가 요인이다. ㄷ. 첫 번째 경기 변동에서는 경기 과열로 물가 상승이 문제가 되었을 것이므로 긴축 통화 정책을 사용했음을 추론할 수 있다.

바로잡기 ㄴ. 국제 원자재 가격 상승은 총공급을 감소시켜 물가 상승을 유발한다. ㄹ. 제시된 내용만으로는 어떤 재정 정책을 사용하였는지 판단할 수 없다. 경기 부양을 위해 확대 재정 정책을 실시했다면 물가 상승이 가중되었을 것이고, 물가 안정을 위해 긴축 재정 정책을 실시했다면 경기 침체로 실업이 가중되었을 것이다.

439

제시된 균형점 변화는 총수요가 감소했다가 다시 증가하여 나타났다. ② 기업 투자의 급감은 총수요 감소 요인이고, 중앙은행의 기준 금리 인하는 총수요 증가 요인이다.

바로잡기 ① 기준 금리 인하는 총수요 증가 요인이고, 기준 금리 인상은 총수요 감소 요인이다. ③ 적자 재정 편성은 총수요 증가 요인이고, 흑자 재정 편성은 총수요 감소 요인이다. ④ 가계 소비 지출 감소는 총수요 감소 요인이고, 수입 원유 가격 급등은 총공급 감소 요인이다. ⑤ 수출 감소는 총수요 감소 요인이고, 수입 원자재 가격 하락은 총공급 증가 요인이다.

440

갑. 소득세율 인하, 재정 지출 증대는 경기 부양을 위한 재정 정책에 해당한다. 병. 중앙은행의 기준 금리 인하는 경기 부양을 위한 정부 기조에 부합하는 정책이다.

바로잡기 을. 기준 금리를 인상하면 기업 투자 규모는 감소한다. 정. 지급 준비율 인상은 통화량을 감소시킨다.

441

A국은 국민이 저축을 늘려 민간 소비가 위축되고 총수요가 부족한 상황이다. 을. 저축을 늘리는 추세로 경기 침체의 악순환을 겪고 있으므로 가계의 소비 지출을 늘리기 위한 정책이 필요함을 알 수 있다. 정. 세율 인하는 가계의 처분 가능 소득을 증가시켜 소비를 늘리는 효과가 있다.

바로잡기 갑. 국·공채 매각은 긴축 금융 정책이다. 병. 경기 침체 상황에서는 물가 상승보다 실업률을 낮추는 데 초점을 두어야 한다.

442

① 기준 금리 인하, 지급 준비율 인하, 여신 확대는 모두 경기 침체 상황에서 경기를 부양하기 위한 정책이다. 따라서 교사가 제시한 경제 상황은 경기 불황 국면이다. 국·공채 매각은 경기 호황 국면에서 통화량을 감소시켜 물가를 안정시키기 위한 정책이다.

443

④ 재정 적자 규모의 축소는 긴축 재정 정책에 해당한다. 긴축 재정 정책은 경기 과열 시 물가 안정을 위해 실시한다.

444

을, 병. 기준 금리 인하는 경기 부양을 위한 확대 금융 정책이다. 확대 금융 정책은 기업의 투자를 활성화하고 실업률을 낮출 수 있지만, 물가 상승의 요인이 되기도 한다.

바로잡기 갑. 기준 금리 인하는 경기 회복에 도움이 된다. 정. 적자 재정은 경기 회복을 위한 확대 재정 정책이다.

445

ㄴ. 법인세율 인하와 정부 지출 확대는 재정 정책에 해당하고, 지급 준비율 인하는 통화 정책에 해당한다. ㄷ. 제시된 정책 모두 총수요를 증가시켜 경기를 활성화하기 위한 것이다.

바로잡기 ㄱ. 확장기에는 물가 안정을 위한 경제 안정화 정책이 시행된다. ㄹ. 정부와 중앙은행은 모두 경기 부양을 위한 정책을 제시하고 있다.

446

ㄱ. 재정 정책의 주체는 정부이고, 통화 정책의 주체는 중앙은행이다. ㄴ. ㉢은 적자 재정으로, 이는 경기 부양을 위한 정책이다.

바로잡기 ㄷ. ㉣에는 지급 준비율 인하, 국·공채 매입과 같은 확대 통화 정책이 들어갈 수 있고, ㉤에는 지급 준비율 인상, 국·공채 매각 등의 긴축 통화 정책이 들어갈 수 있다. ㄹ. A와 C는 '총수요 증가', B와 D는 '총수요 감소'에 해당한다.

447
양적 완화란 중앙은행의 정책으로 금리 인하를 통한 경기 부양 효과가 한계에 이르렀을 때 중앙은행이 국채 매입 등을 통해 시중에 통화량을 늘리는 정책을 말한다. ② 일반적으로 통화량이 증가하면 그 통화의 가치는 하락한다. 통화 가치가 하락하면 상대적으로 다른 나라 통화의 구매력이 높아져 통화량이 증가한 국가의 제품 수출이 증가하는 효과가 있다.

448
경기 침체 시에는 확대 재정 정책을 통해 경기를 부양하고, 경기 과열 시에는 긴축 재정 정책을 통해 과열된 경기를 진정시킨다.

450
중앙은행은 통화량이나 이자율을 조절하는 주체이다.

451

채점 기준	수준
세 가지 정책의 방향 모두 옳게 제시한 경우	상
세 가지 정책의 방향 중 두 개만 옳게 제시한 경우	중
세 가지 정책의 방향 중 하나만 옳게 제시한 경우	하

적중1등급 문제

| 452 ② | 453 ④ | 454 ① | 455 ⑤ | 456 ④ |
| 457 ⑤ | 458 ④ | 459 ⑤ | | |

452 경제 안정화 정책 파악하기

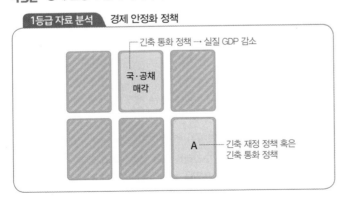

1등급 자료 분석 경제 안정화 정책

국·공채 매각은 통화량을 감소시켜 실질 GDP를 감소시키는 요인이다. ㄱ, ㄷ. 기준 금리 인상과 지급 준비율 인상은 긴축 통화 정책으로, 실질 GDP를 감소시킨다.

바로잡기 ㄴ, ㄹ. 적자 재정 정책과 사회 간접 자본 투자 증대는 확대 재정 정책이다.

453 경제 상황 분석하기

1등급 자료 분석 경제 안정화 정책

> 사회자 : A국 경제 상황에 대한 진단과 그 해결 방법을 말해 볼까요?
> 갑 : 고용 상황이 개선되고 있지 않습니다. 적극적인 경기 부양 정책이 필요합니다. ___경기 침체 국면으로 보고 있음___
> 을 : 글쎄요. 고용 수준이 그리 나쁜 상황은 아니라고 봅니다. 차라리 물가 안정에 더 힘쓰는 것이 낫습니다. ___경기 과열 국면으로 보고 있음___

④ 을은 물가 안정을 위해 통화량 감소를 주장할 것이다. 국·공채 매각은 통화량을 감소시킨다.

바로잡기 ① 갑은 A국 경기를 침체 국면으로 인식하고 있다. ② 경기 부양을 위해 확대(적자) 정책을 실시해야 한다. ③ 일반적으로 경기 부양 정책은 총수요를 증가시킨다. ⑤ 일반적으로 경기 조절은 총수요를 조절하는 방식으로 이루어진다.

454 통화 정책 파악하기

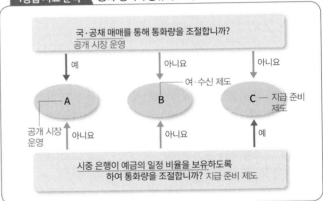

1등급 자료 분석 통화 정책의 종류와 효과

A는 공개 시장 운영, B는 여·수신 제도, C는 지급 준비 제도이다. ① 공개 시장 운영을 통해 통화량을 늘리려면 국·공채를 매입해야 한다.

바로잡기 ② B는 여·수신 제도이다. ③ C는 지급 준비 제도이다. ④ 지급 준비율을 낮추면 통화량이 증가한다. ⑤ 세 가지 정책 모두 통화 정책이므로 중앙은행이 정책의 주체이다.

455 경제 안정화 정책의 영향 이해하기

1등급 자료 분석 통화 정책과 재정 정책

> 갑 : 지금과 같은 경제 상황에서는 가계의 소비와 기업의 투자 유도를 위해 이자율 인하 정책이 필요합니다. ___확대 통화 정책 → 통화량 증대___
> 을 : 이자율을 인하하더라도 소비나 투자 증대로 이어지지 않을 수 있으므로 정부 지출을 통한 총수요 증대가 필요합니다. ___정부 지출 확대 → 확대 재정 정책___

⑤ 갑은 이자율 인하를 통해 소비와 투자 유도를, 을은 정부 지출 증대를 통한 총수요 증대를 주장하고 있다. 따라서 갑과 을의 주장은 모두 총수요 곡선의 우측 이동 요인이다.

바로잡기 ① 갑은 이자율 인하를 통한 통화량 확대를 주장하고 있다. ② 갑은 소비와 투자 유도를 주장하고 있으므로 현재의 경제 상황이 과열되었다고 보고 있지 않다. ③ 갑은 확대 통화 정책을, 을은 확대 재정 정책을 주장하고 있다. ④ 을은 정부 지출 확대를 지지할 것이다.

456 경제 안정화 정책의 영향 이해하기

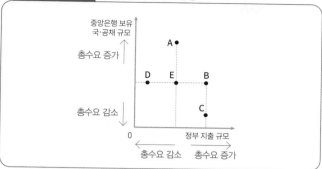

1등급 자료 분석 경제 안정화 정책의 영향

ㄴ. 정부 지출 증가는 총수요의 증가 요인으로 총수요 곡선이 우측으로 이동한다. ㄹ. 정부 지출 감소는 총수요의 감소 요인으로, 물가 수준이 하락하고 실질 GDP가 감소한다.

바로잡기 ㄱ. 국·공채 보유 규모가 증가할 경우 시중 통화량 증가로 총수요가 증가한다. ㄷ. 정부 지출이 증가하고, 국·공채 보유 규모가 감소하면 총수요 변동을 파악할 수 없다.

457 통화 정책 이해하기

1등급 자료 분석 공개 시장 운영, 여·수신 제도, 지급 준비 제도

정책 수단	방법	효과
A 공개 시장 운영	국·공채 ㉠ 매각	시중 자금 흡수 → 통화량 감소, 이자율 상승 → 물가 안정
여·수신 제도	여신 축소	㉡ 통화량 감소, 이자율 상승 → 물가 안정
지급 준비 제도	지급 준비율 ㉢ 인하	은행의 대출 자금 증가 → 통화량 증가, 이자율 하락 → 경기 부양

여·수신 제도는 중앙은행이 개별 금융 기관에 부족한 자금을 대출(여신)해 주거나 은행의 여유 자금을 예금(수신)으로 받아 통화량이나 이자율을 조절하는 정책이다. ㄷ. 대출을 줄이고(늘리고) 예금을 늘리면(줄이면) 통화량이 감소(증가)하고 이자율이 높(낮)아진다. ㄹ. 지급 준비율을 인하하면 통화량이 증가한다.

바로잡기 ㄱ. 제시된 정책은 모두 통화 정책에 해당한다. ㄴ. 국·공채를 매각하면 시중에 통화량이 감소하고 이자율이 상승한다.

458 경제 안정화 정책의 수단 이해하기

1등급 자료 분석 경제 안정화 정책 수단

중앙은행 총재는 기자 회견을 통해 ㉠ 경기 과열에 대응하기 위한 ㉡ 경제 안정화 정책의 일환으로 ㉢ 지급 준비율 조정 등의 조치를 취하겠다고 발표했습니다.
지급 준비율 인상 ── 긴축 통화 정책
└ 긴축 통화 정책 : 지급 준비율 인상, 국·공채 매각

④ 경기 과열 상황에서 경제 안정화를 위해 중앙은행은 긴축 통화 정책을 실시할 것이다. 지급 준비율 인상은 시중 통화량을 감소시켜 경기를 진정시킬 수 있다.

바로잡기 ① 일반적으로 경기 과열 시 실업률은 하락한다. ② 경기 과열 시 세율 인상이 요구된다. ③ 경기 과열 시 정부 지출 축소가 요구된다. ⑤ 경기 과열 시 긴축 재정 정책을 통해 경기를 진정시킨다.

459 경제 안정화 정책의 수단 이해하기

1등급 자료 분석 경제 안정화 정책의 영향

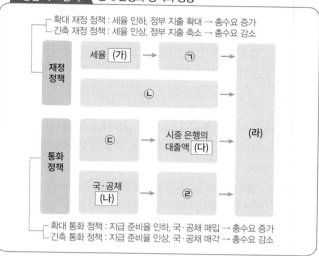

ㄷ. 지급 준비율을 인하하면 시중 은행의 대출 여력 확대로 대출액이 증가한다. ㄹ. 정부 지출 확대는 총수요의 증가 요인이고, 정부 지출 축소는 총수요의 감소 요인이다.

바로잡기 ㄱ. 세율 인상은 처분 가능 소득을 감소시켜 소비 감소로 이어지므로 이는 총수요 감소 요인이다. ㄴ. 국·공채 매입은 시중의 통화량을 증가시키므로 총수요 증가 요인이다.

단원 마무리 문제
92~95쪽

08 경제 성장과 한국 경제

460 ③ **461** ④ **462** ② **463** (가) : 20, (나) : 30
464 예시 답안 2020년의 실질 GDP는 100억 달러이고, 2021년의 실질 GDP는 110억 달러이다. 따라서 2021년의 경제 성장률은 10%이다.

09 경제 순환과 국민 경제

465 ④ **466** ⑤ **467** ④ **468** 총수요
469 예시 답안 기업의 생산성이 향상되면 총공급이 우측으로 이동하고, 국민의 소비가 증가하면 총수요가 우측으로 이동하여 균형점은 Ⅱ로 이동한다.

10 실업과 인플레이션

470 ⑤ **471** ③ **472** ② **473** 비용 인상 인플레이션
474 예시 답안 갑과 을 모두 A국의 물가가 상승하고 있다고 보고 있다. 그러나 갑은 물가 상승이 총공급의 감소로 발생했다고 보는 반면, 을은 물가 상승이 총수요의 증가로 발생했다고 보고 있다.

11 경제 안정화 정책

475 ④ **476** ⑤ **477** ③ **478** 수요 견인 인플레이션
479 예시 답안 (가)에는 소득세율 인상, (나)에는 지급 준비율 인상이 들어갈 수 있다. 이러한 정책이 시행되면 총수요가 감소하여 물가를 안정시킬 수 있다.

460

ㄴ. 갑국의 경제 성장률이 양(+)의 값이므로 경제 규모가 가장 큰 연도는 2021년이다. ㄷ. 을국의 경우 2019년에 경제 성장률이 음(−)의 값이므로 2019년의 경제 규모가 가장 작다.

바로잡기 ㄱ. 갑국의 경우 경제 성장률이 양(+)의 값이므로 갑국의 경제 규모는 지속적으로 증가하였다. ㄹ. 갑국과 을국의 실질 GDP는 알 수 없다.

461

④ 전년 대비 2020년에 실질 GDP는 감소하였고, 전년 대비 2021년에 실질 GDP는 증가하였다. 따라서 경제 성장률은 2020년보다 2021년이 높다.

바로잡기 ① 경제 규모는 감소하였다가 증가하였다. ② 2019년의 GDP 디플레이터는 100보다 크다. 따라서 2019년의 물가 상승률은 양(+)의 값이다. ③ 물가 수준은 2021년보다 2020년이 높다. ⑤ 2020년의 경우 전년 대비 실질 GDP가 감소하였으므로 경제 성장률은 음(−)의 값이다.

462

② 실질 GDP는 2019년보다 2020년이 크고, GDP 디플레이터는 2019년과 2020년이 같으므로 명목 GDP는 2019년보다 2020년이 크다.

바로잡기 ① 물가 수준은 2021년이 가장 낮다. ③ 2020년에는 실질 GDP보다 명목 GDP가 크다. ④ 2020년 물가 상승률은 0%, 2021년 물가 상승률은 음(−)의 값이다. ⑤ 경제 성장률은 2020년 10%, 2021년 0%이다.

463

지출 국민 소득의 합은 분배 국민 소득의 합과 일치한다. 2020년의 지출 국민 소득은 100억 달러, 2021년의 분배 국민 소득은 110억 달러이므로 (가)는 20, (나)는 30이다.

464

채점 기준	수준
2020년과 2021년의 실질 GDP와 2021년의 경제 성장률을 모두 정확히 서술한 경우	상
위 세 가지 평가 요소 중 두 가지를 정확하게 서술한 경우	중
위 세 가지 평가 요소 중 한 가지만 정확하게 서술한 경우	하

465

ㄴ. 최종 생산물은 소비자에게 판매된 재화이므로, 갑국에서 최종 생산물은 쌀과 떡볶이가 해당한다. ㄹ. 을은 쌀을 1,000만 원에 구입하여 떡을 1,500만 원에 판매하였으므로 을이 창출한 부가가치는 500만 원이다. 병은 떡을 1,500만 원에 구입하여 2,000만 원에 판매하였으므로 병이 창출한 부가가치는 500만 원이다.

바로잡기 ㄱ. GDP는 최종 생산물의 시장 가치의 합이다. 갑국의 GDP는 쌀 1,000만 원+떡볶이 2,000만 원=3,000만 원이다. ㄷ. 갑이 창출한 부가가치는 2,000만 원이다.

466

⑤ 갑국 내에서 생산된 후 수출되어 해외에서 소비된 재화는 갑국 GDP에 포함된다.

바로잡기 ① A는 가계로, 소비의 주체이다. ② B는 정부이다. 생산 요소 시장에서의 공급자는 가계이다. ③ C는 기업으로 이윤의 극대화를 추구한다. ④ D는 해외로, 해외에서 생산되어 갑국 국내에서 소비된 재화는 갑국 GDP에 포함되지 않는다.

467

④ 수출 증가는 총수요의 증가 요인이고, 수입 원자재 가격의 급등은 총공급의 감소 요인이다. 총수요가 증가하면 총수요 곡선은 우측으로 이동하고, 총공급이 감소하면 총공급 곡선이 좌측으로 이동한다.

468

기업의 투자는 총수요의 구성 요소로, 기업의 투자가 감소할 경우 총수요가 감소한다.

469

채점 기준	수준
총수요의 이동, 총공급의 이동, 이동 영역 세 가지를 모두 정확히 서술한 경우	상
위 세 가지 평가 요소 중 두 가지를 서술한 경우	중
위 세 가지 평가 요소 중 한 가지만 서술한 경우	하

470

⑤ 갑은 취업자 수 변동이 없는 상황에서 실업률이 상승할 것으로 보고 있다. 이는 실업자 수와 경제 활동 인구가 증가하는 경우이다. 을은 취업자 수가 증가하는 상황에서 실업률이 일정할 것으로 보고 있다. 이는 실업자 수와 경제 활동 인구가 증가하는 경우이다. 즉, 갑과 을 모두 비경제 활동 인구가 감소할 것으로 보고 있다.

바로잡기 ① 갑은 취업자 수에 변동이 없을 것으로 보고 있다. ② 갑과 을 모두 경제 활동 인구가 증가할 것으로 보고 있다. ③ 갑은 실업률이 상승할 것으로 보고 있으므로 실업자 수 증가를 예상하고 있다. 을은 취업자 수가 증가하는 상황에서 실업률이 일정할 것으로 보고 있다. 취업자 수가 증가하는 상황에서 실업자 수가 증가하는 경우 실업률이 일정할 수 있다. ④ 갑과 을 모두 경제 활동 참가율이 상승할 것으로 보고 있다.

471

A는 수요 견인 인플레이션, B는 비용 인상 인플레이션이다. ㄴ, ㄷ. 비용 인상 인플레이션은 국제 원자재 가격 상승 등에 따른 총공급 감소로 인해 발생하고, 수요 견인 인플레이션은 총수요의 증가로 인해 발생한다.

바로잡기 ㄱ. 민간 투자가 증가할 때 수요 견인 인플레이션이 발생한다. ㄹ. 비용 인상 인플레이션은 실질 GDP가 감소하는 현상이 나타난다.

472

ㄱ. 15세 이상 인구에 변화가 없는 상황에서 고용률이 상승하려면 취업자 수가 증가해야 한다. ㄷ. 실업률이 상승하면서 경제 활동 참가율이 하락하려면 취업자 수가 감소해야 한다.

바로잡기 ㄴ. 경제 활동 인구의 증가, 감소 여부와 관련 없이 15세 이상 인구가 일정하다면 고용률은 취업자 수에 비례한다. ㄹ. 실업자 수가 증가할 경우 실업률과 경제 활동 참가율 모두 상승한다.

473

국제 유가 상승은 총공급의 감소 요인으로, 총공급이 감소하면 비용 인상 인플레이션이 발생한다.

474

채점 기준	수준
갑과 을 진단의 공통점을 서술하고, 총수요와 총공급의 개념을 사용하여 갑과 을 진단의 차이점을 정확히 서술한 경우	상
공통점과 차이점 중 한 가지만 서술한 경우	중
현 상황에 대해서만 서술한 경우	하

475

세율 인하는 총수요의 증가 요인이다. 지급 준비율을 인상하고 국·공채를 매각하면 통화량이 감소하여 이는 총수요의 감소 요인이 된다.

476

⑤ 수출 증가 및 기업의 투자 증가는 총수요 증가 요인이다. 이러한 추세가 지속될 경우 경기 호황에 따른 물가 상승이 우려되며, 정부는 경기 안정을 위해 긴축 재정 정책을 실시할 것이다.

바로잡기 ① 국내 물가는 상승할 것이다. ② 실질 국내 총생산은 증가할 것이다. ③ 총수요가 증가한다. ④ 제시된 상황은 총공급에 영향을 미치지 않는다.

477

갑은 소득세율 인상을 주장하고 있으므로 A국의 경기가 호황이라고 보고 있으며, 을은 지급 준비율 인하를 주장하고 있으므로 A국의 경기가 불황이라고 보고 있다. ㄴ, ㄷ. 소득세율을 인상할 경우 민간 소비가 감소하고, 지급 준비율을 인하할 경우 통화량이 증가한다.

바로잡기 ㄹ. 소득세율 인상은 총수요 감소 요인, 지급 준비율 인상은 총수요 증가 요인이다.

478

가계 소비 및 기업의 투자가 증가하면 총수요가 증가하여 수요 견인 인플레이션이 발생할 수 있다.

479

채점 기준	수준
(가)와 (나)에 들어갈 방안을 한 가지씩 서술하고, 그에 따른 영향을 정확하게 서술한 경우	상
(가)와 (나)에 들어갈 방안 중 한 가지와 그에 따른 영향을 서술한 경우	중
(가)와 (나)에 들어갈 방안을 한 가지만 서술한 경우	하

Ⅳ 세계 시장과 교역

12 국제 무역과 무역 정책

분석 기출 문제

97~99쪽

[핵심 개념 문제]

480 절대 우위론   **481** 기회비용   **482** 세계 무역 기구(WTO)

483 ×   **484** ○   **485** ㉡   **486** ㉠   **487** ㉠   **488** ㉡   **489** ㄱ

490 ㄴ

---

491 ⑤   **492** ⑤   **493** ②   **494** ①   **495** ⑤   **496** ③   **497** ①

498 ③

1등급을 향한 서답형 문제

499 (가) : Y재 5/7개, (나) : X재 2개, (다) : X재 7/5개

500 예시답안 X재 1개 생산의 기회비용은 갑국이 을국보다 작으며, Y재 1개 생산의 기회비용은 을국이 갑국보다 작다. 따라서 갑국은 X재 생산에, 을국은 Y재 생산에 비교 우위가 있다.

501 예시답안 관세 부과 시 X재 수요량은 Q4에서 Q3로 감소하고, X재 국내 공급량은 Q1에서 Q2로 증가한다. 즉, 가격 상승으로 국내 소비자의 소비량이 감소하여 소비자 잉여는 감소하고, 국내 기업은 생산량이 증가하여 생산자 잉여는 증가한다.

491

갑국과 을국의 X재와 Y재 1개 생산의 기회비용은 다음과 같다.

구분	갑국	을국
X재 1개 생산의 기회비용	Y재 1/2개	Y재 1개
Y재 1개 생산의 기회비용	X재 2개	X재 1개

ㄷ, ㄹ. X재 1개 생산의 기회비용은 갑국이 을국보다 작다. 따라서 갑국은 X재에, 을국은 Y재에 특화하여 교역하면 양국은 모두 이익을 얻을 수 있다.

바로잡기 ㄱ. 을국은 X재와 Y재 생산 모두에 절대 우위를 가진다. ㄴ. 갑국은 X재 생산에, 을국은 Y재 생산에 비교 우위가 있다.

492

ㄷ. X재 1개 생산의 기회비용은 갑국의 경우 Y재 1/2개이고, 을국의 경우 Y재 1/4개이다. ㄹ. 갑국은 Y재 생산에, 을국은 X재 생산에 비교 우위를 가지며, 각각의 재화에 특화하여 교역할 것이다.

바로잡기 ㄱ. 을국은 X재와 Y재 생산 모두에 절대 우위를 가진다. ㄴ. 을국은 X재 생산에 비교 우위를 가진다.

493

ㄱ, ㄷ. A재 1개 생산의 기회비용은 갑국의 경우 B재 1/2개이고, 을국의 경우 B재 1개이다. A재 1개 생산의 기회비용은 갑국이 을국보다 작으므로 갑국은 A재 생산에 비교 우위가 있다. B재 1개 생산의 기회비용은 갑국의 경우 A재 2개이고, 을국의 경우 A재 1개이다. B재 1개 생산의 기회비용은 을국이 갑국보다 작으므로 을국은 B재 생산에 비교 우위가 있다.

ㄴ. 갑국은 A재 생산에 절대 우위가 있다. ㄹ. 을국의 B재 1개 생산의 기회비용은 A재 1개이다.

절대 우위와 비교 우위

- 절대 우위 : 한 나라가 동일한 생산 요소를 투입하여 다른 나라보다 더 많은 양의 상품을 생산할 수 있거나, 더 적은 생산 요소를 투입하여 동일한 양의 상품을 생산할 수 있는 능력
- 비교 우위 : 한 나라가 다른 나라보다 더 적은 기회비용, 즉 상대적으로 낮은 생산 비용으로 상품을 생산할 수 있는 능력

494

갑국과 을국의 X재와 Y재 1개 생산의 기회비용은 다음과 같다.

구분	갑국	을국
X재 1개 생산의 기회비용	Y재 2/3개	Y재 4/3개
Y재 1개 생산의 기회비용	X재 3/2개	X재 3/4개

ㄱ. 갑국은 을국보다 X재 생산 비용이 낮으므로 X재 생산에 절대 우위가 있다. ㄴ. 갑국은 X재 생산에, 을국은 Y재 생산에 비교 우위가 있다.

495

ㄷ, ㄹ. 관세 부과에 따라 X재 수요량은 Q_4에서 Q_3로 감소하고, 국내 X재 생산량은 Q_1에서 Q_2로 증가한다. 이에 따라 X재 수입량은 Q_1Q_4에서 Q_2Q_3로 감소한다. 소비자 잉여는 A+B+C+D만큼 감소하고, 생산자 잉여는 A만큼 증가한다.

ㄱ. X재 수요량은 Q_4에서 Q_3로 감소한다. ㄴ. X재 수입량은 Q_1Q_4에서 Q_2Q_3로 감소한다.

496

ㄴ, ㄷ. 관세 부과로 X재의 시장 가격이 P_2로 상승하면 X재의 수요량은 Q_3로 Q_3Q_4만큼 감소하고, X재의 국내 생산량은 Q_2로 Q_1Q_2만큼 증가한다. 이로 인해 X재의 수입량은 관세 부과 전 Q_1Q_4에서 관세 부과 후 Q_2Q_3로 감소한다.

ㄱ. 관세는 수입되는 양에 부과되므로 X재의 수입량은 Q_2Q_3이다. ㄹ. 시장 거래량은 Q_4에서 Q_3로 Q_3Q_4만큼 감소한다.

497

ㄱ, ㄴ. 관세는 1달러 부과되었으며, 관세 부과 이후 X재 수입량은 1만 개이다. 따라서 갑국의 조세 수입은 1만 달러(1만 개×1달러)이다.

ㄷ. X재 수입량은 관세 부과 이후 3만 개에서 1만 개로 변화하였으므로 2만 개만큼 감소하였다. ㄹ. X재의 국내 생산량은 5만 개에서 6만 개로 1만 개만큼 증가하였다.

498

ㄴ. (가)의 정책으로 A재의 수입 가격이 상승하여 수입량이 감소하고, 소비자 잉여는 감소할 것이다. ㄷ. (나)의 정책으로 B재의 수입 가격이 하락하여 B재의 수입 물량은 증가할 것이다.

ㄱ. 관세가 10% 인상되면 A재의 수입 가격이 올라 A재의 국내 시장 가격이 인상될 것이다. ㄹ. (나)는 B재 공급 감소에 따른 가격 상승을 우려한 정책으로 국내 소비자 보호를 위한 정책에 해당한다.

499

을국은 X재 1개를 생산하기 위해 Y재 5/7개의 생산을 포기해야 한다. 갑국은 Y재 1개를 생산하기 위해 X재 2개의 생산을 포기해야 하고, 을국은 Y재 1개를 생산하기 위해 X재 7/5개의 생산을 포기해야 한다.

500

채점 기준	수준
갑국과 을국이 비교 우위에 있는 재화와 그 이유를 기회비용을 활용하여 논리적으로 서술한 경우	상
갑국과 을국 중 하나만 서술한 경우	중
한 국가의 비교 우위에 있는 재화만을 서술한 경우	하

501

채점 기준	수준
관세 부과에 따른 수요량, 공급량의 변화를 쓰고, 이에 따른 소비자 잉여와 생산자 잉여의 변화를 서술한 경우	상
위 두 가지 기준 중 한 가지만 서술한 경우	중
단순히 국내 소비자는 불리해지고 국내 생산자는 유리해진다는 점만 서술한 경우	하

502 ①	503 ⑤	504 ②	505 ②	506 ⑤
507 ②	508 ③	509 ④		

502 관세 부과의 영향 분석하기

관세 부과의 영향

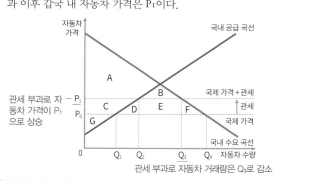

갑국은 관세 부과 전 P_0 가격에서 자동차를 수입해 왔으며, 관세 부과 이후 갑국 내 자동차 가격은 P_1이다.

① 관세 부과로 자동차 가격이 상승함에 따라 자동차 거래량은 Q_4에서 Q_3로 감소하고, 국내 자동차 생산량은 Q_1에서 Q_2로 증가한다. 따라서 자동차 수입량은 Q_1Q_4에서 Q_2Q_3로 감소한다.

② 관세 부과 이후 생산자 잉여는 C만큼 증가한다. ③ 관세 부과 이후 정부의 관세 수입은 E만큼 증가한다. ④ 관세 부과 이후 소비자 잉여는 A+B+C+D+E+F에서 A+B로 변했으므로 C+D+E+F만큼 감소한다. ⑤ 자동차 거래량은 Q₄에서 Q₃로 감소한다.

503 기회비용과 비교 우위 분석하기

1등급 자료 분석 기회비용

구분	갑국	을국
X재	2시간	3시간
Y재	4시간	9시간

갑국과 을국의 X재와 Y재 1단위 생산의 기회비용을 나타내면 다음과 같다.

구분	갑국 → Y재 생산에 비교 우위		을국 → X재 생산에 비교 우위
X재 1단위 생산의 기회비용	Y재 1/2단위	>	Y재 1/3단위
Y재 1단위 생산의 기회비용	X재 2단위	<	X재 3단위

ㄷ, ㄹ. 갑국은 Y재 1단위를 X재 2단위보다 더 많이 받고 교환하면 이득이고, 을국은 X재 1단위를 Y재 1/3단위보다 더 많이 받고 교환하면 이득이다. 따라서 X재 1단위당 Y재 2/5단위를 교환하면 갑국과 을국 모두 이득을 얻는다.

ㄱ. 갑국은 X재와 Y재 생산 모두에 절대 우위를 가진다. ㄴ. 을국의 X재 1단위 생산의 기회비용은 Y재 1/3단위이다.

504 비교 우위와 교역 조건 이해하기

1등급 자료 분석 비교 우위와 교역 조건

표는 X재와 Y재만을 생산하는 갑국과 을국의 각 재화 1개 생산에 필요한 노동자 수를 나타낸다. 생산에 투입 가능한 노동자 수는 갑국이 1,000명, 을국이 1,200명이며, 양국 간 노동 이동은 발생하지 않는다. 교역 전 양국은 X재와 Y재를 모두 생산하고, 교역 시 <u>양국은 비교 우위가 있는 재화의 생산에만 특화</u>하여 Y재 1개당 X재 <u>갑국은 X재, 을국은 Y재 생산에 특화</u>
[(가)]의 비율로 교환한다. 양국은 노동만을 생산 요소로 사용하여 생산 가능 곡선상에서 생산하며, 교역은 거래 비용 없이 양국 간에만 이루어지고, 모든 재화는 전량 소비된다.

구분	갑국	을국
X재(최대 생산량)	20명(50개)	30명(40개)
Y재(최대 생산량)	50명(20개)	40명(30개)

갑국과 을국의 X재와 Y재 1개 생산의 기회비용을 나타내면 다음과 같다.

구분	갑국		을국
X재 1개 생산의 기회비용	Y재 2/5개	<	Y재 3/4개
Y재 1개 생산의 기회비용	X재 5/2개	>	X재 4/3개

갑국은 X재 생산에, 을국은 Y재 생산에 비교 우위를 가진다. ㄱ. 갑국의 X재 1개 생산의 기회비용은 Y재 2/5개이다. ㄷ. Y재 1개당 X재가 0.8개 교환된다면 갑국은 교역에 응할 것이고, 을국은 교역에 응하지 않을 것이다.

ㄴ. 을국은 X재 20개와 Y재 15개를 동시에 생산할 수 있다. ㄹ. (가)가 '2개'이고, 교역 시 갑국의 X재 소비량이 30개라면 Y재 소비량은 10개이다.

505 관세 부과의 영향 파악하기

1등급 자료 분석 관세 부과

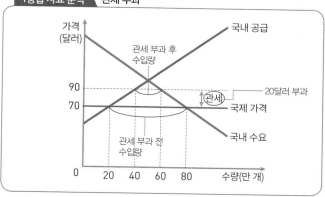

② 관세 부과로 갑국에서 X재 거래량은 80만 개에서 60만 개로 20만 개만큼 감소한다.

① X재 시장 가격이 70달러에서 90달러로 인상되었으므로 20달러의 관세를 부과하였다. ③ X재 수입량이 20만 개이고, 관세는 20달러이므로 조세 수입은 400만 달러이다. ④ 갑국 X재 생산자의 공급량은 40만 개이다. ⑤ 생산자 잉여 증가분보다 소비자 잉여 감소분이 크다.

506 비교 우위와 교역 조건 이해하기

1등급 자료 분석 비교 우위와 교역 조건

구분	Y재만 생산할 경우 80개까지 생산 가능		X재만 생산할 경우 20개까지 생산 가능	
	갑국		을국	
	X재	Y재	X재	Y재
1개 생산에 필요한 노동 시간(시간)	5	1	4	8
교역 전 생산량(개)	5	55	14	3
교역 후 소비량(개)	5	65	15	15

교역 조건 X재 : Y재 = 1 : 3
갑국과 을국의 총노동 시간은 각각 80시간임

갑국과 을국의 X재와 Y재 1개 생산의 기회비용을 나타내면 다음과 같다.

구분	갑국		을국
X재 1개 생산의 기회비용	Y재 5개	>	Y재 1/2개
Y재 1개 생산의 기회비용	X재 1/5개	<	X재 2개

ㄷ. 갑국과 을국의 총노동 시간은 각각 80시간이므로 X재 최대 생산 가능량은 갑국의 경우 16개, 을국의 경우 20개이다. ㄹ. 갑국과 을국은 X재 5개와 Y재 15개를 교환하였으므로 X재와 Y재의 교환 비율은 1 : 3이다. 따라서 교역 후 을국의 X재 1개 소비의 기회비용은 Y재 3개이다.

ㄱ. 갑국은 Y재 생산에 절대 우위를 가진다. ㄴ. 을국은 X재 생산에 비교 우위를 가진다.

507 관세 부과의 영향 파악하기

1등급 자료 분석 관세 부과의 영향

그림은 무역에 따른 갑국의 X재 시장 상황을 나타낸다. 갑국 정부는 자국의 X재 산업 보호를 위해 X재 수입에 관세를 부과하기로 하였다. 관세 부과 후 가격 P_t는 P_0와 P_1 사이에서 결정된다.

P_1가 P_1에 가까울수록 관세 부과의 영향이 적고, P_0에 가까울수록 관세 부과의 영향이 큼

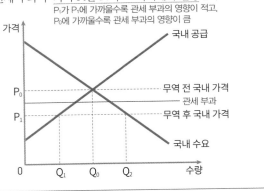

ㄱ. 무역 후 X재 가격은 P_0에서 P_1으로 하락하고, 거래량은 Q_0에서 Q_2로 증가한다. ㄷ. 무역 후 X재의 국내 생산량은 Q_0에서 Q_1으로 감소하고, X재의 수입량은 Q_1Q_2이다. 관세 부과 후의 가격인 P_t가 P_1에 가까울수록 관세 부과의 영향이 적으며, X재 수입량의 감소 규모가 작아진다.

바로잡기 ㄴ. 국내 생산량은 무역 전 Q_0이고, 무역 후 Q_1으로 감소한다. ㄹ. P_1가 P_0에 가까울수록 X재의 거래량은 크게 감소한다.

508 자유 무역과 보호 무역 이해하기

1등급 자료 분석 자유 무역의 효과

표는 시장 개방 전 갑국 X재 시장의 상황을 나타낸다. 최근 갑국 정부가 X재 시장을 개방하자, 갑국 X재 시장에는 X재가 국제 시장으로부터 개당 3만 원에 공급되었다. 단, 갑국 X재 시장의 국내 수요와 공급 곡선은 직선이고, 모든 시기 변함이 없으며, X재는 국제 가격 수준에서 무제한으로 공급 가능하다.

X재는 3만 원의 가격에서 1,100개가 거래(국내 생산자의 공급량 800개+수입량 300개)

가격(만 원)	2	3	4	5	6
수요량(개)	1,200	1,100	1,000	900	800
공급량(개)	700	800	900	1,000	1,100

ㄴ. 개방 이후 X재는 3만 원의 가격에서 1,100개가 거래되므로 국내 생산자의 공급량인 800개를 제외한 300개가 수입된다. ㄷ. 개방 이후 X재의 가격이 하락하고 거래량은 증가하므로 국내 소비자 잉여는 증가한다.

바로잡기 ㄱ. 개방 이전 X재의 균형 가격은 45,000원이고, 균형 거래량은 950개이다. ㄹ. 개방 이전 X재의 균형 가격은 45,000원이고, 균형 거래량은 950개이므로, 국내 생산자의 판매 수입은 4,275만 원이다. 개방 이후 X재는 3만 원의 가격에서 1,100개가 거래되는데 이때 수입량은 300개이므로 국내 생산자의 X재 공급량은 800개이다. 즉, 개방 이후 국내 생산자의 판매 수입은 2,400만 원이다. 따라서 개방 이후 국내 생산자의 X재 판매 수입 감소액은 1,875만 원이다.

509 자유 무역과 보호 무역 이해하기

1등급 자료 분석 자유 무역의 결과

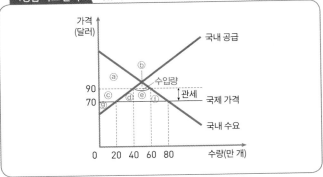

ㄴ. 관세 부과 후 X재의 가격은 90달러, X재의 국내 거래량은 40만 개이므로, 국내 생산자의 판매 수입은 3,600만 달러이다. ㄹ. 관세 부과 후 국내 소비자 잉여는 ⓐ+ⓑ, 국내 생산자 잉여는 ⓒ+ⓖ이다. 관세 폐지 후 국내 소비자 잉여는 ⓐ+ⓑ+ⓒ+ⓓ+ⓔ+ⓕ, 국내 생산자 잉여는 ⓖ이다. 따라서 관세를 폐지하면 국내 소비자 잉여 증가분(ⓒ+ⓓ+ⓔ+ⓕ)은 국내 생산자 잉여 감소분(ⓒ)보다 클 것이다.

바로잡기 ㄱ. 관세 수입은 400만 달러이다. ㄷ. 관세를 폐지하면 수입량은 40만 개만큼 증가할 것이다.

분석 기출 문제

103~106쪽

[핵심 개념 문제]

510 환율 **511** 변동 환율 제도 **512** ◯ **513** × **514** ⓛ **515** ⑦
516 ⑦ **517** ⓛ **518** ⑦ **519** ㄱ **520** ㄴ

---

521 ② **522** ⑤ **523** ④ **524** ① **525** ③ **526** ④ **527** ③
528 ① **529** ① **530** ① **531** ① **532** ②

1등급을 향한 서답형 문제

533 ⑦ : 상승, ⓛ : 하락 **534** 예시답안 원/달러 환율이 상승하면 수출업자, 외국 관광객을 대상으로 경제 활동을 하는 사람 등은 유리해지지만, 수입업자, 해외 유학생, 해외여행자 등은 불리해진다. **535** 원/달러 환율이 하락하였다. **536** 예시답안 ⓛ으로 외환 수요가 증가하고, ⓒ으로 외환 공급이 감소하여 원/달러 환율은 상승한다.

521

외환 시장에서 달러화 공급이 감소하면 E₀ → E₁으로 이동하고, 달러화 공급이 증가하면 E₀ → E₂로 이동한다. ㄱ, ㄹ. 미국인의 우리나라 관광 증가는 달러화의 공급 증가 요인이고, 우리나라 기업의 미국으로의 수출 감소는 달러화의 공급 감소 요인이다.

바로잡기 ㄴ. 외국 기업의 우리나라 투자 감소는 달러화의 공급 감소 요인이다. ㄷ. 외국인의 우리나라 채권 구입 증가는 달러화의 공급 증가 요인이다.

522

ㄷ. 미국 기업이 우리나라 주식 시장에서 투자를 늘리면 달러화 공급이 증가하여 환율이 하락하고 달러화의 거래량이 증가한다. ㄹ. 수입 제품에 대한 우리나라 국민의 수요가 감소하면 달러화 수요가 감소하여 환율이 하락하고 달러화의 거래량이 감소한다.

바로잡기 ㄱ. 우리나라 기업의 미국으로의 수출이 증가하면 달러화 공급이 증가하여 환율이 하락한다. ㄴ. 우리나라 국민의 미국 여행이 감소하면 달러화 수요가 감소하여 환율이 하락한다.

523

④ 원/달러 환율이 상승하면 동일한 달러화로 환전할 수 있는 원화의 양이 증가한다. 따라서 우리나라를 여행하는 미국인의 여행 경비 부담은 감소한다.

바로잡기 ①, ② 수입품의 원화 표시 가격이 상승하여 수입품 가격이 오른다. ③ 자녀를 미국으로 유학 보낸 부모의 경비 부담이 증가한다. ⑤ 환율이 상승하면 우리나라 기업이 생산한 수출품의 달러화 표시 가격이 하락하여 수출품의 가격 경쟁력이 상승한다.

524

균형점이 a에서 b로 이동하기 위해서는 외환 공급이 증가해야 하며, b에서 a로 이동하기 위해서는 외환 공급이 감소해야 한다. ㄱ, ㄴ. 외환 공급이 증가하는 상황으로, 균형점은 a에서 b로 이동한다.

바로잡기 ㄷ. 우리나라 국민의 미국 제품 사용이 증가하면 수입 증가로 외환의 수요가 증가한다. ㄹ. 미국 기업의 우리나라 주식 시장에의 투자가 증가하면 외환의 공급이 증가한다.

525

③ 미국 기업의 우리나라 투자 증가는 외환의 공급 증가 요인이고, 미국으로 여행을 가는 우리나라 국민의 수 감소는 외환의 수요 감소 요인이다. 외환 시장에서 외환의 공급이 증가하고 외환의 수요가 감소하면 균형점은 (다) 영역으로 이동할 수 있다.

526

A국은 고정 환율 제도, B국은 변동 환율 제도를 채택하고 있다. ④ 고정 환율 제도는 환율 변동의 불확실성은 낮으나 인위적 환율 조정에 따른 무역 분쟁의 발생 가능성이 높다. 변동 환율 제도는 수출입의 불균형이 환율을 통해 자동으로 조절되지만, 환율 변동에 따른 환위험의 가능성이 크다.

바로잡기 ③ B국은 A국보다 환 위험의 가능성이 높다. ⑤ B국에서는 A국에서와 달리 수출입의 불균형이 환율 변동을 통해 자동적으로 조절된다.

527

③ 국내 물가 상승으로 수출품의 가격이 상승하여 수출이 감소하면, 외환 시장에서 외환 공급이 감소한다. 반면, 수입품의 가격이 상대적으로 낮아지면 수입이 증가하여 외환 시장에서 외환 수요가 증가한다. 즉, 국내 물가 상승으로 외환 시장에서 공급 감소, 수요 증가가 나타난다.

528

ㄱ, ㄴ. 갑국 국민의 미국 여행이 증가하면 외환의 수요가 증가하고, 갑국 기업의 미국으로의 수출이 감소하면 외환의 공급이 감소한다.

바로잡기 ㄷ. 미국 기업의 갑국으로의 투자가 증가하면 외환의 공급이 증가한다. ㄹ. 미국산 제품에 대한 갑국 국민의 선호가 감소하면 외환의 수요가 감소한다.

529

ㄱ, ㄴ. 원/달러 환율은 상승하고, 원/100엔 환율은 하락하고 있다. 따라서 보유한 엔화의 원화 환전은 서두르는 것이 유리하고, 원화 표시 일본 수입품의 가격은 하락할 것이다.

바로잡기 ㄷ. 원/달러 환율이 상승하므로 달러화 표시 외채의 상환은 서두르는 것이 유리하다. ㄹ. 우리나라 사람이 출장에서 쓸 달러화의 환전은 서두르는 것이 유리하다.

530

그림은 원/달러 환율 상승을 나타낸다. ㄱ, ㄴ. 원/달러 환율이 상승하면 미국으로 수출하는 한국 기업의 경우 외화 표시 가격이 하락하여 유리해지며, 한국을 여행하고자 하는 미국인은 여행 경비 부담이 감소하여 유리해진다.

바로잡기 ㄷ. 원/달러 환율 상승으로 자녀 유학 경비의 원화 표시 가격이 상승한다. ㄹ. 원/달러 환율 상승으로 수입품의 원화 표시 가격이 상승한다.

531

(가)는 원/달러 환율 상승, (나)는 원/달러 환율 하락을 나타낸다. ㄱ, ㄴ. 환율이 상승하면 달러화로 표시된 외채 상환을 위해 필요한 원화의 양이 많아져 외채 상환 부담이 증가하고, 한국 수출품의 외화 표시 가격이 하락하여 미국 시장에서의 가격 경쟁력이 향상된다.

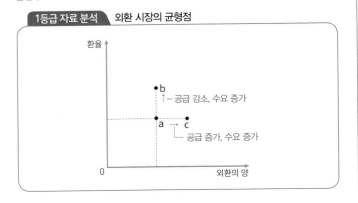

바로잡기 ㄷ. 원/달러 환율이 하락하면 수입품의 원화 표시 가격이 하락하여 수입 물가가 하락한다. ㄹ. 원/달러 환율이 하락하면 미국으로 유학 간 학생의 경비 부담이 감소한다.

532

달러화 대비 원화 가치 하락은 원/달러 환율 상승을 의미한다. ② 원/달러 환율 상승이 지속되면 달러화 표시 외채의 상환 시기를 앞당기는 것이 유리하다.

533

1분기에서 3분기 사이에 원/달러 환율은 상승하였으며, 달러화 대비 원화 가치는 하락하였다.

534

채점 기준	수준
환율 변동에 따라 유리해진 경제 주체와 불리해진 경제 주체를 정확히 서술한 경우	상
환율 변동에 따라 유리해진 경제 주체와 불리해진 경제 주체 중 하나만 정확히 서술한 경우	중
환율 변동 방향만 옳게 쓴 경우	하

535

미국 여행을 가는 한국인의 부담은 감소하였고, 한국으로 여행 오려는 미국인의 부담은 증가하였으므로 원/달러 환율은 하락하였다.

536

채점 기준	수준
ⓒ과 ⓒ이 외환 시장의 수요와 공급에 미치는 영향을 서술하고 그에 따른 환율 변동을 정확히 서술한 경우	상
위 세 가지 평가 요소 중 두 가지만 정확히 서술한 경우	중
위 세 가지 평가 요소 중 한 가지만 정확히 서술한 경우	하

적중 1등급 문제

107~108쪽

537 ②	538 ③	539 ①	540 ⑤	541 ⑤
542 ③	543 ⑤	544 ②		

537 외환 시장의 균형 변동 분석하기

1등급 자료 분석 외환 시장의 균형점

환율

- b — 공급 감소, 수요 증가
- a
- c — 공급 증가, 수요 증가

0 ────────── 외환의 양

ㄱ. 수출 감소는 외환의 공급 감소 요인이고, 자국민의 해외여행 증가는 외환의 수요 증가 요인이다. ㄷ. 수출 증가는 외환의 공급 증가 요인이고, 자국민의 해외 투자 증가는 외환의 수요 증가 요인이다.

바로잡기 ㄴ. 수입 증가는 외환의 수요 증가 요인이고, 외국인의 국내 투자 증가는 외환의 공급 증가 요인이다. ㄹ. 수입 감소는 외환의 수요 감소 요인이고, 외국인의 국내 여행 감소는 외환의 공급 감소 요인이다.

538 환율 변동의 영향 분석하기

1등급 자료 분석 환율 변동의 영향

원/달러 환율 하락

다음 달에 뉴욕으로 해외여행을 가기로 했는데 ⓒ 원/달러 환율 변동으로 미국 여행 경비 부담이 줄어서 다행이야. 빨리 원화를 달러화로 환전해야겠어.

엔/달러 환율 상승

미국에서 ⓒ 엔/달러 환율 변동으로 일본 상품이 상대적으로 저렴해져서 일본 상품의 인기가 높아졌대.

ㄴ. ⓒ은 원/달러 환율 하락을 의미한다. 원/달러 환율이 하락하면 미국으로 유학 간 학생들의 경비 부담은 감소할 것이다. ㄷ. ⓒ은 엔/달러 환율 상승을 의미한다. 엔/달러 환율이 상승하면 일본으로 여행을 가는 미국인의 경비 부담은 낮아질 것이다.

바로잡기 ㄱ. 원/달러 환율 하락으로 미국 시장에서 한국 제품의 가격 경쟁력은 약화될 것이다. ㄹ. 엔/달러 환율 상승으로 수입품의 엔화 표시 가격이 상승하므로 미국산 원재료를 사용하는 일본 기업의 부담은 증가할 것이다.

539 환율 변동의 영향 파악하기

1등급 자료 분석 환율 변동의 영향

달러화 대비 B국 통화 가치 하락
→ B국 통화/달러 환율 상승

B국 통화   C국 통화

A국 통화

달러화 대비 A국 통화 가치 상승
→ A국 통화/달러 환율 하락

-5%

달러화 대비 C국 통화 가치 하락
→ C국 통화/달러 환율 상승

-15%

달러화 대비 A국 통화 가치가 상승하였으므로 A국 통화/달러 환율은 하락하였고, 달러화 대비 B국 통화 가치가 하락하였으므로 B국 통화/달러 환율은 상승하였으며, 달러화 대비 C국 통화 가치가 하락하였으므로 C국 통화/달러 환율은 상승하였다. ㄱ. A국 통화/달러 환율이 하락하였으므로 미국에 유학 중인 자녀에게 학비를 보내는 A국 학부모의 부담은 감소한다. ㄴ. 달러화 대비 B국 통화 가치가 하락하였으므로 B국 통화/달러 환율은 상승한다.

바로잡기 ㄷ. B국 기업이 상환해야 하는 달러화 표시 채무 부담은 증가한다. ㄹ. B국 통화 대비 C국 통화 가치는 상승한다.

540 환율 변동의 요인 및 영향 분석하기

환율 변동의 요인 및 영향

		환율이 상승하려면 달러화 수요가 증가해야 함
원/달러 환율	요인	효과
상승	├─ A	(가)
(나)	B	달러화를 원화로 환전하여 등록금을 내려는 외국인 유학생의 부담이 증가한다.
	└ 달러화 공급 증가	└ 환율이 하락하였음을 의미함

A로 원/달러 환율이 상승하였으므로 A는 달러화 수요 증가에 해당한다. B로 외국인 유학생의 부담이 증가하였으므로 이는 원/달러 환율의 하락을 의미한다. 따라서 B는 달러화 공급 증가에 해당한다. ⑤ 달러화 수요와 공급이 동시에 증가하면 달러화의 거래량은 증가한다.

① A는 달러화의 수요 증가이다. ② B는 달러화의 공급 증가이다. ③ 원/달러 환율이 상승하면 미국을 여행하려는 한국 국민의 부담은 증가한다. ④ 원/달러 환율이 하락하면 미국 시장에서 한국 수출 기업의 가격 경쟁력은 낮아진다.

541 환율 변동의 영향 파악하기

환율 변동의 영향

갑 : 3개월 뒤에 ○○국으로 여행을 가려고 여행지에서 묵을 호텔을 미리 예약했어. 그런데 <u>숙박비를 지금 결제하는 것이 유리할지</u>,
└ 원/달러 환율이 지속적으로 상승할 경우
<u>투숙 시 결제하는 것이 유리할지 고민이야.</u>
└ 원/달러 환율이 지속적으로 하락할 경우

을 : 환율을 고려했을 때 ▢(가)▢(이)라면 지금 결제하는 것이 유리하고, ▢(나)▢(이)라면 투숙 시 결제하는 것이 유리해.

원/달러 환율이 지속적으로 상승하는 경우라면 숙박비를 늦게 결제할수록 비용 부담이 증가한다. 원/달러 환율이 지속적으로 하락하는 경우라면 숙박비를 늦게 결제할수록 비용 부담이 감소한다. ㄷ. 달러화 대비 원화 가치 상승, 즉 원/달러 환율이 하락할 것으로 예상되면 투숙 시 결제하는 것이 유리하다. ㄹ. 한국 외환 시장에서 달러화 공급이 지속적으로 증가하면 원/달러 환율이 하락하므로 투숙 시 결제하는 것이 유리하다.

ㄱ. 원화 대비 달러화 가치 하락, 즉 원/달러 환율 하락이 예상되는 경우라면 숙박비를 늦게 결제하는 것이 유리하다. ㄴ. 한국 외환 시장에서 달러화 수요가 지속적으로 감소하면 원/달러 환율은 하락한다. 원/달러 환율 하락이 예상되는 경우라면 숙박비를 늦게 결제하는 것이 유리하다.

542 환율 변동의 영향 파악하기

환율 변동의 영향

교사 : <u>달러화 대비 원화 가치가 지속적으로 하락할 때</u>, 이 현상이 미치는 영향에 대해 발표해 볼까요?
└ 원/달러 환율 상승

③ 원/달러 환율이 상승하면 동일한 양의 달러화로 환전할 수 있는 원화가 증가하므로 한국에서 유학 중인 미국인 자녀를 둔 부모의 경비 부담은 감소한다.

① 원/달러 환율 상승은 미국 시장에서 한국 회사 수출 제품의 가격 경쟁력 강화 요인으로 작용한다. ② 원/달러 환율 상승은 미국 여행을 준비하는 한국인의 미국 여행 경비 부담 증가 요인으로 작용한다. ④ 원/달러 환율 상승은 원화 표시 금융 상품에 투자한 미국인 투자자의 달러화 환산 수익 감소 요인으로 작용한다. ⑤ 원/달러 환율이 상승하면 매달 일정액의 달러화를 예금하는 한국 투자자에게는 이전보다 많은 금액의 원화가 필요해진다.

543 환율 변동의 영향 파악하기

환율 변동의 영향

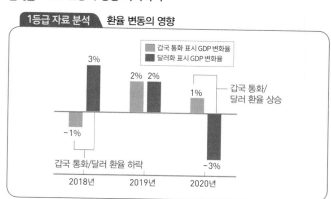

갑국 통화 표시 GDP 변화율이 달러화 표시 GDP 변화율보다 작다면 이는 갑국 통화/달러 환율이 하락했음을 의미하고, 갑국 통화 표시 GDP 변화율이 달러화 표시 GDP 변화율보다 크다면 이는 갑국 통화/달러 환율이 상승했음을 의미한다. ㄷ. 전년 대비 2020년에 갑국 통화/달러 환율은 상승했으므로 달러화 대비 갑국 통화 가치는 하락하였다. ㄹ. 전년 대비 2020년에 갑국 통화/달러 환율은 상승했으므로 갑국산 대미 수출품의 가격 경쟁력은 상승하였다.

ㄱ, ㄴ. 갑국 통화/달러 환율은 전년 대비 2018년에 하락, 2019년에 불변, 2020년에 상승하였다. 따라서 2018년과 2019년의 갑국 통화/달러 환율은 같고, 2020년의 갑국 통화/달러 환율은 2018년과 2019년에 비해 상승하였다.

544 환율 변동의 영향 분석하기

환율 변동의 영향

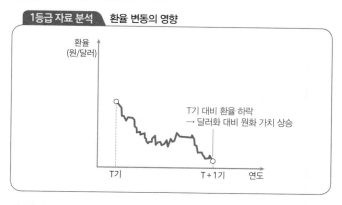

원/달러 환율 하락으로 수출 기업은 가격 경쟁력이 하락하여 불리해지고, 수입 기업은 원화 표시 가격의 하락으로 상대적으로 유리해진다. ㄱ. 원/달러 환율 하락으로 주요 원자재를 미국에서 수입하는 기업은 비용 부담이 감소한다. ㄷ. 원/달러 환율 하락으로 미국 시장에서 조달한 부채를 상환하는 기업은 비용 부담이 감소한다.

ㄴ. 원/달러 환율 하락으로 미국으로 수출하는 한국 기업은 가격 경쟁력이 하락하여 불리해진다. ㄹ. 원/달러 환율 하락으로 한국에 자본을 투자하려는 미국 기업은 불리해질 수 있다.

분석 기출 문제

110~113쪽

[핵심 개념 문제]

545 국제 수지	**546** 상품 수지	**547** ○	**548** ○	**549** ⓛ
550 ㉢	**551** ㉠	**552** ㉠	**553** ㉡	**554** ㄱ	**555** ㄴ

556 ②	**557** ⑤	**558** ①	**559** ③	**560** ⑤	**561** ⑤	**562** ③
563 ⑤	**564** ④	**565** ⑤	**566** ⑤	**567** ⑤		

[1등급을 향한 서답형 문제]

568 (가) : 경상 수지, (나) : 증가 **569** 예시답안 원/달러 환율 상승이 지속되면 수출품의 달러화 표시 가격이 하락하여 수출은 증가하고, 수입품의 원화 표시 가격이 상승하여 수입은 감소한다. 수출 증가와 수입 감소로 상품 수지가 개선된다. **570** (가) : ㉡, (나) : ⓐ, (다) : ㉢, (라) : ㉥

571 예시답안 ㉠의 사례로는 외국 제품 수입에 따른 대금 지급을 들 수 있고, ㉢의 사례로는 외국 영화 및 드라마 수입에 따른 대금 지급을 들 수 있다.

556

갑. 올해 상품 수지는 흑자이므로 수출액이 수입액보다 큼을 알 수 있다. 병. 올해 상품 수지 흑자 폭이 감소하였으므로 전년과 비교하여 상품 수입액이 상품 수출액보다 많이 증가했음을 알 수 있다.

바로잡기 을. 올해 상품의 수출은 증가하였다. 정. 드라마나 영화의 수입은 서비스 수지와 관련 있다.

557

경상 수지 규모는 2019년 10억 달러에서 2020년 140억 달러로 흑자 폭이 증가하였다. 경상 수지 흑자는 갑국 통화/달러 환율의 하락 요인이 된다. ⑤ 지식 재산권 사용료는 서비스 수지에 해당한다. 서비스 수지는 적자가 지속되고 있다.

바로잡기 ① 2020년에 경상 수지 흑자 폭은 증가하였다. ② 전년 대비 상품 수출액이 증가하였는지는 알 수 없다. ③ 경상 수지가 흑자이면 외화의 유입이 증가하여 환율이 하락한다. ④ 해외 투자에 따른 이익을 기록하는 항목은 금융 계정에 해당한다.

558

ㄱ. 상품 수지가 130억 달러이므로 이는 상품 수출액이 수입액보다 130억 달러만큼 많음을 의미한다. ㄴ. 배당 및 이자가 포함된 항목은 본원 소득 수지이다. 본원 소득 수지는 20억 달러 흑자이다.

바로잡기 ㄷ. 경상 수지 흑자는 갑국 통화/달러 환율의 하락 요인이다. ㄹ. 지식 재산권 사용료가 포함된 항목은 서비스 수지이다. 서비스 수지가 전년 대비 감소하였는지는 알 수 없다.

559

③ 갑국 드라마와 영화 수출에 따라 수취한 외화는 서비스 수지의 수취인 ㉢에 포함된다.

바로잡기 ① 해외여행 지출은 서비스 수지의 외화 지급에 포함된다. ② 자동차 수입은 상품 수지의 외화 지급에 포함된다. ④ 해운사가 수출 화물을 운송하고 받은 운임은 서비스 수지의 외화 수취에 포함된다. ⑤ 특허권 사용료 지급은 서비스 수지의 외화 지급에 포함된다.

560

ㄷ. 미국 기업의 우리나라 기업 인수는 금융 계정에서의 외화 수취에 해당한다. ㄹ. 우리나라 기업이 미국 주식 시장에서 주식을 구입하는 것은 금융 계정에서의 외화 지급에 해당한다.

바로잡기 ㄱ. 자동차 수입은 상품 수지에서의 외화 지급이므로 (나)에 해당한다. ㄴ. 우리나라 해운 회사의 화물 운송은 서비스 수지에서의 외화 수취이므로 (가)에 해당한다.

561

(가)와 (나)는 서비스 수지의 외화 수취, (다)는 이전 소득 수지의 외화 지급, (라)는 본원 소득 수지의 외화 지급에 해당한다. ㄷ. 무상 원조의 지급은 이전 소득 수지의 적자 요인이 된다. ㄹ. (라)는 본원 소득 수지에 기록된다.

바로잡기 ㄱ. (가)는 서비스 수지의 흑자 요인이 된다. ㄴ. (나)는 서비스 수지에 기록된다.

562

ㄴ. 미국 기업이 우리나라 기업이 보유한 건물을 매입하는 것은 직접 투자로, 이는 금융 계정의 수취 요인이다. ㄷ. 드라마와 영화의 수출 증가는 서비스 수지의 수취 요인이다.

바로잡기 ㄱ. (가)는 상품 수지의 수취 요인이다. ㄹ. (라)는 외화 유입 증가 요인이다.

563

⑤ 6월의 상품 수지는 100억 달러 흑자로 외환 시장에서 외화의 공급 증가 요인이다. 이는 갑국 통화/달러 환율의 하락 요인이다.

바로잡기 ①, ③, ④ 제시된 자료만으로는 알 수 없다. ② 1~4월의 상품 수지는 통화량의 증가 요인이다.

564

ㄴ. 경상 수지 흑자가 지속되면 교역 상대국과의 무역 마찰이 발생할 수 있다. ㄹ. 경상 수지 흑자로 국내로 유입되는 외화가 증가하면 통화량 증가에 따른 국내 물가 상승이 나타날 수 있다.

바로잡기 ㄱ. 경상 수지 흑자가 지속되면 외채 상환 능력이 높아지므로 대외 신용도는 상승한다. ㄷ. 경상 수지 흑자가 지속되면 기업의 생산 증가로 고용이 증가하고 실업이 감소한다.

565

ㄷ, ㄹ. 갑국은 을국과의 교역에서 경상 수지 흑자가 확대되고 있다. 이는 환율 하락의 요인이 되며, 을국과의 무역 마찰을 초래할 수 있다.

바로잡기 ㄱ. 제시된 자료만으로는 알 수 없다. ㄴ. 경상 수지 흑자로 통화량이 증가하면 국내 물가가 상승할 수 있다.

566

국제 수지 흑자가 지속되면 외환 시장에서 외화의 공급 증가로 환율이 하락하고, 이는 수출 감소와 수입 증가의 요인이 되어 국제 수지 흑자 폭이 감소하게 된다.

바로잡기 ⑤ 국제 수지 적자가 지속되면 국내 통화량이 감소한다.

567

ㄷ. T+2기에는 경상 수지 적자이고, T+3기에는 경상 수지 흑자이므로 T+3기에는 T+2기와 달리 경상 거래에 따른 외화 유입액이 유출액보다 크다. ㄹ. 경상 수지 흑자가 지속될 경우 통화량 증가로 물가 상승이 초래될 수 있다.

바로잡기 ㄱ. 경상 수지는 경상 거래에 따른 외화 유출액과 유입액의 차이를 의미한다. 수출 규모보다 수입 규모가 더 크게 증가했다면 경상 수지 흑자 규모가 감소할 수 있다. ㄴ. 경상 수지 적자일 경우 기업의 생산 및 고용은 감소했을 것이다.

568

상품 및 서비스 등의 거래와 관련된 외화의 수취와 지급을 나타내는 것은 경상 수지이다. 경상 수지가 적자이면 외화 유입액보다 외화 유출액이 많다는 것으로 이는 외화의 수요 증가로 이어져 원/달러 환율이 상승한다.

569

채점 기준	수준
환율 변동 방향을 쓰고, 환율 변동이 상품 수출입에 미치는 영향과 상품 수지에 미치는 영향을 모두 정확히 서술한 경우	상
환율 변동 방향은 썼으나, 환율 변동이 상품 수출입에 미치는 영향과 상품 수지에 미치는 영향 중 하나만 옳게 서술한 경우	중
환율 변동 방향만 옳게 쓴 경우	하

571

채점 기준	수준
상품 수지, 서비스 수지에서의 외화 지급에 해당하는 사례를 각각 하나씩 서술한 경우	상
상품 수지, 서비스 수지에서의 외화 지급에 해당하는 사례를 하나만 서술한 경우	중

적중 1등급 문제

114~115쪽

572 ③	573 ③	574 ⑤	575 ②	576 ④
577 ②	578 ④	579 ②		

572 경상 수지표 파악하기

1등급 자료 분석 경상 수지표

	250달러 흑자	380달러 흑자	410달러 흑자 (단위 : 달러)
구분	2018년	2019년	2020년
상품 수지	200	250	200
서비스 수지	100	150	200
본원 소득 수지	-30	0	30
이전 소득 수지	-20	-20	-20

ㄴ. 경상 수지 흑자가 지속되고 있는데, 이는 외화 유입액이 외화 유출액보다 많은 것으로 갑국 통화/달러 환율의 하락 요인이다. ㄷ. 지식 재산권 사용료가 포함되는 서비스 수지의 흑자 규모는 확대되고 있다.

바로잡기 ㄱ. 이전 소득 수지가 동일하더라도 대가 없이 해외로 유출된 금액은 다를 수 있다. ㄹ. 외국 주식 매입에 따른 외화의 유출은 금융 계정에 해당한다.

573 경상 거래의 변동 파악하기

1등급 자료 분석 경상 거래의 이해

〈갑국의 T월 경상 수지〉

(단위 : 억 달러)

	상품 수지	서비스 수지	본원 소득 수지	이전 소득 수지
	30	10	3	-2
	+5	+5	+1	-1
T+1월	35	15	4	-3

〈갑국의 T+1월 경상 거래〉

- 영화 수출 10억 달러 수취 → 서비스 수지 +10억 달러
- 해외 관광 경비 5억 달러 지급 → 서비스 수지 -5억 달러
- 자동차 수출 30억 달러 수취 → 상품 수지 +30억 달러
- 원유 수입 25억 달러 지급 → 상품 수지 -25억 달러
- 개발 도상국 무상 원조 1억 달러 지급 → 이전 소득 수지 -1억 달러
- 해외 투자에 따른 수익 1억 달러 수취 → 본원 소득 수지 +1억 달러

③ T+1월에 개발 도상국 무상 원조로 1억 달러를 지급하였으므로 이전 소득 수지의 적자 폭은 확대되었다.

바로잡기 ① 경상 수지의 흑자 폭은 10억 달러만큼 증가한다. ② 상품 수지는 5억 달러만큼 증가한다. ④ 서비스 수지 흑자 규모는 5억 달러만큼 증가한다. ⑤ 본원 소득 수지 흑자 규모는 1억 달러만큼 증가한다.

574 경상 수지의 구성 이해하기

1등급 자료 분석 경상 수지의 구성

	190억 달러 흑자	90억 달러 흑자 (단위 : 억 달러)
구분	2018년	2019년
상품 수지	90	70
서비스 수지	60	50
본원 소득 수지	20	-20
이전 소득 수지	20	-10

경상 수지는 2018년에 190억 달러 흑자, 2019년에 90억 달러 흑자를 기록하였다. ㄷ. 해외 투자에 따른 배당금이 포함되는 항목은 본원 소득 수지이다. 2019년 본원 소득 수지는 적자를 기록하였으므로 수취액이 지급액보다 적었다. ㄹ. 해외 지식 재산권 사용료가 포함되는 항목은 서비스 수지이다. 서비스 수지는 2018년과 2019년에 모두 흑자를 기록하였다.

바로잡기 ㄱ. 2019년 경상 수지 흑자 규모는 전년 대비 100억 달러만큼 감소하였다. ㄴ. 차관 도입액이 포함되는 항목은 금융 계정이다.

575 경상 수지 변동 추이 파악하기

경상 거래

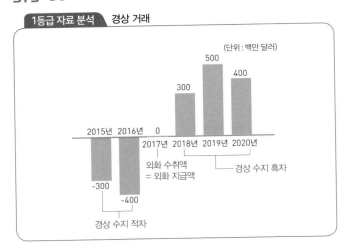

ㄱ. 2015년과 2016년에는 경상 수지 적자가 나타나고 있으며, 이는 대외 신용도 하락을 초래할 수 있다. ㄷ. 2018년 이후의 경상 수지 흑자는 통화량 증가에 따른 물가 상승을 초래할 수 있다.

바로잡기 ㄴ. 2017년에 경상 수지가 0인 것은 경상 거래에 따른 외화 수취액과 지급액이 같음을 의미하는 것으로, 전년과 거래 규모가 같음을 의미하지 않는다. ㄹ. 제시된 자료만으로는 알 수 없다.

576 경상 수지의 변동에 따른 영향 파악하기

상품 수지 흑자와 상품 수지 적자

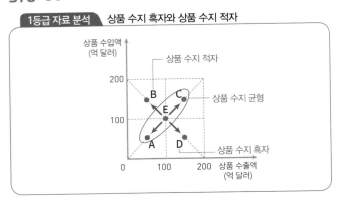

ㄴ. E에서 B로 이동하면 상품 수지는 적자가 되므로 외화 유입액은 외화 유출액보다 작아진다. ㄹ. E에서 D로 이동하면 상품 수지가 흑자이므로 경상 수지는 흑자가 된다.

바로잡기 ㄱ. E에서 A로 이동해도 상품 수지는 균형이다. ㄷ. E에서 C로 이동해도 상품 수지는 균형이다.

577 경상 수지 구성 항목 이해하기

상품 수지의 변동

(단위 : 억 달러)

1월	2월	3월	4월	5월	6월
60	70	80	85	95	100

└─ 상품 수지 흑자 규모 증가

② 1~4월에 상품 수지의 흑자 규모가 증가하고 있는데, 이는 통화량 증가에 따른 갑국 물가 상승 요인으로 작용한다.

바로잡기 ① 1~4월 동안 상품 수지의 흑자 규모가 증가하였다고 해서 경상 수지 흑자 규모가 증가하였다고 단정할 수 없다. ③ 5월의 상품 수지는 흑자를 기록했는데, 이는 달러화 대비 갑국 통화 가치 상승 요인이다. ④ 1~6월의 상품 수출액이 같다면, 2월의 상품 수입액은 1월의 상품 수입액보다 작다. ⑤ 1~6월 중 6월의 상품 수입액이 가장 컸다면, 상품 수출액은 6월이 가장 컸을 것이다.

578 경상 수지의 구성 이해하기

경상 수지의 구성

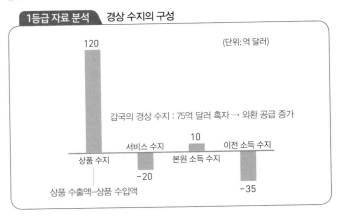

④ 2020년 갑국의 경상 수지는 75억 달러 흑자이다. 이는 달러화 공급 증가에 의한 달러화 대비 갑국 통화 가치의 상승 요인이다.

바로잡기 ① 제시된 자료만으로는 알 수 없다. ② 서비스 수지는 20억 달러 적자이므로 서비스 거래에 따른 외화 유출액은 외화 유입액보다 많다. ③ 해외에 제공한 공적 개발 원조금이 기록되는 항목은 이전 소득 수지이다. 이전 소득 수지는 35억 달러 적자이다. ⑤ 해외 기업에 투자한 국내 거주자에게 지급되는 배당금이 기록되는 항목은 본원 소득 수지이다. 본원 소득 수지는 10억 달러 흑자이다.

579 경상 수지 분석하기

경상 수지

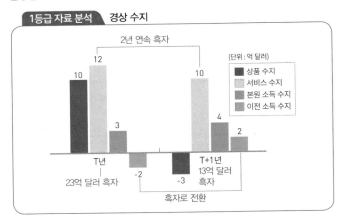

T년의 경상 수지는 23억 달러 흑자이며, T+1년의 경상 수지는 13억 달러 흑자이다. T+1년은 T년 대비 10억 달러 감소하였다. 저작권 사용료가 집계되는 서비스 수지는 2년 연속 흑자이다. 무상 원조가 집계되는 이전 소득 수지는 2억 달러 적자에서 2억 달러 흑자로 전환되었다.

바로잡기 ② 상품 수지는 T년에 비해 T+1년에 감소하였으나, 이는 상품 수출입에 따른 유입액에 비해 유출액이 많음을 의미한다.

12 국제 무역과 무역 정책

580 ⑤ **581** ④ **582** ④ **583** ① **584** ③

585 **예시 답안** 관세 부과 이후 수입량은 40만 개에서 20만 개로 20만 개만큼 감소한다. 관세 부과 이후 거래량은 60만 개에서 50만 개로 10만 개만큼 감소한다. X재 1개당 부과되는 관세는 1달러이고, 관세 부과 이후 수입량은 20만 개이므로 20만 달러의 관세 수입이 발생하며, 관세 부과로 소비자 잉여는 감소한다.

13 환율의 결정과 환율 변동

586 ③ **587** ③ **588** ①

589 (가) : 하락, (나) : 증가, (다) : 상승, (라) : 감소, (마) : 증가 **590** ②

14 국제 수지의 이해

591 ③ **592** ④ **593** **예시 답안** 외화의 순유입액 증가로 통화량이 증가하여 국내 물가가 상승할 수 있다. 주요 교역 상대국은 경상 수지 적자가 누적되어 무역 마찰이 발생할 수 있다. 외화의 순유입액 증가로 환율이 하락하여 수출 상품의 가격 경쟁력이 약화될 수 있다.

594 ② **595** ②

580

⑤ 을국의 경우 X재 1단위 생산의 기회비용이 Y재 1/4단위이므로 X재 1단위를 주면 Y재를 1/4단위보다 많이 받아야 한다. 갑국의 경우 X재 1단위 생산의 기회비용이 Y재 1/2단위이므로 X재 1단위를 받기 위해 Y재를 1/2단위보다 적게 주려고 한다. 따라서 X재 1단위와 Y재 1/3단위를 교환하면 양국 모두 이익을 얻을 수 있다.

바로잡기 ① 을국이 X재와 Y재 모두를 더 적은 노동 시간으로 생산할 수 있으므로 두 재화의 생산에 절대 우위가 있다. ② 을국의 X재 1단위 생산의 기회비용은 Y재 1/4단위이다. ③ Y재 1단위 생산의 기회비용은 갑국의 경우 X재 2단위, 을국의 경우 X재 4단위이므로 을국이 갑국보다 크다. ④ X재 1단위 생산의 기회비용은 갑국의 경우 Y재 1/2단위, 을국의 경우 Y재 1/4단위이다. Y재 1단위 생산의 기회비용은 갑국의 경우 X재 2단위, 을국의 경우 X재 4단위이다. 따라서 갑국은 Y재 생산에, 을국은 X재 생산에 비교 우위가 있다.

581

갑국~병국의 X재와 Y재 1개 생산의 기회비용은 다음과 같다.

구분	갑국	을국	병국
X재 1개 생산의 기회비용	Y재 1개	Y재 3개	Y재 1개
Y재 1개 생산의 기회비용	X재 1개	X재 1/3개	X재 1개

ㄴ. 갑국과 을국만 교역할 경우 X재 1개 생산의 기회비용은 갑국이 을국보다 작으므로 갑국은 X재 생산에, 을국은 Y재 생산에 비교 우위가 있다. ㄹ. 갑국과 을국이 모두 교환의 이익을 얻을 수 있는 교환 범위는 Y재 1개<X재 1개<Y재 3개이므로, X재와 Y재의 교환 비율이 1 : 2이면 양국 모두 교환의 이익을 얻을 수 있다.

바로잡기 ㄱ. X재 1개 생산의 기회비용은 을국보다 병국이 작다. ㄷ. 을국과 병국만 교역할 경우 을국은 Y재 생산에, 병국은 X재 생산에 비교 우위가 있다.

582

갑국과 을국의 X재와 Y재 1개 생산의 기회비용은 다음과 같다.

구분	갑국	을국
X재 1개 생산의 기회비용	Y재 3개	Y재 1개
Y재 1개 생산의 기회비용	X재 1/3개	X재 1개

갑국은 Y재 생산에, 을국은 X재 생산에 비교 우위가 있다. ㄴ. 갑국의 X재 1개 생산의 기회비용이 Y재 3개이므로 갑국은 Y재만 생산할 경우 최대 30개를 생산할 수 있다. ㄹ. X재와 Y재를 2 : 3으로 교환할 경우 갑국이 X재를 10개 소비하고자 한다면 을국에 Y재를 15개 주어야 한다. 따라서 Y재를 최대 30개까지 생산할 수 있는 갑국은 X재 10개를 소비하면서 동시에 Y재 15개를 소비할 수 있다.

바로잡기 ㄱ. Y재 1개 생산의 기회비용은 을국이 갑국의 3배이다. ㄷ. 양국 모두에게 이익이 되는 교역 조건은 Y재 1개당 X재 1/3개~X재 1개 사이이다. 따라서 Y재 2개당 X재 3개의 비율로 교환하면 을국은 손해를 본다.

583

ㄱ. 관세 폐지로 갑국 시장에서 X재의 가격이 P_1+T에서 P_1으로 하락하고 X재의 국내 생산량이 감소하므로 X재 국내 생산자의 잉여는 감소한다. ㄴ. 관세 폐지로 갑국 시장에서 X재의 가격이 P_1+T에서 P_1으로 하락하고, 더 많은 X재를 소비할 수 있으므로 X재 국내 소비자의 잉여는 증가한다.

바로잡기 ㄷ. 관세 폐지로 갑국의 X재 수입량은 $Q_1Q_2+Q_3Q_4$만큼 증가한다. ㄹ. 관세 폐지로 갑국 시장에서 X재 거래량은 Q_3에서 Q_4로 Q_3Q_4만큼 증가한다.

584

시기별 갑국과 을국의 X재와 Y재 1개 생산의 기회비용은 다음과 같다.

구분	2015년		2020년	
	갑국	을국	갑국	을국
X재 1개 생산의 기회비용	Y재 1개	Y재 4/3개	Y재 4/3개	Y재 2/3개
Y재 1개 생산의 기회비용	X재 1개	X재 3/4개	X재 3/4개	X재 3/2개

ㄴ. 갑국은 2015년에 X재 생산에, 2020년에 Y재 생산에 비교 우위를 가진다. ㄷ. 2015년에 갑국은 X재 생산에 비교 우위를 가지므로 2015년에 양국이 교역을 할 경우 갑국의 X재 1개 소비의 기회비용은 교역 전보다 증가한다.

바로잡기 ㄱ. 2015년에 X재 1개 생산의 기회비용은 갑국의 경우 Y재 1개이고, 을국의 경우 Y재 4/3개이다. 따라서 2015년에 X재 1개 생산의 기회비용은 을국이 갑국보다 크다. ㄹ. 2020년에 양국이 교역을 할 경우 X재 1개의 교역 조건은 Y재 2/3개와 4/3개 사이에서 결정된다.

585

채점 기준	수준
관세 부과에 따른 영향을 수입량, 거래량, 관세 수입, 소비자 잉여 측면 모두에서 정확히 서술한 경우	상
관세 부과에 따른 영향을 수입량, 거래량, 관세 수입, 소비자 잉여 중 세 가지 측면에서 정확히 서술한 경우	중
관세 부과에 따른 영향을 수입량, 거래량, 관세 수입, 소비자 잉여 중 두 가지 이하 측면에서만 정확히 서술한 경우	하

586

외화의 공급이 일정한 상태에서 균형점이 E에서 A로 이동하기 위해서는 외화의 수요가 증가해야 한다. ③ 한국 기업의 대미 투자 증가는 외화의 수요 증가 요인이다.

바로잡기 ① 한국인의 미국 여행 감소는 외화의 수요 감소 요인이다. ② 미국인의 한국 유학 감소는 외화의 공급 감소 요인이다. ④ 한국 기업의 대미 수출 증가는 외화의 공급 증가 요인이다. ⑤ 미국 기업의 한국산 원자재 수입 증가는 외화의 공급 증가 요인이다.

587

우리나라의 외환 시장에서 (가)는 달러화 공급 증가 요인, (나)는 달러화 수요 증가 요인, (다)는 달러화 공급 증가 요인이다. ③ 미국 기업의 한국 내 투자 규모가 크게 늘어나면 달러화 공급이 증가한다. 따라서 (다)는 달러화 공급 증가 요인이다.

바로잡기 ① 달러화 공급 증가는 원/달러 환율 하락 요인이다. ② 달러화 수요 증가는 원/달러 환율 상승 요인이다. ④ (가)는 달러화 공급 변동 요인, (나)는 달러화 수요 변동 요인이다. ⑤ 외환 시장에서 달러화 수요 증가와 공급 증가가 함께 나타날 경우 이는 달러화 거래량 증가 요인으로 작용한다.

588

ㄱ. A로 이동하면 원/달러 환율은 상승하고, 엔/달러 환율은 변동이 없으므로 미국에서는 일본산 제품에 비해 한국산 제품의 가격 경쟁력이 높아진다. ㄴ. B로 이동하면 원/달러 환율과 엔/달러 환율이 상승하므로 일본 시장에서 미국산 제품의 가격이 상승하여 미국산 제품의 수입이 감소한다.

바로잡기 ㄷ. 한국의 대미 경상 수지가 적자이면 원/달러 환율은 상승하고, 일본의 대미 경상 수지가 흑자이면 엔/달러 환율은 하락한다. ㄹ. D로의 이동은 달러화로 표시한 한국산 제품의 수출 가격이 상승하는 요인이다.

589

원화 대비 달러화 가치 상승은 원/달러 환율 상승을 의미한다.

590

국내 주식 시장에서 외국인 투자 자금이 빠져나가면 국내 외환 시장에서 외화의 수요가 증가하여 원/달러 환율은 상승(원화 가치 하락)한다. 일본 정부의 통화량 확대 정책으로 엔화 가치가 하락하면 원/엔 환율은 하락(원화 가치 상승)한다. ㄱ. 원/달러 환율이 상승하므로 우리나라 수출 상품의 달러화 표시 가격은 하락한다. ㄷ. 원/엔 환율이 하락하므로 일본에 일정액의 엔화를 송금할 때 필요한 원화는 감소한다.

바로잡기 ㄴ. 달러화 대비 원화 가치가 하락하므로 우리나라로 여행 온 미국인 관광객의 비용 부담은 감소한다. ㄹ. 원/엔 환율이 하락하므로 일본에서 부품을 수입하는 국내 기업의 비용 부담은 감소하고, 원/달러 환율이 상승하므로 완제품을 미국에 수출할 때 수출 상품의 달러화 표시 가격이 하락한다. 따라서 일본에서 부품을 수입하여 미국으로 완제품을 수출하는 우리나라 기업의 가격 경쟁력은 강화된다.

591

갑국의 스마트폰 수출은 상품 수지에서의 외화 수취, 지진 피해를 입은 국가로의 무상 원조는 이전 소득 수지에서의 외화 지급, 외국인의 갑국에서의 여행비는 서비스 수지에서의 외화 수취, 외국 기업 주식에 투자한 갑국 거주자의 배당금 수취는 본원 소득 수지에서의 외화 수취에 해당한다. 2021년 6월 갑국의 상품 수지, 서비스 수지, 본원 소득 수지는 모두 흑자, 이전 소득 수지는 적자를 기록하였다. ③ 2021년 5월 갑국의 상품 수지는 균형을 이루었고, 6월 갑국의 상품 수지는 흑자이므로 6월 갑국의 상품 수지는 전월에 비해 개선되었다.

바로잡기 ① 2021년 6월 갑국의 서비스 수지는 흑자를 기록하였다. ② 2021년 6월 갑국의 이전 소득 수지는 적자를 기록하였다. ④ 2021년 5월 갑국의 본원 소득 수지는 균형을 이루었고, 6월 갑국의 본원 소득 수지는 흑자를 기록하였으므로 6월 갑국의 본원 소득 수지는 전월에 비해 개선되었다. ⑤ 2021년 6월 갑국의 경상 거래를 통한 외화의 유출액은 1,000만 달러, 유입액은 7,500만 달러이므로 외화의 유출액보다 유입액이 많았다.

592

ㄴ. 본원 소득 수지의 경우 2019년 수취액을 a, 지급액을 b라고 한다면 2020년 수취액은 a, 지급액은 b+15억 달러, 2021년의 수취액은 a, 지급액은 b가 된다. 따라서 본원 소득 수지 항목의 지급액은 2021년이 2020년보다 적으므로 해당 내용은 진위 여부를 파악할 수 있다. ㄹ. 상품 수지의 증감액은 2020년보다 2021년이 작다. 하지만 이를 통해 재화 거래를 통한 수취액이 2019년보다 2021년이 작다고 단정할 수 없다. 따라서 해당 내용은 진위 여부를 파악할 수 없다.

바로잡기 ㄱ. 2019년에 비해 2020년 서비스 수지가 20억 달러만큼 증가했다고 해서 반드시 2020년 서비스 수지가 흑자인 것은 아니다. 따라서 해당 내용은 진위 여부를 파악할 수 없다. ㄷ. 2019년에 비해 2020년 경상 수지는 50억 달러만큼 증가했는데 흑자를 기록하였다. 경상 수지가 2019년에는 적자이고, 2020년에는 흑자이므로 2019년 경상 수지 적자액은 50억 달러보다 작다. 따라서 해당 내용은 진위 여부를 파악할 수 있다.

593

채점 기준	수준
경상 수지 흑자의 부정적 영향 세 가지를 모두 정확히 서술한 경우	상
경상 수지 흑자의 부정적 영향 두 가지를 정확히 서술한 경우	중
경상 수지 흑자의 부정적 영향을 한 가지만 정확히 서술한 경우	하

594

(가)는 본원 소득 수지이다. ② 2020년에 서비스 수지는 32억 달러 흑자로, 이는 외화 유입액이 유출액보다 많음을 의미한다.

바로잡기 ① 내국인 투자자의 해외 주식 투자액은 금융 계정에 반영된다. ③ 전년 대비 2020년에 경상 수지의 외화 유입액이 증가했는지는 알 수 없다. ④ 전년 대비 2020년에 재화의 수출액과 수입액의 차이, 즉 상품 수지는 감소하였다. ⑤ 2019년과 2020년의 이전 소득 수지는 각각 5억 달러 흑자인데, 이는 이전 소득 수지의 수취액과 지급액의 차이가 5억 달러로 같음을 의미한다.

595

ㄱ. 2019년의 경상 수지는 90억 달러(90억 달러+15억 달러−10억 달러−5억 달러) 흑자이다. ㄷ. 지식 재산권 사용료가 포함되는 항목은 서비스 수지이다. 2020년에 서비스 수지는 15억 달러 적자이다.

바로잡기 ㄴ. 전년 대비 2020년에 상품 수지는 50억 달러만큼 감소하였다. 이를 통해 전년 대비 2020년에 재화 수출액이 감소했다고 단정할 수 없다. ㄹ. 교포에게 무상으로 송금한 금액이 포함되는 항목은 이전 소득 수지이다. 이전 소득 수지의 경우 2019년에는 적자였지만, 2020년에는 흑자를 기록하였다.

Ⅴ 경제 생활과 금융

15 금융과 금융 생활

분석 기출 문제

121~124쪽

[핵심 개념 문제]

596 금융 **597** 가치 저장 **598** × **599** × **600** ㉡ **601** ㉢
602 ㉠ **603** ㉡ **604** ㉠ **605** ㄴ **606** ㄱ

---

607 ⑤ **608** ⑤ **609** ③ **610** ④ **611** ③ **612** ② **613** ①
614 ③ **615** ② **616** ① **617** ④ **618** ⑤

1등급을 향한 서답형 문제

619 금융 **620** 예시답안 금융은 가계의 소비 지출과 소득 발생 간의 불일치를 해결해 준다. 기업은 생산 활동에 필요한 자금을 공급받을 수 있다.
621 예금자 보호 제도 **622** 예시답안 (1) 금융 기관이 영업 정지나 파산 등으로 자금 공급자의 예금을 지급하지 못한다면 집에서 보관하는 돈이 늘어날 것이고 이는 국민 경제의 순환을 저해한다. (2) 보장 한도가 있으면 무분별하게 예금을 늘려 금융 기관이 부실하게 운영될 수 있다. 또한 더 높은 이자를 좇아 부실 금융 기관을 이용한 금융 소비자에게도 책임이 있다.

607

화폐는 교환과 지불 수단이며 모든 경제적 가치를 나타내고 측정하는 가치의 척도이며 동시에 가치를 저장하는 수단이기도 하다. 화폐는 국가가 사회 내에서 통용되도록 정한 법정 화폐, 즉 중앙은행이 발행한 것을 의미한다.

바로잡기 ⑤ 최근에는 지폐 형태의 화폐보다 카드, 가상 화폐 등의 사용량이 증가하는 추세이다.

608

제시문은 정보 통신 기술의 발달에 따른 사회 변화에 관한 내용이다. 현금뿐만 아니라 화폐의 기능을 담당하는 다른 수단도 넓은 의미의 화폐에 포함된다. 최근 현금 대신 언제 어디서나 간편하게 결제할 수 있는 전자 화폐에 대한 수요가 늘어남에 따라 현금의 역할은 약화되고 있다. ⑤ 전자 시스템 장애와 해킹 등이 발생한다면 개인 정보가 유출될 위험이 있으므로 사용자와 관계 기관의 주의가 필요하다.

609

갑국~병국의 실질 이자율은 다음과 같다.

(단위 : %)

구분	명목 이자율	물가 상승률	실질 이자율
갑국	5	2	3
을국	5	5	0
병국	5	7	-2

③ 갑국의 실질 이자율은 양(+)의 값이고, 병국의 실질 이자율은 음(−)의 값이므로 갑국은 병국보다 예금의 실질 구매력이 크다.

바로잡기 ① 갑국~병국의 실질 이자율은 각각 다르다. ② 갑국의 명목 이자율은 양(+)의 값이므로 현금 보유보다 예금이 유리하다. ④ 갑국~병국은 예금

100만 원에 대한 1년 후 이자가 5만 원으로 동일하다. ⑤ 물가 상승률을 고려하지 않은 이자율, 즉 명목 이자율은 갑국과 을국이 같다.

610

ㄴ. t년의 경우 명목 이자율보다 물가 상승률이 크므로 실질 이자율은 음(−)의 값이고, t+1년의 경우 명목 이자율이 물가 상승률보다 크므로 실질 이자율은 양(+)의 값이다. ㄹ. t년과 t+1년 모두 명목 이자율은 양(+)의 값이므로 예금이 현금 보유보다 유리하다.

바로잡기 ㄱ. t년의 명목 이자율이 양(+)의 값이므로 예금을 한다면 원리금은 원금보다 크다. ㄷ. t+1년이 t년보다 실질 이자율이 높으므로 예금하려는 유인이 크다.

611

ㄴ, ㄷ. 물가 상승률이 높아지면 실질 이자율은 낮아지므로 이자 소득의 구매력은 낮아진다.

바로잡기 ㄱ. 명목 이자율이 반드시 실질 이자율보다 크다고 단정할 수 없다. ㄹ. 명목 이자율이 양(+)의 값일 경우 현금 보유보다 예금이 유리하다.

612

(가)는 직접 금융 시장, (나)는 간접 금융 시장에 해당한다. ㄱ, ㄷ. 직접 금융은 자금의 수요자가 자금의 공급자에게 주식이나 채권과 같은 증서를 발행해 줌으로써 이들로부터 직접 자금을 조달하는 방식을 말하고, 간접 금융은 불특정 다수의 자금 공급자가 금융 기관에 자금을 예치하고 자금 수요자는 이를 바탕으로 대출을 받음으로써 금융 기관을 통해 간접적으로 자금을 조달하는 방식을 의미한다.

바로잡기 ㄴ. 주식회사는 주로 (가)에서 활동한다. ㄹ. 자금 공급자가 금융 거래에서 발생할 수 있는 위험을 직접 부담하는 것은 직접 금융 시장이다.

613

금융 기관 등으로부터 빌릴 수 있는 자금의 크기와 이를 충분히 갚을 의지와 능력을 신용이라고 한다. 신용이 나쁜 사람은 취업에 불리한 적용을 받을 수 있으며 금융 거래에도 많은 제약이 따른다.

바로잡기 ① 금융 기관은 신용이 좋은 사람에게 자본을 빌려줄 때에는 위험 부담이 적다고 판단하므로 적은 이자로 돈을 빌려준다.

614

금융 소비자는 금융에 대해 잘못된 상식을 갖거나 수익만을 추구하다 손실을 볼 수 있으므로 금융 거래를 할 때에는 신중하게 의사 결정을 해야 한다. 국가는 금융 소비자 보호를 위해 다양한 제도를 운영하고 있으므로 금융 거래에서 손해가 발생한 경우 피해를 구제받을 방법을 찾아야 한다.

바로잡기 ③ 금융 소비자는 계약서의 약관을 잘 읽고 자신에게 불이익이 될 만한 사항은 없는지 주요 내용을 사전에 확인해야 한다.

615

② 미래의 소비를 위해 현재의 소비를 포기한다는 점에서 투자와 저축이 같다. 하지만 투자는 저축보다 더 많은 수익을 얻는 대신 원금 손실이 발생할 수 있다.

616

ㄱ. 신용이란 돈을 빌려 쓰고 약속대로 갚을 수 있는 능력을 말한다. 신용은 경제적 지불 능력에 대한 사회적 평가로 신용 점수가 매겨진다. ㄴ. 신용이 높으면 당장 현금을 보유하지 않아도 물건을 사거나 생활에 필요한 서비스를 받을 수 있다.

617

제시문은 금융이 각 경제 주체에 어떤 면에서 필요한지를 보여 준다. ④ 국민 경제가 원활하게 순환하고 성장하기 위해서는 자금의 여유가 있는 사람과 자금이 부족한 사람을 연결하는 금융의 역할이 필요하다.

618

ㄷ. 간접 금융은 불특정 다수의 자금 공급자가 금융 기관에 예금하고 자금 수요자는 이를 바탕으로 대출을 받음으로써 금융 기관을 통해 간접적으로 자금을 조달하는 방식을 말한다. ㄹ. 직접 금융은 자금의 수요자가 자금의 공급자에게 주식이나 채권과 같은 증권을 발행해 줌으로써 이들로부터 직접 자금을 조달하는 방식을 말한다.

620

채점 기준	수준
금융의 긍정적인 영향을 가계와 기업 입장에서 한 가지씩 서술한 경우	상
금융의 긍정적인 영향을 가계와 기업 중 하나의 입장에서만 서술한 경우	중

622

채점 기준	수준
찬성과 반대 입장의 근거를 모두 타당하게 서술한 경우	상
찬성과 반대 입장 중 한 가지 입장에 대한 근거를 타당하게 서술한 경우	중
예금자 보호 제도에 대한 근거를 타당하게 서술하지 못한 경우	하

적중 1등급 문제

125~126쪽

623 ⑤	624 ②	625 ③	626 ③	627 ④
628 ③	629 ④	630 ①		

623 실질 이자율 파악하기

1등급 자료 분석 실질 이자율

(단위 : %)

구분	갑국		을국	
	2019년	2020년	2019년	2020년
명목 이자율	4	2	5	4
물가 상승률	3	1	4	5
실질 이자율	1	1	1	−1

⑤ 2020년 을국의 실질 이자율은 −1%이므로 예금보다 실물 자산에 투자하는 것이 유리하다.

624 명목 이자율과 실질 이자율 파악하기

1등급 자료 분석 명목 이자율과 실질 이자율

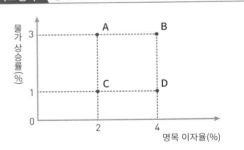

갑국의 향후 1년간의 명목 이자율, 물가 상승률, 실질 이자율은 다음과 같다.

(단위 : %)

구분	A	B	C	D
명목 이자율	2	4	2	4
물가 상승률	3	3	1	1
실질 이자율	−1	1	1	3

ㄱ. A의 경우 실질 이자율이 −1%이므로 예금하는 것보다 실물 자산을 보유하는 것이 유리하다. ㄷ. A의 경우 실질 이자율은 −1%이고, C의 경우 실질 이자율은 1%이므로 A의 경우가 C보다 실질 구매력이 작다.

625 금융 활동 분석하기

1등급 자료 분석 생애 주기에 따른 소득과 소비

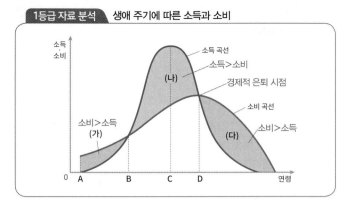

제시된 그림은 생애 주기 동안 소득과 소비의 변화를 곡선으로 나타 낸 것이다. ③ 금융 활동은 소득이 없는 시기부터 소득과 소비가 모 두 소멸하는 시기까지 인간의 전 생애에 걸쳐서 이루어진다. 특히, 소득이 많은 시기에 지출을 줄여 저축을 늘리고, 투자를 통해 자산을 늘려 노후를 대비하는 것이 중요하다.

바로잡기 ① (가)는 소득보다 소비가 더 크기 때문에 음(−)의 값을 가진다. ② (나)를 증가시키기 위해서는 소득을 늘리거나 소비를 줄여야 한다. ④ (다)는 소 비가 소득보다 크지만 금융 거래는 이루어진다. ⑤ (가)와 (다)의 합이 반드시 (나)와 일치할 필요는 없다.

626 소득과 소비 파악하기

ㄴ. B 시기는 소득과 소비가 같지만 그동안 소득에 비해 소비가 많았 기 때문에 자산은 음(−)의 값을 가진다. ㄷ. C 시기에는 소비를 하고 남은 소득에 대해 저축이 가능하다.

바로잡기 ㄱ. A 시기는 소득이 없지만 소비가 이루어지므로 금융 활동이 나 타난다. ㄹ. D 시기에는 누적 저축액이 가장 많으므로 자산이 0이 된다고 단정 할 수 없다.

627 실질 이자율 파악하기

1등급 자료 분석 실질 이자율

(가)			(나)		
명목 GDP	실질 GDP	명목 이자율	명목 GDP	실질 GDP	명목 이자율
3% 감소	변화 없음	2%	3% 증가	변화 없음	2%

└── 물가 상승률 −3%   └── 물가 상승률 3%

ㄴ, ㄹ. (가)의 경우 물가 상승률은 −3%이고, (나)의 경우 물가 상승 률은 3%이다. 따라서 (가)의 실질 이자율은 5%, (나)의 실질 이자율은 −1%이다.

바로잡기 ㄱ. (가)의 경우 T년 대비 물가 수준은 하락한다. ㄷ. 명목 이자율이 양(+)의 값이므로 현금 보유보다 예금이 유리하다.

628 실질 이자율 파악하기

1등급 자료 분석 실질 이자율

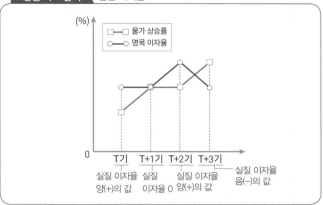

③ T+1기에 실질 이자율은 0%, T+2기에 실질 이자율은 양(+)의 값 이다. 따라서 원리금의 구매력은 T+1기보다 T+2기가 높다.

바로잡기 ① T기에 실질 이자율은 양(+)의 값이다. ② T+1기에 실질 이자율 은 0%이므로 T기보다 낮다. ④ T+3기에 명목 이자율은 양(+)의 값이므로 현 금을 보유하는 것보다 예금이 유리하다. ⑤ 명목 이자율에서 물가 상승률을 뺀 값이 실질 이자율이므로 T기~T+3기 모두에서 실질 이자율은 명목 이자율보 다 낮다.

629 이자율 이해하기

1등급 자료 분석 단리와 복리

A는 연 금리 4%의 정기 예금으로 100만 원을 예치할 경우 3년 만 기 기준 예상 원리금은 1,124,864원이다. 반면, B는 연 금리 4.1%
    원금에 대해 발생한 이자에 대해서도 이자가 발생 → 복리
의 정기 예금으로 100만 원을 예치할 경우 3년 만기 기준 예상 원리 금은 1,123,000원입니다. A와 B는 이자 계산 방법에 차이가 있으
    원금에 대해서만 이자가 발생 → 단리
며, A와 B 모두 연 단위로 예치할 수 있습니다.

④ 예치 기간이 1년일 경우 A의 원리금은 104만 원이고, B의 원리금 은 104.1만 원으로 A보다 B가 유리하다.

바로잡기 ① A는 복리 방식이 적용된다. ② B는 매년 발생하는 이자가 동일 하다. ③ A와 B 모두 입출금이 자유롭지 않은 저축성 예금이다. ⑤ 물가 상승 률이 3%인 경우 실질 이자율은 A가 1%, B가 1.1%이다.

630 실질 이자율 이해하기

1등급 자료 분석 실질 이자율 계산하기

시중 금리 지속적 상승
    명목 이자율

반면, 물가 상승률은 하락세 지속
명목 이자율 ↑, 물가 상승률 ↓→ 실질 이자율 ↑

ㄱ. 시중 금리인 명목 이자율이 상승하고, 물가 상승률이 하락하면 실질 이자율은 상승한다. ㄴ. 실질 이자율이 상승하면 원리금의 실질 구매력이 상승한다.

바로잡기 ㄷ. 시중 은행의 예금 금리가 상승하면 이자 소득은 증가한다. ㄹ. 시중 금리가 상승하면 대출을 받으려는 사람들의 상환 부담은 증가한다.

분석 기출 문제

128~131쪽

[핵심 개념 문제]

631 수입   **632** 경상 소득, 비경상 소득   **633** 비소비 지출

634 ○   **635** ○   **636** ㉡   **637** ㉢   **638** ㉠   **639** ㉡   **640** ㉠

641 ㄷ   **642** ㄱ

---

643 ③   **644** ④   **645** ④   **646** ③   **647** ④   **648** ⑤   **649** ④

650 ②   **651** ③   **652** ②   **653** ④   **654** ①

 1등급을 향한 서답형 문제

655 슈바베 지수가 높다는 것은 가계의 총지출 중 주거비의 비중이 크다는 것으로, 이는 곧 가계의 주거비 부담 능력이 떨어진다고 볼 수 있기 때문이다.

656 예시답안 주택에 대한 투기적 수요의 증가로 가계의 소득 증가율이 주택 가격 상승률을 따라가지 못하기 때문이다.

657 개인 회생   **658** 예시답안 개인 파산은 채무자가 스스로 법원에 파산 신청을 하면 채무자의 신용 및 근로 능력, 빚을 갚지 못하게 된 원인, 숨겨둔 재산의 유무 등을 종합하여 법원이 파산 선고 여부를 결정하는 제도이다.

643

③ 2020년의 가계 소득이 2019년보다 증가하였으므로 2019년과 2020년의 비경상 소득의 비중이 5%로 동일하지만, 그 액수는 2019년보다 2020년이 크다.

 바로잡기 ① ㉠은 이전 소득이다. 이자 소득은 재산 소득에 해당한다. ② 제시된 자료만으로는 알 수 없다. ④ 재산 소득 대비 비경상 소득의 비중은 2019년이 2020년보다 크다. ⑤ 2019년에 근로 소득이 경상 소득에서 차지하는 비중은 50% 미만이다.

644

제시문은 자산 관리의 중요성을 강조하고 있다. ㄴ, ㄹ. 평균 수명의 증가로 은퇴 후의 삶이 길어지면서 안정적인 경제생활을 하기 어려워졌고, 최근에는 낮은 금리가 지속되면서 은행 예금만으로 필요한 만큼의 자산을 확보하기가 어려워졌다.

 바로잡기 ㄱ. 필요한 소비나 투자를 하기 위한 돈이 부족할 때 부채를 이용하면 도움이 될 수 있다. ㄷ. 신용 거래는 곧 부채와 연결된다. 따라서 신용 거래를 무작정 늘리기보다는 자신이 감당할 수 있는 한도 내에서 신용 거래를 하는 습관을 기르는 것이 중요하다.

645

㈎는 경상 소득, ㈏는 비경상 소득이다. 주식 배당금과 같은 재산 소득과 기초 연금과 같은 이전 소득은 ㈎에 포함된다. 경상 소득과 비경상 소득은 수입의 중요한 원천이 된다.

 바로잡기 퇴직금은 비경상 소득에 해당하고, 임대료는 경상 소득 중 재산 소득에 해당한다.

646

③ 전체 소득 중 사업 소득이 차지하는 비중은 2018년에는 (1,000만 원/4,200만 원)×100, 2020년에는 (1,000만 원/4,910만 원)×100으로, 2018년 대비 2020년에 감소하였다.

647

ㄴ. ㈎, ㈐는 경상 소득, ㈏는 비경상 소득, ㈑는 소비 지출에 해당한다. ㄹ. 식료품비는 소비 지출에 해당한다.

 바로잡기 ㄱ. ㈎, ㈏, ㈐는 수입, ㈑는 지출에 해당한다. ㄷ. ㈐는 재산 소득, ㈑는 소비 지출에 해당한다.

648

갑은 투기 성향의 투자를 하고자 하고, 을은 안정적인 저축을 선택하였다. ⑤ 갑과 같은 투기 성향의 투자는 금융 시장의 안정적인 성장을 저해할 수 있다.

649

ㄴ, ㄹ. 가계 부채는 개인과 가계뿐만 아니라 국가 경제에도 큰 영향을 미친다. 가계의 부채가 증가하면 소비를 줄이게 되고, 이는 곧 기업의 생산, 고용, 투자 감소로 이어져 국가 경제가 침체의 악순환에 빠질 수 있다.

 바로잡기 ㄱ. 가계 부채가 증가하면 가계 소비는 줄어든다. ㄷ. 기업의 투자와 생산이 감소하여 고용 감소를 초래한다.

650

갑처럼 신용이 나쁘면 금융 활동에 제약을 받을 수 있다. 을의 조언에 따라 부채를 줄여 신용을 높여 나가는 것이 중요하다. ㄱ, ㄹ. 소비를 줄여 카드 지출을 줄이거나 보유 중인 주식을 팔아 대출금을 상환하는 방식으로 부채를 줄여 나가는 것이 필요하다.

 바로잡기 ㄴ. 실물 자산을 처분하여 부채를 상환해야 한다. ㄷ. 현금 서비스는 부채를 늘리는 것이다.

651

㈎는 신용이다. 신용이란 채무자의 부채 상환 능력 또는 그에 대한 사회적 평가를 말한다. 현대 사회의 금융 거래는 신용을 바탕으로 하므로 신용 관리가 중요하다.

 바로잡기 ㄱ. 여러 금융 기관과 거래하기보다는 주거래 금융 기관을 정하여 거래하는 것이 좋다. ㄹ. 대출을 받을 때에는 경제적 필요보다 상환 능력을 고려하여 자신이 갚을 수 있는 범위 내에서 이루어져야 한다.

652

② 개인의 경제 활동을 바탕으로 쌓인 신용 정보는 그 사람의 신용을 결정하는 데 이용된다. 신용이 높으면 불필요한 금융 거래 비용을 줄이고 경제 활동을 원활하게 할 수 있다.

653

㉠은 신용이다. 현대 사회는 신용 사회로 신용이 있으면 당장 현금이 없더라도 물건을 사거나 생활에 필요한 각종 서비스를 받을 수 있다. 신용을 활용한 금융 거래는 현재 돈이 없더라도 소비와 투자를 가능하게 하므로 자산 관리와 경제 활동을 하는 데 효율적이다. ④ 일반적으로 금융 회사는 자사와의 거래 실적이 많은 고객의 신용을 높게 평가하므로 주거래 은행을 정하여 집중적으로 거래하는 것이 신용을 높이는 데 도움이 된다.

654

① 개인의 신용을 높이기 위해 주거래 금융 회사를 정하여 거래하는 것이 유리하며, 연체 상환 시에는 오래된 것부터 상환하는 것이 좋다. 연체하지 않는 것이 신용을 높이는 데 중요한데, 연체를 예방하기 위해서는 자동 이체를 활용하는 것이 도움이 된다.

655

선진국에서는 슈바베 지수를 빈곤의 척도로 사용하는데, 25%를 넘으면 빈곤층에 속하는 것으로 본다.

656

채점 기준	수준
가계 소득 증가율과 주택 가격 상승률을 비교하여 주택에 대한 수요 증가를 서술한 경우	상
주택에 대한 수요 증가를 서술하였으나 근거를 제대로 서술하지 못한 경우	중
주택에 대한 수요 증가를 서술하지 못한 경우	하

658

채점 기준	수준
개인 파산과 그 내용을 정확하게 서술한 경우	상
개인 파산과 그 내용에 대한 설명이 미흡한 경우	중
개인 파산이라고만 쓴 경우	하

적중 1등급 문제

132~133쪽

659 ④	660 ④	661 ②	662 ⑤	663 ④
664 ②	665 ②	666 ③		

659 수입과 지출 파악하기

1등급 자료 분석 가계의 수입과 지출

(단위 : 만 원)

수입 300만 원		지출 170만 원	
항목	금액	항목	금액
㉠ 급여 근로 소득	200	식료품비 소비 지출	50
상여금 근로 소득	50	세금 비소비 지출	30
㉡ 주식 배당금 재산 소득	20	건강 보험료 비소비 지출	40
㉢ 국민연금 이전 소득	30	대출 이자 비소비 지출	20
		통신비 소비 지출	30

* 처분 가능 소득=소득－비소비 지출 300만 원－90만 원=210만 원

바로잡기 ㄱ. 급여는 근로 소득에 해당한다. ㄷ. 소비 지출은 식료품비와 통신비를 더한 80만 원이다.

660 소득 구성 파악하기

1등급 자료 분석 소득의 유형

(단위 : 만 원)

경상 소득			
구분	2021년 8월	2021년 9월
회사 급여 － 근로 소득	300	350
가게 운영 수익 － 사업 소득	300	250
국민연금 － 이전 소득	50	50
경조금 － 비경상 소득	0	50
합계	650	700

근로 소득은 300만 원에서 350만 원으로 증가하였다. 가게 운영 수익인 사업 소득은 250만 원으로 감소하였다. 이전 소득인 국민연금은 50만 원으로 변함이 없다. 비경상 소득인 경조금은 50만 원이다. ④ 경상 소득은 650만 원이다.

661 자산과 부채 파악하기

1등급 자료 분석 자산과 부채

(가) 자산		(나) 부채	
아파트 부동산	3억 원	은행 대출금	1억 원
자동차 동산	3,000만 원	차 할부금	800만 원
현금	500만 원		
예금 ┐ 금융	1,500만 원		
채권 ┤ 자산	300만 원		
주식 ┘	500만 원		

ㄱ. (가)는 자산, (나)는 부채에 해당한다. ㄷ. 은행에서 대출을 받기 위해서는 신용이 필요하다.

바로잡기 ㄴ. 아파트는 현금화하기 어려운 자산으로 예금이나 채권 및 주식에 비해 유동성이 낮다. ㄹ. 할부는 빚을 내어 상품을 구입하는 것이므로 과소비를 유발할 수 있다.

662 신용 관리 방법 파악하기

직장인 갑은 전세 자금 마련을 위해 은행 대출을 받으려 했지만 할부금 연체로 신용이 하락하여 높은 대출 이자를 부담하게 되었다. ⑤ 무분별하게 신용 카드를 사용하면 부채를 감당하기 어려울 수 있다.

663 수입과 지출 이해하기

1등급 자료 분석 수입과 지출

(단위 : 만 원)

구분	7월	8월	9월
소득	230	240	230
경상 소득	220	210	210
비소비 지출	20	20	20

* 처분 가능 소득 = 소득 － 비소비 지출 ** 저축 = 처분 가능 소득 － 소비 지출

처분 가능 소득	210	220	210
소비 지출	200	210	200

④ 소득과 처분 가능 소득 간의 차이는 비소비 지출이다. 제시된 기간 중 비소비 지출은 20만 원으로 변화가 없다.

바로잡기 ① 소득 대비 저축의 비는 8월이 가장 작다. ② 정기적으로 발생하는 소득은 경상 소득이다. 경상 소득은 7월에 가장 많다. ③ 소비 지출 대비 비소비 지출의 비는 7월과 9월이 같다. ⑤ 처분 가능 소득에서 저축이 차지하는 비율은 7월과 9월이 같다.

664 수입과 지출의 유형 이해하기

> **1등급 자료 분석** 수입과 지출의 분석
>
> | 수입 | 지출 |
> |---|---|
> | ⊙ 월급 – 근로 소득 ┐ 경상 소득 | ⊕ 근로 소득세 ┐ |
> | ⓛ 주식 배당금 ┐ 재산 소득 | ⊎ 사회 보험료 ├ 비소비 지출 |
> | ⓒ 정기 예금 이자 ┘ | ⊗ 대출 이자 ┘ |
> | ⓔ 자녀 결혼 축하금 – 비경상 소득 | ⊙ 식료품비 – 소비 지출 |

월급 및 주식 배당금은 정기적으로 발생하는 소득이므로 경상 소득에 해당한다. 자녀 결혼 축의금은 일시적 요인에 의해 발생한 소득이므로 비경상 소득에 해당한다. 근로 소득세, 사회 보험료, 대출 이자는 모두 의무적 납부가 요구되는 지출이므로 비소비 지출에 해당한다. 식료품비는 재화를 구매하기 위한 지출이므로 소비 지출에 해당한다. ② 주식 배당금과 정기 예금 이자는 모두 재산으로부터 발생한 소득이므로 재산 소득에 해당한다.

665 소득의 유형 이해하기

> **1등급 자료 분석** 소득의 유형
>
> | | | |
> |---|---|---|
> | | | ⓛ |
> | 경상 소득 | 근로 소득 | 근로자로 고용되어 노동을 제공한 대가로 얻은 소득 |
> | | 사업 소득 | 자영업자나 고용주의 지위에서 사업을 경영하여 얻은 소득 |
> | | 재산 소득 | ⓒ |
> | | 이전 소득 | ⓔ |
> | 비경상 소득 | ⓜ | 비정기적이고 일시적 요인에 의해 얻은 소득 |

② ⓛ은 근로 소득이다. 근로 소득은 경상 소득에 해당한다.

바로잡기 ① 퇴직금은 비경상 소득에 해당한다. ③ 생산에 참여하지 않고 얻은 소득은 이전 소득이다. ④ 상가 임대 수입은 재산 소득에 해당한다. ⑤ ⓜ은 비경상 소득이다. 재산을 이용하여 얻은 수입은 재산 소득에 해당한다.

666 신용 관리 방법 이해하기

ㄴ, ㄷ. 올바른 신용 관리를 위해서는 상환 능력의 범주 내에서 신용을 사용하며, 자신의 신용에 대한 정기적인 점검과 확인이 요구된다.

바로잡기 ㄱ. 현금 거래만 할 경우 신용에 대한 상환 능력 평가가 어렵다. 따라서 무조건 현금 거래만 하는 것은 바람직한 신용 관리 방법이라고 할 수 없다. ㄹ. 연체를 할 경우 상환 능력에 대한 부정적 평가를 받게 된다. 연체를 하지 않도록 신용 거래에 유의해야 한다.

분석 기출 문제

135~138쪽

[핵심 개념 문제]

667 자산	**668** 분산 투자		**669** 보험	**670** ○	**671** ○	**672** ×
673 ⓛ	**674** ⊙	**675** ⓒ	**676** ⊙	**677** ⊙	**678** ㄴ	**679** ㄱ
680 ④	**681** ③	**682** ③	**683** ③	**684** ④	**685** ⑤	**686** ②
687 ⑤	**688** ①	**689** ④	**690** ④	**691** ③	**692** ③	

1등급을 향한 서답형 문제

693 안전성, 수익성, 유동성   **694** **예시 답안** 예금은 원금이 보장되므로 안전성이 높지만 수익성이 낮다. 주식은 높은 수익을 기대할 수 있으나 원금 손실이 발생할 수 있어 안전성이 낮다.

695 (가) : 정기 적금, (나) : 주식, (다) : 채권   **696** **예시 답안** 정기 적금은 수익성은 낮지만 안전성이 높고, 주식은 수익성은 높지만 안전성이 낮다.

680

(가)는 채권, (나)는 정기 예금, (다)는 주식이다. ㄴ. 정기 예금은 예금자 보호 제도의 적용을 받으므로 안전성이 높은 편이다. ㄹ. 주식은 배당 수익을 기대할 수 있고, 채권과 정기 예금은 이자 수익을 기대할 수 있다.

바로잡기 ㄱ. 일반적으로 요구불 예금의 유동성은 채권이나 주식에 비해 높다. ㄷ. 주식은 정기 예금과 달리 시세 차익을 얻을 수 있다.

681

(가)는 주식, (나)는 예금, (다)는 채권에 해당한다.

바로잡기 ㄱ. (가)는 주식에 해당한다. ㄹ. 주식은 채권과 달리 배당 수익을 기대할 수 있다.

682

③ 2020년에 현금, 예금과 주식, 간접 투자의 비중이 감소한 반면, 보험, 연금의 비중이 증가하였다. 이를 통해 노후에 대한 불안감이 반영되었음을 추론할 수 있다.

바로잡기 ① 현금, 예금의 비중이 가장 크다. ② 주식, 간접 투자의 비중은 증가하였다가 다시 감소하였다. ④ 주식, 간접 투자의 비중이 줄어든 것을 통해 경제의 불확실성이 높아졌음을 추론할 수 있다. ⑤ 안전성이 낮은 주식, 간접 투자의 비중은 2015년 이후 감소하였다.

683

⊙은 수익성, ⓛ은 안전성, ⓒ은 유동성이다. ③ 주식은 안전성이 낮고, 수익성이 높은 편이다.

바로잡기 ① 일반적으로 수익성과 안전성은 상충 관계에 있다. ② 수익성이 높은 금융 상품에는 주식이 있다. ④ 현금은 유동성이 가장 높고, 부동산은 유동성이 낮은 편이다. ⑤ 합리적인 자산 관리를 위해서는 수익성, 안전성, 유동성을 모두 고려해야 한다.

684

④ 연금은 노후 생활의 안정을 위해 경제 활동 기간에 벌어들인 소득의 일부를 적립하는 상품이다.

① 주식은 직접 금융의 방식으로 거래된다. ② 채권은 주식에 비해 수익성은 낮지만 안전성이 높다. ③ 시세 차익과 배당금을 기대할 수 있는 금융 상품은 주식이다. ⑤ 주식은 원금 손실의 위험이 높은 편이다.

685

갑은 주식에 100%를 투자하였으므로 수익성을 중시하고, 을은 채권과 정기 예금에 각각 50%를 투자하였으므로 안전성을 중시하며, 병은 주식, 채권, 정기 예금에 나누어 분산 투자를 하였다.

⑤ 병은 자산의 40%를 주식에 투자하였다. 따라서 병이 을보다 안전성이 높은 상품을 선호한다고 보기 어렵다.

686

갑은 자산의 80%를 주식에 투자하고 있으므로 안전성보다 수익성을 추구한다고 볼 수 있다. ㄱ. 일반적으로 요구불 예금은 저축성 예금보다 유동성이 높다. ㄷ. 일반적으로 채권은 주식보다 안전성이 높다.

ㄴ. 은행 예금은 5,000만 원까지 예금자 보호 제도의 대상이 된다. ㄹ. 갑은 자산의 80%를 주식에 투자하고 있다. 이는 안전성보다 수익성을 우선시하는 투자 성향이라고 볼 수 있다.

687

A는 예금, B는 주식, C는 채권이다. ㄷ, ㄹ. 일반적으로 주식은 예금에 비해 안전성이 낮고, 예금과 채권은 주식과 달리 만기가 있다.

ㄱ. A는 예금, B는 주식이다. ㄴ. 채권은 주식보다 안전성이 높은 편이다.

688

ㄱ. 일반적으로 안전성과 수익성은 상충 관계에 있다. ㄴ. 수익성이 높을수록 원금 손실의 위험도 높다.

ㄷ. 자산 관리를 위해서는 수익성, 안전성, 유동성을 모두 고려해야 한다. ㄹ. 일반적으로 수익성이 높으면 유동성이 높다고 단정할 수 없다.

689

④ 보험은 일상생활에서 예기하지 않은 사고나 질병으로 손해가 발생할 수 있기 때문에 이를 적절하게 대비하기 위한 금융 상품이다.

690

주식은 회사가 경영 자금을 마련하기 위해 투자자로부터 돈을 받고 발행하는 증서이다. 주식의 가격이 상승하면 주식을 팔아 많은 이익을 얻을 수 있으나, 기업이 파산하거나 주가가 하락하면 원금을 잃을 수 있다. 채권은 정부나 공공 기관, 기업 등이 미래에 일정한 이자를 지급할 것을 약속하고 투자자로부터 돈을 빌린 후 발행하는 증서이다. 채권은 상환 금액과 만기가 정해져 있어 주식에 비해 안전성이 높다.

④ 주식에 투자한 자금은 회사의 자본금으로 회사 수익에 따라 배당금을 받는다. 그러나 채권에 투자한 돈은 회사가 특정 시점에 채권자에게 갚아야 하는 부채로 볼 수 있다.

691

(가)는 보험, (나)는 채권이다.

ㄴ. 보험은 수익을 기대하기보다 화재, 질병 등 미래에 발생할 수 있는 다양한 위험에 대비하기 위한 목적으로 가입한다. 여유로운 노후 생활 보장을 위해 가입하는 상품은 연금이다. ㄷ. 채권은 시세 차익을 기대할 수 있다.

692

(가)는 보험, (나)는 펀드에 대한 설명이다.

694

채점 기준	수준
예금과 주식의 특징을 정확하게 비교한 경우	상
예금과 주식 중 한 가지의 특징만 서술한 경우	중
자산 관리의 원칙과 관련 없는 특징을 서술한 경우	하

696

채점 기준	수준
수익성과 안전성을 고려하여 정기 적금과 주식을 비교한 경우	상
수익성과 안전성 중 한 가지만을 고려하여 정기 적금과 주식을 비교한 경우	중
정기 적금과 주식의 특성을 서술한 경우	하

적중 1등급 문제

139~140쪽

697 ⑤	698 ⑤	699 ②	700 ②	701 ①
702 ⑤	703 ③	704 ①		

697 자산 관리의 원칙 이해하기

1등급 자료 분석 자산 관리의 원칙

> 갑 : 금융 상품에 투자할 때 수익성만 고려해야 해. → B>C>A
>
> 을 : 안전성, 수익성, 유동성을 모두 고려해야지. → A=C>B
>
> <금융 상품 평가표>
>
> | 구분 | A | B | C |
> | --- | --- | --- | --- |
> | 안전성 | 5 | 1 | 3 |
> | 수익성 | 1 | 5 | 3 |
> | 유동성 | 4 | 3 | 4 |
>
> * 수치는 최저 1점, 최고 5점을 기준으로 작성되었음

갑은 수익성만을 고려하므로 B>C>A 순으로 금융 상품을 선호하고, 을은 안전성, 수익성, 유동성 모두를 고려하므로 A, C(10점)를 동일하게 평가하고 B(9점)를 낮게 평가한다. A는 수익성은 낮지만 안전성과 유동성이 높으므로 주식보다 요구불 예금에 가깝다.

⑤ 갑이 가장 선호하는 금융 상품은 수익성이 가장 높은 B이고, 을은 안전성, 수익성, 유동성을 모두 고려하여 A 또는 C를 선호할 것이다.

698 자산 관리의 원칙 파악하기

수익성과 위험성

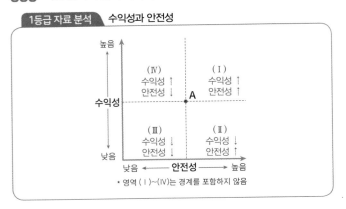

일반적으로 수익성이 높은 금융 상품일수록 위험성이 크다. 수익성이 낮은 상품은 투자 위험이 적어 안전성이 높고, 수익성이 높은 상품은 투자 위험이 높아 안전성이 낮은 편이다.

바로잡기 ㄱ. B는 D에 비해 수익성이 높고 위험성이 낮다. ㄴ. 일반적으로 주식은 수익성과 위험성이 모두 높고, 예금은 수익성과 위험성이 모두 낮다. 따라서 A는 C보다 예금 위주로 구성되어 있을 것이다.

699 자산 관리의 원칙 파악하기

수익성과 안전성

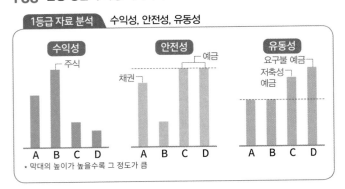

② 예금은 수익성이 낮고 안전성이 높다.

바로잡기 ① 제시된 자료만으로는 알 수 없다. ③ 일반적으로 회사채에 비해 국·공채는 안전성이 높으므로 (Ⅲ) 영역보다는 (Ⅱ) 영역에 가깝다. ④ 예금은 채권에 비해 수익성이 낮다. ⑤ 다른 조건이 동일하다면, (Ⅰ) 영역에 투자하는 것이 합리적이다.

700 금융 상품의 특성 파악하기

수익성, 안전성, 유동성

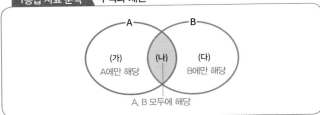

ㄱ. A는 채권, B는 주식, C는 저축성 예금, D는 요구불 예금이다. ㄷ. 주식은 원금 손실의 위험이 가장 크다.

바로잡기 ㄴ. 요구불 예금은 유동성이 가장 높다. ㄹ. C는 저축성 예금, D는 요구불 예금에 가깝다.

701 금융 상품의 특징 이해하기

주식, 정기 예금, 채권

구분	A	B	C
주식과 채권의 공통된 특징 시세 차익을 기대할 수 있는가?	주식 예	정기 예금 아니요	채권 예
예금과 채권의 공통된 특징 만기가 존재하는가?	아니요	예	예

ㄱ. 주식은 배당 수익을 기대할 수 있다. ㄴ. 정기 예금은 예금자 보호 제도에 따라 1개 금융 기관당 5천만 원까지 원리금이 보호된다.

바로잡기 ㄷ. 채권은 주식과 달리 이자 수익을 기대할 수 있다. ㄹ. 주식은 기업만, 채권은 기업과 정부 모두 발행 주체가 될 수 있다.

702 금융 상품의 특징 이해하기

정기 예금, 주식, 채권, 정기 적금

이자 수익 가능, 원금 보장 가능			(단위 : 만 원)
정기 예금	주식	채권	정기 적금
300	500 시세 차익 가능	100	100

⑤ 갑이 보유한 금융 자산의 총액은 1,000만 원이고, 그중 원금이 보장되는 상품은 정기 예금과 정기 적금으로 총액은 400만 원이다. 따라서 갑이 보유한 금융 자산 중 원금이 보장되는 상품의 비율은 40%이다.

바로잡기 ① 저축성 예금은 정기 예금과 적금으로 총액은 400만 원이다. ② 이자 수익을 기대할 수 있는 상품은 예금과 채권으로 총액은 500만 원이다. ③ 시세 차익을 기대할 수 있는 상품은 주식과 채권으로 총액은 600만 원이다. ④ 배당 수익을 기대할 수 있는 상품은 주식으로 500만 원이다.

703 금융 상품의 특징 이해하기

주식과 채권

③ 채권은 주식과 달리 이자 수익을 기대할 수 있다. 따라서 (다)가 '이자 수익을 기대할 수 있는가?'이면, B는 채권에 해당한다.

바로잡기 ① (가)가 '만기가 존재한다.'이면, A는 채권이다. ② 주식과 채권 모두 예금자 보호의 대상이 아니다. ④ 배당 수익을 기대할 수 있는 금융 상품은 주식이다. ⑤ 주식과 채권 모두 시세 차익을 기대할 수 있다.

704 금융 상품의 특징 이해하기

ㄱ. 만기가 존재하는 금융 상품은 저축성 예금과 국채이다. 저축성 예금과 국채의 비중은 2018년이 가장 높다. ㄴ. 배당 수익을 기대할 수 있는 금융 상품은 주식으로, 주식의 비중은 매년 높아지고 있다.

바로잡기 ㄷ. 요구불 예금과 저축성 예금 모두 예금자 보호 제도의 적용을 받는다. 요구불 예금과 저축성 예금의 비중은 2018년이 가장 높다. ㄹ. 시세 차익을 기대할 수 있는 금융 상품은 국채와 주식이다. 2019년 갑의 금융 자산을 1000이라 할 경우 2020년 갑의 금융 자산은 1100이 되므로 국채와 주식의 규모는 2019년 90에서 2020년 93.5로 증가한다.

분석 기출 문제

142~145쪽

[핵심 개념 문제]

| 705 생애 주기 | 706 재무 설계 | 707 × | 708 × | 709 ⓒ |
| 710 ⓛ | 711 ⓐ | 712 ⓛ | 713 ⓐ | 714 ⓐ | 715 ㄴ | 716 ㄱ |

| 717 ⑤ | 718 ② | 719 ⑤ | 720 ③ | 721 ④ | 722 ② | 723 ⑤ |
| 724 ④ | 725 ② | 726 ② | 727 ③ | 728 ④ |

[1등급을 향한 서답형 문제]

729 ⓐ : 소득, ⓛ : 소비 **730** 은퇴 계획은 (나) 시기에 수립하는 것이 좋다. (다) 시기는 소득보다 지출이 많은 시기로, 이 시기에 은퇴 계획을 세우면 늦을 수 있기 때문이다. **731** 결혼 및 주택 구입 자금 마련 **732** 예시답안 우선 재무 목표를 설정하고 자신의 재무 상태를 분석한다. 목표 달성을 위한 대안을 모색한 후 재무 행동 계획을 실행한다. 이후 재무 실행을 평가하고 어긋난 부분은 계획을 수정하거나 목표를 재설정한다.

717

생애 주기 곡선에서 소비보다 소득이 크면 정(+)의 저축이, 소득보다 소비가 크면 음(-)의 저축이 발생한다. 중·장년기는 소비보다 소득이 높아 저축이 가능하다. ⑤ (가)와 (다)의 합이 항상 (나)와 같은 것은 아니다.

718

갑은 30세 이후부터 저축액이 양(+)의 값, 60세 이후에는 음(-)의 저축이 된다. 을은 30세 이전부터 저축액이 양(+)의 값, 60세 이후에는 음(-)의 저축이 된다. ㄱ, ㄷ. 30세일 때 저축은 갑보다 을이 많고, 경제 활동이 시작된 시기부터 60세까지 누적 저축액은 갑보다 을이 많다.

바로잡기 ㄴ. 60세일 때의 을의 저축은 0원이지만 소득이 0원이라고 보기 어렵다. ㄹ. 누적 저축액이 최대가 되는 연령은 갑과 을 모두 60세이다.

719

30세에 경제 활동을 시작하여 40~50대에는 중산층이었지만 과도한 자녀 교육비 지출로 60대 이후에는 생활이 어려워졌다. 이를 통해 생애 주기를 고려한 재무 설계가 필요함을 알 수 있다.

720

ㄱ, ㄹ. 출생에서 유소년기까지는 부모의 도움에 의존하는 시기이며, 청년기는 취업과 함께 경제 활동을 시작하지만 소득이 적어 자립 기반이 취약하다. 중·장년기에는 경제 활동이 활발해져 소득이 증가하고 저축액도 증가하며 지출 또한 늘어난다.

바로잡기 ㄴ. 청년기는 경제 활동을 시작하는 시기로, 경제적 자립 기반이 취약하다. ㄷ. 중·장년기는 가장 왕성한 경제 활동을 하는 시기이다.

721

④ 가족 성숙기에는 자녀 결혼과 은퇴 및 노후 대비에 대해 점검해야 한다. 가족 성숙기의 주요 재무 목표는 자녀 대학 교육비와 자녀 결혼 자금 마련, 노후 자금 마련 등이 있다.

바로잡기 ① 사회 초년기에는 독립 및 주거 자금 마련 계획을 세운다. ② 가족 형성기에는 자녀 양육 자금, 주택 구입 자금 등이 필요하다. ③ 자녀 성장기에는 자녀 교육 자금, 주택 확장 자금이 필요하다. ⑤ 노후 생활기에는 은퇴 후 생활이 시작되며 건강 관련 비용이 증가한다.

722

ㄱ, ㄷ. 생애 주기를 고려하여 재무 목표를 세우고 건전한 금융 생활을 해야 행복하고 풍요로운 미래를 맞이할 수 있다. 이를 위해서는 생애 주기별로 단기와 장기로 구분된 재무 목표와 우선순위를 정하고 필요 자금을 예측하여 이를 계획적으로 달성해 나가는 것이 중요하다.

바로잡기 ㄴ. 단기와 장기로 구분하여 목표를 세우고 우선순위를 정해야 한다. ㄹ. 미래에 규모가 크고 중요한 지출이 포함된 재무 목표를 계획할 때에는 장기에 걸쳐 계획적으로 재무 설계를 해야 한다.

723

일생을 살아가면서 발생할 수 있는 중요한 수입과 지출의 항목 및 크기를 예상해 보고 언제, 어느 정도의 돈을 저축하고 쓸 것인지를 사전에 계획해 보는 과정이 필요하다. ⑤ 고령화로 퇴직 이후의 생애 시간이 점차 길어지므로 노후 생활에 대한 대비가 더욱 필요하다.

724

(가) 시기는 출생에서 유소년기로, 부모의 도움에 의존하는 시기이며, (나) 시기는 청년기로, 취업과 함께 경제 활동을 시작하지만 자립 기반이 취약한 시기이다. (다) 시기는 중·장년기로, 경제 활동이 활발해져 소득이 많이 증가하고 저축액도 커진다. (라) 시기는 노년기로, 은퇴와 함께 경제 활동과 소득이 감소하는 시기이다.

바로잡기 ④ 노년기에는 소비도 줄어들지만 소득의 감소가 더 크기 때문에 저축이 어렵다.

725

일반적으로 재무 설계는 (가) 목표를 세우고 (나) 자신의 재무 상태를 파악한 후 (라) 구체적인 실행 방안을 세운다. 이를 바탕으로 계획을 실행하고 (다) 실행 방안이 잘 이루어지고 있는지 평가하는 과정으로 이루어진다. 이 과정에서 문제점을 파악하여 계획을 수정하거나 재무 목표를 재설정한다.

바로잡기 ② 재무 목표 달성에 필요한 예상 자금을 설정하는 것은 (가) 재무 목표 설정 단계에서 이루어진다.

726

재무 설계란 개인의 재무 상황을 파악하여 재무 목표를 세우고 구체적인 자금 마련 계획을 수립한 뒤 실천하는 과정을 말한다. ② 제시된 내용은 수입과 지출, 자산 등 자신의 재무 상태를 분석하는 단계이다.

727

③ 재무 설계는 재무 목표 설정 – 재무 상태 분석 – 목표 달성을 위한 대안 모색 – 재무 행동 계획 실행 – 재무 실행 평가와 수정 순으로 이루어진다.

728

재무 설계는 지금 현재의 단기 목표뿐만 아니라 평생에 걸친 장기적인 재무 계획이 요구되는 활동이다. 재무 설계를 효과적으로 하려면 분야별로 구분하여 목표와 계획을 수립하는 것이 도움이 된다.

732

채점 기준	수준
일반적인 재무 설계의 과정 다섯 단계를 모두 포함하여 서술한 경우	상
일반적인 재무 설계의 과정을 논리적으로 서술한 경우	중
생애 주기별로 재무 설계가 필요하다고만 서술한 경우	하

적중 1등급 문제

146~147쪽

733 ⑤	**734** ③	**735** ⑤	**736** ③	**737** ②
738 ③	**739** ⑤	**740** ④		

733 생애 주기 파악하기

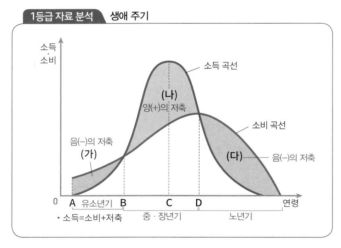

1등급 자료 분석 생애 주기

⑤ A 시점부터 남은 일생의 소득과 소비를 일치시키려는 사람이므로 (가)와 (다)의 합은 (나)와 일치한다.

734 생애 주기에 따른 소득과 소비 분석하기

③ C~D 시기에는 소득 증가율이 감소하므로 누적 저축액 증가율이 감소한다.

바로잡기 ① A~B 시기에는 소득보다 소비가 크다. ② B~C 시기에는 소비 증가율보다 소득 증가율이 높다. ④ D 시점은 소득과 소비가 같지만 누적 저축액은 최대가 된다. ⑤ 남은 일생의 소득과 소비를 일치시키려는 사람이므로 B~D 시기의 누적 저축액은 B 시점 이전과 D 시점 이후에 소비된다.

735 생애 주기별 재무 목표 파악하기

ㄷ. 노년기는 은퇴하여 소득이 크게 줄어드는 시기로, 병원비와 여가비 등의 소비가 상대적으로 큰 비중을 차지한다. ㄹ. 재무 설계를 할 때에는 생애 주기의 관점에서 장기적인 소득과 지출 계획을 세우고 실천해야 한다.

바로잡기 ㄱ. 청년기에는 소득보다 더 많은 소비 수준을 유지하므로 음(−)의 저축이 이루어진다. ㄴ. 중·장년기에는 경제 활동이 많아져 소득과 저축이 증가하고 소비 또한 증가한다.

736 생애 주기 곡선 분석하기

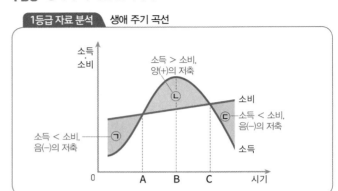

1등급 자료 분석 생애 주기 곡선

③ A 시기에는 소득과 소비가 일치하지만 A 시기 이전까지 소득보다 소비가 많기 때문에 저축은 음(−)의 값을 가진다.

737 재무 설계 이해하기

1등급 자료 분석 투자 방식

갑 : 현금을 수시로 필요로 하고 있어 언제든지 현금을 찾을 수 있어야 합니다. 유동성 → 요구불 예금 추천
을 : 원금 보장보다는 보다 높은 수익을 올릴 수 있는 투자를 선호하고 있습니다. 수익성 → 주식 추천
병 : 현재 은퇴를 한 상황으로 수익이 적더라도 원금이 안전하게 보장되었으면 합니다. 안전성 → 예금 추천

ㄱ. 갑은 유동성을 중시하므로 언제든지 입출금이 가능한 요구불 예금을 적극 활용할 필요가 있다. ㄷ. 을은 수익성을 중시하므로 시세 차익을 기대할 수 있는 금융 상품을 활용할 필요가 있다.

바로잡기 ㄴ. 을은 수익성을 중시하므로 예금보다 주식을 활용할 필요가 있다. ㄹ. 병은 안전성을 중시하므로 예금자 보호 제도가 적용되는 금융 상품을 지향하는 것이 바람직하다.

738 생애 주기 곡선 이해하기

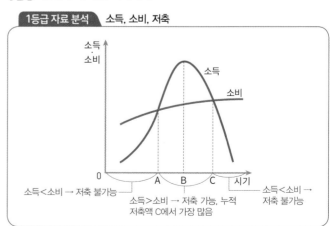

1등급 자료 분석 소득, 소비, 저축

③ C 시기 이후에는 소득이 소비보다 작아지며, 음(-)의 저축이 나타난다. 따라서 C 시점을 경제적 정년이라고 한다.

바로잡기 ① 누적 저축액은 C에서 가장 많다. ② A 이후 저축을 할 수 있다. ④ A~C 사이에서는 누적 저축액이 증가한다. ⑤ B~C 사이에서는 저축이 지속적으로 감소한다.

739 재무 상황 파악하기

1등급 자료 분석 소득, 소비, 저축, 부채

1. 현재의 저축과 부채를 적으시오.
   : 저축 1억 원, 부채 0원
2. 현재부터 은퇴 시점까지 예상 소득과 소비 규모를 적으시오.
   : 소득 10억 원, 소비 8억 원 → 저축 2억 원 가능
3. 은퇴 이후 예상 소득과 소비 규모를 적으시오.
   : 소득 1억 원, 소비 5억 원
- 은퇴 이전 저축 예상액 : 현재 저축 1억원, 예상 저축 2억원
- 은퇴 이후 필요한 추가 자금 : 4억 원 → 현 상황으로는 안정적인 노후 생활이 어려움

ㄷ, ㄹ. 갑의 은퇴 시점까지 예상 저축액은 2억 원, 은퇴 이후 필요한 추가 자금은 4억 원이다. 따라서 안정적인 노후 생활을 위해서는 소비를 줄여 저축을 늘려야 하고, 은퇴 이후를 대비한 자산 관리가 필요하다.

바로잡기 ㄱ, ㄴ. 예상 저축액이 노후에 필요한 금액보다 적으므로 현재의 소득, 소비 추이로는 안정적인 노후 생활이 어렵다.

740 재무 상담에 따른 지출 변화 분석하기

1등급 자료 분석 지출 변화

소득 600만 원, 처분 가능 소득 520만 원		소득 600만 원, 처분 가능 소득 520만 원	
상담 전		상담 후	
생활비 – 소비 지출	400만 원	생활비 – 소비 지출	300만 원
세금 ┐비소비	30만 원	세금 ┐비소비	30만 원
사회 보장비 ┘지출	50만 원	사회 보장비 ┘지출	50만 원
정기 적금 ┐저축	100만 원	정기 적금 ┐저축	50만 원
적립식 펀드 ┘	20만 원	적립식 펀드 ┘	170만 원

ㄴ. 소비 지출은 400만 원에서 300만 원으로, 비소비 지출은 80만 원으로 일정하므로 소비 지출 대비 비소비 지출의 비는 높아졌다.
ㄹ. 저축에서 적립식 펀드의 비중이 높아졌으므로 수익성 중심으로 포트폴리오가 변화하였다.

바로잡기 ㄱ. 처분 가능 소득은 520만 원으로 변화가 없다. ㄷ. 소득에서 저축이 차지하는 비율은 상승하였다.

단원 마무리 문제
148~151쪽

15 금융과 금융 생활

741 ③ **742** ② **743** ①
744 (가) : 단리 , (나) : 복리 **745** **예시 답안** (가)는 원금에 대해서만 이자를 계산하는 반면, (나)는 원금에 대해 발생한 이자에 대해서도 이자를 계산한다. 따라서 장기간 예금할 경우 이자에 대해서도 이자가 발생하는 복리 방식이 자산 증식에 유리하다.

16 수입·지출과 신용

746 ③ **747** ⑤ **748** ④
749 A : 비경상 소득, B : 사업 소득, C : 이전 소득
750 **예시 답안** 결혼식 축의금은 일시적으로 발생한 소득이라는 점에서 A에 해당하고, 사업체 운영을 통한 이윤은 경영을 통해 얻은 소득이라는 점에서 B에 해당하며, 사회 보장 제도에 따라 정부로부터 받은 지원금은 무상으로 얻었다는 점에서 C에 해당한다.

17 자산 관리와 금융 상품

751 ③ **752** ② **753** ④ **754** A : 채권, B : 주식, C : 예금
755 **예시 답안** (가)에 '배당 수익을 기대할 수 있는가?'가 들어가면, ㉠과 ㉢은 '아니요', ㉡은 '예'이다. (가)에 '예금자 보호 제도의 적용 대상인가?'가 들어가면, ㉠과 ㉡은 '아니요', ㉢은 '예'이다. **756** ② **757** ④

18 생애 주기와 재무 계획

758 ④ **759** ㉠ : 소득, ㉡ : 소비 **760** **예시 답안** 생애 기간 중 소득과 소비의 크기가 일치할 경우 (가)와 (다)의 합은 (나)와 일치한다.

741
③ ㉢은 생산 요소 시장을 통해 자금의 수요자가 금융 기관에서 조달받은 자금이다. 재화와 서비스 판매의 대가는 생산물 시장을 통해 기업이 받는 화폐에 해당한다.

742
ㄱ, ㄷ. 갑의 예측이 맞을 경우 정기 예금의 실질 이자율은 1%이고, 을의 예측이 맞을 경우 정기 예금의 실질 이자율은 -1%이다.

바로잡기 ㄴ. 명목 이자율이 양(+)의 값인 경우 원리금은 원금보다 크다. ㄹ. 명목 이자율이 양(+)의 값인 경우 현금 보유보다 예금이 유리하다.

743
① 명목 이자율은 2019년 6%, 2020년 3%, 2021년 1%로, 2019년이 가장 높다.

바로잡기 ② 2020년 명목 이자율은 3%, 실질 이자율은 0%이다. ③ 명목 이자율이 양(+)의 값이면 현금 보유보다 예금이 유리하다. ④ 물가 상승률이 양(+)의 값이면 물가 수준은 지속적으로 상승한다. ⑤ 원리금의 실질 구매력은 실질 이자율을 통해 파악할 수 있다.

744
(가)는 원금에 대해서만 이자가 발생하였으므로 단리, (나)는 이자에 대해서도 이자가 발생하였으므로 복리이다.

745

채점 기준	수준
(가), (나)의 차이 및 자산 증식에 유리한 방식을 정확히 서술한 경우	상
위 세 가지 평가 요소 중 두 가지를 정확하게 서술한 경우	중
위 세 가지 평가 요소 중 한 가지만 정확하게 서술한 경우	하

746

제시된 소득 중 경조금은 비경상 소득이고, 나머지 소득은 경상 소득이다. ㄴ. 경상 소득은 10월의 경우 550만 원, 11월의 경우 500만 원이다. ㄷ. 근로 소득은 월급과 명절 상여금이다. 경상 소득 중 근로 소득의 비중은 10월이 11월보다 높다.

바로잡기 ㄹ. 주식 배당금과 예금 이자는 재산 소득에 해당한다.

747

⑤ 비소비 지출에는 세금, 대출 이자가 포함된다. 따라서 대출 이자율 인하 시 대출 이자가 감소하여 이는 비소비 지출의 감소 요인이 된다.

748

④ 보유 자산을 이용하여 얻은 소득은 재산 소득이다. ⓒ은 재산 소득으로, 재산 소득은 매년 감소하였다.

바로잡기 ① ㉠은 경상 소득, ⓒ은 비경상 소득이다. 경상 소득과 달리 비경상 소득은 비정기적으로 발생하는 소득이다. ② ⓒ은 재산 소득이다. 무상으로 주어지는 소득은 이전 소득이다. ③ 자영업자의 이윤이 포함된 소득은 사업 소득이다. ⑤ 노동을 제공한 대가로 얻은 소득은 근로 소득이다.

749

정기적이지 않은 일시적인 소득은 비경상 소득이고, 생산 활동에 참여하지 않고 얻은 소득은 이전 소득이다.

750

채점 기준	수준
A~C에 해당하는 사례와 그 이유를 모두 서술한 경우	상
A~C 중 2가지만 서술한 경우	중
A~C 중 1가지만 서술한 경우	하

751

A는 예금, B는 주식, C는 채권이다. ③ 기업이 발행하는 채권은 회사채, 정부가 발행하는 채권은 국채이다.

바로잡기 ① 주주로서의 지위가 부여되는 금융 상품은 주식이다. ② 채권과 예금은 이자 수익을 기대할 수 있다. ④ 예금과 채권은 만기가 존재한다. ⑤ 예금은 다른 금융 상품에 비해 안전성이 높다.

752

ㄴ. (나)가 '수익성'이면, A는 주식, B는 예금이다. 주식은 예금과 달리 시세 차익을 기대할 수 있다. ㄷ. 예금은 주식과 달리 만기가 존재한다. 수익성은 주식이 예금보다 높다.

바로잡기 ㄱ. (가)가 '안전성'이면, A는 주식, B는 예금이다. ㄹ. 이자 수익을 기대할 수 있는 금융 상품은 예금이다. 예금은 주식보다 안전성이 높다.

753

④ 갑은 주식에 투자하고 있지 않다. 따라서 갑은 주식 투자를 통해 얻을 수 있는 배당 수익을 기대할 수 없다.

바로잡기 ① 갑은 채권의 비중이 높고, 을은 주식의 비중이 높다. 따라서 갑이 을에 비해 수익성을 중시한다고 보기 어렵다. ② 갑과 을 모두 이자 수익을 기대할 수 있는 예금에 투자하고 있다. ③ 을과 병 모두 시세 차익을 기대할 수 있는 주식에 투자하고 있다. ⑤ 이자 수익을 기대할 수 있는 금융 상품은 예금과 채권이다. 을은 예금과 채권의 비중이 50%를 초과하지 않는다.

754

만기가 있는 상품은 채권과 예금이고, 시세 차익을 기대할 수 있는 상품은 주식과 채권이다. 따라서 A는 채권, B는 주식, C는 예금이다.

755

채점 기준	수준
두 가지 질문을 제시하고 각각의 질문에 대한 응답이 모두 옳을 경우	상
두 가지 질문을 제시하고 각각의 질문에 대한 응답이 부분적으로 옳지 않은 경우	중
한 가지 질문만 제시하고 이의 응답이 부분적으로 옳지 않은 경우	하

756

상대적으로 수익성이 높고 안전성이 낮은 A는 주식이고, 상대적으로 안전성이 높고 수익성이 낮은 B는 예금이다. ② 예금은 예금자 보호 제도에 따라 1개 금융 기관당 원리금 5천만 원까지 보호된다.

바로잡기 ① 주식은 만기가 존재하지 않는다. ③ 예금은 시세 차익을 기대할 수 없다. ④ 주식은 예금에 비해 원금 손실의 가능성이 높다. ⑤ 주식은 예금과 달리 배당 수익을 기대할 수 있다.

757

A는 주식, B는 예금이다. ㄴ. 예금은 예금자 보호 제도의 적용을 받아 1개 금융 기관당 5천만 원까지 원리금이 보장된다. ㄹ. 예금은 주식보다 안전성이 높다.

바로잡기 ㄱ. 주식은 원리금이 보장되지 않는다.

758

④ T+1 시점 이후 소비는 증가하지만 소득은 감소한다. 따라서 소득 대비 소비의 비중은 높아진다.

바로잡기 ① 경제적 정년은 T+1 시점이다. ② 누적 저축액은 T+1 시점에서 가장 많다. ③ T+1 시점의 저축액은 0이나, 누적 저축액은 0이 아니다. ⑤ 소득은 T 시점에서 가장 많고 T 시점 이후 감소한다.

759

㉠은 생애 특정 시점에서 높아졌다가 낮아지고 있으므로 소득이고, ⓒ은 생애에 걸쳐 지속적으로 나타나고 있으므로 소비이다.

760

채점 기준	수준
소득과 소비의 크기가 일치할 때 (가)~(다)의 관계를 정확히 서술한 경우	상
소득과 소비의 크기가 일치할 때 (가)~(다)의 크기에 대해 서술한 경우	중
(가)~(다)에 대한 일반적인 특징을 서술한 경우	하

www.mirae-n.com

학습하다가 이해되지 않는 부분이나 정오표 등의 궁금한 사항이 있나요?
미래엔 홈페이지에서 해결해 드립니다.

교재 내용 문의
나의 교재 문의 | 수학 과외쌤 | 자주하는 질문 | 기타 문의

교재 정답 및 정오표
정답과 해설 | 정오표

교재 학습 자료
MP3

실전서

기출 분석 문제집

1등급 만들기

완벽한 기출 문제 분석으로 시험에
대비하는 1등급 문제집

국어	문학, 독서
수학	고등 수학(상), 고등 수학(하), 수학 I, 수학 II, 확률과 통계, 미적분, 기하
사회	통합사회, 한국사, 한국지리, 세계지리, 생활과 윤리, 윤리와 사상, 사회·문화, 정치와 법, 경제, 세계사, 동아시아사
과학	통합과학, 물리학 I, 화학 I, 생명과학 I, 지구과학 I, 물리학 II, 화학 II, 생명과학 II, 지구과학 II

실력 상승 실전서

파사쥬

대표 유형과 실전 문제로
내신과 수능을 동시에 대비하는
실력 상승 실전서

국어	국어, 문학, 독서
영어	기본영어, 유형구문, 유형독해, 25회 듣기 기본 모의고사, 20회 듣기 모의고사
수학	고등 수학(상), 고등 수학(하), 수학 I, 수학 II, 확률과 통계, 미적분

수능 완성 실전서

수능 주도권

핵심 전략으로 수능의 기선을
제압하는 수능 완성 실전서

국어영역	문학, 독서, 화법과 작문, 언어와 매체
영어영역	독해편, 듣기편
수학영역	수학 I, 수학 II, 확률과 통계, 미적분

수능 기출서

수능 기출 문제집

N기출

수능N 기출이 답이다!

국어영역	공통과목_문학, 공통과목_독서, 공통과목_화법과 작문, 공통과목_언어와 매체
영어영역	고난도 독해 LEVEL 1, 고난도 독해 LEVEL 2, 고난도 독해 LEVEL 3
수학영역	공통과목_수학 I + 수학 II 3점 집중, 공통과목_수학 I + 수학 II 4점 집중, 선택과목_확률과 통계 3점/4점 집중, 선택과목_미적분 3점/4점 집중, 선택과목_기하 3점/4점 집중

N기출 모의고사

수능의 답을 찾는 우수 문항 기출 모의고사

수학영역	공통과목_수학 I + 수학 II, 선택과목_확률과 통계, 선택과목_미적분

미래엔 교과서 연계

자습서

미래엔 교과서 자습서

교과서 예습 복습과 학교 시험 대비까지
한 권으로 완성하는 자율 학습서

국어	고등 국어(상), 고등 국어(하), 문학, 독서, 언어와 매체, 화법과 작문, 실용 국어
수학	고등 수학, 수학 I, 수학 II, 확률과 통계, 미적분, 기하
사회	통합사회, 한국사
과학	통합과학(과학탐구실험)
일본어 I, 중국어 I, 한문 I	

평가 문제집

미래엔 교과서 평가 문제집

학교 시험에서 자신 있게
1등급의 문을 여는 실전 유형서

국어	고등 국어(상), 고등 국어(하), 문학, 독서, 언어와 매체
사회	통합사회, 한국사
과학	통합과학

개념부터 유형까지 공략하는 개념서

NEW 올리드 Allead 로 완벽한 실력 충전!

● 개념 학습과 시험 대비를 한 권에!
● 교과서보다 더 알차고 체계적인 설명!
● 최신 기출 및 신경향 문제로 높은 적중률!

새 교육과정

물리학 Ⅰ

● 핵심 개념과 자료 분석으로 원리를 이해하는 개념 탐구 학습
● 단계별, 수준별 다양한 문제 구성으로 든든한 내신 완성 학습
● 개념 + 기본 문제 + 실전 문제의 1:1:1 구성으로 빠른 문제 적용 학습

내신 잡는 필수 개념서

NEW 올리드 Allead

Mirae**N**에듀

구성보기

한국지리　물리학 Ⅰ

필수 개념과 유형으로
내신을 효과적으로 공략한다!

사회 통합사회, 한국사, 한국지리, 사회·문화, 생활과 윤리, 윤리와 사상
과학 통합과학, 물리학 Ⅰ, 화학 Ⅰ, 생명과학 Ⅰ, 지구과학 Ⅰ